曾 先之
今西凱夫 訳 三上英司 編

筑摩書房

十八史略　目次

『十八史略』について　今西凱夫　13

第一部　太古から春秋・戦国時代まで　23

太古「五帝」――鼓腹撃壌　24
殷「湯王と紂王」――酒池肉林　36
周「太公望と周公旦」――周の粟を食らわず　47
春秋・呉越「夫差と句践」――臥薪嘗胆　58
春秋・魯「孔子」――文事有る者は必ず武備有り・喪家の狗　65
春秋・斉「管仲と晏子」――管鮑の交わり・晏子の御　77

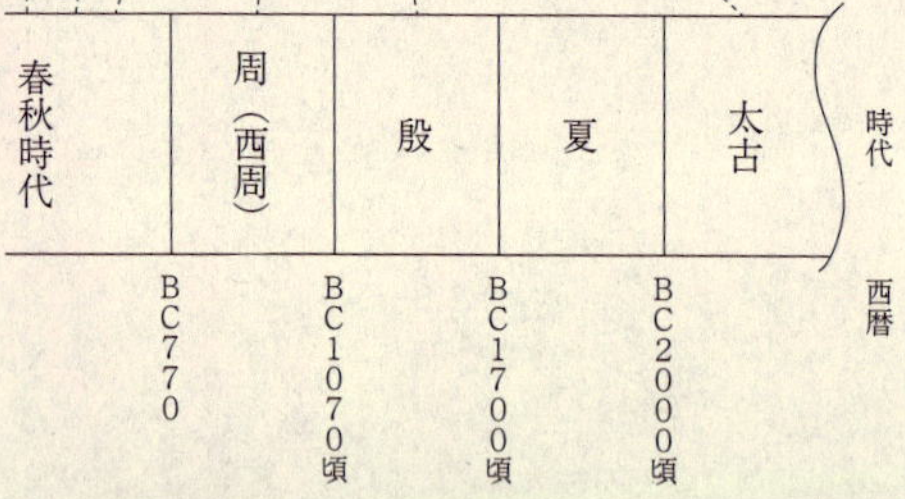

春秋・楚「荘王」――三年飛ばず鳴かず 84
戦国・趙「蘇秦と藺相如」――鶏口牛後・完璧・刎頸の交わり 92
戦国・燕「郭隗と荊軻」――隗より始めよ・白虹日を貫く 103
戦国・秦「范雎」――一飯の徳も必ず償う・遠交近攻 112
【付録】春秋時代の勢力図 91
【付録】戦国時代の勢力図 121
第二部 秦から西漢まで 123
秦「始皇帝」――奇貨居くべし 124
秦「陳勝」――燕雀安んぞ鴻鵠の志を知らんや・王侯将相寧んぞ種有らんや 134
西(前)漢「劉邦」――法三章のみ・鴻門の会 147
西(前)漢「韓信」――国士無双・背水の陣 156
西(前)漢「項羽」――四面楚歌 166
【付録】秦の勢力図 146

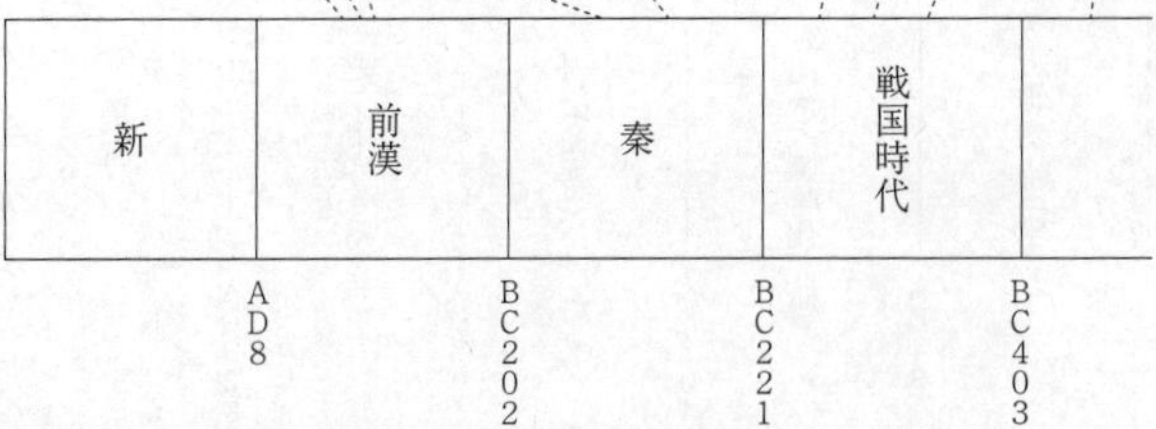

第三部　東漢から三国時代まで　177
東（後）漢「光武帝」——柔能く剛に勝つ・虎を画いて狗に類す・糟糠の妻　178
東（後）漢「班超」——虎穴に入らずんば虎児を得ず　188
三国（東漢）「劉備」——髀肉の嘆・水魚の交わり・刮目して相待つ　197
三国「諸葛亮」——七縦七禽・天下三分の計・三顧の礼・死して後に已む・死せる孔明生ける仲達を走らす・泣いて馬謖を斬る　208
【付録】東（後）漢の勢力図　196
【付録】三国時代の勢力図　221
第四部　西晋から東晋まで　223
東晋「王猛」——傍若無人　224
第五部　東晋から隋まで　231
南北朝・宋「陶淵明」——五斗米の為に腰を折る　232

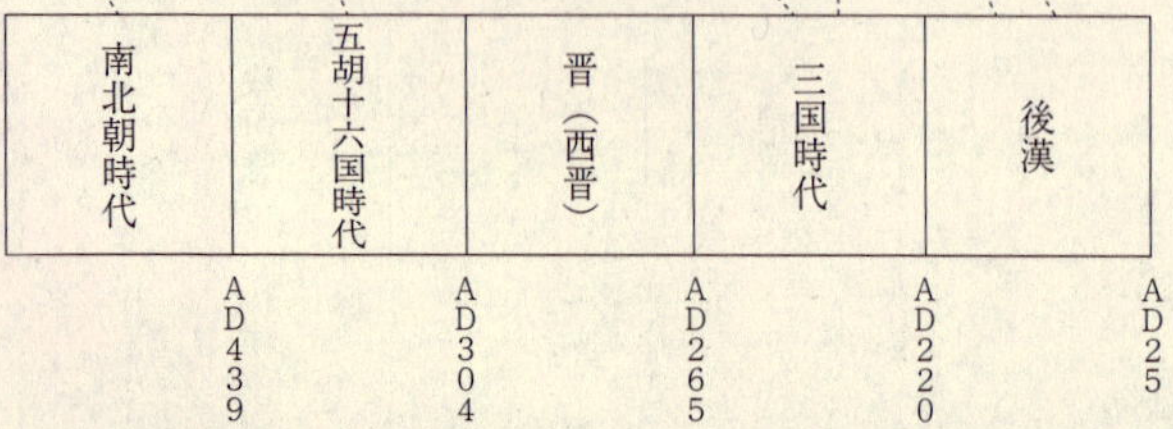

隋「煬帝」――営造巡遊・虚歳無し 242

第六部 隋から唐まで 255

唐「李世民（太宗）」――禍を転じて福となす 256

唐「魏徴」――臣をして忠臣とならしむること勿かれ 265

唐「安禄山」――腹中赤心有るのみ・口に蜜有り腹に剣有り 274

第七部 唐から南宋滅亡まで 287

宋（北宋）「太祖（趙匡胤）」――人生は白駒の隙を過ぐるが如し 288

宋（北宋）「欧陽脩・王拱辰」――小人は朋無し・一網打尽 299

宋（北宋）「張孝純」――尽忠報国 311

南宋（元）「耶律楚材」――一利を興すは一害を除くに若かず 321

南宋（元）「廉希憲」――男子中の真男子 331

南宋「文天祥」――人生古より誰か死無からん 343

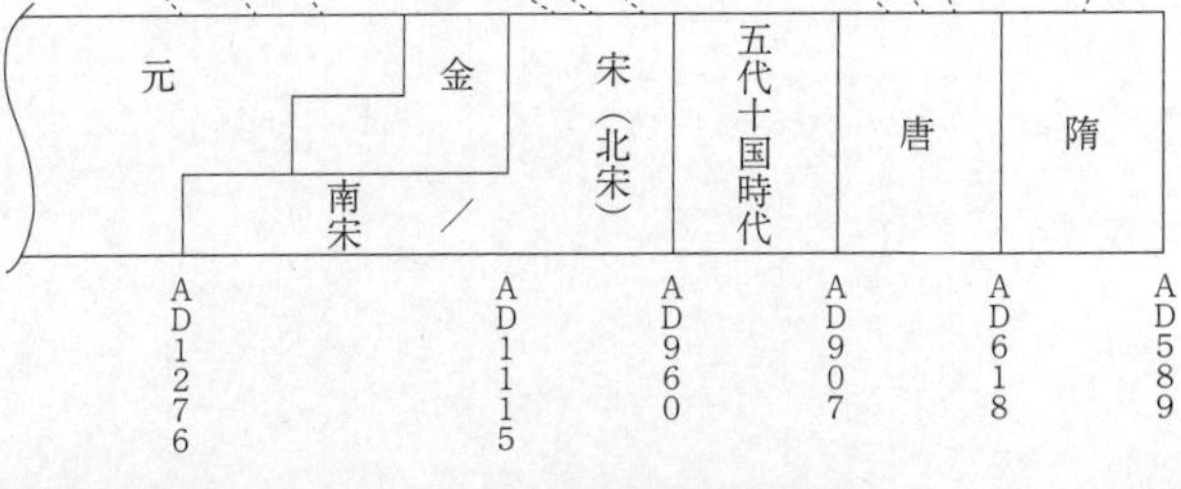

【付録】元・金・南宋の勢力図　320
『十八史略』漢文原文　355
本書を手にとって下さった方々へ――解説にかえて　三上英司　409

十八史略

凡例

一、本書には、通行本（七巻本）のうち、巻之一（太古～春秋戦国）から巻之七（宋～南宋）の故事成語に関連する項目を収める。
二、本書は、上段が書き下し文・傍訳、下段が現代語訳の形式で成り立っている。
三、各部の冒頭には、その梗概を付けた。
四、漢文原文は、七巻本の通行本に属する冨山房刊行の漢文大系本を底本とし、その他の諸本、および正史本伝などを参照して定めた。
五、各項目末には、書き下し文、傍訳を補うために「補注」を付けた。
六、使用漢字は、新字を用いた。ただし漢文原文は正字を基本とした。
七、送りがな・振りがなは、現代かなづかいに従った。
八、文中「×××」とあるのは中略をあらわす。

『十八史略』について

『十八史略』という書

司馬遷《しばせん》が『史記《しき》』を著すにあたって創出した、いわゆる「紀伝体《きでんたい》」という歴史書の叙述形式は、それ以降、『漢書《かんじょ》』『後漢書《ごかんじょ》』とつづく一連の正史と呼ばれる勅撰の歴史書に踏襲されてきた。それは歴史をかたちづくってきた一人一人の人間を知るためにはまことに優れてはいるが、ある時代の動向、ある事件の推移を大きくつかむにはやや不便である。そこで宋・元のころから『春秋左氏伝《しゆんじゆうさしでん》』などを先例とする、いわゆる「編年体《へんねんたい》」の歴史書が著されだした。その代表がいうまでもなく司馬光の『資治通鑑《しじつがん》』であり、その記述の正確さ、文章の格調の高さによって広く読まれ、重んぜられている。

『十八史略』もまた、このような編年体の史書の一つであり、三皇・五帝から南宋の滅亡にいたるまでの歴史を、主としてトピックを中心にしつつ、簡潔にまとめたものである。

書名の『十八史略』とは、十八の歴史書を節略したとの意であり、その十八の歴史書とは、

通常、

①『史記』百三十巻　司馬遷（前漢）
②『漢書』百二十巻　班固（後漢）
③『後漢書』百二十巻　范曄《はんよう》（南朝・宋）
④『三国志』六十五巻　陳寿（晋）
⑤『晋書』百三十巻　房玄齢（唐）
⑥『宋書』百巻　沈約（梁）
⑦『南斉書』五十九巻　蕭子顕（梁）
⑧『梁書』五十六巻　姚思廉（唐）
⑨『陳書』三十六巻　姚思廉（唐）
⑩『後魏書』百十四巻　魏収（北斉）
⑪『北斉書』五十巻　李百薬（唐）
⑫『周書』五十巻　令狐徳棻《れいことくふん》（唐）
⑬『隋書』八十五巻　魏徴（唐）
⑭『南史』八十巻　李延寿（唐）
⑮『北史』百巻　李延寿（唐）
⑯『新唐書』二百二十五巻　欧陽脩（宋）
⑰『新五代史』七十五巻　欧陽脩（宋）

の十七の正史及び、まだ完成していない『宋史』に代わるものとして、

⑱｛『続資治通鑑長編』五百二十巻　李燾（宋）
　　『続宋編年資治通鑑』十五巻　劉時挙（宋）

とされているが、内容から見て、『資治通鑑』或いはその他の書物からも引用してあると考えられる。

『十八史略』の著者

『十八史略』の著者は曾先之《そうせんし》で、『江西通志《こうせいつうし》』に拠《よ》れば字《あざな》は孟参《もうさん》。吉水《きっすい》（江西省吉安県）の人である。後に言及する『四庫全書総目提要《しこぜんしょそうもくていよう》』では、字を従野《じゅうや》、廬陵《ろりょう》の人であるとし、また版本の多くも「廬陵　曾先之」の撰とする。このくいちがいのうち、籍貫については、吉水はもともと廬陵県に属し、宋代に分かれた県であるから、ほぼ古今の地名のどちらを採ったかの問題とみなしてよいであろう。また字については、『吉安府志』にも孟参とあり、また文天祥《ぶんてんしょう》が彼に与えた「与曾県尉先之書」の中で、孟参と呼びかけている点からも、孟参がより拠るところがあるといえよう。

以下、『江西通志』『吉安府志』を参照して見ると、曾先之は、南宋の度宗《たくそう》の咸淳《かんじゅん》元年（一二六五年）に、進士に及第した。賈似道《かじどう》の独断によるモンゴルに対する屈辱講和が破れた直後であり、やがて元軍の大攻勢がおこり、十年余りののちに首都臨安《りんあん》の陥落を迎える時である。醴陵《れいりょう》（湖南省醴陵県）の県尉から、同じ湖南の提刑《ていけい》（訴訟をつかさどる官）になり、公正を称えられた。宋が滅亡すると、郷里に隠退して、元には仕えず、九十二歳で世を去った。仮に進士及第を四十歳とするならば、延祐《えんゆう》三年（一三一六年）となる。死後、郷賢《きょうけん》として祭祀されたとあるから、かなり名望があったのであろう。先にも引いたように、文天祥と交際があったが、とくに深い関係ではなかったようである。

『十八史略』の成立・テキスト

『十八史略』の成立及び最初の刊行の年代は明らかでない。ただ明代に重修された元刊本の一つに、元の大徳元年（一二九七年）と記された、豫州《よしゅう》の周天驥《しゅうてんき》の題詞があることと、やはり元の延祐《えんゆう》年間（一三一四～一三二〇年）に刊行されていることが知られており、曾先之の生卒を前節に記したように仮定するならば、その存命中のこととなる。こういった元代の版本及び明代におけるその重修本は、いずれも二巻本である。ところが現在通行しているのは、明代に入って陳殷が音釈をつけ、福建の人、劉剡《りゅうえん》が改編した七巻本である。

この二巻本と七巻本は、巻数だけでなく内容の上にもかなりな異同がある。その最大のものは、巻三の三国のはじめに劉剡自身が記すごとく、劉剡が朱子《しゅし》に影響を受けた強烈な名分意識《めいぶんいしき》、正統意識から、三国においては蜀漢《しょくかん》を正統とするよう書き改め、また二巻本ではやはり時の王朝である元に遠慮して簡略化した南宋末の文天祥らの活躍を大きくとり上げている点である。

また二巻本の巻首には、歴代の王朝の名、天子の名、その在位の干支、また歴代の国都などを、記憶に資するために歌にした「歴代国号歌」「歴代世年歌」「歴代甲子紀年」「歴

かれている。

代国都」と名づけられた、「歌括《かかつ》」と称する項目が付けられていたものが、七巻本では除

『十八史略』の刊行・渡来

前節に記したように、『十八史略』は二巻本の旧本と七巻本の通行本があるが、その著者、改編者の出身地、及び当時の出版事情からみて、江西、福建を中心にある程度の流布を見たことが推測されている。しかし、中国本土ではその刊行はほぼ明代で終わりをつげたと考えられ、現存する刊本の最後は明末の万暦《ばんれき》八年(一五八〇年)のものである。そして周知のように『十八史略』はむしろ日本において広く読まれ、流行した。

本書が日本に最初に伝来したのが何時であったかは明らかではない。現在確認できる最古の日付は、足利学校《あしかががっこう》の所蔵する元刊本の奥書に、それが後柏原天皇の大永《だいえい》六年(一五二六年)に藤原憲房《ふじわらののりふさ》の遺言によって寄贈されたとあるのがそれであり、即ち室町時代にすでに渡来していたことがわかる。そして江戸時代から幕末にかけて多くの刊本が出され、とくに明治初期には大流行を見せるのである。

『十八史略』の評価・流布

清の乾隆《けんりゅう》四六年(一七八一年)当時、集められるだけの重要な書物を、経《けい》・史《し》・子《し》・集《しゅう》

に分類して編集した『四庫全書《しこぜんしょ》』が完成した。そして同時に『四庫全書』に編入すべき書約三千五百種（存書《ぞんしょ》）と、書名と解題とのみを記録する書約六千八百種（存目《ぞんもく》）のすべてについての提要《ていよう》、即ち著者の小伝、書物の沿革、内容の概略及びその評価を記した『四庫全書総目提要』が編集された。

『十八史略』はその史部《しぶ》・別史《べつし》類存目《るいぞんもく》に収められている。恐らくは『四庫全書』編集の最高責任者であった紀昀《きいん》の意見とほぼ等しいと考えられる、その提要の本書に対する評価は、

　其書鈔節史文、簡略殊甚、前冠以歌括尤為弇陋。蓋郷塾課蒙之本、視同時胡一桂『古今通略』遜之遠矣。

（その書は、史書の文を抜き書きしたもので、簡略なことははなはだしい。とくに巻頭に歌括を置いたのは愚劣きわまりない。まずは田舎の塾の初級読本といったところであり、同時期の胡《こ》一桂《いっけい》の『古今通略』に比べれば、遠く及ばないといえよう）

というものである。歌括については「成立・テキスト」のところに記した。ちなみに胡一桂の書は、『十七史纂古今通要《じゅうしちしさんこきんつうよう》』として史部・史評類《しひょうるい》に存書として収められており、提要によれば、やはり三皇から五代までの史実を記し、それに対する論評を付したものである。

実は中国人による本書に対する古い評価は、（諸刊本の序跋や校注者が、当然のことながら賞讃している以外は）寡聞にして全く知らないのであるが、仮にタテマエとして評価させれば、ほとんどが同じようなものとなるかも知れない。正史や『資治通鑑』から、文字通りノリとハサミで作り上げたものであり、通鑑のように史実に対する鋭い見解や批判を記してもいない。歴史書としてといわれれば、評価しようにも評価のしようがないのである。

しかし、ホンネとしての、手軽さ、便利さということになれば話は別である。というより、この『十八史略』はそもそもが自己の史観を表明したり、或いは政治の鑑にするのが目的で著されたものではなく、初学者に、古代から現代（その当時の）までの歴史を、簡潔にかつ興味深く教えようとするのが撰述の目的なのであり、その限りにおいては、まことに手ぎわよくできている。前述の如く、音釈を加えたり改編したりする者が現れ、刊本がいく種類も存在するということは、本書がかなり広く、人びとから歓迎され重宝がられたことを物語っている。であればこそ存目とはいえ、紀昀からも無視されることがなかったのであろう。

そしてこれが中国の古典文化を、儒教を中心とする思想関係にやや偏って受容してきた——即ち文学・歴史はいわばその補助として、それほど厳格なタテマエを要求しなかった、過去の日本にあっては、このホンネは、より大っぴらにその場を持つことになる。

室町時代に渡来した『十八史略』は、江戸中期ごろまではむしろ稀覯本《きこうぼん》として貴重視されていたが、やがて中国の歴史を学ぶ手ごろな入門書として、各藩の藩校や地方の家塾で用いられ、さまざまな刊本が出されるようになった。そして明治初期に小中学校のいまでいう東洋史の教材として採用されるようになって、教育制度の普及に伴って、膨大な需要を生み、それは例えば那珂通世《なかみちよ》の『支那通史』(明治二一年)など、日本人の手による、新しい教材にその役割を譲ったのちは、今度は漢文の教材として現今に至るまで、われわれに親しい存在でありつづけているのである。

即ち、くりかえすことになるが、簡潔で要領よく、それでいて他の古典でしばしば引用され、また日本でもよく用いられる故事・名言のたぐいは、たんねんに拾ってある。基本的な知識をコンパクトに得るためにはまことに恰好な書であり、なまじ議論をさしはさまない点が、むしろ簡便さを増しているといえよう。

この訳注について

この翻訳にあたっては、すでに述べた『十八史略』の本来の目的を生かすことを原則とした。つまり、一読して中国の歴史の基本的な知識が得られる、という狙いである。そのためには読みやすい日本語にすることを重視して、かなり意訳をした部分や場合によってはとりあげられた故事の、原文にはない前後の事情を注ではなく、地の文として訳に組み入れた部分も多く、またある場における、とくにあることばを述べる歴史上の人物の状況や心理を、これも原文にないまま、訳文に書き加えたことも多い。そういった点では、この訳は厳密な意味では「訳」とは呼べない性格のものであることは、訳者自身、重々承知している。くり返すが、読んでいささかの興味を持ちつつ、いささかの知識を得ていただければ、それでよいのであり、勝手に加えた形容詞や心理描写は、訳者の恣意的な想像の産物として、同意なり反対なりしていただきたい。また、訳文は意訳を辞さなかった反面、とくにその部分では傍訳で原文の文字を生かしたことばを選択するよう試みた箇所がかなりある。訳者としては一つの工夫のつもりでいる。地名の現代名や出来事の年代の西暦紀元は、比較的たんねんにつけた。

文庫化にあたって

思いがけず、以前、学習研究社から出版してもらっていた、拙訳『十八史略』を部分的に収録して、ちくま学芸文庫の一冊としたいという、お申し出をいただいた。以前といっても、もうほぼ三十年前の旧訳であり、妙な喩えだが、まるで旧悪をあばかれたような気分を感じたが、といってお断りする理由とてなく、ありがたくおうけした。

ところが、ここにきて困惑する事態が起こった。旧訳から抜粋して、この節略版の構成をしてくださった三上英司先生から、「解説にかえて」の一文の中で、旧訳に対して、思いもよらぬ過分な分析をいただいていることを知ったからである。失礼を承知で編集部から送ってもらった先生の文章の言葉を使わせていただきながら弁解すると、私には「明確な歴史観」もなく、もとより「該博な知識も持ち合わせ」ていない。「読者を意識」することもなく、「自己満足に」ひたりながら、楽しく訳していた当時の自分の記憶がよみがえり、上に書いた、旧悪をあばかれたような気分が、今度は充分なリアリティをもって私を襲ったのである。

せっかく書いていただいた三上先生の文章を、まことにありがたく拝読しながら、なにか肴にしたような引用をして、申し訳なさに身の縮む思いではあるが、真から困惑した訳者の気持ちをお汲みとりいただきたい。

あらためて的確な収録部分の選択と、訳者に対する思いやりある解説文をいただいた、山形大学の三上英司先生と、お世話になった筑摩書房編集部の藤岡泰介さんとに、お礼を申し上げる次第である。

読者に対する訳者の要望は、一三頁以降に記したとおりである。中国は奥の深い国である。その奥深さを感得する一助に、本書がなることを願っている。

今西凱夫

第一部　太古から春秋・戦国時代まで

西暦前四千年ごろから、黄河流域を中心に出現しはじめた農耕村落が、統合へとむかう一つの過程として、前千五、六百年ごろ殷王朝《いんおうちょう》が成立するまで、中国は伝説的には、三皇《さんこう》五帝《ごてい》の世界であった。二十世紀に入って飛躍的に発達した考古学は、この殷を説話の世界からしだいに歴史時代へ組みこんでいったし、紂王《ちゅうおう》が酒池肉林にふけり、妲己《だっき》に溺れて国を失ったとされるとき、その説話もまた神のそれから人のそれへと転換をとげている。

しかし王朝という名目はともかく、殷もそれを継いだ西周《せいしゅう》も、中国全土を一つの政治機構として掌握したわけではなかった。とくに、北方の異民族に圧倒された西周が、洛陽《らくよう》に東遷（前七七〇年）してのちは、中国は大小多数の国が分立する時代に入り、秦《しん》の始皇帝《しこうてい》による統一にいたるまでの五百余年は、形だけの王室であった東周《とうしゅう》の名で呼ばれることは少なく、書物の名に由来する春秋《しゅんじゅう》・戦国《せんごく》の二つの時代に分けて扱われることが多い。

太古「五帝」——鼓腹撃壌

少昊金天氏《しょうこうきんてんし》

少昊金天氏《しょうこうきんてんし》、名は玄囂《げんごう》、黄帝《こうてい》の子なり。亦《ま》た青陽《せいよう》と曰《い》う。

その立つや、鳳鳥適《ほうちようたまたま》と至る。鳥を以《も》って官に紀《き》す。

即位したときに鳳凰が、時を同じくして現れたので、官名に鳥という字をつけた

少昊金天氏《しょうこうきんてんし》は名を玄囂《げんごう》といい、黄帝《こうてい》の子である。またの名を青陽《せいよう》といった。

即位のとき、ちょうど祝うかのように鳳凰《ほうおう》が出現したので、官名にみな鳥という字をつけた。

顓頊高陽氏《せんぎょくこうようし》

顓頊高陽氏《せんぎょくこうようし》は、昌意《しょうい》の子、黄帝《こうてい》の孫なり。少昊《しょうこう》に代わって立つ。少昊《しょうこう》の衰《おとろ》うるや、九黎《きゅうれい》《九人の黎と名乗る諸侯》、徳を乱し、民神雑糅《ざつじゅう》《民と神の区別がいりまじり、》して、方物《ほうぶつ》《識別ができなくなった》すべからず。顓頊之《せんぎょくこれ》を受け、乃《すなわ》ち命じて、南正《なんせい》（官名）重《ちょう》（人名）に天を司《つかさど》らしめて、以《も》って神を属《しょく》《神事をまかせ》し、火正《かせい》（官名）黎《れい》（人名）に地を司らしめて、以って民を属《しょく》《民事》し、相侵瀆《あいしんとく》《おかしけがす》する無《な》からしむ。始めて暦を作り、孟春《もうしゅん》《はじめの春》を以って元《げん》《年のはじめ》となす。(1)

帝嚳高辛氏《ていこくこうしんし》

帝嚳高辛氏《ていこくこうしんし》は、玄囂《げんごう》の子(2)、黄帝《こうてい》の曾孫《そうそん》《ひ孫》なり。生まれながらにして神霊、自《みずか》らその名を言う《自分で自分の名を》。

神との分離 暦の制定

顓頊高陽氏《せんぎょくこうようし》は、少昊《しょうこう》の弟である昌意《しょうい》の子で、黄帝《こうてい》には孫にあたる。少昊に代わって位についた。

少昊の政治がようやく衰え、黎氏《れいし》を名のる諸侯九人が、天子の尊厳をふみにじり、民と神との区別が失われて、秩序がなくなっていた。

この事態をうけて、顓頊は命令を下し、南《なん》正《せい》の重《ちょう》に天を統括させて、神に関することがらをまかせ、火《か》正《せい》の黎《れい》に地を統括させて、民に関することがらをまかせ、神と民とが互いに分を守るようにした。はじめて朝廷としての暦を制定し、春のはじめ正月を一年のはじまりとした。

帝嚳高辛氏《ていこくこうしんじ》は玄囂《げんごう》の子で、黄帝《こうてい》にはひ孫にあたる。生まれつき霊異をそなえており、生まれるなり、自分で名をなのった。顓頊《せんぎょく》に代

顓頊《せんぎょく》に代わって立つ。亳《はく》に居《お》る。

帝堯陶唐氏《ていぎょうとうとうし》

帝堯陶唐氏《ていぎょうとうとうし》は、伊祁姓《いきせい》なり。或《あるい》は曰《いわ》く、名は放勛《ほうくん》と。帝嚳《ていこく》の子なり。その仁《じん》《仁徳》、天の如《ごと》く、その知《知恵》、神の如し。之《これ》に就《つ》けば《近づけば》日の如く、之を望めば雲の如し。平陽《へいよう》に都す。茆茨《ぼうし》《軒さきのかや》剪《き》らず、土階《どかい》《土の階段が三段》三等のみ。

草有り庭に生ず。十五日以前は日に一葉を生じ、以後は日に一葉を落とす。月小《小の月》にして尽くれば、則《すなわ》ち一葉厭《かわ》きて《ひからびて》落ちず。名づけて蓂莢《めいきょう》《こよみぐさ（伝説上の草の名）》と曰《い》い、之《これ》を観《み》て以《も》って旬朔《じゅんさく》《十日とついたち》を知る。

わって位につき、亳《はく》（河南省商丘県付近）に都を置いた。

人民の登場

帝堯の治世

帝堯陶唐氏《ていぎょうとうとうし》は、姓を伊祁《いき》という。一説に名は堯ではなく放勛《ほうくん》だともいう。帝嚳《ていこく》の子である。その仁徳は天のようにすべてをおおい、その知恵は神のようにすぐれていた。身を寄せる者には太陽のように暖かい光をそそぎ、望みみる者には雲のように恵みの雨を与えた。平陽《へいよう》（山西省臨汾県付近）に都を置いた。その宮殿は茅《かや》ぶきで、軒さきを切りそろえず、きざはしも泥を固めたわずか三段という質素なものであった。

ある時、ふしぎな草が庭に生えた。月の十五日までは日に一枚ずつ葉がつき、十五日をすぎるとそれが一枚ずつ落ちる。そして小の月の終わりに、残った一枚は落ちずにそのま

天下を治《おさ》むること五十年、天下治まるか、治まらざるか、億兆《おくちょう》《万民》己《おのれ》を戴《いただ》くを願うか、己を戴くを願わざるかを知らず。左右《側近の者》に問うに知らず、外朝《がいちょう》《朝廷の役人》に問うに知らず、在野《ざいや》《民間の者》に問うに知らず。乃《すなわ》ち《そこで》微服《びふく》《いやしい服装》して康衢《こうく》《繁華な大通り》に游《あそ》ぶに、童《わらべ》の謡《うた》うを聞く。曰《いわ》く、

我が烝民《じょうみん》《多くの民のくらしが立つ》を立つる
爾《なんじ》の極《きょく》《堯の至極中正の徳》に匪《あら》ざる莫《な》し
識《し》らず知らず
帝《てい》の則《のり》《法》に順《したが》う

まひからびてしまうのである。そこでこれを蓂莢《めいきょう》と名づけ、暦のかわりとした。

天下を治めること五十年におよんで、よく治まっているのかいないのか、万民が自分を天子に戴くことを望んでいるのかいないのか、ふと分からなくなった。側近にきいてみたが分からない。朝廷の役人にきいてみたが分からない。民間の識者にきいてみたが分からない。そこで身なりをやつしてにぎやかな往来に出かけてみたところ、子どもが歌っているのをきいた。それは、

みんなが楽しく生きて行く
あなたのすぐれたおみちびき
なにも思わずつき従えば
それが天下の道となる。

というものであった。

老人有り、哺《ほ》《口中の食物》を含んで腹を鼓《う》ち（鼓腹撃壌）、壌《つち》を撃《う》って歌って曰《いわ》く、

日出《い》でて作《おこ》《はたらき》し
日入《い》って息《いこ》う
井《せい》《井戸》を鑿《うが》って飲み
田を畊《たがや》して食らう
帝力何《なん》ぞ
我に有《あ》らんや

・

華《か》《華山に遊覧した》に観《み》る。華《か》の封人曰《ほうじんいわ》《国境を守る役人》く、「嘻《ああ》。請《こ》う聖人《堯》を祝《しゅく》せん。聖人をして寿富《じゅふ》に

老人が口でもぐもぐやり、腹つづみをうち、足ぶみして調子をとりながら歌っていた。

日がのぼれば野良しごと
日がしずんでひとやすみ
井戸をほって水を飲み
田畑をたがやして米を食う
天子さまのおちからなど
べつにわしにはかかわりない

堯《ぎょう》が華山《かざん》（陝西《せんせい》省南部の山）に遊んだとき、華山の関所の役人がいった。

「ああ、どうか聖人のあなたを祝福させて下

して男子多からしめん」と。

堯《ぎょう》曰く、

「辞《じ》《辞退する》す。男子多ければ則《すなわ》ち懼《おそ》《心配》れ多く、富めば則ち事《事件》多く、寿《じゅ》《長寿》なれば則ち辱《はじ》多し」と。

封人曰く、

「天、万民を生ずるや、必ず之《これ》に職《しょく》を授く。男子多くとも之に職を授けば、何《なん》の懼れか之有らん。富むとも人をして之を分《わ》かたしめば、何《なん》の事か之有らん。天下道有《みちあ》らば、物《万物》と与《とも》に皆昌《さか》え、天下道無くんば、徳を修《おさ》めて間《かん》《閑雅な境地》に就き、千歳《せんざい》世を厭《いと》わば、去って上僊《じょうせん》《仙人になる》し、彼《か》の白雲に乗《じょう》じて、帝郷《ていきょう》《天帝の都》に至らんには、何《なん》の辱か之《これ》

さい。あなたがよわい長く、富み栄え、男の子が多くおできになるように」

　堯が答えた。

「お断りしよう。男の子が多いと気がかりが多いし、裕福だといざこざが絶えず、長生きすれば恥を重ねるだけだ」

　役人は反論した。

「天が万民を生むときには、かならずその役目をつくって与えるものです。男の子が多くとも、それぞれの役目を果たさせれば、気がかりなどあるはずがありません。裕福になっても、人びとに分けてやれば、いざこざなど起こりはしません。天下に正しい秩序が保たれていれば万物とともに栄え、乱れた世には徳を身につけて静かな境遇に身をおき、千年長寿をうけて生きるのにもあいたら、この世を去って仙人になり、あの白雲に乗って天帝のみやこを訪れるとすれば、どうして恥などうけることがありましょうか」

　堯《ぎょう》が位について七十年を経たころ、九年間

有らん」と。

堯《ぎょう》立って七十年、九年の水《洪水》有り。鯀《こん》をして之を治めしむ。九載《九年》績《さいせき》《成績》あらず。堯《ぎょう》老いて勤めに倦《う》む。四岳《しがく》《四岳の官が》(3)舜《しゅん》を挙《あ》ぐ《推挙した》。天下の事を摂行《せっこう》《代行》せしむ。

堯《ぎょう》の子丹朱《たんしゅ》、不肖《ふしょう》《親に似ない子》(4)なり。乃《すなわ》ち舜《しゅん》を天に薦《すす》む《推薦した》(5)。

堯崩《ぎょうほう》じ、舜即位《しゅんそくい》す。

帝舜有虞氏《ていしゅんゆうぐし》

帝舜有虞氏《ていしゅんゆうぐし》は姚姓《ようせい》なり。或《あるい》は曰《いわ》く、名は重《ちょう》華《か》と。瞽瞍《こそう》(6)の子にして、顓頊《せんぎょく》六世の孫なり。

父、後妻に惑《まど》い、少子象《しょうししょう》《末子》を愛し、常に舜《しゅん》を

続いて洪水にみまわれた。鯀《こん》に命じて治水させたが九年かかっても成果があがらなかった。堯も年をとって、すっかり政治にあいてきた。四岳《しがく》の官が舜《しゅん》という者を推挙してきたので、代わって天下の政務を行わせた。堯の子の丹《たん》朱《しゅ》は、父に似ずおろかであったので、堯は次の天子たるべき者として、舜を天に推薦した。こうして、堯が崩御すると、舜が天子の位についた。

禅譲と徳政

帝舜有虞氏《ていしゅんゆうぐし》は姓を姚《よう》という。一説に名は舜ではなく、重華《ちょうか》だともいう。瞽瞍《こそう》の子であり、五帝の一人顓頊《せんぎょく》の六代目の子孫にあたる。父の瞽瞍は後妻にたぶらかされ、末っ子の象《しょう》をかわいがって、す

殺さんと欲《ほっ》す。舜《しゅん》、孝悌《こうてい》《親兄弟への道》の道を尽くし、烝烝《じょうじょう》《だんだんと》として乂《おさ》《善導して》めて姦に格《いた》《姦悪にまで至らせなかった》らしめず。歴山《れきざん》(地名)に畊《たがや》すに、民皆《みな》畔《はん》《あぜ》を譲《ゆず》り、雷沢《らいたく》(地名)に漁《ぎょ》するに、人皆居《漁場》を譲り、河浜《かひん》《黄河の岸》に陶《とう》《やきものをすると》するに、器、苦《く》《粗悪》窳《ゆ》《でなくなった》せず。居《お》る所聚《ところしゅう》《集落》を成し、二年にして邑《ゆう》《町》を成し、三年にして都を成す。

堯《ぎょう》、之《これ》《舜の》が聡明《そうめい》を聞き、畎畝《けんぽ》《みぞとうね》より挙《あ》げ、妻《めあわ》すに二女《にじょ》《二人の娘》を以《も》ってす。娥黄《がこう》・女英《じょえい》(7)と曰《い》う。嬀汭《ぎぜい》《嬀水の北》に釐《おさ》《支度をととのえ降嫁させた》め降す。

遂《つい》に堯に相《しょう》《宰相》として政《まつりごと》を摂《せっ》《代行した》す。驩兜《かんとう》(人名)を放《はな》《追放し》ち、共工《きょうこう》(人名)を流し、鯀《こん》(人名)を殛《きょく》《誅殺し》し、三苗《さんびょう》(氏族名)を竄《ざん》(8)《駆逐した》す。才子八元《はちげん》《八人の善》八愷《はちがい》(9)《人と八人の温和な人》を挙《あ》げ、九官《九人の大臣》に命じ、十二牧《ぼく》《十二州の長官に相談した》に咨《はか》る。四《し》《天下》

きを見ては舜《しゅん》を殺そうとした。しかし舜は、父母に孝をつくし、兄弟をいつくしみ、だんだんと善を身につけさせ、極悪の罪をおかさせないようにした。

舜が歴山《れきざん》で農耕を始めると、人びとは田の境界を譲りあうようになり、雷沢《らいたく》で漁業を始めると、人びとは漁場を譲りあうようになり、黄河《こうが》のほとりで陶器をやき始めると、だれも粗悪なものをつくらなくなった。舜の住む所は、慕い集まる人びとで集落ができ、二年目には町となり、三年目には都会となった。

堯《ぎょう》は舜の聡明なことを耳にし、野から登用して、二人の娘、娥黄《がこう》・女英《じょえい》をめあわせることにし、婚礼支度をととのえて、嬀水《ぎすい》（河北省西部）のほとりにいた舜のもとに嫁がせた。

やがて舜は堯の宰相として、政務を代行するようになった。まず驩兜《かんとう》・共工《きょうこう》の二人を遠くに流し、鯀《こん》を誅殺し、三苗《さんびょう》族を追いはらった。そして、十六人の人格者を登用し、九人の大臣を任命し、十二州の牧（長官）からも

海《かい》の内《うち》、咸舜《みなしゅん》の功を戴《いただ》く《あがめた》。
五絃《ごげん》の琴を弾じ、南風の詩《うた》を歌い、而《しこう》して
天下治まる。詩に曰《いわ》く、

南風の薫《くん》ぜる
以《も》って吾《わ》が民の慍《いか》りを解くべく
南風の時《とき》なる《よい時期に吹く》
以って吾が民の財《ざい》を阜《ゆた》か《豊か》にすべし

時に景星《けいせい》《瑞星》出で、卿雲《けいうん》《慶雲》興《おこ》る。百工《ひゃくこう》《百官》相和《あいわ》して歌
って曰《いわ》く、

よく意見をきいた。こうして世はあげて舜《しゅん》の功徳をあおぎあがめるようになった。舜は五弦の琴をひきながら、南風の詩を歌い、そして天下はよく治まった。その詩とは、

みなみのかぜの香りの高く、
わがはらからの心はなごみ
みなみのかぜのころおいの好く、
わがはらからの富はいやます

というものであった。

そのころ、めでたい星があらわれ、めでたい雲がわき起こった。群臣たちはこれを見て、舜《しゅん》の詩に和して歌うには、

卿雲爛《らん》たり《光り輝く》
糺縵縵《きゅうまんまん》《むすぼれ、ひろがる》たり
日月光華《にちげつこうか》あり
旦《たん》《朝》復《ま》た旦

舜《しゅん》の子商均《しょうきん》、不肖《ふしょう》なり。(10)乃《すなわ》ち禹《う》を天に薦《すす》む。舜《しゅん》南に巡狩《じゅんしゅ》《巡察し》し、蒼梧《そうご》の野《や》に崩《ほう》ず。禹《う》位《くらい》に即《つ》く。

めでたい雲のあざやかに
むすぼれたなびく
日も月も華やかに
朝また朝

舜《しゅん》の子の商均《しょうきん》は、父に似ずおろかであった。舜は次の天子たるべきものとして、禹《う》を天に推薦した。舜は、南の地方を巡察していて、蒼梧《そうご》（湖南省寧遠県）の野で崩御した。禹があとを継いで即位した。

(1) 孟春を以って元となす…「孟」は、はじめ。中国では農耕の基準として暦法は特殊な意味を持ち、歴代の王朝は正月を定めることによっておのおの暦を持ち、それを一つの独自性の表れとした。ここは「春の初めの月を暦の正月元旦として定めた」という意味。

(2) 玄囂の子…「玄囂の孫」の誤り。『史記』五帝本紀に「帝嚳高辛者、黄帝之曾孫也。高辛父曰蟜極、蟜極父曰玄囂、玄囂父曰黄帝」とある。

(3) 四岳…四方の諸侯を統率する官。やはり堯の時、暦法を掌っていた羲氏・和氏の子、羲仲《ぎちゅう》・羲叔《ぎしゅく》・和仲《かちゅう》・和叔《かしゅく》の四人。

(4) 堯の子丹朱、不肖なり…丹朱は遊びまわるのが好きで、水のない所へ舟で行こうとし、また家では淫乱にふけったとされる。舜は堯から天下を譲られたが、堯の三年の喪があけると位を丹朱に譲り、自分は都から去って黄河の南に身を避けた。しかし朝臣や人民はすべて丹朱のもとへ行かず、舜のもとに集まり、丹朱をたたえず舜をたたえた。そこで舜も天命を知り、あらためて天子の位に即《つ》いた。

(5) 舜を天に薦む…天子の位は、天が自らの意志をもっともよく代行できると思う者をそれに任命する、という考えから、堯がふさわしい人物として舜を推薦したもの。このように世襲でなく徳の高い者に位を継がせることを、禅譲《ぜんじょう》という。

(6) 瞽瞍…瞽も瞍も盲目であること。『史記』五帝本紀では「瞽瞍」を「瞽叟」と作り、「舜父瞽叟盲」と記すが、一説では、目は見えるが善悪の区別ができないので、こう呼ばれたとされる。

(7) 娥黄・女英…のち舜が蒼梧《そうご》に崩じたとき、後を慕って湘水のほとりに来ていた二人は、悲しんで川に身を投じて湘水の神になったとされ、湘妃・湘君・湘夫人などと呼ばれるようになった。なお、このあたりの竹に斑《まだら》があるのは、そのときの涙によるものとされ、湘竹・涙竹などと呼ばれる。

(8) 驩兜を放ち〜三苗を竄す…驩兜・共工・鯀はいずれも堯の臣下で、三苗は荊州に住んでいた異民族。驩兜はかつて共工を堯の後継者として推薦したことがあり、また鯀も四岳の推挙によっていわば天子の業である治水をまかされたことがある。従ってこの一連の出来事は、舜がライバルを排除し声威をあげて、堯の後継者としての地位を固めたあらわれと見なすことができよう。しかし、舜がのち禅譲した禹は、鯀の子である。

(9) 八元八愷…「元」は「善」、「愷」は「和」。八元は高辛氏《こうしんし》の八人の才子、八愷は高陽氏の八人の才子で、いずれも堯がみすごして登用しないでいたのを、舜が起用したとされ、これは舜が治世の上で独自性をだしたものと見なすことができよう。

(10) 舜の子商均、不肖なり…禹もまた舜の喪があけると、商均に位を譲り、自分は都から去ったが、やはり諸侯が禹に帰服したので、あらためて天子の位に即いた。なお丹朱も商均も土地を与えられ、服装・礼楽なども天子に準じることが許され、先祖の廟を奉祀したとされる。

殷「湯王と紂王」――酒池肉林

殷王成湯《いんおうせいとう》は、子姓《しせい》なり。名は履《り》。その先《せん》《先祖》を契《せつ》と曰《い》う。帝嚳《ていこく》の子なり。母は簡狄《かんてき》、有娀氏《ゆうじゅうし》の女《むすめ》なり。玄鳥《げんちょう》《つばめ》の卵を堕《お》とすを見て、之《これ》を呑《の》み契《せつ》を生む。

唐虞《とうぐ》《堯・舜》の司徒《しと》《教育長官》となり、商《しょう》に封《ほう》ぜられ(1)、姓を賜う。昭明《しょうめい》・相士《しょうし》・昌若《しょうじゃく》・曹圉《そうぎょ》に伝え、冥《めい》と曰い、振《しん》と曰い、微《び》と曰い、報丁《ほうてい》・報乙《ほういつ》・報《ほう》丙《へい》・主壬《しゅじん》・主癸《しゅき》と曰う。主癸《しゅき》の子天乙《てんいつ》、是《これ》を

成湯の仁徳
伊尹の中興

殷《いん》の王の成湯《せいとう》は姓は子《し》で、名は履《り》である。その先祖は契《せつ》といい、帝嚳《ていこく》の子である。母の簡狄《かんてき》は有《ゆう》娀氏《じゅうし》のむすめで、つばめが卵を生みおとすのを見つけて飲み、それに感じて契を身ごもったという。契は堯《ぎょう》と舜《しゅん》のとき教育をつかさどる司徒《しと》となり、商《しょう》（陝西省商県）の地に封《ほう》ぜられ、子《し》という姓を賜った。昭明《しょうめい》・相士《しょうし》・昌《しょう》若《じゃく》・曹圉《そうぎょ》とその地位を伝え、それから冥《めい》・振《しん》・微《び》、さらに報丁《ほうてい》・報乙《ほういつ》・報丙《ほうへい》・主壬《しゅじん》・主《しゅ》癸《き》と続いた。その主癸の子の天乙《てんいつ》が、つまり湯《とう》なのである。湯の代になって亳《はく》（河南省商丘県）に居を定めた。祖先の帝嚳《ていこく》の都した地

湯《とう》となす。始《はじ》めて亳《はく》に居《お》る。先王の居《きょ》に従えるなり。

人をして幣《へい》《進物》を以《も》って伊尹《いいん》を莘《しん》に聘《へい》《迎え》せしめ、之《これ》《湯は》を夏桀《かけつ》に進む《推挙した》。用いず。尹《いん》、復《ま》た湯《とう》に帰《き》す。桀《けつ》、諫者関竜逢《かんしゃかんりゅうほう》を殺す。湯《とう》、人をして之《これ》を哭《こく》せしむ《死をいたませた》。桀《けつ》怒って湯《とう》を召し、夏台《かだい》に囚《しゅう》《閉じこめた》す。已《すで》にして《まもなく》釈《ゆる》さるるを得たり。

　湯出《とうい》でて《外出して》、網《あみ》を四面《しめん》に張り之《これ》を祝《しゅく》するもの《祈っているもの》有るを見る。曰《いわ》く、

「天従《よ》り降《くだ》り、地従《よ》り出で、四方従《よ》り来《き》たる者、皆吾《みなわ》が網に罹《か》かれ」と。

　湯《とう》曰く、

に拠《よ》ったのである。

　湯《とう》は使者を送り、礼物を贈って莘《しん》（河南省汝南県）から伊尹《いいん》という賢者を招聘《しょうへい》し、夏《か》の桀王《けつおう》に推挙した。しかし桀が登用しなかったので、伊尹はまた湯のもとに帰ってきて仕えた。桀は諫言した関竜逢《かんりゅうほう》を殺した。湯《とう》は弔問の使いを送ってその死をいたませた。桀《けつ》は怒って湯を召し出し、獄にとじこめたが、まもなく釈放した。

　湯《とう》がある日外出してみると、網を四方に張りめぐらし、祈っている者がいた。

「天から降り、地から現れ、四方からきたる者、すべてわが網にかかれ」

　湯はこれを聞くと、

「ああ、それでは取り尽くしてしまう」

　といって、三方の網を取りはずさせ、あらためて祈っていうには、

「左に行きたい者は左へ行け。右へ行きたい者は右へ行け。天の与える責めを果たさぬ者だけが、わが網に入れ」

「嘻《ああ》、之《これ》を尽《つ》くせり《取り尽くしてしまう》」と。

乃《すなわ》ちその三面を解き、改《あらた》めて祝して曰く、

「左《ひだり》せんと欲せば左せよ。右《みぎ》せんと欲せば右せよ。命《めい》を用いざる者は、吾《わ》が網に入れ」と。

諸侯之を聞きて曰《いわ》く、

「湯《とう》の徳至《いた》れり。禽獣《きんじゅう》に及ぶ」と。

伊尹《いいん》、湯《とう》に相《しょう》として桀《けつ》を伐《う》ち、之を南巣《なんそう》に放つ。諸侯、湯《とう》を尊んで天子となす。

大いに旱《ひでり》すること七年。太史《たいし》《天文官》之《これ》を占って曰《いわ》く、

「当《まさ》に人を以《も》って《人をいけにえにして》禱《いの》るべし」と。

湯《とう》曰く、

諸侯はこの話を聞いていった。

「湯《とう》の仁徳はこの上ないものとなった。禽《きん》獣《じゅう》にまで及んでいる」

伊尹《いいん》は、湯《とう》の宰相となって桀《けつ》を討伐して、南巣《なんそう》（安徽省巣県）に追放した。諸侯は湯をうやまって天子にいただいた。

ひどいひでりが七年間つづいた。太史《たいし》（天文官）が占っていうには、

「人柱《ひとばしら》をささげて雨乞いすべきでしょう」

湯《とう》はいった。

「わたしが天に祈るのは、ほかならぬ民のためなのだ。もしどうしても人柱がいるというのなら、どうか自分にならせてもらいたい」

そして斎戒沐浴《さいかいもくよく》し、爪や髪を切りおとし、白木の車に白い馬をつけ、身に白いちがやをまとい、我が身をいけにえの姿によそおって、桑林の野に祈った。そして六つの事がらで、ひでりを招いた自分の不徳を責めた。

「まつりごとに節度が失われていたのではないか。人びとに働くところが与えられていな

「吾《われ》の、為《ため》に請う所の者《もの》は民なり。若《も》し必ず人を以《も》って禱《いの》らんとならば、吾請う自《みずか》ら当たらん」と。

遂《つい》に斎戒《さいかい》して爪《つめ》を剪《き》り髪を断ち、素車《そしゃ》《白木の車》白馬、身に白茆《はくぼう》《ちがやをつけて》を嬰《か》け、身を以《も》って犠牲となし、桑《そう》林《りん》の野に禱《いの》る。六事を以って自《みずか》ら責めて曰《いわ》く、「政《まつりごと》節《せつ》あらざるか、民、職を失えるか、宮室《宮殿》崇《たか》きか、女謁《じょえつ》(2)《女官の請謁》盛んなるか、苞苴《ほうしょ》(3)《わいろ》行わるるか、讒夫《ざんぷ》《讒言をする者》昌《さか》んなるか」と。言未《げんいま》だ已《や》まざるに《そのことばが終わらないうちに》、大いに雨ふること方《ほう》数千里。

湯《とう》崩ず。太子《たいし》太丁《たいてい》早《はや》く卒《しゅつ》《亡くなった》す。次子《じし》外丙《がいへい》立つ。

かったのではないか。宮殿が壮大すぎたのではないか。女たちにあますぎたのではないか。賄賂が行われていたのではないか。讒言《ざんげん》がはびこっていたのではないか」

そのことばがまだ終わらないうちに、数千里四方にわたって、大雨が降った。

湯《とう》が崩御した。皇太子の太丁《たいてい》は位を継がないうちに亡くなったので、次子の外丙《がいへい》が即位したが二年で崩御した。弟の仲壬《ちゅうじん》が即位し、これも四年で崩御した。太丁《たいてい》の子の太甲《たいこう》があとを継いだが、道理をわきまえず愚昧であったので、伊尹《いいん》は湯の墓のある桐《とう》（山西省臨猗県）の行宮《あんぐう》に太甲を放逐した。太甲は先王の喪に服すること三年、過ちを深く悔い、自分を責めるようになった。そこで伊尹はまた太甲を天子として奉戴して都の亳《はく》に帰し、徳のある政治をしたので、諸侯も再び王室に帰服した。

太甲ののち、沃丁《よくてい》・太庚《たいこう》・小甲《しょうこう》・雍己《ようき》とつづき、太戊《たいぼ》の代に至った。この時、亳《はく》に妖異《ようい》

二年にして崩ず。弟仲壬《ちゅうじん》立つ。四年にして崩ず。太丁《たいてい》の子太甲《たいこう》立つ。不明《暗愚であった》なり。伊尹之《いいんこれ》を桐宮《とうきゅう》《桐という所の宮殿》に放つ。憂《うれ》いに居《お》ること《喪に服すること》三年、過ちを悔い自ら責む。尹乃《いんすなわ》ち奉じて亳《はく》に帰《かえ》し徳を修む。諸侯之に帰《き》す《帰服した》。

太甲自《たいこうよ》り沃丁《よくてい》・太庚《たいこう》・小甲《しょうこう》・雍己《ようき》を歴《へ》て太《たい》戊《ぼ》に至る。亳《はく》に祥《しょう》《妖兆》あり、桑穀《そうこく》《桑とこうぞ》、朝《ちょう》《朝廷》に共生す。一《いち》日《にち》の暮れに大いさ拱《きょう》《ひとかかえ》なり。伊陟曰《いちょくいわ》く、「妖《よう》は徳に勝たず。君それ徳を修めよ」と。太戊《たいぼ》、先王の政《まつりごと》を修む。二日にして祥《しょう》《怪し》桑《そう》《い桑の木》(4)枯死《こし》す。殷道《いんどうま》《殷道は》復た興《おこ》る。号して中宗《ちゅうそう》と称す。

がおこった。御所の庭で、桑とこうぞが一つの根から生え、その日の夕方にはひとかかえほどに生長した。伊尹《いいん》の子伊陟《いちょく》が忠言した。「どんな妖異も徳には勝てません。わが君よ、ひたすら徳を身におつけ下さい」

太戊《たいぼ》はそこで先王のまつりごとをふみ行ったところ、次の日に妖木は枯れてしまった。こうして殷《いん》の政道は再び盛んになった。太戊は中興の君主として亡くなった後《のち》、中宗《ちゅうそう》と称せられた。

太戊のあと、仲丁《ちゅうてい》・外壬《がいじん》を経て河亶甲《かたんこう》の代になって、黄河の決壊から逃れて都を相《しょう》（河南省安陽県付近）へ移した。次の祖乙《そいつ》のときに、さらに耿《こう》（山西省吉県付近）に遷都したが、耿も水害で壊滅してしまった。ついで祖《そ》辛《しん》・沃甲《よくこう》・祖丁《そてい》・南庚《なんこう》・陽甲《ようこう》と続き、盤庚《ばんこう》の治世のとき、耿からまた故都の亳《はく》に帰った。盤庚の時世はまた殷《いん》の政道が三たびさかんになった。

盤庚から小辛《しょうしん》・小乙《しょういつ》を経て武丁《ぶてい》の代となっ

太戊《たいぼ》自り仲丁《ちゅうてい》・外壬《がいじん》を歴《へ》て河亶甲《かたんこう》に至り、水患《すいかん》《水害》を避けて相《しょう》に遷《うつ》る。祖乙《そいつ》に至って耿《こう》に居《お》り、又《ま》た、耿《こう》に圮《やぶ》《破壊された》る。祖辛《そしん》・沃甲《よくこう》・祖丁《そてい》・南《なん》庚《こう》・陽甲《ようこう》を歴て盤庚《ばんこう》に至り、耿《こう》自り復《ま》た亳《はく》に遷る。殷道《いんどう》復《ま》た興る。

盤庚《ばんこう》自り小辛《しょうしん》・小乙《しょういつ》を歴《へ》て武丁《ぶてい》に至る。夢に良弼《りょうひつ》《よい補佐役》を得《え》て説《えつ》と曰《い》う。説《えつ》、胥靡《しょび》《四人》となり、傅《ふ》巌《がん》に築《きず》《道路をつくっていた》く。求めて之を得て、立てて相《しょう》《宰相》となす。

武丁《ぶてい》、湯《とう》を祭る。飛雉《ひち》《きじが飛んできて》有り、鼎《かなえ》に升《のぼ》って雊《な》《鳴い》く《た》。武丁《ぶてい》懼《おそ》れて己《おのれ》に反《かえ》る。殷道《いんどう》復《ま》た興る。号して高宗《こうそう》と称《しょう》す。

武丁《ぶてい》自り祖庚《そこう》・祖甲《そこう》・廩辛《りんしん》・庚丁《こうてい》を歴《へ》て武《ぶ》

た。武丁は説《えつ》という名のすぐれた補佐役を得た夢を見た。説はその時、囚人として傅巌《ふがん》（山西省平陸県付近）で道づくりをしていたが、武丁は臣下に捜しださせ、召し出して宰相に取り立てた。

　武丁《ぶてい》がある時、湯王《とうおう》を祭って自分の徳を湯になぞらえていると、雉《きじ》が飛んできて鼎《かなえ》の耳にとまって鳴いた。武丁はそれを天の咎《とが》めだとおそれ、身のほどをかえりみた。この時世、殷の政道は四たびさかんになり、武丁は死後、高宗《こうそう》と称せられた。

　武丁から祖庚《そこう》・祖甲《そこう》・廩辛《りんしん》・庚丁《こうてい》とつづき、武乙《ぶいつ》が位についた。武乙は無道の君主であった。人形をつくって天帝に見たて、これとすごろくをした。つまり臣下に命じて代わりにさいをふらせ、自分が勝つと、天帝をあざけりののしった。また、革の袋に血を満たして高い所につるし、下から矢を射て、「天を射る」と称した。猟に出たところを、にわかの雷に打たれて、ふるえ死にをした。

乙《いつ》に至る。無道《むどう》なり。偶人《ぐうじん》《人形》を為《つく》って之《これ》を天神《てんしん》と謂《い》い、之と博《はく》《双六をした》す。人をして為《ため》《代わりに》に行《おこな》わしめ、天神勝たざれば、乃《すなわ》ち之《これ》を僇辱《りょうじょく》《はずかしめた》す。革嚢《かくのう》を為《つく》って血を盛り、仰いで之を射る。命《なづ》《命名して》けて「射天」と曰《い》う。

出《い》でて猟し、暴雷《急雷》の為に震死す。

太丁《たいてい》・帝乙《ていいつ》を歴《へ》て帝辛《ていしん》に至る。名は受《じゅ》。号して紂《ちゅう》となす。資弁捷疾《しべんしょうしつ》《天性、能弁で敏捷であり》、猛獣を手格《しゅかく》《手でやっつけた》す。智は以《も》って諫《かん》を拒《ふせ》ぐに足《た》り、言は以《も》って非を飾《かざ》るに足る。

始めて象箸《ぞうちょ》《象牙の箸》を為《つく》る。箕子《きし》歎《たん》じて曰《いわ》く、

紂の酒池肉林
ふたたび傾国

その後、太丁《たいてい》・帝乙《ていいつ》を経て、帝辛《ていしん》に至った。名は受《じゅ》で、紂《ちゅう》と呼ばれる。生まれつき弁舌にすぐれ、身のこなしもすばやく、素手で猛獣を打ちひしいだ。頭が鋭いので、臣下の諫言もききめがないし、言葉がうまいので、自分の非もいいくるめてしまう。

紂ははじめて象牙《ぞうげ》で箸《はし》をつくった。それを

「彼《かれ》、象箸《ぞうちょ》を為《つく》る。必ず盛るに土簋《どき》《土器の碗》を以《も》ってせず、将《まさ》に玉杯《ぎょくはい》を為《つく》らんとす。玉杯象箸、必ず藜藿《れいかく》《あかざと豆の葉を吸物》を羹《あつもの》にし、短褐《たんかつ》《短い粗織りの衣服》を衣《き》て、茆茨《ぼうし》《かやぶき》の下《もと》に舎《やど》《住む》らざらん《ことはないだろう》。則《すなわ》ち錦衣九重《きんいきゅうちょう》、高台広室、此《これ》に称《かの》《ふさわしいものを》うて以《も》って求めば、天下も足らざらん《天下の富も足らないだろう》」と。紂《ちゅう》、有蘇氏《ゆうそし》を伐《う》つ。有蘇《ゆうそ》、妲己《だっき》を以《も》って、焉《これ》《妾として献上した》に女《めあわ》す。寵《ちょう》有り。その言皆《みな》従う。賦税を厚くして、以《も》って鹿台《ろくだい》の財を実《み》たし、鉅橋《きょきょう》の粟《ぞく》《穀物》を盈《み》たす。沙丘《さきゅう》の苑台《えんだい》《庭園・宮殿を拡張し》を広め、酒を以って池となし、肉を懸《か》けて林となし《(酒池肉林)》、長夜《ちょうや》の飲《いん》をなす。

百姓《ひゃくせい》《民衆》怨望《えんぼう》し、諸侯畔《そむ》く者有り。紂乃《ちゅうすなわ》ち刑辟《けいへき》《刑罰》

耳にして叔父《おじ》の箕子《きし》が嘆いた。

「箸を象牙でつくったからには、碗皿《わんざら》にかわらけを使うはずがない。きっと玉の杯をつくるにちがいない。玉の杯に象牙の箸とくれば、もう野草を吸物にして、粗織りの衣服をつけ、かやぶきの家に住むとは考えられない。錦のころもを重ね、高い宮殿に広い部屋と、つりあうものつりあうものと欲しがっていけば、天下の富を取り尽くしても足りることはあるまい」

紂《ちゅう》は諸侯の有蘇氏《ゆうそし》を討伐し、有蘇氏は妲己《だっき》という美女を妾にさし出した。紂は妲己を寵愛し、なんでも言うことを聞いた。税金を重くして、鹿台《ろくだい》（河南省淇県）の倉を財宝で、鉅橋《きょきょう》（河北省曲周県付近）の倉を穀物でいっぱいにした。沙丘《さきゅう》（河北省平郷県付近）の離宮をさらに広くし、酒をたたえて池にし、肉をつるして林にし、夜を徹して飲みつづけた。

人びとは怨《うら》み、諸侯の中にそむく者があらわれた。紂はそこで刑罰をきびしくした。銅

を重くす。銅柱を為《つく》り、膏《あぶら》を以って之《これ》に塗り、炭火《たんか》の上に加え、罪有る者をして之《これ》に縁《よ》らし《その上をわたらせた》む。足滑《なめ》らかにして跌《つまず》いて火中に墜《お》つ。妲己《だっき》と之《これ》を観《み》て大いに楽《たの》しみ、名づけて炮烙《ほうらく》《火あぶりの刑》の刑と曰《い》う。淫虐《いんぎゃく》甚《はなは》だし。

庶兄《しょけい》《異母兄》微子《びし》(5)数〻《しばしば》諫《いさ》むれども従わず。之《これ》を去る《微子は紂から》。比干《ひかん》諫め、三日去らず。紂《ちゅう》怒って曰《いわ》く、「吾《われ》聞く、聖人の心《むね》《心臓》には七竅《しちきょう》《七つの穴》あり」と。剖《さ》いてその心《むね》を観《み》る。

箕子《きし》、佯《いつわ》り狂して奴《ど》《奴隷》となる。紂之《ちゅうこれ》を囚《とら》う。

殷《いん》の大師《たいし》《楽官長》、その楽器・祭器を持《じ》《護持して》して周《しゅう》に奔《はし》る。

周侯昌《しゅうこうしょう》及び九侯《きゅうこう》・鄂侯《がくこう》、紂《ちゅう》の三公たり。

の柱をつくってあぶらをぬり、炭の火の上にさしわたして、罪人にその上をつたわらせた。足がつるつるするものだからふみはずして火の中に落ちる。紂《ちゅう》は「炮烙《ほうらく》の刑」と名づけ妲《だっ》己《き》とそれを観《み》るのをなによりの楽しみとした。こうして紂は淫虐《いんぎゃく》のかぎりをつくした。

妾腹の兄の微子《びし》はくりかえし諫めたがきき入れないので、紂《ちゅう》のもとを去った。叔父の比《ひ》干《かん》は三日のあいだ諫めつづけて立ち去らなかった。紂はかっとなって、

「聞いた話では、聖人の心臓には七つ穴があるそうだな」

というや、比干を切り裂いて心臓をえぐり出した。

叔父の箕子《きし》は狂人をよそおい、奴隷に身をやつしたが、紂はこれもとらえて牢に入れた。殷《いん》の大師（楽官の長）は、朝廷の楽器・祭器をまもって周《しゅう》の国に亡命した。

のちの周の文王である周侯《しゅうこう》の昌《しょう》と、九侯《きゅうこう》・鄂侯《がくこう》がそのころの紂の三公であった。紂がそ

紂《ちゅう》、九侯《きゅうこう》を殺す。鄂侯《がくこう》争《諫争した》う。幷《なら》びに之を脯《ほ》《乾肉》にす。昌《しょう》聞きて歎息す。紂《ちゅう》、昌《しょう》を羑里《ゆうり》に囚《とら》う。昌《しょう》の臣散宜生《さんぎせい》、美女珍宝を求めて進《献上した》む。紂《ちゅう》、大いに悦《よろこ》び、乃《すなわ》ち昌《しょう》を釈《ゆる》す。昌退《しょうしりぞ》いて徳を修む。

諸侯多く紂《ちゅう》に叛《そむ》きて之に帰《帰服した》す。昌卒《しょうしゅつ》《死んだ》す。子、発《はっ》立つ。諸侯を率《ひき》いて紂《ちゅう》を伐《う》つ。紂《ちゅう》、牧野《ぼくや》に敗れ、宝玉を衣《き》《身につけて》て自ら焚死《ふんし》《焼け死んだ》す。殷亡《いんほろ》ぶ。

の九侯を殺した。鄂侯がきびしくなじると、紂はこれも殺して、いっしょに乾肉《ほしにく》にしてしまった。それを聞いた昌《しょう》が嘆息すると、紂は、昌を羑里《ゆうり》（河南省湯陰県付近）に幽閉した。心配した昌の家臣の散宜生《さんぎせい》は、美女や珍宝を探し求めて、紂に献上した、紂はだらしなく喜んで、昌を釈放した。昌は自分の領地にもどって、そこでよい政治につとめた。

諸侯の多くは、しだいに紂《ちゅう》を見限って、昌《しょう》に心を寄せるようになった。昌が世を去ると、のちの周《しゅう》の武王《ぶおう》である子の発《はっ》があとを継ぎ、諸侯を率いて紂を伐《う》った。牧野《ぼくや》（河南省淇県付近）の戦いで大敗した紂は、集めた宝玉を身にまとうと、自ら火に投じて焼け死んだ。こうして殷《いん》は滅んだ。

（1）商に封ぜられ…「商」は今の河南省安陽県小屯。その遺跡が殷墟である。湯が桀を滅ぼして天子になった時、国号をまず商と称したので、殷のことをまた商ともいう。

（2）女謁…女官などが君主の寵愛をたのんで、謁見して頼みごとをすること。

（3）苞苴…「苞」はみやげものを包む草。「苴」はそれを敷く草。ひいて贈答品や賄賂《わいろ》のこと。

（4）祥桑…「祥」は日本では多くめでたい場合に用いるが、中国語としては吉凶にかかわらず将来のしらせ、きざしに用いる。ここでは凶兆と考えられる桑。

（5）微子…名は啓《けい》で、微子啓ともいう。帝乙の長子であったが母の身分が賤しかったので位をつぐことができなかった。紂が滅んでのち、周公から殷のあとをつぐものとして宋に封ぜられた（『史記』宋微子世家）。

周「太公望と周公旦」——周の粟を食らわず

周《しゅう》の武王《ぶおう》は、姫姓《きせい》なり。名は発《はつ》。后稷《こうしょく》の十六世の孫なり。后稷《こうしょく》、名は棄《き》。棄《き》の母を姜嫄《きょうげん》と曰《い》う。帝嚳《ていこく》の元妃《げんぴ》《正皇后》たり。

野に出《い》でて巨人の跡《足跡》を見、心欣然《きんぜん》《喜んで》として之《これ》を践《ふ》み、棄《き》を生む。(1) 以って不祥《ふしょう》《めでたくない》となし、之を隘巷《あいこう》《狭い路地》に棄《す》つ。馬牛避けて践《ふ》まず。徙《うつ》して山林に置く。適《たまたま》林中人多き《人が多い時にぶつかった》に会《かい》す。之《これ》を氷上に遷《うつ》す。鳥之を覆《おお》い翼《たす》く。以《も》って神となし、遂《つい》

古公岐山に
周を立つ

周《しゅう》の武王《ぶおう》は姓が姫《き》で、名は発《はっ》で、后稷《こうしょく》の十六代目の孫にあたる。后稷は名は棄《き》で、母は姜嫄《きょうげん》という帝嚳《ていこく》の正妃であった。ある日、野に出て巨人の足跡を目にすると、胸がふるえるような喜びを感じてそれを踏みつけ、感応して棄を生んだのである。これが不吉であるというので、この子を狭い路地裏に棄てた。ところが馬や牛が避けて踏みつけない。所を変えて山林の中へ置こうとすると、ちょうど林の中に人が大ぜい出ている時にぶつかった。そこで氷の上に移してみると、鳥がやってきて羽で覆って温めた。ふしぎな気持ちに打たれて、

に之を収《おさ》む。

　児《こ》たりし時、屹《きつ》として《高くぬきんでて》巨人《大人物》の志《こころざし》の如《ごと》し。その游戯は種樹《しゅじゅ》を《木を植えることを》好む。成人するに及んで、能《よ》く地の宜《よろ》しきを相《そう》し、民に稼穡《かしょく》《農事》を教う。陶《とう》《堯・》唐虞《とうぐ》《舜・禹》夏《か》の際に興《おこ》り《出世して》、農師《農務の長官》となり、邰《たい》に封《ほう》ぜらる。その姓を別《わか》ち、后稷《こうしょく》と号す。

　卒《しゅっ》す。子不窋《ふちゅっ》立つ《即位した》。夏后氏《かこうし》の政《まつりごと》衰え、不《ふ》窋《ちゅっ》その官を失いて、戎狄《じゅうてき》《異民族の名》の間に奔《はし》る《逃亡した》。不窋《ふちゅっ》卒す。子鞠《きく》立つ。鞠《きく》卒す。子公劉《こうりゅう》立つ。復《ま》た后稷《こうしょく》の業を修め、畊種《こうしゅ》《農事》に務《つと》む。百姓《ひゃくせい》之に懐《なつ》く[2]。

　公劉卒《こうりゅうしゅっ》す。子慶節《けいせつ》立つ。豳《ひん》に国《くに》す。皇僕《こうぼく》・参弗《しんふつ》・毀隃《きゆ》・公非《こうひ》・高圉《こうぎょ》・亜圉《あぎょ》・公叔鉏《こうしゅくしょ》を歴《へ》

姜嫄《きょうげん》はとうとうこの子を拾いあげてつれて帰った。

　棄《き》は幼少のころからずばぬけてすぐれ、大人物のような考え方をしていた。遊びにしても木を植えることに熱中し、成人してからは地味のよしあしを見わけて、人びとに農事を教えた。堯《ぎょう》・舜《しゅん》・禹《う》の時代に身をおこし、農務の長官となり、邰《たい》（陝西省武功県）に封《ほう》ぜられた。そして、別姓であった姫氏を名のり、后稷《こうしょく》と称した。

　后稷が世を去って子の不窋《ふちゅっ》が継いだ。その頃、夏《か》の政治が乱れ、不窋は職を罷免されて、異民族のところに逃れた。不窋が死んで子の鞠《きく》があとを継ぎ、鞠が死んで子の公劉《こうりゅう》がそのあとを継いだ。公劉はふたたび后稷の遺業に心を寄せ、農事につとめたので、人びとは慕い親しんだ。

　公劉が死に、子の慶節《けいせつ》が立って、豳《ひん》（陝西省栒邑県付近）に国を定めた。その後、皇《こう》僕《ぼく》・参弗《しんふつ》・毀隃《きゆ》・公非《こうひ》・高圉《こうぎょ》・亜圉《あぎょ》・公叔鉏《こうしゅくしょ》

て、古公亶父《ここうたんぽ》に至る。獯鬻之《くんいくこれ》《異民族》を攻む。豳《ひん》を去り、漆沮《しつしょ》《漆水・沮水》を渡り、梁山《りょうざん》を踰《こ》え、岐山《きざん》の下に邑《ゆう》《町を》して《つくって》焉《これ》に居《お》る。(3)豳人《ひんひと》曰《いわ》く、

「仁人《じんじん》《仁愛のある君》なり、(4)失うべからず」と。

老を扶《たす》け幼《よう》《子ども》を携《たずさ》えて、以《も》って従う。他の旁《ぼう》《近く》国皆之《こくみなこれ》《の国々》に帰す《帰服した》。

古公《ここう》の長子は太伯《たいはく》。次《次男》は虞仲《ぐちゅう》。その妃太《たい》姜《きょう》、少子《末子の》季歴《きれき》を生む。季歴《きれき》、太任《たいじん》を娶《めと》って昌《しょう》を生む。聖瑞《せいずい》《聖人誕生の瑞兆》有り。(5)太伯《たいはく》・虞仲《ぐちゅう》、古公《ここう》の季歴《きれき》を立てて以って昌《しょう》に伝えんと《王位を伝えたいと》欲《ほっ》するを知り、乃《すなわ》ち荊蛮《けいばん》《南方の蛮地》に如《ゆ》き、髪を断ち身に文《ぶん》し《いれずみして》、以って季歴《きれき》に譲《ゆず》る。

とうけ継がれて、古公亶父《ここうたんぽ》の代になった。この時、北方から異民族の獯鬻《くんいく》が攻めてきた。古公は豳《ひん》の地を放棄し、漆《しつ》・沮《しょ》の二つの河を渡り、梁山《りょうざん》（陝西省北部）を越えて岐山《きざん》（陝西省中部）のふもとに町を作ってそこに住みついた。豳の人びとは、

「仁慈《じんじ》深い君だ。離れてはならない」

といって、老人をたすけ、子どもを引きつれて、つき従い、近隣の諸国も残らず慕い寄ってきた。

古公《ここう》の長男は太伯《たいはく》、次男は虞仲《ぐちゅう》といった。その後、正妃の太姜《たいきょう》から末子の季歴《きれき》が生まれた。季歴は摯人氏《しじんし》のむすめの太任《たいじん》を娶《めと》り、昌《しょう》を生んだ。その時、聖人が世にあらわれたという瑞兆《ずいちょう》があった。太伯と虞仲は、古公が末子の季歴をまず位に即け、ゆくゆく昌《しょう》にあとを継がせたいという気持ちであることを察すると、南方の未開地に赴き、南の風習に従って髪を切りいれずみをし、住みついて周《しゅう》に帰らないことによって、季歴に位を譲ったので

古《こ》公卒《こうしゅつ》す。公季《こうき》立つ。公季《こうき》卒す。昌《しょう》立つ。西伯《せいはく》（西方の長）となる。西伯《せいはく》、徳を修め、諸侯之《これ》に帰す。虞《ぐ》・芮《ぜい》、田を争い、決すること能《あた》わず。乃《すなわ》ち周《しゅう》に如《ゆ》く。界《かい》（国境）に入って見るに、畊《たがや》す者皆畔《みなあぜ》を遜《ゆず》り、民の俗（習俗）皆《みな》長（年長者）に譲る。二人慙《は》じ、相謂《あいい》いて曰《いわ》く、

「吾《わ》が争う所は、周人《しゅうひと》の恥ずる所なり」と。

乃《すなわ》ち西伯《せいはく》に見《まみ》えず（謁見しないで）して還《かえ》り、倶《とも》にその田を譲りて取らず。

漢《かん》（漢水）の南、西伯《せいはく》に帰する（なつき従う）者四十国。皆以って受命《じゅめい》の君《きみ》（天命を受けた君主）となす。天下を三分《さんぶん》して、その二を有《たも》つ。

あった。

こうして古公が亡くなると季歴が立ち、季歴が亡くなって昌が立ち、西伯《せいはく》（西方の国々の首領）の代となった。西伯は、徳ある政治につとめたので、諸侯はすっかり心服した。

ある時、虞《ぐ》（山西省永済県付近）と芮《ぜい》（山西省芮城県付近）の二国が土地を争い、話し合いがつかなかった。そこで周《しゅう》に行って裁決をしてもらうことにした。ところが周の国内に入ってみると、土地を耕す者はそのさかいを譲り合っているし、人びとの習俗はすべて年長者を立てている。二国の君主はすっかり恥じいり、口ぐちに、

「われわれの争いなど、周の人びとから見れば軽蔑《けいべつ》されるだけのことだ」

というと、西伯《せいはく》に会うこともやめて引き返し、たがいに相手に土地を譲ろうとした。

漢水《かんすい》の南、中国の南方の地域でも、四十もの国が西伯になびくようになり、みな西伯を天子となる天命を受けた君主と見なした。こ

呂尚《りよしよう》(6)なる者有り。東海《とうかい》の上《ほとり》の人なり。窮困《きゆうこん》して年老《としお》い、漁釣《ぎよちよう》して周《しゆう》に至る。西伯《せいはく》、将《まさ》に猟せんとし、之を卜《ぼく》《占った》す。曰《いわ》く、「竜《りゆう》に非《あら》ず、彲《ち》《みずち》に非ず、熊《ゆう》に非ず、羆《ひ》《ひぐま》に非ず、虎に非ず、貔《ひ》《ひよう》に非ず。獲《う》る所は覇王《はおう》の輔《ほ》《補佐》ならん」と。

果たして呂尚《りよしよう》に渭水《いすい》の陽《よう》(7)《北岸》に遇《あ》う。与《とも》に語りて大いに悦《よろこ》んで曰《いわ》く、「吾《わ》が先君太公自《たいこうよ》り曰《い》う、「当《まさ》に聖人有りて周《しゆう》に適《ゆ》くべし。周因《しゆうよ》《それによって》って以《も》って興《おこ》らん」と。子《し》《あなたこそまさしく》は真《まこと》に是《これ》か。吾が太公《たいこう》、子を望む《待ち望む》こと久

うして西伯は、中国を東・南・西の三方面に分けたうち、南と西の二つをその下に収めるようになった。

西伯渭水に太公望に会う

呂尚《りよしよう》という者がいた。東方の海に近い所の人であったが、困窮して老年を迎え、釣りをして魚をとりながら、黄河《こうが》沿いに周《しゆう》の地にやってきた。ある日、西伯《せいはく》は猟に出ようとして占ったところ、占いに、

「竜でなく、蛟《みずち》でなく、熊でなく、羆《ひぐま》でなく、虎でなく、豹でなく、獲物は天下に覇《は》をとなえる王をたすける臣であろう」

とあった。


さて猟に出てみると、渭水《いすい》(陝西省中部の川)の北の岸で呂尚《りよしよう》と出会った。西伯は呂尚と語り合って、すっかり満足していうには、

「先君の太公《たいこう》のころより「聖人があらわれて周《しゆう》に来られ、周はそのおかげで栄えるであろう」といい伝えられている。あなたこそその

し」と。故《ゆえ》に之を号して、太公望《たいこうぼう》と曰《い》い、載《の》せて与《とも》に倶《とも》に帰る。立てて《とり立てて》師《軍師》となし、之《これ》を師尚父《ししょうほ》と謂《い》う。

西伯卒《せいはくしゅつ》す。子発《はつ》立つ《即位した》。是を武王《ぶおう》となす。東のかた兵を観《しめ》して《兵威を示して》盟津《もうしん》に至る。白魚《はくぎょ》、王《おう》の舟中に入《い》る。王、俯《ふ》して取って以《も》って祭る。既《すで》《渡り》に渡る《おわった》。

火有り《天から火が》、上自《よ》り下に復《かえ》り、王の屋に至って、流れて烏《からす》となる。その色《いろ(8)》赤、その声魄《はく》たり《きびしかった》。是《こ》の時諸侯、期《き》せずして《約束もないのに》会する者八百。皆曰《みないわ》く、「紂《ちゅう》、伐《う》つべし」と。王、可《き》かず《聞き入れず》。引きて

人ではなかろうか。どんなにか長く、あなたの来られるのを太公は待ち望んでおられたことか」

そこで、「太公望《たいこうぼう》」という号をあたえ、いっしょに車に乗せてつれ帰った。そして軍師としてとり立て、「師尚父《ししょうほ》(父として尚《たっと》ぶ師)」と呼んで敬った。

西伯《せいはく》が死去し、子の発《はつ》が即位した。これが武王《ぶおう》である。武王は武力を誇示するために東に進み、黄河《こうが》の渡し場の盟津《もうしん》(河南省孟県)までやってきた。河を渡っていると、殷《いん》王朝の色である白色の魚が武王《ぶおう》の舟の中に飛びこんできた。武王が身をかがめて拾いあげ、神に捧《ささ》げて祭った。

上陸したあと、こんどは天から一点の火が飛び下り、武王の陣屋まで来て、さっと横に流れたかと思うと烏になった。色は赤で、声にはほとばしるようなひびきがあった。この時、とくにいいかわしたわけでもないのに八百にのぼる諸侯が馳せ参じた。口をそろえて

帰る。

紂《ちゅう》悛《あらた》めず。王乃《すなわ》ち紂《ちゅう》を伐《う》つ。西伯《せいはく》の木主《ぼくしゅ》《位牌》を載せて以って行く。伯夷《はくい》・叔斉《しゅくせい》(9)、馬を叩《ひか》《引きとめて》えて諫めて曰《いわ》く、

「父死して葬《ほうむ》らず、爰《ここ》に干戈《かんか》《戦争》に及ぶ、孝と謂《い》うべけん乎《や》。臣を以って君を弑《しい》《主君を殺そうとする》す、仁と謂《い》うべけん乎《や》」と。

左右《側近の者》之《これ》を兵《へい》《武器で殺そうと》せんと欲《ほっ》す。太公《たいこう》曰《いわ》く、「義士なり」と。扶《たす》けて之を去らしむ。王既《おうすで》に殷《いん》を滅ぼして天子《てんし》となる。古公《ここう》を追尊《ついそん》《死後尊称して》して太王《たいおう》となし、公季《こうき》《季歴》を王季《おうき》となし、西伯《せいはく》を文王《ぶんおう》となす。


「いまこそ紂《ちゅう》を伐つときです」と言った。しかし武王はそれに応ぜず、兵をつれて引きあげた。

武王殷を滅ぼし伯夷叔斉山に飢う

そののち、紂《ちゅう》は行いをあらためることがなく、武王《ぶおう》はついに紂を討つ決意を定め、西伯《せいはく》の位牌《いはい》を車に乗せて出発しようとした。伯夷《はくい》・叔斉《しゅくせい》という兄弟が、武王の馬にとりすがって諫めた。

「お父上がなくなられてまだお墓も営《いとな》まないうちに戦を起こそうとする。孝といえましょうか。臣下の身のうえで主君を殺そうとする。仁といえましょうか」

側近の者が二人に向かって刀をふり上げた。太公《たいこう》はそれをおしとどめ、「義の人だ」といい、介添をつけたうえで立ち去らせた。武王《ぶおう》はやがて殷《いん》を滅ぼして天子《てんし》となった（前一〇二七年）。そして曾祖父の古公亶父《ここうたんぽ》に太王《たいおう》、祖父の季歴《きれき》に王季《おうき》、父の西伯に文王《ぶんおう》と、それ

天下、周《しゅう》を宗《そう》とす。
伯夷《はくい》・叔斉《しゅくせい》之を恥じ、周《しゅう》の粟《ぞく》《俸禄》を食らわず、
首陽山《しゅようざん》に隠る。歌を作って曰《いわ》く、

彼《か》の西山《せいざん》《首陽山》に登り
その薇《び》《ぜんまい》を采《と》る
暴を以って暴に易《か》え
その非を知らず
神農虞夏《しんのうぐか》《神農・舜・禹》
忽焉《こつえん》《たちまち》として没す
我安《いずく》にか適帰《てきき》《身を落ち着けよう》せん
于嗟《ああ》徂《ゆ》《死の世界へ行こう》かん

ぞれ天子としての称号を追贈し、天下はすべて周を宗主として仰ぐようになった。
伯夷《はくい》と叔斉《しゅくせい》は、力で天子となった周《しゅう》のもとにいることを恥じ、周の粟《ぞく》を食《は》むことをいさぎよしとせず、首陽山《しゅようざん》（山西省西部にある山）の奥に入って世をのがれ、こんな歌をつくった。

かの西山にのぼり
薇《び》をとってくらす
力で力をおさえつつ
その非をさとらぬかの武王
ああ、古き聖王の道は
たちまちに滅び去り
身を寄せる辺もなく
ああ、かの岸へ赴こう
わがさだめは尽きた

こうして二人は餓えて死んだ。

命《めい》の衰えたるかな

遂《つい》に餓《う》えて死す。

武《ぶ》王崩《おうほう》ず。太子誦《しょう》立つ。是《これ》を成王《せいおう》となす。成王幼《せいおうおさな》し。周公《しゅうこう》、冢宰《ちょうさい》《大宰相》に位《くらい》して政《まつりごと》を摂《せつ》す。管叔《かんしゅく》・蔡叔《さいしゅく》流言して曰《いわ》く、

「公《こう》、将《まさ》に孺子《じゅし》《幼児》に利あらざらんとす」と。

武庚《ぶこう》と乱を作《な》す。武庚《ぶこう》とは、武王《ぶおう》の立つる所の、紂《ちゅう》の子、禄父《ろくほ》にして、殷《いん》の後《のち》《後継者》となりし者なり。周公《しゅうこう》、東征して武庚《ぶこう》・管叔《かんしゅく》を誅し、蔡叔《さいしゅく》を放《はな》《追放した》つ。王長《ちょう》じて周公《しゅうこう》政《まつりごと》を帰《き》《奉還した》す。

成王の天下
周公の輔佐

武《ぶ》王《おう》が崩《ほう》ずると、太子の誦《しょう》が即位した（前一〇二五年）。これが成王《せいおう》である。成王はまだ幼少だったので、武王の同腹の弟の周公《しゅうこう》が大宰相の地位について政務を代行した。やはり武王の弟の管叔《かんしゅく》・蔡叔《さいしゅく》が噂《うわさ》を流そうとして、

「周公は幼い成王のためにならないようにはかっている」

と言いふらした。そして武庚《ぶこう》と反乱を起こした。武庚というのは、武王が紂《ちゅう》を滅ぼしたときに立てた紂の子の禄父《ろくほ》のことで、殷の後を継いだ者である。周公《しゅうこう》は東征して武庚《ぶこう》と管《かん》叔《しゅく》を誅殺し、蔡叔《さいしゅく》を追放した。成王《せいおう》が成長するに及んで、周公は政治を成王にかえした。

（1）棄を生む…感生帝説話の一つである。中国の帝王の出生にまつわる説話として、天然現象や神異の物体に触れ、それに感じて懐妊出産したとするものが多い。これを感生帝説話と呼ぶ。

（2）百姓之に懐く…『詩経』大雅・公劉は、この公劉の徳をたたえた詩篇とされる。

（3）岐山の下に邑して焉に居る…豳《ひん》（陝西省旬邑県）を都としていたが、周の王室自体はもともと西北中国の遊牧民であり、ここに記述するように獯鬻《くんいく》に追われて、この岐山にきて初めて定着して農耕をおこした。従って後世、この岐山が、周王朝の始都として扱われることが多い。

（4）仁人なり…『史記』周本紀によれば、獯鬻《くんいく》が攻めよせてきた時、豳《ひん》の人民は武器をとって戦おうとしたが、古公は「殺人父子而君之、予不忍為（人の父や子を殺しておいてその主君になるなどということは、わたしにはとてもできない）」といって豳を去ったという。

（5）聖瑞有り…緯書の『尚書緯帝命験』によれば、赤い雀が丹書をくわえて昌《しょう》の産屋《うぶや》にとまり、その書に王者の心得が記してあったという。赤は周王朝の色である。後注八参照。

（6）呂尚…先祖は四岳（太古「五帝」の補注三（三四頁）参照）として禹をたすけ、治水に功があったとされる。もとの姓は姜氏《きょうし》であったが、呂《りょ》（河南省南陽県西）に封じられたので呂姓を名のった。春秋斉の始祖。兵法書『六韜《りくとう》』の著者にも擬せられる（『史記』斉太公世家）。

（7）渭水の陽…有名な出会いの場である。なお、山の場合は陽が山の南で、陰が北であるが、川の場合は陽が北で、陰が南である。

（8）白魚、王の舟中に〜その色赤…魚は鱗があるところからよろいをきた兵の象徴で、殷の色である白い魚が武王の舟にとびこんできたのは、殷の軍隊までが周に味方する前兆であり、また烏は孝鳥とされるので周の色である赤い鳥は、武王が父の大業を完成する前兆である。

(9)　伯夷・叔斉…もともと孤竹国（河北省北部・遼寧省南部）の国君の子であったが、父の死後たがいに位を譲りあって、ともに国を出て西伯の評判を聞いて身を寄せていたもの（『史記』伯夷列伝）。

春秋・呉越「夫差と句践」——臥薪嘗胆

呉《ご》は姫姓《きせい》、太伯《たいはく》・仲雍《ちゅうよう》(1)の封《ほう》ぜられし所なり。十九世にして寿夢《じゅぼう》に至り、始めて王を称す。寿夢《じゅぼう》に四子あり、幼を季札《きさつ》と曰《い》う。札《さつ》、賢なり。三子をして相継《あいつ》いで立たしめ、以《も》って札《さつ》に及ぼさんと欲す。札《さつ》、義もて可《き》かず。延《えん》陵《りょう》に封ぜられ、号して延陵《えんりょう》の季子《きし》と曰う。

上国に聘《へい》《儀礼訪問》して徐《じょ》(2)を過ぎる。徐《じょ》の君その宝剣を愛す。季子《きし》心に之《これ》を知る。使いして還《かえ》るに、

臥薪嘗胆
呉越の争い

呉《ご》は王室が周《しゅう》と同じ姫姓《きせい》の子爵で、周の文王の伯父《おじ》であった太《たい》伯《はく》・仲雍《ちゅうよう》が封《ほう》ぜられた国である。

それから十九代で寿夢《じゅぼう》に至り、はじめて王と称した。寿夢には四人の男の子があり、末子を季札《きさつ》といった。季札は賢明な人間であった。寿夢は三人の兄たちを順々に位につかせ、最後に季札に王位をつがせようとした。しかし季札は長幼の義をたてに、承知しようとせず、結局延陵《えんりょう》（江蘇省武進県）の地に封ぜられ、延陵の季子《きし》と呼ばれた。

ある時、王命によって中原の諸侯を歴訪した途中、徐《じょ》（安徽省泗県付近）に立ちよった。

徐《じょ》の君已《すで》に歿《ぼっ》せり。遂《つい》に剣を解き、その墓に懸《か》けて去る。

寿夢《じゅぼう》の後《のち》、四君にして闔廬《こうりょ》に至る。伍員《ごうん》を挙げて国事を謀《はか》る。員《うん》、字《あざな》は子胥《ししょ》、楚《そ》人《ひと》伍奢《ごしゃ》の子なり。奢《しゃ》、誅《ちゅう》せられて呉《ご》に奔《はし》り、呉《ご》の兵を以《も》って郢《えい》(楚都)に入《い》る。

呉《ご》、越《えつ》を伐《う》つ。闔廬《こうりょ》傷つきて死す。子夫差《ふさ》立つ。子胥《ししょ》復《ま》た之《これ》に事《つか》う。夫差《ふさ》讐《あだ》を復せんと志《こころざ》す。朝夕薪の中に臥《が》(臥薪)し、出入するに人をして呼ばしめて曰《いわ》く、

「夫差《ふさ》、而《なんじ》越人《えつひと》の而《なんじ》の父を殺ししを忘れたるか」と。

徐の君主は季子の持っている宝剣にひどく心を奪われていた。季子はその気持ちがよくわかったので、使命を果たして帰りに、剣を贈るつもりで徐に来てみると、その君主はすでにこの世を去っていた。そこで季子は剣を解き、墓の樹《き》に懸《か》けて立ち去ったのであった。

寿夢《じゅぼう》から四代を経て、闔廬《こうりょ》にいたる(前五一五年)。闔廬は伍員《ごうん》を取り立てて、国政を相談した。員は字《あざな》は子胥《ししょ》、楚《そ》の人伍奢《ごしゃ》の子である。奢が楚の平王《へいおう》に誅殺《ちゅうさつ》されたので呉《ご》に亡命し、呉の軍隊をひきいて楚の都郢《えい》(湖北省江陵県)に攻め入り父の仇を討った。

その後、呉が越《えつ》を伐《う》った時、闔廬は負傷がもとで命をおとした。子の夫差《ふさ》が王位につき、伍子胥《ごししょ》は引き続いて夫差に仕えた。夫差は父の仇を討つことを心に誓い、朝晩薪《たきぎ》の中に起き伏しし、そこに出入りする際に臣下に命じて、

「夫差、なんじは越人がなんじの父を殺したことを忘れたか」

周《しゅう》の敬王《けいおう》の二十六年、夫差《ふさ》、越《えつ》を夫椒《ふしょう》に敗《夫椒で敗北させた》る。越王句践《えつおうこうせん》、余兵を以《も》って会稽山《かいけいざん》に棲《す》み、臣となり妻は妾とならんと請う。子胥《ししょ》、可《き》か不《ざ》れと言う。太宰伯嚭《たいさいはくひ》《執政大臣》、越《えつ》の賂《まいない》を受け、夫差《ふさ》に説いて越《えつ》を赦《ゆる》さしむ。

句践《こうせん》、国に反《かえ》り、胆《きも》を坐臥《ざが》《寝室》に懸け、即《すなわ》ち胆を仰ぎ之《これ》を嘗《な》めて曰く、

「女《なんじ》、会稽《かいけい》（嘗胆）の恥を忘れたるか」と。

国政を挙げて大夫種《たいふしょう》に属《しょく》《委嘱し》し、而《しこう》して范蠡《はんれい》と兵を治め、呉《ご》を謀《はか》るを事とす。

太宰嚭《たいさいひ》、子胥《ししょ》謀《はかりごと》の用いられざるを恥じて怨望すと譖《しん》《讒言した》す。夫差《ふさ》乃《すなわ》ち子胥《ししょ》に属鏤《しょくる》の剣を賜《たま》

と叫ばせた。

周《しゅう》の敬王《けいおう》の二十六年（前四九四年）、夫差は越軍を夫椒《ふしょう》（江蘇省呉県西の太湖中の山）で撃破した。越王の句践《こうせん》は残兵を引きつれて会稽山《かいけいざん》（浙江省北部の山）に逃げこみ、自分は臣下になり、妻は妾にさし出すからと夫差に命乞《いのちご》いをした。子胥はゆるすべきでないと主張したが、太宰《たいさい》の伯嚭《はくひ》は越から賄賂《わいろ》を贈られ、越王を助けるよう夫差を説得した。

句践《こうせん》は都に帰るや、居間に苦《にが》い胆《きも》を吊《つ》るし、その胆を眺め、それをなめては、

「おのれは会稽《かいけい》の恥を忘れたか」

と自分を叱咤《しった》した。そして内政はすべて大夫《たいふ》の文種《ぶんしょう》にまかせ、自分は范蠡《はんれい》と兵力を増強し呉《ご》を伐つ策にかかりきった。

呉のほうでは、太宰《たいさい》の嚭《ひ》が、夫差《ふさ》に、「子胥《しょ》は自分の進言がいれられなかったことで恥をかかされたと、主君をうらんでおります」と讒言《ざんげん》した。夫差はそれを信じ、名剣属鏤《しょくる》を子胥に下賜して暗に自決をうながした。子胥

う。子胥《ししょ》その家人に告げて曰《いわ》く、「必ず吾《わ》が墓に檟《か》《ひさぎ》を樹《う》えよ。檟は材《(呉王の)棺材》とすべきなり。吾が目を抉《えぐ》りて東門に懸けよ。以《も》って越兵《えつへい》の呉《ご》を滅ぼすを観ん」と。乃《すなわ》ち自剄《じけい》《首をはねた》す。夫差《ふさ》その尸《し》を取り、盛るに鴟《し》《馬皮》夷《い》《の袋》を以ってし、之《これ》を江《こう》《揚子江》に投ず。呉人《ごひと》之を憐《あわれ》み、祠《し》を江上に立て、命じて《命名して》胥山《しょざん》と曰《い》う。

越《えつ》、十年生聚《せいしゅう》《民の福祉》し、十年教訓《兵の教練》す。周《しゅう》の元王《げんおう》の四年、越《えつ》、呉《ご》を伐《う》つ。呉《ご》、三たび戦って三たび北《に》《敗北した》ぐ。夫差《ふさ》、姑蘇《こそ》に上り、亦《ま》た成《せい》《和》を越《えつ》に請う。范蠡《はんれい》可《き》かず。夫差《ふさ》曰《いわ》く、「吾《われ》以《も》って子胥《ししょ》を見る無し」と。

は家族に、「おれの墓には、きっとひさぎの木を植えてくれ。そのひさぎは呉王の棺桶《かんおけ》にできるから。おれの目をえぐって城の東門にかけてくれ。越軍が呉を滅ぼしに攻め入るのを見てやるから」

といいのこして自ら首を刎《は》ねて果てた。夫差は怒って屍体《したい》をもってこさせ、馬の皮の袋に入れて揚子江《ようすこう》に投げ入れた。呉の人びとは子胥《ししょ》に同情し、江のほとりに祠《ほこら》を立てて、胥《しょ》山《ざん》と名づけて子胥を弔《とむら》った。

さて越は十年を民力の充実、十年を兵力の強化にあてた。周《しゅう》の元王《げんおう》の四年（前四七三年）、ついに越《えつ》は呉《ご》を攻めた。呉は三たび戦い、三たび敗走した。夫差《ふさ》は姑蘇台《こそだい》（江蘇省呉県西南）に逃げのびたうえ、こんどは自分から越に和を請うた。しかし范蠡《はんれい》がききいれようとしなかった。

「ああ、子胥に会わせる顔がない」

夫差はこういいのこすと、顔おおいをつくり、それをつけて自殺した。

幎冒《べきぼう》《覆面》を為《つく》って乃《すなわ》ち死す。

越既《えつすで》に呉《ご》を滅ぼす。范蠡之《はんれいこれ》を去る。大夫《たいふ》種《しょう》に書を遺《おく》って曰く、

「越王《えつおう》、人となり長頸烏喙《ちょうけいうかい》なり。与《とも》に患難を共にすべく、与に安楽を共にすべからず。子《し》《あなた》、何《なん》ぞ去らざる」と。

種《しょう》、疾《やまい》を称して朝せず。或《ある》ひと種《しょう》を且《まさ》に乱を作《な》さんとすと讒《ざん》す。剣を賜《たまわ》りて死す。

范蠡《はんれい》その軽宝珠玉を装い《装載し》、私従《家族従者と》と舟に江湖に乗じ、海に浮かんで斉《せい》に出《い》ず。姓名を変じ、自ら鴟夷子皮《しいしひ》と謂《い》う。父子、産を治めて、数

范蠡から陶朱公へ

越が呉を滅ぼしてしまうと、范蠡《はんれい》は越を立ち去った。そして大夫《たいふ》の文種《ぶんしょう》に手紙を書きおくっていうには、

「越王の人相《にんそう》は首が長く口がとがっていて、苦難はともにできても、安楽はともにできないお方と見ました。あなたもぐずぐずしないほうがいいでしょう」

種は病気を口実に朝廷に出なくなった。ある者が、種が反乱を起こそうとしていると讒言《ざんげん》した。越王が下賜した剣で、文種は自殺した。

范蠡は軽い財宝、珠玉類をつみこむと、家族・家臣らと舟で川や湖を渡りさらに海を伝って斉《せい》に移った。そして名を変え、鴟夷子皮《しいしひ》と名のり、息子たちと財産を築き、それが数

千万に至る。斉人《せいひと》その賢を聞き、以《も》って相《しょう》となす。蠡《れい》、喟然《きぜん》として曰《いわ》く、

「家に居ては千金を致《いた》し、官に居ては卿相《けいしょう》を致す。此《こ》れ布衣《ふい》《平民》の極なり。久しく尊名を受くるは不祥なり」と。

乃《すなわ》ち相《しょう》の印を帰し《宰相の印綬を返還し》、尽《ことごと》くその財を散じ、重宝を懐《いだ》き、間行して陶《とう》に止《とど》まる。自ら陶朱公《とうしゅこう》と謂《い》う。貲《し》《財産》、鉅万《きょまん》を累《かさ》ぬ。魯人《ろひと》猗頓《いとん》、往《ゆ》きて術を問う。蠡《れい》、曰く、

「五牸《ごじ》《牝牛》を畜《か》え」と。

乃《すなわ》ち大いに牛羊を猗氏《いし》に畜《やしな》う。十年の間にして、貲《し》、王公に擬《ぎ》《似た》す。故に天下の富を言う

千万にも達した。斉の人びとがその賢明さをききつけ、宰相《さいしょう》に推挙した。蠡《れい》はつくづくとため息をついて、

「家にあっては千金の富を築き、官にあっては宰相にのぼる。一介の身にとって、これ以上の栄誉はない。しかし永くそれを受けつづけるのは、災いのもとだ」

というと、宰相の職を辞し、財産を残らず人びとに分け与え、貴重な財宝だけをたずさえて、そっと家を離れた。そして陶《とう》（山東省肥城県付近）に移住して、陶朱公《とうしゅこう》と名のった。それでもまた財産が巨万に達した。魯《ろ》の人猗《い》頓《とん》が訪れてその方法をきいた。蠡は答えた。

「牝牛《めうし》を五頭、飼ってごらん」

そこで猗氏の土地で、大いに牧畜にはげんだところ、十年の間に王公とまがうほどの財産となった。だから天下で金持ちといえば、まず陶朱・猗頓の名が挙げられるようになった。

者、陶朱《とうしゅ》・猗頓《いとん》を称す。

(1) 太伯・仲雍…ともに古公亶父《ここうたんぽ》の子で、季歴《きれき》の兄の仲雍はまた虞仲《ぐちゅう》ともいう。季歴の子、昌《しょう》に位を伝えるために荆蛮の地に赴き、太伯が呉を立て、その死後を仲雍が継いだ。

(2) 上国に聘して…「聘」は諸侯間の正式訪問をいう。季札のこの歴訪は有名で、ここに記す徐国訪問の故事の外、魯を訪れたときは楽を聞かされてすべて的確に批評したことや、斉の晏平仲と心を許し合った逸話などがよく知られている(『春秋左氏伝』襄公二十九年)。

春秋・魯「孔子」――文事有る者は必ず武備有り・喪家の狗

弟定公《ていこう》立つ。孔子《こうし》を以《も》って中都《ちゅうと》の宰《さい》《長官》となす。一年にして四方皆之《これ》に則《のっと》る《手本とした》。中都《ちゅうと》由り司空《しくう》《建設長官》となり、進んで大司寇《だいしこう》《司法長官》となる。定公《ていこう》を相《たす》けて斉《せい》侯《こう》《斉侯》に夾谷《きょうこく》に会《かい》す《と斉の地の夾谷で会盟した》。孔子《こうし》曰《いわ》く、「文事有る者は、必ず武備有り。請う左右の《親衛の武官》司馬《しば》を具《そな》えて以って従えんことを」と。

既《すで》に会す。斉《せい》の有司《ゆうし》《役人》、四方の楽《がく》を奏《そう》せんと請う。是《ここ》に於《お》いて旗旄剣戟《きぼうけんげき》《異民族の音楽》、鼓譟《こそう》して至る。

弟の定公《ていこう》が後を継いで即位した。孔子《こうし》を中《ちゅう》都《と》（山東省汶上県付近）の長官に起用したところ、一年たつと、四方の邑《まち》はみなその制度を手本とするようになった。そこで中都の長から司空《しくう》に抜擢《ばってき》され、さらに大司寇《だいしこう》に昇進した（前五〇〇年）。そして定公《ていこう》が夾谷《きょうこく》（山東省贛楡県付近）の地で斉侯《せいこう》と和好の会合をもつ補佐役となり、定公に進言した。

「文事あるものはかならず武備ありと言います。どうかお供には文官だけでなく近衛《このえ》の武官も加えておでかけください」

さてこうして会合の儀式が行われたあと、斉《せい》の役人が異国の音楽を奏したいと願い出た。

孔子《こうし》趨《はし》《小走りに》って進んで曰《いわ》く、

「吾が両君好《よしみ》をなすに、夷狄《いてき》の楽何為《なんす》れぞ此《ここ》に於《お》いてする」と。

斉《せい》の景公《けいこう》、心に怍《は》じて之《これ》を麾《さしまね》《手ぶりで退らせた》く。斉《せい》の有司、宮中の楽を奏せんと請う。優倡侏儒《ゆうしょうしゅじゅ》《俳優・こびと》、戯《たわむ》れて前《すす》む。孔子《こうし》趨《はし》って進んで曰く、

「匹夫《ひっぷ》《下賤なもの》、諸侯を熒惑《けいわく》《まどわす》する者は、罪、誅《ちゅう》に当た《その罪は誅殺に相当する》る。請う有司に命じて法を加えん」と。

首足、処《ところ》を異《こと》にす《首を斬りはなしてしまった》。景公《けいこう》懼《おそ》る。帰って《（景公は国に）》その臣に語って曰く、

「魯《ろ》は君子の道を以《も》ってその君を輔《たす》く。而《しか》るに子《おまえ達》は独《ひと》り夷狄《いてき》の道を以《も》って寡人《かじん》《自分》に教う」と。


そして旗さしものや槍、刀をおしたてた踊り手が、さわがしい太鼓の音につれて出てきた。孔子《こうし》は小走りに進み出ると詰《なじ》った。

「わが両君が和好なさった折というのに、どうして夷狄《いてき》の楽なぞをこの場で奏するのか」

斉の景公《けいこう》は恥じいって手をふって楽人を退けた。すると斉の役人は宮廷の音楽を奏したいと願い出た。そしてこんどは、道化やこびとがおどけながら現れた。孔子はまた小走りに進み出ると詰った。

「下賤の分際で国王がたの目をくらまそうなど、罪は死に値します。役人に命じ法に照らして処分させましょう」

道化たちは、たちどころに斬殺されてしまった。景公《けいこう》はすっかりおびえてしまい、国に帰ってから自分の臣下に告げた。

「魯《ろ》では君子の道で主君を輔《たす》けておるぞ。しかるにこのわしは、夷狄《いてき》の道をおまえたちから教えこまれていたようだ」

こうして斉《せい》は、かつて侵略していた魯《ろ》の

是《ここ》に於《お》いて斉人《せいひと》乃《すなわ》ち侵す所の魯《ろ》の鄆《うん》・汶《ぶん》陽《よう》・亀陰《きいん》の地を帰して、以って魯《ろ》に謝《しゃ》す。

孔子《こうし》、定公《ていこう》に言い、将《まさ》に三都を堕《こぼ》ち《三桓の居城を破壊して》以って公室を強くせんとす。叔孫氏《しゅくそんし》先ず郈《こう》を堕ち、季《き》氏《し》《季孫氏》、費《ひ》を堕つ。孟氏《もうし》《孟孫氏》の臣、成《せい》を堕つを肯《がえ》んぜず。之《これ》を囲んで克《か》たず。

孔子《こうし》、大司寇《だいしこう》由《よ》り《大司寇の職にありながら、宰相の職務を代行した》、相《しょう》の事を摂行《せっこう》す。七日にして政《まつりごと》を乱す大夫《たいふ》の少正卯《しょうせいぼう》を誅《ちゅう》す。居《お》ること三月にして、魯《ろ》大いに治まる。斉人《せいひと》之を聞きて懼《おそ》れ、乃《すなわ》ち女楽《じょがく》を魯《ろ》に帰《おく》る。季桓子《きかんし》之《これ》を受けて、政《まつりごと》を聴かず。郊《こう》《郊外の祭りに際して》(1)して又《ま》た膰俎《はんそ》《祭りの肉》を大夫《たいふ》に致さず。孔子《こうし》遂《つい》に魯《ろ》を去る。

鄆《うん》・汶陽《ぶんよう》・亀陰《きいん》（ともに山東省中部）の地を返還して、魯にわびをいれたのであった。

孔子《こうし》はまた定公《ていこう》に進言し、三桓《さんかん》の城邑《じょうゆう》を取り壊して、王室の権力を強めようとした。定公の命をうけて叔孫氏《しゅくそんし》がまず自分の居城の郈《こう》を壊し、季孫氏《きそんし》が費《ひ》を壊した。しかし孟孫氏《もうそんし》の臣下は成《せい》を壊すことを納得しなかった。そこで定公は成を包囲したが、屈服させることができなかった。

孔子は大司寇《だいしこう》の身分のまま、宰相の職務を兼ね行うことになり、その七日目に、魯の政治を乱していた大夫《たいふ》の少正卯《しょうせいぼう》を処刑した。そして三か月たつと、魯の国政は大いにととのった。隣の斉の人びとはこれを聞いて、魯が覇者《はしゃ》になるのではないかと脅威を感じ、そこで美しい舞姫を魯に贈った。大夫《たいふ》の季桓子《きかんし》はそれを受けとり、夢中になって政治を顧みなくなった。そればかりか、郊外での天地を祀《まつ》る祭りの日にも、お供えの肉の余りをきまり通りに大夫に贈らなかった。孔子《こうし》は職を辞し

定公《ていこう》卒《しゅっ》し、子哀公《あいこう》立つ。越《えつ》を以《も》って《越の力を借りて》三桓《さんかん》を伐《う》たんと欲す。克《か》たず。

悼公《とうこう》・元公《げんこう》を歴て、穆公《ぼくこう》に至る。(2) 子思《しし》を尊《たっと》ぶを知るも、用いること能わず。共公《きょうこう》・康公《こうこう》を歴て、平公《へいこう》に至る。嘗《かつ》て孟子《もうし》を見んと欲するも果たさず。文公《ぶんこう》を歴《へ》て頃公《けいこう》に至り、楚《そ》の考烈王《こうれつおう》の滅ぼす所となる。魯《ろ》は周公自《しゅうこうよ》り頃公《けいこう》に至るまで、凡《すべ》て三十四世なり。

孔子《こうし》、名は丘《きゅう》、字《あざな》は仲尼《ちゅうじ》。その先《せん》は宋人《そうひと》なり。正考父《せいこうほ》という者有り、宋《そう》に佐《さ》たり《宋の政治の補佐をした》。三命《三たび拝命して》して滋益《ますます》恭《うやうや》し。その鼎《かなえ》の銘《めい》に云う、

て、魯を去った。

定公《ていこう》がなくなって哀公《あいこう》が立った（前四九四年）。哀公は越《えつ》の兵力を借りて三桓《さんかん》を伐ち、王室の威信を回復しようとしたが、ついに勝てなかった。その後、悼公《とうこう》・元公《げんこう》を経て穆公《ぼくこう》の代になった。穆公は孔子の孫の子思《しし》が尊重すべき人間であることを知っていたが、用いることができなかった。つづいて共公《きょうこう》・康公《こうこう》を経て平公《へいこう》に至った。平公は孟子を引見したいと望みながら、果たすことができなかった。そして文公《ぶんこう》を経て頃公《けいこう》の代になって、楚の考《こう》烈王《れつおう》のために滅ぼされた（前二四九年）。魯は周公から頃公に至るまで、あわせて三十四代であった。

孔子の遍歴　孔子は名を丘《きゅう》、字《あざな》を仲尼《ちゅうじ》といった。先祖は宋《そう》の人で、その中に正考父《せいこうほ》という人があり、宋の君主を補佐した。君命によって三度昇進したが、それにつれてますます謙虚になった。自らの戒《いまし》めとして鼎《かなえ》

「一命して僂《る》す。再命して傴《う》す。三命して俯《ふ》す。牆《かき》に循《したが》って走る。亦《ま》た余を敢《あ》えて侮《あなど》る莫《な》し。是《ここ》に饘《せん》《濃い粥を煮》し、是に粥《しゅく》《薄い粥を煮》し、以《も》って予《よ》が口を餬《こ》す」と。

孔氏《こうし》、宋《そう》に滅ぶ。その後《のち》魯《ろ》に適《ゆ》く。叔梁《しゅくりょう》紇《こつ》という者有り、顔氏《がんし》《その後裔が》の女《むすめ》と、尼山《じざん》に禱《いの》って、孔子《こうし》を生む。児《じ》たりしとき、嬉戯《きぎ》するに常に俎豆《そとう》《祭器》を陳《つら》ね礼容を設く。長じて季氏《きし》《季孫氏》の吏となる。料量平《たい》らかなり《穀物の計量が公平であった》。嘗《かつ》て司樴《ししょく》《家畜を司る役人》の吏となる。畜蕃息《きゅうはんそく》す。

周《しゅう》に適《ゆ》き、礼を老子《ろうし》に問う。反《かえ》って弟子《ていし》稍《ようや》く益《ますます》と進む《多くなった》。

に刻んだ銘にもこうあった。

「一命、士となって背をかがめ、再命、大夫《たいふ》となって腰を低くし、三命、卿となって頭を垂る。垣根ぞいに道ばたを足ばやに歩みて、人のわれを侮るものなし。この鼎に濃き粥《かゆ》、薄き粥を煮て、いささかわが口をうるおす」

孔家《こうけ》は宋《そう》ではあとが絶えたが、血筋をひく者が魯《ろ》に移った。そのなかに叔梁紇《しゅくりょうこつ》という人がいて、顔家《がんけ》の娘と結ばれ、尼山《じざん》（山東省曲阜県近くの山）の神に祈って孔子《こうし》を生んだ。子どものとき、遊戯をするにもいけにえの肉をのせるまないたや、野菜をのせるたかつきなどをならべ、儀礼のまねごとをして遊んでいた。成長してから、季孫氏《きそんし》の倉庫の吏員となったが、穀物の量り方は公平であった。また牧場の吏員にもなったが、家畜がよく繁殖した。

やがて周《しゅう》に行って老子《ろうし》に礼を学んだ。そして魯に帰ったころから弟子がだんだんふえたのであった。

斉《せい》に適《ゆ》く。斉《せい》の景公《けいこう》、待するに季《き》・孟《もう》《季孫氏・孟孫氏》の間《かん》を以《も》ってせんとす。

孔子《こうし》、魯《ろ》に反《かえ》る。定公之《ていこうこれ》を用いて終えず。(3)

衛《えい》に適《ゆ》く。将《まさ》に陳《ちん》に適かんとし、(4)匡《きょう》を過ぐ。匡人嘗《きょうひとかつ》て陽虎《ようこ》(5)の暴《ぼう》する所《乱暴をはたらいた》となる。孔子《こうし》の貌《かたち》、陽虎《ようこ》に類す。之《これ》を止《とど》む《拘禁した》。既《すで》にして免《まぬが》れて衛《えい》に反る。霊公《れいこう》のなす所を醜《しゅう》として之を去る。曹《そう》を過ぎて宋《そう》に適き、弟子と礼を大樹の下に習う。桓魋《かんたい》、その樹《き》を伐《き》り抜く《根を抜いた》。

鄭《てい》に適く。鄭人曰《ていひといわ》く、「東門に人有り。その顙《ひたい》は堯《ぎょう》に似、その項《うなじ》は

その後、斉《せい》に行った。斉の景公《けいこう》は魯における季孫氏《きそんし》と孟孫氏《もうそんし》の中間の待遇で孔子《こうし》を任用しようとした。しかし反対する者がいてうまく行かず、孔子は魯《ろ》に帰った。そして定公《ていこう》は孔子を重用したものの、それを全うできなかった。

さて、魯の政治に見切りをつけた孔子は、まず衛《えい》に行き、そこから陳《ちん》に赴《おもむ》こうとして、匡《きょう》（河南省長垣県）にさしかかった。ところがこの町の人は以前、魯の陽虎《ようこ》に、ひどい仕うちを受けたことがあった。孔子はたまたま容貌が陽虎に似ていたので、拘禁されてしまった。

やがて疑いがはれ、難を免れて衛にもどった。しかし、霊公《れいこう》の行跡を見かねてそこも立ち去った。曹《そう》を経由して宋《そう》へ行き、大樹のもとで弟子と礼法のおさらいをしていた。その時、かねて孔子に恨みをもつ宋の司馬《しば》の桓魋《かんたい》が、その樹を切り倒して孔子を圧《お》し殺そうとした。

皐陶《こうよう》に類し、その肩は子産《しさん》(6)に類す。要自《こしよ》《腰》り以下、禹《う》に及ばざること三寸、累累然《るいるいぜん》《がっくりしていて》として喪《そう》《主人》家《か》《を失った犬》の狗《いぬ》の若《ごと》し」と。

陳《ちん》に適き、又《ま》た衛《えい》に適き、将《まさ》に西のかた趙《ちょう》簡子《かんし》を見んとす。河《か》《黄河》に至り、竇鳴犢《とうめいとく》・舜華《しゅんか》の殺されて死せしを聞き、河《か》に臨んで歎じて曰《いわ》く、

「美なるかな水、洋洋乎《ようようこ》たり。丘《きゅう》《孔子》の済《わた》らざるは、此《こ》れ命《天命》なり」と。

衛《えい》に反《かえ》り、陳《ちん》に適《ゆ》き、蔡《さい》に適き、葉《しょう》に如《ゆ》き、蔡《さい》に反る。

楚《そ》、人をして、之《これ》《孔子を招聘した》を聘《へい》せしむ。陳《ちん》・蔡《さい》の大《たい》

鄭《てい》に行った。孔子を見かけた鄭の人が孔子をこう形容した。

「東門に男がいた。額は堯《ぎょう》に似ており、うなじは皐陶《こうよう》に、肩は子産《しさん》と同じようだ。しかし腰から下が禹《う》にたりないこと三寸。疲れはてたようすは、飼い主を失った犬のようだった」

それから陳に行き、また衛に赴き、さらに西に行って晋《しん》の大夫《たいふ》趙簡子《ちょうかんし》に会おうとした。ところが黄河《こうが》のほとりまで来たとき、竇鳴《とうめい》犢《とく》・舜華《しゅんか》という二人の賢人が趙簡子に殺されたことを耳にし、黄河の流れを眺めながら、こう嘆じた。

「美しいことよ黄河、洋々と流れる。わたしがこれを渡らないことになったのも、天の定めたことなのだろう」

そして衛《えい》に引き返し、さらに陳《ちん》から蔡《さい》・葉《しょう》と旅して、ふたたび蔡にもどった。

楚《そ》が使者をよこして孔子《こうし》を招聘《しょうへい》した。陳と蔡の大夫たちがあつまって、

夫《ふ》、謀《はか》って曰く、

「孔子《こうし》、楚《そ》に用いられなば、則ち陳《ちん》・蔡《さい》は危《あや》うからん」と。

相与《あいとも》に徒《と》(7)を発し《兵卒を派遣して》、之を野《や》に囲む。孔子《こうし》曰く、

「詩《し》《詩経》に云う、『兕《じ》《犀》に匪《あら》ず虎に匪ず、彼《か》の曠野《こうや》に率《したが》《さまよ》う』と。吾が道、非なるか。吾何為《われなんす》れぞ是《ここ》に於いてす《どうしてここでこうなるのであろう》る」と。

子貢《しこう》(8)曰く、

「夫子《ふうし》の道は至って大なり。天下能《よ》く容《い》るること莫《な》し」と。

顔回《がんかい》(9)曰く、

「もし楚が孔子を登用すると、陳と蔡の安全はおびやかされることになる」

と恐れて相談し、協同で部隊をくり出して、とある原野で一行をとり囲んだ。孔子の口からもついぐちらしいものがもれた。

「『詩経《しきょう》』にもこうあるではないか。『犀《さい》にもあらず、虎《とら》にもあらざるに、我彼《か》の曠野《こうや》をさまよい行く』と。いったい私の説く道がまちがっているのであろうか。どうしてこんなところで、詩にあるのと同じようなこんな目にあうのだろうか」

子貢《しこう》が慰めた。

「先生の道が大きすぎるのです。だから天下のほうで受け入れかねるのです」

顔回《がんかい》がつけ加えた。

「受け入れられないからといって、なんで気にされることがありましょう。むしろそれこそが、君子であることの証明ではないでしょうか」

楚《そ》の昭王《しょうおう》が軍隊を派遣して迎えにやったの

「容れられざる何《なん》ぞ病《うれ》えん。然《しか》る後《のち》に《それではじめて》、君子を見る」と。

楚《そ》の昭王《しょうおう》、師《軍隊》を興して之《これ》を迎う。乃《すなわ》ち楚《そ》に至るを得たり。封《ほう》ずるに書社《しょしゃ》の地七百里(10)を以《も》ってせんとす。令尹子西《れいいんしせい》《宰相》可《き》かず。

孔子《こうし》、衛《えい》に反る。

季康子《きこうし》迎えて魯《ろ》に帰る。哀公《あいこう》、政《まつりごと》を問うも、終《つい》に用いる能《あた》わず。

乃ち書《しょ》を序《つい》で《『書経』を秩序づけ》、上《かみ》は唐《とう》・虞《ぐ》《堯舜》自《よ》り、下《しも》は秦穆《しんぼく》《秦の穆公》に至る。古詩三千を刪《けず》って、三百五篇となし、皆之《みなこれ》を絃歌す。礼楽此《れいがくこ》れ自《よ》り述《の》ぶべし。

晩にして易《えき》を喜《この》み、彖《たん》・象《しょう》・繋辞《けいじ》・説卦《せっか》・

で、孔子《こうし》は楚につくことができた。王は二万戸近くある土地を、知行地《ちぎょうち》として孔子に与えようとしたが、宰相《さいしょう》の子西《しせい》が承知しなかった。

孔子は衛《えい》に引き返した。

魯《ろ》の大夫の季康子《きこうし》が迎えにきて、孔子は魯に帰った。哀公《あいこう》は政治について意見は求めたものの、役職につけることはできなかった。

そこで孔子は典籍の完成に力を注ぐこととした。まず『書経《しょきょう》』について、上は堯舜《ぎょうしゅん》から下は秦《しん》の穆公《ぼくこう》まで順序づけて整理した。古くから伝わる詩三千篇を取捨して三百五篇の『詩経《しきょう》』にまとめ、それに音楽をつけた。古代からの礼《れい》・楽《がく》は、ここに祖述されたのである。

晩年になってから、易書《えきしょ》に興味をもち、彖《たん》伝《でん》・象伝《しょうでん》・繋辞伝《けいじでん》・説卦伝《せっかでん》・文言伝《ぶんげんでん》などの諸篇を整理して『易経《えききょう》』とした。あまりくり返し読んだため、竹簡を綴《と》じた皮のひもが、三度も切れた。そして最後に、魯《ろ》の史官が書き継いできた歴史記録にもとづいて『春秋《しゅんじゅう》』

文言《ぶんげん》を序《つい》ず《秩序づけた》。易《えき》を読んで、韋《い》編《へん》三たび絶つ《なめし皮の綴じ目が三回きれた》(11)。魯《ろ》の史記《歴史記録》に因《よ》って、春秋《しゅんじゅう》を作る。隠《いん》《隠公》自り哀《あい》《哀公》に至るまで十二公、筆を獲麟《かくりん》に絶つ(12)。筆《ひっ》すべき《加筆するべき》は《ところは》則《すなわ》ち筆し、削るべきは則ち削る。子夏《しか》(13)の徒、一辞を賛すること能わず《一言も加えることが出来なかった》。弟子《ていし》三千人。身、六芸《りくげい》(14)に通ずる者、七十有二人。年七十三にして卒《しゅっ》す。子鯉《り》、字《あざな》は伯魚《はくぎょ》、早く死す。孫伋《きゅう》、字は子思《しし》、中庸《ちゅうよう》を作る。

を著した。隠公《いんこう》から哀公《あいこう》までの十二代のことであり、哀公が狩りで麒麟《きりん》を獲《え》た事で筆をとめてある。もとの記録に、加筆すべきところは加筆し、削除すべきところは削除し、文章にすぐれた弟子の子夏《しか》でも、一字も手を加えることができなかった。

儒家

孔子の弟子は三千人、そのうち六芸《りくげい》に通じた者は七十二人であった。七十三歳で孔子は世を去った。子は鯉《り》といい、字《あざな》は伯魚《はくぎょ》。早死にをした。孫は伋《きゅう》で字は子思《しし》。『中庸《ちゅうよう》』を著した。

(1) 遂に魯を去る…はじめ女楽が送りこまれ、季桓子がそれにうつつをぬかすようになったところで、孔子の弟子の子路が孔子に辞職をすすめた。それに対して孔子は、郊祭の日に儀礼に従って肉を大夫にくばるようなら、なおとどまろうと答えたが、それが行われなかったので、辞《や》めざるを得ず、魯を去った。

(2)穆公に至る…この穆公の治世の初めに、春秋時代が終わり、戦国時代となった。後注一二参照。

(3)用いて終えず…上の女楽がもとで魯を去った事件を指す。

(4)陳に適かんとし…衛で十か月ほど霊公に仕えたが、中傷され、身の危険を感じて陳に行こうとした。

(5)陽虎…魯の季孫子の家臣であったが、主人をしのぐ権力を握り、さらに魯の主君に対しても謀反をはかった。『論語』では、一名である陽貨の名で記されている。

(6)子産…本名は公孫僑《こうそんきょう》。賢人の名があり、小国の鄭の大夫として四十年以上も国政を執って、よく国を保った。孔子が子産を高く評価していたことは、『論語』に見える。

(7)詩に云う…「詩」は『詩経』のこと。この句は小雅・何草不《かそうふ》黄《こう》に見え、兵士が自由を奪われ酷使される苦痛を歌ったもの。

(8)子貢…孔子の弟子。衛の人。姓は端木、名は賜。子貢は字《あざな》。弟子中の代表的人物で、弁舌に巧みであったと『論語』先進に記されている。

(9)顔回…孔子の弟子。魯の人。字は子淵。『論語』では顔淵とも記される。孔子がもっとも信頼する弟子であったが、若くして世を去った。この時、孔子は子路・子貢・顔回に対してべつべつに同じ問いを呈しているが、やはりこの顔回の答えを肯定している。

(10)書社の地七百里…古代の制度で二十五戸を一里として、社をたて、国の帳簿に記載した。従って七百里とは、一万七千五百戸の人家をもつ地。

(11)韋編三たび絶つ…当時の書物は竹簡でできていたが、「韋」とは、それを編んだなめし皮。それが三度切れたということから、ひいて読書、とくに特定の書を読むことに熱中するたとえに用いられる。

(12)筆を獲麟に絶つ…哀公十四年(前四八一年)、魯の西の大野で、奇妙な獣を捕獲し、孔子が見て麟だと分かった。聖人の世に出現するべき麟が、乱世に現れたというので、孔子はここで『春秋』の筆をとめた。ただし、この書から名づけられた春秋時代は、前四〇三年の韓・魏・趙による晋の分割まで、即ち魯では穆公七年までの年を含む。前注二参照。

(13) 子夏…孔子の弟子。衛の人。姓は卜、名は商。子夏は字。文芸に秀でていたと『論語』先進に記されている。

(14) 六芸…孔子の門において、基本的でかつ必須の教養であった六つの技芸。礼・楽・射・御(馬車の御)・書・数。

春秋・斉「管仲と晏子」――管鮑の交わり・晏子の御

斉《せい》は姜姓《きょうせい》、太公望呂尚《たいこうぼうりょしょう》の封《ほう》ぜられし所なり。後世、桓公《かんこう》に至って諸侯に覇《は》たり。五覇(1)は桓《かん》公《こう》を始めとなす。

名は小白《しょうはく》。兄襄公《じょうこう》、無道なり。群弟、禍《わざわ》いの及ばんことを恐る。子糾《しきゅう》、魯《ろ》に奔《はし》る。管仲《かんちゅう》之に傅《ふ》たり《管仲がその補佐役となった》。小白《しょうはく》、莒《きょ》に奔《はし》る。鮑叔《ほうしゅく》之に傅たり。

襄公《じょうこう》、弟無知《むち》の弑《しい》する所となり、無知《むち》も亦《ま》

管鮑の交わり　斉《せい》は王室が姜姓《きょうせい》で、太公望呂《たいこうぼうりょ》尚《しょう》が封《ほう》ぜられた国である。その後、桓公《かんこう》に至って、他の諸侯を力でおさえる覇者《はしゃ》となった。いわゆる春秋の五覇は、桓公がそのはじめである。

桓公は名を小白《しょうはく》という。兄が襄公《じょうこう》で、無道な君主であり、弟たちは災難が身にふりかかるのを恐れた。小白の兄の子糾《しきゅう》が魯《ろ》に逃げ、管仲《かんちゅう》がつき従って補佐した。小白は莒《きょ》に逃げ、鮑叔《ほうしゅく》がつき従って補佐した。

そのうち、襄公は別な弟無知《むち》に殺され、無知もまた人に殺された。斉の人たちは、小白を莒から呼びもどしてあとを継がせようとし

た人の殺す所となる。斉人《せいひと》、小白《しょうはく》を莒《きょ》より召《まね》く。而《しこう》して魯《ろ》も亦た兵を発して糾《きゅう》を送る。管仲嘗《かんちゅうかつ》て莒《きょ》の道を遮《さえぎ》り、小白《しょうはく》を射る。帯鉤《たいこう》《おびがね》に中《あた》る。

小白《しょうはく》、先《ま》ず斉《せい》に至って立つ《君位についた》。鮑叔牙《ほうしゅくが》、管仲《かんちゅう》を薦《すす》めて政《まつりごと》をなさしむ。公《こう》、怨《うら》み《怨みはさておいて》を置いて之《これ》を用う。

仲《ちゅう》、字《あざな》は夷吾《いご》。嘗《かつ》て鮑叔《ほうしゅく》と賈《こ》《商売をした》す。利を分かって多く自《みずか》ら与う。鮑叔《ほうしゅく》も以って《管仲が》貪《たん》《欲ばり》となさず。仲《ちゅう》の貧しきを知ればなり。嘗て事を謀《はか》って窮困す。鮑叔《ほうしゅく》以って愚となさず。時に利と不利と有るを知ればなり。嘗て三たび戦って三た

た。ところが魯は魯で、自分たちの国に亡命している糾を斉の君主にしようとして、軍隊を派遣して糾を送りこんだ。管仲《かんちゅう》は小白を莒からの道で待ちもうけて矢をあびせ、それが帯金にあたった。

だが結局、小白が先に斉に着き即位した（前六八五年）。

鮑叔牙《ほうしゅくが》は管仲に政治をまかせるよう薦《すす》め、桓公は怨《うら》みは怨みとして管仲を用いた。

管仲は字《あざな》を夷吾《いご》といった。かつて鮑叔と共同で商売をしたことがあり、利益を分けるのにいつも自分の取り分を多くした。しかしだからといって鮑叔は仲が貪欲《どんよく》だと責めはしなかった。管仲が貧しいことを知っていたからである。鮑叔《ほうしゅく》のためを計って事を企てて失敗し、鮑叔が窮地に陥ったことがあった。しかしだからといって鮑叔は仲が愚者だと責めはしなかった。時節に運と不運があることを知っていたからである。三度戦って三度敗れて逃げたことがある。しかしだからといって鮑

び走る。鮑叔《ほうしゅく》以って怯《きょう》《臆病》となさず。仲《ちゅう》に老母有るを知ればなり。仲曰《ちゅういわ》く、

「我を生む者は父母、我を知る者は鮑子《ほうし》なり(2)」と。

桓公《かんこう》、諸侯を九合《きゅうごう》《集め合わせ》し、天下を一匡《いっきょう》《統一したのは》するは、皆仲《ちゅう》の謀《はかりごと》なり。一にも則《すなわ》ち仲父《ちゅうほ》、二にも則ち仲父《ちゅうほ》という。

仲《ちゅう》、病《へい》《重病になった》す。桓公《かんこう》問う、

「群臣、誰《たれ》か相《しょう》とすべき。易牙《えきが》は何如《いかん》」と。

仲《ちゅう》曰く、

「子を殺して以って君に食らわしむ。人情に非《あら》ず。近づくべからず」と。

叔は仲が臆病《おくびょう》だと責めはしなかった。管仲《かんちゅう》に年老いた母があることを知っていたからである。管仲はしみじみと述べた。

「わたしを生んでくれたのは父母だったが、わたしを理解してくれたのは鮑君だった」

　桓公《かんこう》が諸侯を傘下《さんか》におさめ、天下を統一したのは、すべて管仲の知謀がもとであった。そこで桓公も、一にも仲父《ちゅうほ》、二にも仲父といって、管仲を頼りにしたのであった。

　管仲の病が重くなった時、桓公はたずねた。

「お前にもしもの事があったら、臣下の中でだれを宰相とすればよいだろう。易牙《えきが》はどうか」

　仲が答えた。

「自分の子を殺して、わが君に食べさせました。人情にはずれた行為です。お近づけになってはなりません」

「開方《かいほう》はどうか」

「自分の一族を裏切って、わが君に取り入ろうとしました。人情にはずれた行為です。お

「開方《かいほう》は何如《いかん》」と。
曰《いわ》く、
「親に倍《そむ》いて以って君に適《かな》《気に入る》う。人情に非ず。
近づくべからず」と。
蓋《けだ》し開方《かいほう》は故《もと》の衛《えい》の公子の来奔《らいほん》せる者なり。
「豎刁《じゅちょう》は何如《いかん》」と。
曰く、
「自《みずか》ら宮《きゅう》《去勢して》して以って君に適《かな》う。人情に非《あら》ず。
近づくべからず」と。
仲《ちゅう》、死す。公《こう》、仲《ちゅう》の言を用いず。卒《つい》に之《この三人を》を
近づく。三子、権を専《もっぱ》らにす。
公《こう》の内寵《ないちょう》《寵愛する者》、夫人の如《ごと》き者六、皆《みな》子有り。公《こう》、

近づけになってはなりません」

　というのは、開方はもともと衛《えい》の公子で、斉《せい》に逃げて来た者であった。

「豎刁《じゅちょう》はどうか」

「自分の身を去勢して、わが君に取り入ろうとしました。人情にはずれた行為です。お近づけになってはなりません」

　やがて管仲は世を去ったが、桓公は管仲の言葉を容《い》れず、この三人を側近にし、この者たちは権力をほしいままにするようになった。

　桓公の奥むきでは、寵愛《ちょうあい》をうけ夫人同様の扱いをうけている者が六人いて、六人とも男の子をもうけていた。公が亡くなる（前六四三年）と、このうち五人の公子が跡目を争って攻撃しあった。そのため公のなきがらは死装束もつけられず、棺にも入れないまま、六十七日間、寝台にほうっておかれ、屍体にわいた蛆虫《うじむし》が、部屋の外まではい出る始末であった。

薨《こう》ず。五公子立つを争い相攻《あいせ》む。公の尸《し》、床《しょう》に在《あ》って殯斂《ひんれん》《衣をつけ棺に入れる》する無き者《こと》六十七日。尸《屍体》虫《蛆むし》《しちゅう》、戸より出《い》ず。

桓公自《かんこうよ》り八世、景公《けいこう》に至る。晏子《あんし》なる者有り、之に事《つか》う。名は嬰《えい》、字《あざな》は平仲《へいちゅう》。節倹力行《りきこう》を以って斉《せい》に重んぜらる。

一狐裘《こきゅう》三十年、豚肩《とんけん》《祭りの豚肉がたかつきに盛りあがらない》、豆《とう》を掩《おお》わず。斉国の士、待《も》って以って火を挙ぐる者《晏子から供給をうけて、それで炊事の火を焚く者》七十余家あり。

晏子《あんし》出ず。その御《ぎょ》《馭者》の妻、門間従《よ》り窺《うかが》うに、その夫、大蓋《たいがい》《日がさ》を擁《よう》し駟馬《しば》《四頭立ての馬》に策《むち》ち、意気揚揚として自得す。既《すで》にして《馭者が家に》帰る。

晏子一狐裘三十年

桓公《かんこう》から八代目が景公《けいこう》である。この時、晏子《あんし》という者がいて公に仕えた。晏子は名を嬰《えい》、字《あざな》を平仲《へいちゅう》といい、倹素努力の人として、斉《せい》で重んぜられた。一枚の狐の皮ごろもを三十年着つづけ、祭礼に使う豚の肩肉も祭器の底にちょっと並んでいるだけであった。それでいて、斉国の士で、晏子の援助でかまどの火を絶やさずにすんでいる者が七十余家もあった。

ある日、晏子が外出する際に、その馭者《ぎょしゃ》の妻が門のすきまからのぞいて見ると、自分の夫は大きな日がさをさしかけ、四頭立ての馬に鞭《むち》をふるい、意気揚々として満足しきって

妻、去らんことを請うて曰《いわ》く、

「晏子《あんし》は身は斉国《せいこく》の相《しょう》にして、名は諸侯に顕《あらわ》る。その志を観《み》るに、嘗《つね》に以って自《みずか》ら下《へり下る》る有り。子《し》《あなた》は人の僕御《ぼくぎょ》となって、自ら以って足れりとなす。妾是《しょうここ》を以って去るを求むるなり」

と。

御者乃《すなわ》ち自ら抑損《よくそん》す《謙虚になった》。晏子《あんし》怪しんで之《これ》を問う。実を以って《真実を答えた》対《こた》う。薦《すす》めて大夫となす。公《こう》、晏子《あんし》をして晋《しん》に之《ゆ》かしむ。叔向《しゅくこう》と私語《個人的に》し《話し》、以為《おも》えらく、斉《せい》の 政《まつりごと》は必ず陳氏《ちんし》に帰《き》せ(3)んと。その言の如《ごと》し《晏子の言のようになった》。


いる様子であった。

　やがて夫が帰ってくるなり、妻は離縁を求めていうには、

「晏子さまはその身は斉の宰相として、諸侯の方々の間にも名を知られておられます。それでいてお心ばせをみるに、いつも控え目なご様子です。ところがあなたは、人の召使の身分でありながら自分に満足しておられます。だからわたしはお暇をいただきたいのです」

　このことがあってから、この駁者《ぎょしゃ》は目立たぬようにふるまうようになった。そしてそれに気付いて不審に思った晏子がそのわけを聞くと、ありのままを答えたのであった。晏子はこの駁者を大夫に推薦した。

　公は晏子を使者として晋《しん》につかわした。晏子は叔向《しゅくこう》と私的に会って、将来、斉の政治は必ず陳氏の手に落ちるであろうという自分の考えを述べた。後、果たしてその通りになった。

（1）五覇…春秋時代、周王室は名目上のものとなり、実力で他の諸侯に権勢をふるう、いわゆる覇者が現れた。それを五人として春秋の五覇という。しかしその五人については諸説がある。共通してあげられるのはこの斉の桓公と晋の文公であり、あとは秦の穆公・宋の襄公・楚の荘公・呉の闔閭《こうりょ》・呉の夫差《ふさ》などがそれに数えられる。

（2）我を知る者は鮑子なり…後世、「管鮑の交わり」とは、互いに無条件の信頼を与える友情のたとえとされる。なお法家の書に数えられる『管子』は、管仲の著と伝えられる。

（3）斉の～陳氏に帰せん…陳氏とは即ち田氏のこと。

春秋・楚「荘王」——三年飛ばず鳴かず

楚《そ》の先《せん》は、顓頊《せんぎょく》自《よ》り出《い》ず。顓頊《せんぎょく》の子は、高《こう》辛《しん》の火正《かせい》《火を司る官》となる。命《なづ》けて祝融《しゅくゆう》(1)と曰《い》う。弟呉回《ごかい》、復《ま》たその職に居《お》る。呉回《ごかい》より二世にして、季《き》連《れん》なる者有り、芈《ひ》姓《せい》を得たり。季連《きれん》の後《のち》に鬻《いく》熊《ゆう》有り、周《しゅう》の文王《ぶんおう》に事《つか》う。成王《せいおう》その子熊繹《ゆうえき》を丹陽《たんよう》に封ず。夷王《いおう》の時に至り、楚子《そし》熊渠《ゆうきょ》なる者、僭《せん》して王となる。

十一世にして春秋《しゅんじゅう》に至り、武王《ぶおう》と曰《い》うもの

三年飛ばず鳴かず　楚《そ》の王室の先祖は顓頊高《せんぎょくこう》陽氏《ようし》から出ている。顓頊の子が帝嚳高辛《ていこくこうしん》のもとで、火正《かせい》という官となり、功績をあげ祝融《しゅくゆう》という名を賜《たまわ》った。弟の呉回《ごかい》もやはり同じ職についていた。呉回から二代目に季連《きれん》という者があり、この時に芈《ひ》という姓を得た。季連の子孫の鬻熊《いくゆう》が周《しゅう》の文王《ぶんおう》に仕え、また周の成王《せいおう》は鬻熊の子孫の熊繹《ゆうえき》を楚《そ》の蛮地、丹陽《たんよう》（湖北省秭帰県）に封じたのであった。そして周の夷王《いおう》の時になって、楚の子爵を嗣《つ》いでいただけの熊渠《ゆうきょ》が、身分を超えて王と号した。

熊渠から十一代で春秋時代になった。やが

有り。益《ますます》強大なり。文王《ぶんおう》に至って、始めて郢《えい》に都す。成王《せいおう》、斉《せい》の桓公《かんこう》と、召陵《しょうりょう》に盟《ちか》い、尋《つ》いで宋《そう》の襄公《じょうこう》と覇《は》を争い、後晋《しん》の文公《ぶんこう》と城《じょう》濮《ぼく》に戦う。

穆王《ぼくおう》を歴《へ》て荘王《そうおう》に至る。位に即《つ》いて三年、令を出《いだ》さずして、日夜楽しみをなす。国中に令《政令》す、敢《あ》えて諫《いさ》むる者は死せん、と。伍挙《ごきょ》曰《いわ》く、

「鳥有り、阜《おか》に在《あ》り。三年蜚《と》ばず鳴かず。是《これ》、何《なん》の鳥ぞや」と。

王曰《おういわ》く、

「三年飛ばず、飛ばば将《まさ》に天を衝《つ》かんとす。

て武王《ぶおう》（前七四〇年即位）が現れ、楚はますます強大となり、次の文王のとき、初めて都を郢《えい》（湖北省江陵県付近）にうつした。さらに次の成王《せいおう》はまず斉《せい》の桓公《かんこう》と召陵《しょうりょう》（河南省郾城県付近）で盟約を結び、ついで宋の襄公《じょうこう》と覇者の地位を争い、さらにその後、晋《しん》の文公《ぶんこう》と城濮《じょうぼく》（河南省東北部）の地に戦って敗れた。

　成王《せいおう》ののち、穆王《ぼくおう》をへて荘王《そうおう》の代となる。荘王は位につく（前六一三年）と、三年間なにひとつ政令を出さず、日夜宴楽にふけっていた。そして国じゅうに、あえて諫める者があれば死を与えると命令を出した。伍挙《ごきょ》という臣が遠まわしにあてこすった。

「鳥が岡の上にいます。三年の間、飛びもしませんし鳴きもしません。これはなんの鳥でございましょう」

　王が答えた。

「三年飛ばぬのは、ひとたび飛べば天をも衝くため。三年鳴かぬのは、ひとたび鳴けば天下を驚かすためなのだ」

三年鳴かず、鳴かば将に人を驚かさんとす」と。

蘇従《そじゆう》も亦《ま》た入《い》りて諫む。王乃《おうすなわ》ち左に従《じゆう》の手を執《と》り、右に刀を抽《ぬ》いて、以《も》って鐘鼓《しようこ》の懸《けん》（鐘や太鼓をかけた紐）を断つ。明日、政《まつりごと》を聴き、伍挙《ごきよ》・蘇従《そじゆう》に任ず。国人大いに悦《よろこ》ぶ。又《ま》た孫叔敖《そんしゆくごう》を得て相《しよう》（宰相）となし、遂《つい》に諸侯に覇《は》たり。

共王《きようおう》・康王《こうおう》・郟敖《きようごう》・霊王《れいおう》・平王《へいおう》・昭王《しようおう》・恵《けい》王《おう》・簡王《かんおう》・声王《せいおう》・悼王《とうおう》・粛王《しゆくおう》・宣王《せんおう》・威王《いおう》を歴《へ》て、懐王《かいおう》に至る。秦《しん》の恵王《けいおう》、斉《せい》を伐《う》たんと欲《ほつ》し、楚《そ》の与《とも》に従親するを患《うれ》え（合従、親交しているのを心配して）、乃《すなわ》ち張儀《ちようぎ》を

やがて蘇従《そじゆう》も参内して諫めた。すると王は左手で蘇従の手をとり、右手で刀を抜いて、酒宴のための鐘や太鼓のかけ紐《ひも》をたち切った。そして次の日からは国政にあたり、伍挙《ごきよ》と蘇従に政務を任せた。楚《そ》の人びとは大いに喜んだ。さらに荘王《そうおう》は孫叔敖《そんしゆくごう》という賢人を得て宰相とし、ついに諸侯に覇を称《とな》えるにいたった。

懐王、秦に敗れ屈原汨羅に投ず

荘王《そうおう》のあと、十四代目に懐《かい》王《おう》の代となった（前三二九年即位）。この時、秦《しん》は斉《せい》を攻めようとしたが、楚《そ》が斉と合従《がつしよう》して親交があるのが気がかりであった。そこで張儀《ちようぎ》をやって楚の懐王《かいおう》にこうもちかけさせた。

して楚王《そおう》に説かしめて曰《いわ》く、

「王《おう》、関《かん》を閉じて斉《せい》に絶たば《関所を閉じて斉と国交を絶ったなら》、請う商《しょう》・於《お》の地六百里を献ぜん」と。

懐王之《かいおうこれ》を信じ、勇士をして、北のかた斉王《せいおう》を辱《はず》かしめしむ。斉王《せいおう》大いに怒って秦《しん》と合す。楚《そ》、地を秦《しん》に受けしむ《約束の地を受けとろうとした》。儀《ぎ》曰《いわ》く、

「地は某従《よ》り某に至るまで、広袤《こうぼう》六里」と。

懐王《かいおう》大いに怒り、秦《しん》を伐《う》ちて大いに敗る。

秦《しん》の昭王《しょうおう》、懐王《かいおう》と黄棘《こうきょく》に盟《ちか》う。既《すで》にして書を懐王《かいおう》に遺《おく》る。

「願わくは、君王と武関《ぶかん》に会せん」と。

屈平《くっぺい》《屈原》、可《き》かず《反対した》。子蘭《しらん》、王に勧《すす》めて行かしむ。


「もし王が斉《せい》との間の関所を閉鎖して、斉との交わりを絶って下さりさえすれば、商《しょう》と於《お》の方六百里の地を献上させていただきましょう」

懐王はこれを信じ、勇士を北の斉に送り、斉王《せいおう》を侮辱させた。斉王《せいおう》は激怒して秦《しん》と同盟してしまった。さて楚が土地を受けとろうとすると、張儀《ちょうぎ》はその使者にこうとぼけてみせた。

「たしか某地から某地までの広さ六里のお約束でしたね」

懐王は憤激して秦に戦いをいどみ、大敗を喫した。

その後、秦《しん》では昭王《しょうおう》が立ち、まず懐王《かいおう》と黄《こう》棘《きょく》（河南省新野県）の地で盟約を結び、その後懐王に書をおくり、

「願わくは君王と武関《ぶかん》（陝西《せんせい》省商県東方）の地で会見を持ちたい」

と申しこんだ。楚《そ》では大夫の屈原《くつげん》が強く止めたが、懐王の子の子蘭《しらん》が行くように勧めた。

秦人之《しんひとこれ》を執《とら》え、以《も》って帰る《つれて帰った》。楚《そ》人《ひと》その子頃襄《けいじょう》王《おう》を立つ。懐王《かいおう》、秦《しん》に卒《しゅっ》す。楚人之《これ》を憐れむこと、親戚《しんせき》を悲しむが如《ごと》し。

初め屈平《くっぺい》、懐王《かいおう》の任ずる所たりしが《信任されていたが》、讒《ざん》を以って疏《うと》んぜられ、離騒《りそう》を作りて以って自《みずか》ら《わが怨み》怨《うら》む《を記した》。頃襄王《けいじょうおう》の時に至り、又《ま》た譖《しん》《讒言》を以《も》って江《こう》南《なん》に遷《うつ》る。遂《つい》に汨羅《べきら》に投じて以って死す。

秦《しん》、郢《えい》を抜く《陥れた》。楚《そ》、陳《ちん》に徙《うつ》る。頃襄王《けいじょうおう》卒す。考烈王《こうれつおう》立つ。又た寿春《じゅしゅん》に徙《うつ》る。

春申君黄歇《しゅんしんくんこうあつ》、相《しょう》の事を行う《宰相の事務をとり行った》。是《こ》の時に当たり、斉《せい》に孟嘗君《もうしょうくん》有り、魏《ぎ》に信陵君《しんりょうくん》有り、趙《ちょう》に平原君《へいげんくん》有り、楚《そ》に春申君《しゅんしんくん》有り、皆《みな》客を好む。

秦は懐王《かいおう》を捕らえ、秦《しん》につれ帰って軟禁してしまった（前二九九年）。楚《そ》ではやむなく懐王の子頃襄王《けいじょうおう》を立てた。やがて懐王は秦の地で悶死し、それを知った楚の人びとは、親戚の死に遇ったように哀悼したのであった。

さて屈原は、最初懐王に信任されていたが、讒言《ざんげん》されて遠ざけられ、『離騒《りそう》』を作って自らの怨念《おんねん》を託した。のち頃襄王《けいじょうおう》の時になって、また讒言されて江南の地に流され、ついに汨《べき》羅《ら》（湖南省長沙市の川）に身を投じて、自ら命を絶ったのである。

さて、その前の年、楚の都郢《えい》は秦の手に落ち、楚は陳《ちん》（河南省淮陽県）に都を遷《うつ》した。やがて頃襄王が死んで考烈王《こうれつおう》が後を継ぎ、考烈王はその後、都を寿春《じゅしゅん》（安徽省寿県）に遷《うつ》した（前二四〇年）。

春申君黄歇《しゅんしんくんこうあつ》が、楚《そ》で宰相の職務を執っていた（前二六三年〜）。この頃《ころ》、斉《せい》に孟嘗君《もうしょうくん》、魏《ぎ》に信陵君《しんりょうくん》、趙《ちょう》に平原君《へいげんくん》、楚に春申君がいて、きそって賓客を招いていた。春申君の食客は

春申君《しゅんしんくん》は食客三千余人。平原君《へいげんくん》、人を春申君《しゅんしんくん》に使いせしめ、楚《そ》に夸《ほこ》らんと欲し、瑇瑁《たいまい》の簪《かんざし》を為《つく》り、刀剣の室《刀のさや》は飾るに珠玉を以ってす。春申君《しゅんしんくん》の上客、皆珠履《しゅり》を躡《ふ》んで以って之《これ》《珠で飾ったくつをはいて、趙の使いに会った》を見る。趙《ちょう》の使い大いに慙《は》ず。趙人荀卿《ちょうひとじゅんけい》、楚《そ》に至る。春申君《しゅんしんくん》、以って蘭陵《らんりょう》の令となす。

　李園《りえん》、妹を以って春申君《しゅんしんくん》に献ず。娠《はら》む有り。而《しこう》して後《のち》に、之《これ》を考烈王《こうれつおう》に納《い》る。是《これ》、幽王《ゆうおう》を生む。園《えん》、盗をして春申君《しゅんしんくん》を殺さしめ、以って口を滅《めっ》し《口をふさぎ》、而して楚《そ》の政《まつりごと》を専《もっぱ》らにす。

　幽王卒《ゆうおうしゅつ》す。弟哀王《あいおう》、楚人《そひと》の弑《しい》する所となる。而《しこう》してその庶兄負芻《ふすう》を立つ。秦王政《しんおうせい》、将を遣《つか》

三千余人に達した。平原君が、自分の食客を春申君のもとに使いにやり、食客を優遇していることを楚に自慢しようとして、玳瑁《たいまい》でかんざしをつくり、刀のさやの飾りにも珠玉をつかった。ところが春申君の上客たちは、みな真珠をちりばめた履物をはいて、趙《ちょう》からの使いを迎えたので、使いは大いに面目を失った。その頃、趙の人荀卿《じゅんけい》（荀子）が楚《そ》に立ち寄った。春申君《しゅんしんくん》はこれを蘭陵《らんりょう》（山東省蒼山県付近）の長官とした。

　趙の人李園《りえん》が妹をつれてきて、まず春申君にさし出し、身ごもってから、まだ男の子のなかった考烈王《こうれつおう》の側室とした。そして生まれたのが幽王《ゆうおう》である。李園は考烈王が死ぬと、悪人に春申君を殺させ、幽王出生の秘密を知る者の口をふさいだ（前二三七年）。そして幽王《ゆうおう》を立てて楚《そ》の政治をほしいままに操ったのである。

　幽王がなくなり（前二二八年）、後を継いだ弟の哀王《あいおう》は、すぐ内紛で殺され、腹違いの

わして楚《そ》を破り、負芻《ふすう》を虜《とりこ》にし、楚《そ》を滅ぼして郡となす。

兄の負芻《ふすう》が即位した。まもなく秦王政《しんおうせい》は将を派遣して楚《そ》を破り、負芻を虜《とりこ》にし、楚を滅ぼしてその地を楚郡とした。

(1) 祝融…名は黎《れい》。祝融というのはその徳をたたえた号。火を司る官であったところから、後世、火の神とされる。

春秋時代の勢力図（B.C.770〜B.C.403 年）

戦国・趙「蘇秦と藺相如」――鶏口牛後・完璧・刎頸の交わり

洛陽《らくよう》の人、蘇《そ》秦《しん》有り。秦《しん》の恵王《けいおう》に游説《ゆうぜい》して用いられず。乃《すなわ》ち往《ゆ》きて燕《えん》の文公《ぶんこう》に趙《ちょう》と従親《しょうしん》《同盟する》するを説く《ように説得した》。燕之《えんこれ》に資《し》《金を与え》し、以《も》って趙《ちょう》に至らしむ。粛侯《しゅくこう》に説いて曰《いわ》く、「諸侯の卒《兵力》、秦《しん》に十倍せり。力を并《あわ》せて西に向かわば、秦《しん》必ず破れん。大王の為《ため》に計るに、六国従親《燕趙韓魏斉楚が同盟して》して以《も》って秦《しん》を擯《しりぞ》くるに若《し》くは莫《な》し」と。

蘇秦の合従
鶏口牛後

ときに洛陽《らくよう》（河南省洛陽市）の人で、蘇《そ》秦《しん》という者がいた。秦《しん》の恵王《けいおう》を訪れて天下の策を説いたが用いられず、燕《えん》の文公《ぶんこう》のもとに行って、趙《ちょう》と同盟して親交を結ぶようすすめた。そこで文公は蘇秦が趙におもむいて趙侯を説得するよう、便宜をはかった。蘇秦は趙に来て粛《しゅく》侯《こう》にこう説いた。

「諸侯の兵力は、秦の十倍にもなります。東方の諸侯が力を合わせて西の秦に向かうなら、秦は必ず打ち破れます。大王のおためをいうならば、燕《えん》・趙《ちょう》・韓《かん》・魏《ぎ》・斉《せい》・楚《そ》の六国が同盟（合従《がっしょう》）して親交を結び、それによって秦

粛侯《しゅくこう》乃《すなわ》ち之《これ》に資し、以って諸侯に約せしむ。

蘇秦《そしん》、鄙諺《ひげん》《俗なことわざ》を以って諸侯に説いて曰《いわ》く、

「寧《むし》ろ鶏口《けいこう》となるとも、牛後《ぎゅうご》となる無かれ」《いっそ鶏の口となることはあっても、牛の尻となってはならない》

と。

是《ここ》に於《お》いて六国従合《しょうごう》す。

蘇秦《そしん》は、鬼谷《きこく》先生(1)(王詡)を師《し》とす。初め出《い》でて游《国外に出て遊説し》び、困《こん》して帰る。妻は、機《き》より下《くだ》らず《はたおり台から下りようとせず》、嫂《そう》は、為《ため》に炊《かし》がず。是《ここ》に至って従約《しょうやく》の長《ちょう》となり、六《六国》国に幷《あわ》せて相《しょう》たり《に共通して宰相となった》。行きて洛陽《らくよう》を過《よぎ》る《旅行の途中に洛陽に立ち寄った》。車騎《しゃき》輜重《しちょう》《荷駄》、王者に擬《ぎ》す《似ていた》。昆弟《兄弟》妻嫂《こんていさいそう》、目を側《そばだ》てて敢《あ》えて視《み》ず《ふし目になってまともに見なかった》。俯伏《ふふく》して侍《じ》して食を取る《給仕をした》。蘇秦《そしん》笑って曰く、

をおさえこむのがなによりかと考えます」

粛侯はそこで蘇秦《そしん》に費用を与え、諸侯に盟約を結ばせようとした。蘇秦は世俗のことわざで諸侯に説いてまわった。

「牛の尻尾となるくらいなら、鶏の頭となれ」

というものだった。こうして六国の合従《がっしょう》が成立した。

蘇秦はむかし、鬼谷《きこく》先生王詡《おうく》に師事し、まず諸国を遊説《ゆうぜい》したがはかばかしくなく、困窮して帰ってきた。その時、妻は機《はた》に坐ったまま迎えに出ようとせず、兄嫁は食事の用意もしてやらなかった。それが今、合従の指導者として、六国すべての宰相を兼ねるようになり、所用の旅の途次に故郷の洛陽《らくよう》に立ち寄った。一行の車馬や荷物は、王者とまがうばかりであった。兄弟や妻・兄嫁たちは目を伏せ、まともに顔をあわせることさえできず、うつむいたまま側《そば》につきそって食事の世話をした。蘇秦はつい笑い出していった。

「何《なん》ぞ前《さき》には倨《おご》って、後《のち》には恭《うやうや》しきや」と。

嫂曰く、

「季子《きし》《蘇秦》の位《くらい》高く金《きん》多きを見ればなり」と。

秦《しん》、喟然《きぜん》として歎《たん》じて曰く、

「此《こ》れ一人の身なり《同じ一人の人間だ》。富貴なれば則《すなわ》ち親戚も之《これ》を畏懼《いく》し、貧賤なれば則《すなわ》ち之を軽易《けいい》す。況《いわ》んや衆人をや。我をして洛陽負郭《らくようふかく》の田二頃《けい》有ら《なら》しめば《わたしが洛陽の城郭を背にした地に田二百畝をもっていた》、豈能《あによ》く六国の相印《しょういん》《宰相の印綬》を佩《お》びんや」と。

是《ここ》に於《お》いて千金《せんきん》を散じ、以《も》って宗族《そうぞく》、朋友《ほうゆう》に賜《たま》う。既《すで》に従約《合従の盟約》を定めて、趙《ちょう》に帰る。粛侯《しゅくこう》、封《ほう》じて武安君《ぶあんくん》となす。

その後《のち》、秦《しん》、犀首《さいしゅ》(2)《(公孫衍)》をして趙《ちょう》を欺《あざむ》かしめ、従

「いつぞやはあんなに威張っておいて、今日はまたどうしてこんなにご丁寧なのですかね」

　兄嫁がいった。

「あなたが身分が高くなり、お金もたっぷりあるのを拝見したからです」

　蘇秦《そしん》はつくづくと嘆息した。

「いつだってわたしはわたし、同じ人間だ。だのに出世をすれば親戚《しんせき》でさえ畏《おそ》れはばかり、落ちぶれれば軽《かろ》んじあなどる。まして他人ならなおさらのことだ。わたしにもし洛陽近辺に田地の二百畝ばかりがあったなら、それに甘んじてしまって、とても六国の宰相の印綬を帯びる身にはなれなかったろう」

　そこで千金を散じて、一族、友人に分け与えた。そして蘇秦は、六国合従の約を結んで趙《ちょう》に帰ると、粛侯《しゅくこう》から武安《ぶあん》（河北省武安県）の地に封《ほう》ぜられ、武安君《ぶあんくん》となった。

　約十五年ののち、秦《しん》は魏《ぎ》の犀首《さいしゅ》の官にあった公孫衍《こうそんえん》に、趙《ちょう》を欺《あざむ》いて、合従《がっしょう》の約をこわさ

約を敗《やぶ》らんと欲す。斉《せい》・魏《ぎ》、趙《ちょう》を伐《う》つ。蘇秦《そしん》恐れて趙《ちょう》を去り、而《しこう》して従約解《と》く。

粛侯《しゅくこう》の子武霊王《ぶれいおう》、胡服《こふく》《えびすの服をきて》して騎射を招き、胡地を略《りゃく》し《侵略し》、中山《ちゅうざん》を滅ぼし、南のかた秦《しん》を襲《おそ》わんと欲す。果たさず。子恵文王《けいぶんおう》に伝う《王位を譲った》。

恵文《けいぶん》、嘗《かつ》て楚《そ》の和氏《かし》の璧《へき》(3)《名玉》を得たり。秦《しん》の昭《しょう》王《おう》、十五城を以って、之に易《か》えんと請う。与えざらんと欲すれば、秦《しん》の強きを畏《おそ》れ、与えんと欲すれば、欺《あざむ》かるることを恐る。

藺相如《りんしょうじょ》、璧を奉じて往《ゆ》かんと願う。

「城入《い》らずんば《城が手に入らなかったら》、則《すなわ》ち臣請《こ》う璧《へき》を完《まっと》うして帰

せようとした。その策にのって、斉《せい》と魏が趙を攻めた。蘇秦は難を恐れて趙から逃れ、そしてそれとともに合従の盟約は解けさってしまったのであった（前三三二年）。

完璧の臣 藺相如

粛侯《しゅくこう》の子、武霊王《ぶれいおう》は北方の夷族の服を採用し、騎射に巧みな者を招き、北のえびすの地を侵略し、また中山《ちゅうざん》（河北省定県）の国を滅ぼした。さらに南に転じて秦《しん》を攻めようとしたが、成功しなかった。やがて位を子の恵文王《けいぶんおう》に譲った（前二九九年）。

恵文王は楚《そ》の名玉「和氏《かし》の璧《へき》」を手に入れた。秦の昭王《しょうおう》は、十五の城でその璧と取りかえたいと要請してきた。つっぱねるにしては、秦の兵力は恐ろしく、いいなりに譲れば譲ったで約束の十五城が知らぬ顔をきめこまれる心配があった。

この時、藺相如《りんしょうじょ》という者が、璧《へき》を持って秦《しん》に使いしようと申し出た。そしていうには、

らん」と。

既《すで》に至る。秦王《しんおう》、城を償《つぐな》うの意無し《城を代償として与える気持ちがない》。相如《しょうじょ》乃《すなわ》ち紿《あざむ》いて璧を取るや、怒髪《どはつ》《怒りに髪は逆立ち》、冠《かんむり》を指し(4)、柱下に卻立《きゃくりつ》《後じさりして立ち》して曰《いわ》く、

「臣の頭、璧と倶《とも》に砕《くだ》けん」と。

従者を遣《つか》わして璧を懐《いだ》いて、間行《かんこう》《間道づたいに》して先《ま》ず帰らしめ、身は命を秦《しん》に待つ《秦王の命令を待った》。秦《しん》の昭王《しょうおう》、賢《賢者》として《と認めて》之《これ》を帰す。

秦王《しんおう》、趙王《ちょうおう》に約し、澠池《べんち》に会す。相如従《しょうじょしたが》う。酒を飲むに及び、秦王《しんおう》、趙王《ちょうおう》に瑟《しつ》を鼓《こ》せんことを請う。趙王《ちょうおう》之を鼓す。相如《しょうじょ》、復《ま》た秦王《しんおう》に缶《ふ》(5)《瓦製の打楽器》を撃《う》って秦声《しんせい》《秦の音楽》をなさんことを請う。秦王《しんおう》、

「もし城が手に入らなければ、うけあって璧は無事に持ち帰りましょう」

相如《しょうじょ》は秦におもむいた（前二八三年）。璧を受け取ってしまうと、秦王には城を渡す気持ちがまるでなかった。相如はそこで瑕《きず》のありかを教えるとあざむいて璧をとり返すと、怒りに冠をつかんばかりに髪を逆立たせ、後じさりして柱の前に突っ立ち、

「無理に取るつもりなら、臣の頭と璧とを、いっしょに砕きますぞ」

と叫んだ。そして璧を客館に持ち帰ると従者に隠し持たせ、間道をこっそり趙《ちょう》に逃げ帰らせ、自分は秦王の処断を待った。秦《しん》の昭王《しょうおう》は、相如《しょうじょ》を賢者として扱い、帰国させた。

その後、秦《しん》の昭王《しょうおう》が趙《ちょう》の恵文王《けいぶんおう》に盟約の呼びかけをし、澠池《べんち》（河南省澠池県付近）で会合した（前二七九年）。藺相如《りんしょうじょ》が趙王《ちょうおう》に随行した。酒宴の時となって、秦王は趙王に琴を弾くように求め、趙王がいわれるままに弾いた。すると相如が秦王に、缶《ほとぎ》をうって秦の民

肯《がえ》んぜず。相如《しょうじょ》曰《いわ》く、

「五歩の内《うち》、臣、頸血《けいけつ》を以って大王に濺《そそ》ぐを得ん」《ここから大王までは五歩以内、わたくしの首の血を大王にそそぎかけることができます》と。


左右之《これ》を刃《じん》せんと欲す《刃を加えようとした》。相如《しょうじょ》之を叱《しっ》す。皆靡《なび》く。秦王《しんおう》、為《ため》に一《ひと》たび缶《ふ》を撃つ。

秦《しん》、終《つい》に趙《ちょう》に加うる有る能《あた》わず《趙を屈服させることができなかった》。趙《ちょう》も亦《ま》た盛んに之が備《そな》えをなす《秦に対する軍備をした》。秦《しん》、敢《あ》えて動かず。


趙王帰《ちょうおうかえ》り、相如《しょうじょ》を以って上卿《じょうけい》となす。廉頗《れんぱ》の右に在《あ》り《廉頗よりも上になった》(6)。頗《は》曰く、

「我、趙《ちょう》の将となり、城を攻め野に戦うの功有り。相如《しょうじょ》は素賤人《もとせんじん》なり。徒《た》だ口舌をもって、

謡を奏するよう願いでた。秦王はもちろんはねつけた。相如は叫んだ。

「五歩に足りない近さです。わたくしの首の血を大王におそそぎすることができますぞ」

　側《そば》の者が切りつけようとしたが、相如が一喝《いっかつ》すると、皆たじろいでしまった。そして仕方なく秦王は一度だけ、缶《ほとぎ》を打ち鳴らした。

　秦王はこの席ではついに趙を屈服させることができず、その後、趙の方も兵の備えを厳重にしたので、秦もうかつに手出しができなかったのである。


刎頸の友　国に帰ると、趙王《ちょうおう》は相如《しょうじょ》を上卿《じょうけい》に任じ、地位も廉頗《れんぱ》より上とした。

頗《は》は、

「わしは趙の将軍として、城を攻め野に戦って功績をあげてきた。ところが相如はもともと賤しい出でありながら、ただ口先だけでわ

我が上に居《お》る。吾《われ》、之《これ》が下《しも》たるを羞《は》ず。我、相如《しょうじょ》を見ば、必ず之を辱《はず》かしめん」と。

相如《しょうじょ》之を聞き、朝の毎《ごと》に常に病《やまい》と称し、《参朝する日ごとにいつも病気と称して、廉頗と序》与《とも》に列《れつ》を争うを欲せず。《列を争おうとしなかった》出《い》でて望み見れば、《廉頗を》輒《すなわ》ち車を引きて《車を引きかえさせて》避け匿《かく》る。その舎人《しゃじん》、皆以《も》って恥となす。相如《しょうじょ》曰く、

「それ、秦《しん》の威を以ってすら、相如《しょうじょ》、廷に之《宮廷でこれを》を叱《しっ》し《しかりつけ》、その群臣を辱《はず》かしむ。相如《しょうじょ》、駑《ど》なり《わたしは愚鈍ではあるが》と雖《いえど》も、独り廉将軍《れんしょうぐん》を畏《おそ》れんや。顧念《こねん》するに、強秦《きょうしん》の敢《あ》えて兵を趙《ちょう》に加えざるは、徒《た》だ吾《われ》ら両人の在《あ》るを以ってなり。今、両虎共に闘わば、その勢い倶《とも》には生きず。(7)吾の此《こ》れをなす《わたしがこのような行為をする》

しよりも上の位に坐《すわ》っている。わしはやつの下に立つのが恥ずかしい。わしは相如《しょうじょ》の顔を見たら、きっと侮辱を与えてやる」

といいふらした。それを耳にすると、相如は朝廷に参内しなければならない日はいつも病気といいたてて、廉頗《れんぱ》と席次を争わずにすむようにした。外出のおりに廉頗を見かけると、すぐさま車の向きをかえさせ、道をさけて隠れた。相如の近侍たちは、それでは恥ではありませんかと申し立てた。相如は答えた。

「そもそも威勢を誇る秦王《しんおう》ですら、わしは宮廷で叱咤《しった》して、家臣どもの顔をつぶしてやった。愚鈍とはいえこの相如、廉将軍などおそれはしない。だが考えてもみよ。あの強大な秦が、それでも趙には兵力を用いないのは、ひとえにわれら両人がいればこそだ。もし両虎がともに戦えば、とてものこと両方生き残るわけにはゆかぬではないか。わしがこのようにふるまうのは、国家の危急を第一に考え、私事《わたくしごと》の恨みを後まわしにしているからなの

所以《ゆえん》《わけは》は、国家の急を先にして、私《わたくし》の讐《あだ》を後《のち》にすればなり」と。

頗《は》、之を聞き、肉袒《にくたん》して荊《けい》を負い《肌ぬぎとなりいばらの鞭を負い》、門に詣《いた》って罪を謝す。遂《つい》に刎頸《ふんけい》の交《まじ》わり(8)をなす《ともに首をはねられても悔いぬ交わりを結んだ》。

恵文王《けいぶんおう》の子孝成王《こうせいおう》立つ。秦《しん》、韓《かん》を伐《う》つ。韓《かん》の上党《じょうとう》、趙《ちょう》に降《くだ》る。秦《しん》、趙《ちょう》を攻む。廉頗《れんぱ》、長《ちょう》平《へい》に軍《ぐん》し、壁《へき》を堅くして出《い》でず《とりでの防壁をかためて出撃しなかった》。秦人《しんひと》、千金を行《おこな》って反間《はんかん》をなして《スパイ工作をして》曰《いわ》く、「秦《しん》は独り馬服君趙奢《ばふくくんちょうしゃ》の子括《かつ》の将《しょう》となるを畏《おそ》るるのみ」と。

王《おう》、括《かつ》をして頗《は》に代わらしむ。相如曰《しょうじょいわ》く、

だ」

廉頗はこれを聞き伝えると、肌ぬぎとなって、いばらの鞭《むち》を背に負い、藺相如《りんしょうじょ》の門を訪ね、自分の至らなさをわびた。そのあげく二人は相手のためなら首をはねられても悔いないという、「刎頸《ふんけい》の友」となった。

長平の戦い

恵文王《けいぶんおう》がなくなり、子の孝成王《こうせいおう》が位についた(前二六五年)。時に秦《しん》が韓《かん》を伐《う》った。韓の上党《じょうとう》(山西省東南部)が趙《ちょう》に降って救いを求め、そこで秦は趙を攻めた。廉頗《れんぱ》は長平《ちょうへい》(山西省高平県付近)に陣をはり、防壁を築き固めてたてこもり、出て戦わぬようにした。秦は千金を使って、趙の内部で離間工作をして、

「秦が恐れているのは、ほかでもない馬服君《ばふくくん》趙奢《ちょうしゃ》の子の括《かつ》が将軍となることなのだ」

といいふらさせた。王はその策にのり、趙

「王《おう》、名を以って《名声だけで》括《かつ》を使う。柱《ことじ》に膠《にかわ》して《琴柱を膠づけして》瑟《しつ》を鼓《こ》(9)するが若《ごと》きのみ。括《かつ》は徒《た》だ能《よ》くその父の書を読むのみ。変に合《がっ》するを知らざるなり《変化に合わせることができない》」と。

王《おう》、聴《き》かず。

括《かつ》、少《わか》くして兵法を学び、以《おも》えらく、天下《天下に自分にかなうものはいないと》能《よ》く当たる莫《な》しと。父の奢《しゃ》と言う《奢と兵法上の議論をした》。難ずること能《あた》わず《奢は括を論破することはできなかったが》。然《しか》れども以って然りとなさず《括の意見を是認しなかった》。括《かつ》の母、故《ゆえ》を問う。奢曰《しゃいわ》く、

「兵は死地なり《戦いは命がけのことだ》。而《しか》るに括は易《やす》く之を言う《安易にそれについて話す》。趙《ちょう》、若《も》し括《かつ》を将《しょう》とせば、必ず趙《ちょう》の軍を破らん」と。

括《かつ》の将《まさ》に行かんとするに及び、その母、上

括を廉頗と交代させようとした。相如は、

「王は評判をたよりに趙括《ちょうかつ》を起用なさいますが、それは琴柱《ことじ》を膠《にかわ》で動かなくして瑟《しつ》を弾くようなものでございます。括《かつ》はただ父の残した書を読み習ったばかりで、物事の変化に対応するということがわかっておりません」

と諫めたが、王は聞きいれなかった。

趙括は、若いころから兵法を学び、天下におのれにかなう者はないと思っていた。父の奢《しゃ》と軍略を論じたことがあったが、奢も言い負かすことはできなかった。しかし奢は括の議論を是認しようとしなかった。趙括の母がそのわけを問うと、奢がいうには、

「戦いとは死生の場だ。だのに括はそれをこともなげに論じている。趙がもし括を将軍に任用することがあれば、きっと趙の軍を破滅に導くだろう」

趙括が出陣しようとするときになって、母親は括を起用してはならないことを上書した。括が戦陣について廉頗と交代すると、果たし

書して括《かつ》の使うべからざるを言う。括《かつ》、軍に至る。果《は》たして秦《しん》の将白起《はくき》の射殺する所となる。卒《そつ》四十万、みな降る。長平《ちょうへい》に坑《こう》せらる。

て秦将白起《はくき》のために射殺されてしまい、兵卒四十万は残らず投降し、長平《ちょうへい》で生き埋めとなったのである（前二六〇年）。

（1）鬼谷先生…本名は王詡《おうく》というが、出身などは不明。鬼谷（河南省登封県東南）に住んだので鬼谷先生と呼ばれた。南北につらなる韓・魏・趙・燕・楚・斉が同盟して西の秦に対抗しようという、合従策を唱えた蘇秦、それらの六国が秦と同盟を結んで、互いに存続をはかろうとする、連衡策を説く張儀の師で、いわゆる縦横家の祖とされる。『鬼谷子』がその著とされるが、偽作と考えられている。

（2）犀首…古代の官名。のちの虎牙《こが》将軍のように、動物の部分を官名にしたもの。公孫衍《こうそんえん》がこの官にあったので、その別号のようになり、『史記』も衍の列伝を犀首の名で立てている。張儀と仲が悪く、魏や秦が張儀を宰相にすると、計を設けて地位を去らせるようにしむけた（『史記』犀首伝）。

（3）和氏の璧…「和氏」とは、楚の卞和《べんか》のこと。この名玉を山中で得て、まず楚の厲王《れいおう》に献じ、偽物と見られて左足を切られ、次の武王に献じて右足を切られ、文王のときにやっと名玉であることを認められたという。また、ここに見える秦の昭王が十五の城と取りかえたいと申し出たことから「連城の璧」ともいう。

（4）怒髪、冠を指し…怒りのあまり髪が逆立って、冠をつきあげること。「怒髪、冠を衝《つ》く（怒髪衝冠〕」ともいい、激怒した形容。

(5) 缶…まるくふくれた形の瓦製の楽器。正式の楽に用いるものではなく、ここでは夷狄の楽器で夷狄の音楽を演奏させるという形で、秦王を辱めようとしたもの。

(6) 廉頗の右に在り…中国では古くは多く右が上位であった。従って「右にあり」とは、相手より上にあること。「左遷」あるいは日本語の「右にでる」は、それによる。

(7) 両虎共に〜倶には生きず…「両雄、並び立たず」(『史記』酈生伝の「両雄不倶立」から)とともに、同じ意味で用いられる。

(8) 刎頸の交わり…「刎頸」とは、頸の動脈を切ること。「刎頸の交わり」とは、たとえ頸の動脈を切られても心をかえないほどの親しい交わりをいう。

(9) 柱に膠して瑟を鼓す…「柱」は琴(瑟)の弦を支えて立つこまで、それを動かして音調を整えるもの。それをにかわで固定して琴をひくとは、規則にこだわって、融通のきかないたとえ。

戦国・燕「郭隗と荊軻」——隗より始めよ・白虹日を貫く

燕《えん》は姫姓《きせい》、召公奭《しょうこうせき》(1)の封《ほう》ぜられし所なり。三十余世にして文公《ぶんこう》に至る。嘗《かつ》て蘇秦《そしん》の説を納《い》れ、六国に約して従《しょう》をなす。

文公卒《ぶんこうしゅつ》す。易王噲《いおうかい》立つ。十年にして国を以《も》ってその相《しょう》、子之《しし》に譲り、南面して(2)王事を行わしむ。而《しこう》して噲《かい》は老《ろう》《隠居して》して政《まつりごと》を聴かず、顧《かえ》って臣となる。国、大いに乱る。斉《せい》、燕《えん》を伐《う》ちて之《これ》を取り、子之《しし》を醢《かい》《塩づけの肉》にし、噲《かい》を殺す。燕《えん》

隗より始めよ　燕《えん》は王室が姫姓《きせい》で、召公奭《しょうこうせき》が封ぜられた国である。三十余代を経て、文公《ぶんこう》の代になって、蘇秦《そしん》の説を入れて六国と合従《がっしょう》の盟約を結んだ。

文公が亡くなり、易王噲《いおうかい》が即位した（前三三二年）。十年たって国を宰相の子之《しし》に譲り、南向きの君主の座について王としての仕事をとり行わせた。そして噲《かい》自身は隠居して政務をはなれ、臣下の地位についた。そのため国は大いに乱れた。斉《せい》はそこで燕に討ち入ってこれを攻略し、子之を殺して肉を塩づけにし、噲をも殺した。燕の人びとは太子の平《へい》を擁立して君主とした。これが昭王《しょうおう》である（前三一

人《ひと》、太子平《たいしへい》を立てて君となす。是《これ》を昭王《しょうおう》となす。死を弔《とむら》い生を問い、辞を卑《ひく》くし《ことばをていねいに》幣《へい》を厚くし、以って賢者を招く。郭隗《かくかい》に問うて曰《いわ》く、

「斉《せい》、孤《こ》(諸侯の自称)の国の乱るるに因《よ》って、襲《おそ》って燕《えん》を破る。孤、極《きわ》めて知る、燕《えん》の小にして以《も》って報《むく》いるに足らざるを《報復するのに十分ではないことを》。誠《まこと》に賢士を得て、国を与《とも》に共《とも》にし、以って先王の恥を雪《すす》がんこと、孤の願いなり。先生、可なる者《条件にかなう人物》を視《しめ》せ。身之《これ》に事《つか》うるを得ん」と。

隗曰《かいいわ》く、

「古《いにしえ》の君に、千金を以《も》って涓人《けんじん》《お付きの者》(3)をして千里の馬を求めしめし者有り。死馬の骨を五百金

二年)。昭王は民びとに死者があれば弔《とむら》い、誕生があれば祝い、また丁重なことばと礼物とで賢者を招こうとした。まず郭隗《かくかい》に気持ちを打ちあけた。

「斉《せい》はそれがしの国の乱れに乗じて襲来し、この燕を破った。燕が小国で、この仇《あだ》をはらすだけの力のないことは、それがしも重々わかっておる。何とか賢士を得てともに国務にはげみ、それで先王の恥をすすぐのがそれがしの念願なのだ。先生、しかるべき人物をお教え下さらぬか。この身、その人を師として仕えたい」

隗《かい》が答えた。

「いにしえのこと、千金を投じて、側近の者に一日に千里行く名馬を捜しに行かせた君主がいました。その側近の者は死んだ馬の骨を五百金で買って帰ってきました。主君が立腹すると、その男は、

「死んだ馬の骨でさえ大金でお買い上げになった。とすれば生きている馬ならば、という

に買いて返る。君怒る。涓人曰く、「死馬すら且《か》つ之《これ》を買う、況《いわ》んや生ける者《生きている馬》をや。馬、今に至らん」と。期年《一年》ならずして、千里の馬《日に千里を走るという馬》の至れる者三なり。今、王《おう》必ず士を致さんと欲《ほっ》せば《賢士を招致したいと思われるなら》、先《ま》ず隗従《かいよ》り始めよ。(4)況《いわ》んや隗《かい》より賢なる者、豈《あに》千里を遠しとせんや」と。

是《ここ》に於《お》いて昭王《しょうおう》、隗《かい》の為《ため》に改《あらた》めて宮を築き、之《これ》に師事す。

　是《ここ》に於《お》いて士、争って燕《えん》に趨《おもむ》く。楽毅《がくき》は魏《ぎ》自《よ》り往《ゆ》く。以って亜卿《あけい》《卿につぐ位》となし、国政を任《にん》ず。已《すで》にして毅《き》をして斉《せい》を伐《う》たしむ。臨淄《りんし》に入る。斉王《せいおう》、出《い》でて走る。毅《き》、勝ちに乗じ、六月の

わけで、すぐにも名馬がむこうからやって参りましょう」

　と答えました。

　そして一年もたたないうちに、千里の馬が三頭も集まったということです。さて王さまはどうしても有為の士を招きたいといわれる。それならば、まずこの隗《かい》からお始め下さい。そうすれば、わたしよりすぐれた者はなおのこと、千里の道を遠しとせずやって参るはずです」

　それを聞いて昭王《しょうおう》は郭隗《かくかい》のために邸宅を築き、師として敬った。

　そこで世の有能の士は争って燕《えん》を訪れるようになった。楽毅《がくき》が魏《ぎ》からやってきた。昭王は亜卿《あけい》に取り立て、国政を任せた。そしてやがて毅に斉《せい》を伐《う》たせた。毅は斉の都の臨淄《りんし》（山東省益都県）にまで攻め入り、斉の湣王《びんおう》は国外へ逃げ去った（前二八四年）。毅は勝ちに乗じて、六か月の間に斉の七十余りの邑《まち》を陥落させた。ただ莒《きょ》（山東省莒県）と即墨《そくぼく》

間に斉《せい》の七十余城を下す。惟《た》だ莒《きょ》と即墨《そくぼく》とのみ下らず。昭王卒《しょうおうしゅっ》す。恵王《けいおう》立つ。恵王《けいおう》、太子《たいし》たりしとき、已《すで》に毅《き》に快《こころよ》からず。田単《でんたん》、乃《すなわ》ち反間を縦《はな》って《間者を送って》曰《いわ》く、

「毅《き》、新王と隙《げき》有り《不和である》、敢《あ》えて帰らず。斉《せい》を伐《う》つを以って名となす《名目としている》。斉人惟《せいひとた》だ他将の来たって、即墨残《そくぼくざん》せられんことを恐る《即墨が打ち破られることを心配している》」と。

恵王《けいおう》、果たして毅《き》を疑い、乃《すなわ》ち騎劫《きこう》をして代わって将たらしめ、而《しこう》して毅《き》を召す。毅《き》、趙《ちょう》に奔《はし》る。田単《でんたん》、遂《つい》に燕《えん》を破って、斉《せい》の城を復するを得たり《とりかえすことができた》。

（山東省平度県）だけが降伏しなかった。

昭王《しょうおう》がなくなり、恵王《けいおう》が立ったが、恵王《けいおう》は太子だったときから、楽毅《がくき》とはうまくいっていなかった。そこで斉の田単《でんたん》は間者を送りこんで、こういいふらさせた。

「楽毅は新王と不仲なので、斉を伐《う》つというのを口実に、国に帰ろうとしない。斉のほうでは、ほかの将軍がやってきて、即墨《そくぼく》をふみにじりはしないかということばかり心配している」

恵王《けいおう》は果たして楽毅《がくき》に疑いを抱き、騎劫《きこう》を代わって将軍とし、楽毅を召しもどそうとした。楽毅は趙《ちょう》に亡命し、田単《でんたん》は燕《えん》の軍を打ち破って、失っていたまちを奪回することができた（前二七九年）。

恵王《けいおう》の後《のち》、武成王《ぶせいおう》・孝王《こうおう》有りて、王喜《おうき》に至る。喜《き》の太子丹《たいしたん》、秦《しん》に質《ち》たり《人質になっていた》。秦王政《しんおうせい》、礼せ《礼遇しな》ず《かった》。怒って亡《に》げ帰る。秦《しん》を怨《うら》んで之《これ》に報いんと欲《ほっ》す。秦《しん》の将軍樊於期《はんおき》、罪を得て亡げて燕《えん》に之《ゆ》く。丹《たん》、受けて之を舎《しゃ》す《迎えいれて宿舎を与えた》。丹《たん》、衛人荊軻《えいひとけいか》の賢なるを聞き、辞を卑《ひく》くし礼を厚くして之《頼ん》を請《こ》う《で来てもらった》。奉養至らざる無《な》し。軻《か》を遣《つか》わさん《刺客として》と欲《ほっ》す。軻《か》、樊《はん》将軍《樊於期》の首及び燕《えん》の督亢《とくこう》の地の図を得て、以《も》って秦《しん》に献ぜんと請う。丹《たん》、於期《おき》を殺すに忍びず。軻《か》、自《みずか》ら《自分の意》意《志でもって》を以って之に諷《ふう》して曰《いわ》く、

壮士去って復た還らず

恵王のあと、武成王《ぶせいおう》・孝王《こうおう》とつづいて王喜《き》が位についた。喜の太子丹《たん》は、秦《しん》に人質になっていたが、秦王政《しんおうせい》の遇し方が非礼であったので、怒って燕《えん》に逃げ帰った。そして秦に遺恨を含み、報復したいと思っていた。その頃、秦の将軍樊於期《はんおき》が罪に問われ、逃亡して燕にやってきた。丹はこれを迎え入れてかくまっていた。さて丹は、衛《えい》の荊軻《けいか》が賢者であることを聞き、言葉を低く、贈り物を厚くして燕に招《しょう》聘《へい》した。そして至れり尽くせりのもてなしをした。

こうして丹《たん》は荊軻《けいか》に秦《しん》に行ってもらいたい気持ちを打ち明けた。荊軻は秦王に目通りするために、樊《はん》将軍の首と、燕《えん》の肥沃の地督亢《とくこう》(河北省易県)の地図を申しうけて、秦に献上したいと望んだ。しかし丹《たん》は樊於期《はんおき》を手にかけるに忍びない。そこで荊軻は自分で片を

「願わくは将軍の首を得て、以って秦王《しんおう》に献ぜん。必ず喜びて臣を見ん。臣、左手にその袖《そで》を把《と》り、(秦王は)右手にその胸を揕《つ》かば、則《すなわ》ち将軍の仇《あだ》は報いられ、燕《えん》の恥は雪《すす》がれん」と。

於期《おき》、慨然として（嘆きながら）遂《つい》に自刎《じふん》す。

丹《たん》、奔《はし》り往《ゆ》き、伏し哭《こく》す。乃《すなわ》ち函《かん》を以《も》ってその首を盛る。又《ま》た嘗《かつ》て天下の利《り》匕《ひ》首《しゅ》（鋭利な短刀）を求め、薬を以《も》って之《これ》を焠《さい》し（焼きをいれ）、以って人に試みるに、血、縷《る》の如《ごと》くにして立ちどころに死す。（血は細い糸ぐらいなのに、すぐさま死んだ）乃《すなわ》ち軻《か》を装遣《そうけん》す。（旅装させ派遣した）行きて易水《えきすい》に至り、歌って曰《いわ》く、

風蕭蕭《しょうしょう》として易水《えきすい》寒し

つけるしかないと思い定め、樊於期に因果を含めた。

「なにとぞ将軍の御首級《みしるし》をちょうだいし、それを秦王に献上いたしたい。そうすれば必ずや喜んでわたくしに会うでしょう。そこでわたくしは左手で王の袖《そで》をつかみ、右手で王の胸を刺してくれます。これで将軍の恨みも晴らされ、燕の恥もすすぐことができるわけです」

於期は天をあおいで、そのままわれとわが手で首をはねた。

丹《たん》はかけつけ、屍《しかばね》に身をなげかけて声を放って泣いたが、とうとう箱にその首を収めたのであった。太子はまた、かねて天下第一の鋭利な匕首《あいくち》を手に入れていて、これに毒薬を塗って焼きを入れさせ、それでためしに人を刺してみると、糸筋ほどの血が流れたと思うと、見るまに死ぬのだった。こうして旅装を整えて荊軻《けいか》を送り出した。一行が易水《えきすい》（河北省中部にある河）まで来た時、荊軻は歌った。

壮士一たび去って復《ま》た還《かえ》らず

時に白虹《はくこう》、日を貫《つらぬ》く。燕人之《えんひとこれ》を畏《おそ》る。軻《か》、咸陽《かんよう》に至る。秦王政《しんおうせい》、大いに喜んで之《これ》を見《み》る。軻《か》、図を奉じて《地図をささげもって》進む。図窮《きわ》まって《地図の最後のところで》匕《ひ》首見《しゅあらわ》る。王《おう》の袂《そで》を把《と》って之を揕《つ》く。未《いま》だ身に及ばず《からだにとどかなかった》。王《おう》、驚き起《た》って袂を絶つ。軻《か》之を逐《お》う。柱を環《めぐ》って走る。秦《しん》の法《秦の法律では》、群臣の殿上に侍《じ》する者は、尺寸の兵を操《と》るを得ず《一尺、一寸の武器も持てない》。左右、手を以《も》って之を搏《う》つ《お付きの者は素手で荊軻を打った》。且《か》つ曰《いわ》く、「王《おう》、剣を負《お》え《剣を背中にまわして抜きなさい》」と。遂《つい》に剣を抜きその左股《さこ》を断つ。軻《か》、匕首を

わびしく吹きつのる風に
易水は寒く
勇士ここに途について
また還らず

と、この時、白い虹《にじ》が太陽を貫き、燕《えん》の人びとは、そのまがまがしさに恐れおののいたのであった。荊軻《けいか》が秦《しん》の都咸陽《かんよう》（陝西《せんせい》省咸陽市）にたどりついた。秦王政《しんおうせい》は大いに喜んで引見した。荊軻は地図を捧《ささ》げもって王の前に進んだ。地図を開け終わると、巻きこんであった匕首《あいくち》が姿を見せた。荊軻は王の袖《そで》をつかんで突く。からだに刃先が届かない。秦王は驚いて立ち、袖をひきちぎって逃げた。軻が追う。二人は柱の回りを走りまわった。秦の法律では、殿中でかしずく臣下たちは、寸鉄の武器も持ってはならないことになっている。左右の者たちは、素手《すで》で荊軻《けいか》に打ってかかりながら、

引いて王《おう》に擿《なげう》つ。中《あた》らず。遂《つい》に体解《たいかい》して以って徇《とな》う。

秦王《しんおう》大いに怒り、益《ますます》兵を発して燕《えん》を伐《う》つ。喜《き》、丹《たん》を斬って以って献ず。後《のち》三年、秦兵《しんぺい》、喜《き》を虜《とりこ》にし、遂《つい》に燕《えん》を滅ぼして郡となす。

（秦王は軻のからだをばらばらにして見せしめにした）

「王さま、剣を背に」と叫んだ。

やっと剣を抜くと、軻《か》の左股《ひだりもも》を切りさいた。軻は匕首を引いて王に投げつけたが、あたらなかった。荊軻《けいか》のからだはずたずたに切りきざまれて、さらしものになった。

秦王《しんおう》は激怒し、ますます軍隊を増強して燕《えん》を攻撃させ、王喜《き》は太子丹《たん》を斬り、秦にさし出してわびた。それから三年後、秦の軍は王喜を虜《とりこ》にし、結局は燕を滅ぼして秦の一郡とした（前二二二年）。

（1）召公奭…周の建国に功績があり、また武王がなくなったのち、周公が成王を輔《たす》けて政治を摂《と》るのに協力した。『詩経』召南・甘棠は、召公の徳をたたえたもの。

（2）南面して…天子は南を向いて坐る。「南面する」とは、君主の地位に即くこと。対して「北面する」とは臣下として仕えること。

（3）死馬の骨…次注参照。

（4）先ず隗従り始めよ…転じて今は、遠大な計画もまず手近から着手せよ、或は、物事はまず言い出したものがやり始めよの意味に使われる。もとはこの故事が出典で「賢士を招きたいならば、まず大したことのない自分を優遇せよ。それが呼び水になるであろう」の意味であった。が、それはむしろこの隗の言葉にある「死馬の骨」、或は「死馬の骨を買う」ということばでたとえられる。

戦国・秦「范雎」――一飯の徳も必ず償う・遠交近攻

恵文王《けいぶんおう》薨《こう》ず。子武王《ぶおう》立つ。武王《ぶおう》、甘茂《かんも》をして韓《かん》を伐《う》たしむ。茂《も》曰《いわ》く、

「宜陽《ぎよう》《韓の都》は大県にして、その実《じつ》は郡なり。今、数険を倍《ばい》して《いくつかの険路を急ぎ》千里を行き、之《これ》を攻むるは難《かた》し。魯人《ろひと》に曾参《そうさん》(1)と姓名を同じうする者有り。人を殺す。人、その母に告ぐ《曾参が人を殺したと母親に告げた》。母、織ること自《じ》若《じゃく》たり《落ちつきはらって織りつづけた》。三人之《これ》を告ぐるに及びて、母、杼《ちょ》を投じて機《はた》を下り、牆《しょう》を踰《こ》えて走る《垣根を越えて走って行った》。臣の賢は

三人告ぐれば母、杼を投ず

恵文王《けいぶんおう》が薨《こう》じ、子の武王《ぶおう》が位についた(前三一一年)。武王は甘茂《かんも》に韓《かん》を伐《う》つよう命じた。茂が答えた。

「韓の都宜陽《ぎよう》(河南省宜陽県付近)は大県で、郡と申してもよろしいくらいであります。いくつもの険峻を強行軍して千里を進み、これを攻め取るのは、生やさしいことではありません。

昔、魯《ろ》の人で、孔子《こうし》の門弟の曾参《そうさん》と名前の同じ男がいて、人殺しをしました。ある人が曾参の母に告げたところ、息子を信じている母親は、顔色も変えず機《はた》を織りつづけました。

曾参《そうさん》に及ばず。王《おう》の臣を信ずる、又《ま》たその母に如《し》かず。臣を疑う者、特《ただ》に三人のみに非《あら》ず。臣、大王《だいおう》の杼《ちょ》を投ぜんことを恐るるなり。魏《ぎ》の文侯《ぶんこう》、楽羊《がくよう》をして中山《ちゅうざん》を伐《う》たしむ。三年にして後《のち》に、之《これ》を抜く。反《かえ》って功を論ず。文侯、之に謗書《ぼうしょ》一篋《きょう》《誹謗する上書一はこ》を示す。再拝して曰《いわ》く、『臣の功に非《あら》ず。君の力なり』と。今、臣は羇旅《きりょ》の臣なり。樗里子《ちょりし》・公孫奭《こうそんせき》、韓《かん》を挟《さしはさ》んで《韓を援けて私を非難し》譏《そし》らば《たなら》、王《おう》必ず之を聴かん《その非難を聞き入れるだろう》」と。王《おう》曰く、「寡人《かじん》《朕》聴かず」と。乃《すなわ》ち息壌《そくじょう》に盟《ちか》う。茂《も》、宜陽《ぎよう》を伐《う》つ。五月に

しかし、同じことをいう人間が三人でてくると、曾参の母は手に持っていた杼《ひ》を投げ出し、機台《はただい》を下り、門へもまわらず、駆け出しました。私の賢明さは曾参に及びませんし、王さまも曾参の母親ほどには私を信じては下さいますまい。私を疑ってかかるだろう方も三人どころではありません。私が心配なのは、王さまが杼を投げ出されはせぬかということです。

　これもそのむかし、魏《ぎ》の文侯《ぶんこう》が楽羊《がくよう》に中山《ちゅうざん》国（河北省定県）を伐《う》たせ、楽羊は三年かかって攻め落としました。魏に帰って手柄ばなしをしていると、文侯は楽羊に箱をさし出し、そこには楽羊を非難する上書がつまっていました。楽羊はおそれいって『中山を落としたのは臣の力ではありません。大王のお力です』といいました。ところで私は楚《そ》から来たよそ者の臣でございます。樗里子《ちょりし》・公孫奭《こうそんせき》といった人たちが、韓《かん》を援《たす》ける狙《ねら》いから私をそしると、王さまはきっとそれをお聞き入れに

して抜けず。二人、果たして之《これ》を争《あらそ》う《甘茂の罷免を強く進言した》。武王《ぶおう》、茂《も》を召し兵を罷《や》めんと欲《ほっ》す。茂《も》曰《いわ》く、「息壌彼《そくじょうかれ》に在《あ》り」と。王《おう》、乃《すなわ》ち悉《ことごと》く兵を起こして、茂《も》を佐《たす》く。遂《つい》に、之《これ》を抜く。武王《ぶおう》、力有り。戯《ぎ》《力わざ》を好む。力士任鄙《じんぴ》・烏獲《うかく》・孟説《もうえつ》、皆《みな》大官に至る。王《おう》、孟《もう》説《えつ》と鼎《かなえ》を挙げ、脈《みゃく》を絶って死す。

弟の昭襄王稷《しょうじょうおうしょく》立つ。魏《ぎ》人范雎《ひとはんすい》なる者有り。嘗《かつ》て須賈《しゅか》に従いて斉《せい》に使いす。斉王《せいおう》、その弁《べん》口《こう》を聞き、乃《すなわ》ち之《これ》に金及び牛・酒を賜う。賈《か》、雎《すい》が国の陰事《魏の秘密》を以《も》って斉《せい》に告げしかと疑い、

なるのではないでしょうか」

　武王《ぶおう》はきっぱりと、

「聞き入れはせぬ」

　といい、息壌《そくじょう》の地で誓いを立てた。そこで甘茂《かんも》は宜陽《ぎよう》を攻めたが、五か月たっても攻め落とせない。樗里子《ちょりし》・公孫奭《こうそんせき》の二人は、はたして甘茂を罷免するよう、やかましくいいたてた。武王《ぶおう》は甘茂を呼びもどし戦いをやめようとした。甘茂はいった。

「息壌《そくじょう》は、あれ、あそこでございますぞ」

　武王はハッと思いなおし、兵力を総動員して甘茂《かんも》を援《たす》け、とうとう攻略することができた。武王《ぶおう》は力自慢で、力わざを好んだ。大力の士の任鄙《じんぴ》・烏獲《うかく》・孟説《もうえつ》たちは、みな高官に取り立てられた。武王は孟説と鼎《かなえ》を持ちあげようとして、血管が破れて死んだ（前三〇七年）。

帰りて魏《ぎ》の相魏斉《しょうぎせい》に告ぐ。魏斉《ぎせい》怒り、睢《すい》を笞《ち》撃《げき》し、脅《きょう》を折り歯を拉《くだ》く《むちで打って、肋骨を折り、歯をくだいた》。睢《すい》、佯《いつわ》り死す《死んだふりをした》。巻くに簀《さく》を以ってし《す巻きにして》、厠中《しちゅう》に置き、酔客をして、更《こもごも》之《これ》に溺《にょう》せしめ《そこに小便をさせ》、以って後《あと》を懲《こ》らす《これから後のみせしめにした》。睢《すい》、守者《しゅしゃ》に告げて《見はりに声をかけ》出ずるを得《え》、姓名を更《か》えて張禄《ちょうろく》と曰《い》う。秦《しん》の使者王稽《おうけい》、魏《ぎ》に至り、潜《ひそ》かに載《の》せて《そっと車に乗せて》与《とも》に帰り、昭襄王《しょうじょうおう》に薦《すす》む。以って客卿《きゃくけい》となす。教うるに遠交近攻の策を以ってす。

時に穣侯魏冉《じょうこうぎぜん》、事を用う《政事を執っていた》。睢《すい》、王《おう》に説いて之《これ》を廃し《魏冉を罷免し》、而《しこう》して代《か》わって丞相《じょうしょう》となり、応侯《おうこう》と号す。魏《ぎ》、須賈《しゅか》をして秦《しん》に聘《へい》せしむ《使いとして派遣した》。睢《すい》、敝衣間歩《へいいかんぽ》し《粗衣でこっそり》、往《ゆ》きて之《これ》を見る。賈《か》、驚いて曰《いわ》

弟の昭襄王稷《しょうじょうおうしょく》が後を継いだ。

一飯の徳も必ず償う

この頃《ころ》、魏《ぎ》に范睢《はんすい》という者がいた。ある時、中大夫の須賈《しゅか》が斉《せい》に使いするのにつき従って行った。斉《せい》の襄王《じょうおう》は睢の弁舌のうわさを耳にして、金と牛肉と酒を下賜した。賈は范睢が魏の国の秘密を斉にもらしたからかと疑い、帰国して魏《ぎ》の宰相の魏斉《ぎせい》に報告した。魏斉は怒って、あばら骨が折れ、歯がボロボロになるまで、范睢《はんすい》をむちで打たせた。范睢は死んだふりをした。魏斉はそれを簀《す》巻きにして厠《かわや》に置き、酔った客人に次つぎに小便をかけさせ、今後、国を売る者への無言の警告とした。范睢はみはりの者に頼みこみ、やっと脱け出すことができ、名を張禄《ちょうろく》とあらためた。秦の使者の王稽《おうけい》が魏に来て、睢の才能を知って、ひそかに自分の車に同乗させてつれ帰り、昭襄王《しょうじょうおう》に推薦した。やがて范睢《はんすい》は客卿《きゃくけい》に取り立てられ、秦王《しんおう》に遠交近攻の策を進言した。

当時、秦では穣侯魏冉《じょうこうぎぜん》が実権をにぎってい

く、
「范叔《はんしゆく》、固《まこと》に恙無《つつがな》きか《元気だったか》」と。
留《とど》まり坐《ざ》して飲食せしめて曰く、
「范叔《はんしゆく》、一に寒《さむ》きこと此《かく》の如《ごと》きか《こんなにまで落ちぶれてしまったか》」と。
一綈袍《ていほう》《上等の綿入れ》を取りて、之に贈る。遂《つい》に賈《か》(睢は)の為《ため》に
御《ぎよ》して相府《しようふ》に至り《馬車を御して丞相の役所に行って》、曰《いわ》く、
「我《われ》君の為に先《ま》ず入《い》りて相君に通《つう》ぜん《取りつごう》」と。
賈《か》、その久しく出《い》でざるを見て、門下《門番》に問
う。門下曰く、
「范叔無《はんしゆくな》し《范叔という者はいない。》。郷《さき》の者《さっき入ったのは》は吾《わ》が相《しよう》、張君《ちようくん》なり」
と。
賈《か》、欺《あざむ》かれたるを知り、乃《すなわ》ち膝行《しつこう》《ひざでにじり進み》して入り

た。范睢は王に説いて魏冉を追放させ、自分が代わって丞相《じようしよう》となり、応《おう》（河南省宝豊県付近）に封ぜられて応侯《おうこう》と称した。たまたま、魏《ぎ》は須賈《しゆか》を秦《しん》への使者に立てた。睢は粗末な衣をまとい、人目をはばかるように訪れて会った。賈は驚いて、

「范叔《はんしゆく》、ほんとに生きていたのか」

といって引きとめ、いっしょに飲み食いしたうえ、

「こんなに落ちぶれて寒《さむ》ざむしていようとはなあ」

と憐《あわれ》み、りっぱな綿入れを一枚与えた。そして范睢は須賈《しゆか》のために馬車を御して、丞《じよう》相《しよう》の役所まで乗りつけて言った。

「わたしが先に入って丞相さまに取りついでもらってまいりましょう」

須賈《しゆか》は范睢がなかなか出てこないので、門番にたずねてみると、

「范叔《はんしゆく》などという者はいません。さっきの方は、わが秦《しん》の丞相、張《ちよう》さまですよ」

て罪を謝す。睢《すい》、坐《ざ》して之《これ》を責譲《せきじょう》《責めた》して曰く、

「爾《なんじ》の死せざるを得る所以《ゆえん》の者《もの》は、綈袍恋恋《ていほうれんれん》として、尚《なお》故人《昔なじみ》の意有るを以って爾《のみ》」と。

乃《すなわ》ち大いに供《そな》え具《そな》え《ご馳走をうんと用意して》、諸侯の賓客を請い、莝豆《ざとう》をその前に置いて《切り葉や豆を須賈の前に置いて》之を馬食《馬の格好で食べさせた》せしむ。帰りて魏王《ぎおう》に告げしめて曰《いわ》く、

「速《すみ》やかに魏斉《ぎせい》の頭《こうべ》を斬《き》り来たれ。然《しか》らずんば且《まさ》に大梁《たいりょう》《魏の都》を屠《ほうむ》らん」と。

賈《か》、帰りて魏斉《ぎせい》に告ぐ。魏斉《ぎせい》、出《い》でて走り、而《しこう》して死す。

睢《すい》、既《すで》に志を秦《しん》に得、一飯の徳も必ず償《つぐな》い、睚眦《がいさい》《ちょっとした怨み》の怨《うら》み(2)も必ず報いたり。


という答えが返ってきた。

　范睢《はんすい》の芝居にのったことを悟った須賈は、肌をぬぎ膝《ひざ》でにじり歩いて役所に入って、睢にわびた。范睢は座ったまま、賈を責めなじった。

「お前がどうにか死なずにすむのは、あのときくれた綿入れにわしがぐっときたからで、昔なじみの気持ちがいまだに残っているのに免じてのことだぞ」

　そして賈《か》が魏《ぎ》に帰る日、盛大に宴をしつらえ、諸侯の賓客たちを招いたうえで、須賈《しゅか》の前には馬の飼葉《かいば》をすえ、馬のように四つんばいになって食べさせた。そして帰って魏王《ぎおう》にこういえと命じた。

「すぐさま魏斉《ぎせい》の首を切ってもって来い。さもなくば都の大梁《たいりょう》（河南省開封市）は血の海になるぞ」

　須賈は帰国して魏斉にそれを伝えた。魏斉は魏から逃げ出したものの、やがて追いつめられて自殺した。

王《おう》、既《すで》に睢《すい》の策を用い、歳《とし》ごとに兵を三晋《さんしん》に加え、首を斬《き》ること数万。周《しゅう》の赧王《たんおう》恐れ、諸侯と従《しょう》を約し《合従を約束し》、秦《しん》を伐《う》たんと欲す。秦《しん》、周《しゅう》を攻む。赧王《たんおう》、秦《しん》に入り、頓首《とんしゅ》して罪を請い、尽《ことごと》くその邑《ゆう》三十六を献ず。周亡《しゅうほろ》ぶ。

　秦《しん》の将、武安君白起《ぶあんくんはくき》(3)、范睢《はんすい》と隙《げき》有り《仲たがいした》。廃して士伍《しご》《下級兵士》となし、剣を賜いて杜郵《とゆう》に死す。王《おう》、朝《ちょう》に臨《のぞ》みて《朝廷に出て》歎《たん》じて曰《いわ》く、「内《うち》に良将無《な》く、外に強敵多し」と。睢《すい》、懼《おそ》る。蔡沢《さいたく》曰《いわ》く、「四時の序《じょ》《四季の順序》、功成《こうな》る者は去る」と。

　睢《すい》はこうして秦《しん》で思いをとげて身を立てた。そして不遇な折の一飯の恩にも、もれなくつぐない、毛すじほどの恨みにも、残らず報復したのであった。

周おびえて自ら亡ぶ

　昭襄王《しょうじょうおう》は范睢《はんすい》の遠交近攻策を用い、毎年、武力を三晋《さんしん》（韓《かん》・魏《ぎ》・趙《ちょう》）にふるい、首を取ること数万に達した。周《しゅう》の赧王《たんおう》は怯《おび》えて、諸侯と合従《がっしょう》の盟約を結び、秦《しん》を伐《う》とうと思った。秦は周を攻めた。赧王は秦にやってきて、額を地にすりつけて罪をわび、わずかに支配していた三十六邑《ゆう》を、残らず秦に献じた。こうして周《しゅう》は滅んだ（前二五六年）。

－これよりさき、秦《しん》の将軍、武安君白起《ぶあんくんはくき》は、范睢《はんすい》との間に確執が生じた。そこで解任されて一兵士となり、さらに自決を暗示する剣を下賜されて、杜郵《とゆう》（陝西省咸陽市）で自《みずか》ら首を刎《は》ねた。その後、（范睢が推薦した将軍が敗れるということがあり）朝廷で昭襄王《しょうじょうおう》が、

睢《すい》、病《やまい》を称す。沢《たく》、之《これ》に代わる。昭襄王《しょうじょうおう》薨《こう》じ、子孝文王柱《こうぶんおうちゅう》立つ。薨ず。子荘襄王楚《そうじょうおうそ》立つ。薨ず。嗣《つ》いで王となりし者は政《せい》なり。遂《つい》に六国を并《あわ》す。是《これ》を秦《しん》の始《し》皇帝《こうてい》となす。


「内には良将がなく、外には強敵が多い」と嘆いたことがあった。范睢《はんすい》の心に不安が芽ばえた。蔡沢《さいたく》がすかさず、

「四季の移り変わりでも、事をおえては去ってゆくものです」

とほのめかした、范睢《はんすい》は病気と称して地位を退き、蔡沢《さいたく》がこれに代わった。昭襄王が亡くなり、子の孝文王柱《こうぶんおうちゅう》が位についたが、わずか数日で亡くなり、子の荘襄王楚《そうじょうおうそ》が位についた。これも数年で亡くなった。その後を継いで秦王となったのが政《せい》である（前二四七年）。政はその後、ついに六国を併合して中国を統一した（前二二一年）。これが秦の始《し》皇帝《こうてい》である。

（1）曾参…孔子の弟子。魯の人。字は子輿《しよ》。篤実な性格で、また親孝行の人として知られ、『孝経』を著したとされる。この故事は繰り返し同じことを言われると、どんなことでも信じるようになるという例として有名。

（2）睚眥の怨み…「睚眥」とは、目にかどを立ててにらむこと。「睚眥の怨み」とはひいて、ちょっとにらまれたぐらいの、ささいな怨みをいう。

（3）武安君白起…郿の人。秦の勇将としてしばしば功をあげた。趙の趙括の軍を破ったことが、「春秋戦国・趙」に見える（『史記』白起伝）。

戦国時代の勢力図（B.C.403〜B.C.221 年）

第二部　秦から西漢まで

実質的に中国最初の統一帝国である秦《しん》は、わずか二十年たらずで滅び、「中原の鹿」（帝位）は西漢《せいかん》の高祖《こうそ》劉邦《りゅうほう》の手におちた（前二〇二年）。その死後、呂氏《りょし》専政という危機をのりこえた西漢王朝は、文帝《ぶんてい》・景帝《けいてい》二代の安定期をもったのち、武帝《ぶてい》（在位前一四一〜前八七年）という、強烈な個性を指導者として迎えた。そのたびかさなる外征は、帝国の版図をほぼ今日の領域にまでひろげはしたが、国内的には国庫の涸渇をまねき、その後、漢は重税や専売制度の強行から農民の反乱と社会不安はひろがり、王莽《おうもう》による政権奪取（九年）へとつづく道をたどりはじめた。

秦と西漢のこの二百余年は、官僚制・郡県制の整備と、政治社会の指導理念としての儒教の国教化という、皇帝の絶対権力への求心的な動きと、反面、外戚宦官の専横、周辺異民族の圧迫という、その権力への脅威と、以後の中国各王朝を二千年にわたって規律したあらゆる要素が、その萌芽もしくは基本形態を見せている。

秦「始皇帝」――奇貨居くべし

秦《しん》の始《し》皇帝《こうてい》、名は政《せい》、始《はじ》め邯鄲《かんたん》に生まる。庶子楚《そ》有り、趙《ちょう》に質《ち》となる《人質となっていた》。昭襄王《しょうじょうおう》の時、孝文王柱《こうぶんおうちゅう》、太子《たいし》たり。陽翟《ようたく》の大賈《たいこ》《大商人》呂不韋《りよふい》、趙《ちょう》に適《ゆ》き、之《これ》を見て曰《いわ》く、

「此《こ》れ奇貨なり《珍しい商品だ》、居《お》くべし《手に入れておこう》(1)」と。

乃《すなわ》ち秦《しん》に適《ゆ》き、太子《たいし》の妃華陽《かよう》夫人の姉に因《よ》《たよ》って、以《も》って妃に説き、楚《そ》を立てて、適嗣《ちゃくし》と

奇貨居くべし　秦《しん》の始《し》皇帝《こうてい》は、名は政《せい》。趙《ちょう》の都邯鄲《かんたん》（河北省邯鄲市）で生まれた。以前、昭襄王《しょうじょうおう》のとき、のちの孝文王《こうぶんおう》柱《ちゅう》が太子《たいし》で、太子には楚《そ》という庶子があった。楚《そ》は趙に人質となっていた。

陽翟《ようたく》（河南省禹県）の豪商呂不韋《りよふい》が趙を訪れていて、楚と会い、

「これは貴重な品物だ。ともかく買っておこう」

と見こんだ。

そこで秦にゆき、太子の妃華陽《かよう》夫人の姉をつてに、華陽夫人に会って楚を後継ぎにするように説きつけた。

なす。不韋《ふい》因《よ》って《それから》邯鄲《かんたん》の美姫を納《い》る《妾にした》。娠《はら》める有って楚《そ》に献ず。政《せい》を生む。実は呂氏《りょし》なり。孝文王《こうぶんおう》立つ。三日にして薨《こう》ず。楚《そ》立つ。是《これ》を荘襄王《そうじょうおう》となす。四年にして薨《こう》ず。政《せい》生まれて十三歳なり。遂《つい》に立って王《おう》となる。母を太《たい》后《こう》となす。

不韋《ふい》、荘襄王《そうじょうおう》の時に在《あ》って、已《すで》に秦《しん》の相国《しょうこく》たり。是《ここ》に至って文信侯《ぶんしんこう》に封《ほう》ぜらる。太后復《たいこうま》た不韋《ふい》と通ず《密通した》。王既《おうすで》に長ず。不韋《ふい》、事覚《ことあらわ》れて自殺す。太后《たいこう》廃せられて別宮に処《お》る。茅焦《ぼうしょう》諫む。母子乃《すなわ》ち復《ま》た初めの如《ごと》し。

秦《しん》の宗室《そうしつ》大臣《王族出身の大臣》、議して曰《いわ》く、

さらに呂不韋《りょふい》は邯鄲《かんたん》の美貌の舞姫を娶《めと》り、やがて身ごもったところで、楚《そ》に献上した。そしてこの女が政《せい》を生んだ。政は実をただせば、呂氏の血をひいているのである。昭襄王《しょうじょうおう》のあと、孝文王《こうぶんおう》が位についたが、三日で亡くなり、楚《そ》が後を継いだ。これが荘襄《そうじょう》王《おう》である。四年で亡くなった。ときに政《せい》は十三歳で、ここで立って秦《しん》の王となった（前二四六年）。そして母親を太后《たいこう》とした。

呂不韋《りょふい》は荘襄王の代に、すでに秦の相国《しょうこく》となっていたが、政が即位するに至って、文信《ぶんしん》侯《こう》に封ぜられた。太后は呂不韋とまた情を通じるようになった。しかし王もやがて成長した。事が王の前に露顕して、呂不韋は自《みずか》ら命を絶ち（前二三五年）、太后も位を追われて、別宮に住むようになった。のち茅焦《ぼうしょう》が王を諫め、母子の仲はもとにもどった。

秦の王室一族の大臣たちが協議して進言した。

「他国から来て仕えている者は、しょせんも

「諸侯の人《他の侯国の人》、来たって仕うる者は、皆《みな》その主の為《ため》に游説《ゆうぜい》するのみ。請う、一切之《これ》を逐《お》わん」と。

是《ここ》に於いて大いに索《もと》めて客《他国者》を逐う。客卿李《かくけいり》斯《し》、上書して曰く、

「昔穆公《ぼくこう》、由余《ゆうよ》を戎《じゅう》より取り、百里傒《ひゃくりけい》を宛《えん》より得、蹇叔《けんしゅく》を宋《そう》より迎え、丕豹《ひひょう》・公孫枝《こうそんし》を晋《しん》より求めて、国を幷《あわ》せること二十、遂《つい》に西《せい》戎《じゅう》に覇たり。孝公《こうこう》、商鞅《しょうおう》の法を用い、諸侯親服し、今に至るまで治まって強し。恵王《けいおう》、張《ちょう》儀《ぎ》の計を用い、六国の従《しょう》を散じ《合従同盟を解散させ》、之《これ》をして秦《しん》に事《つか》えしむ。昭王《しょうおう》は范雎《はんすい》を得て、公室を強く

との主君のためになるように意見を述べているだけです。どうか残らず放逐してください」

そこで大がかりに客《よそもの》を探し出して、放逐した。その中で、卿《けい》待遇だった李斯《りし》が書をたてまつって反論した。

「その昔、穆公《ぼくこう》は由余《ゆうよ》を戎《えびす》から取り立て、百《ひゃく》里傒《りけい》を宛《えん》から手に入れ、蹇叔《けんしゅく》を宋《そう》から迎え、丕豹《ひひょう》・公孫枝《こうそんし》を晋《しん》から招き、その結果、二十もの国を併合して、西戎《せいじゅう》の地域で覇をとなえるに至りました。孝公《こうこう》は商鞅《しょうおう》の法治策を採用し、その結果、諸侯はなついて服従し、今に至るまで秦《しん》はよく治まって強大であります。恵王《けいおう》は張儀《ちょうぎ》の謀計を採用し、六国が同盟した合従《がっしょう》を解散させ、これらの諸国を秦に仕えるようになさいました。また昭王《しょうおう》は范雎《はんすい》を得て、王室の権威を高められました。この四代の主君は、いずれも客《よそもの》の力を用いられました。客《よそもの》とてどうして秦に不為《ふため》をはたらきましょうか。

す。此《こ》の四君《しくん》は、みな客の功を以《もち》いたり。客何《なん》ぞ秦《しん》に負《そむ》かんや。

泰山《たいざん》は土壌を譲らず《土くれも他にゆずらず》、故に大なり。河海《かかい》は細流を択《えら》ばず《細い流れでも嫌わず》、故に深し。今乃《すなわ》ち黔首《けんしゅ》《民衆》(2)を棄《す》てて、以《も》って敵国に資《し》し、賓客を卻《しりぞ》けて、以《も》って諸侯に業《ぎょう》す《諸侯の国ではたらかせる》。所謂《いわゆる》寇《あだ》に兵を籍《か》し、盗に糧を齎《もたら》すものなり」と。

王乃ち李斯《りし》に聴いて、その官を復し、逐客の令を除く。斯《し》は楚人《そひと》なり。嘗《かつ》て荀卿《じゅんけい》(3)に学ぶ。秦卒《つい》にその謀《はかりごと》を用いて天下を并《あわ》す。

韓非《かんぴ》(4)という者有り。刑名を善《よ》くす。韓《かん》の為《ため》に秦《しん》に使いし、因《よ》って上書す。王之《これ》を悦《よろこ》ぶ。

泰山《たいざん》は土くれ一つよそに譲らず、だからこそ大きく、黄河《こうが》や海は細い流れもよりごのみせず、だからこそ深いのでございます。ところが今、民百姓を棄《す》てて敵国にくれてやり、賓客を排斥して他国に仕えさせようとなさいます。これぞ世に言う「攻め入る敵兵に武器を貸し、押し入る盗賊に食糧をくれてやる」ことであります」

王は李斯《りし》の意見をききいれ、もとの地位に復帰させ、客人追放令を撤廃した。李斯は楚《そ》の人間であり、荀卿《じゅんけい》について学んだことがある。結局、秦《しん》は李斯の策謀を用いることによって、天下を統一したのである。

また韓非子《かんぴし》という者がいて、名と実の一致を重んじる刑名の学説に長じていた。韓《かん》の使いとして秦に来て、そこでたてまつった書で、すっかり秦王を感心させた。李斯はそれをねたんで、王と韓非子の間を離反させ、ついに獄吏に引きわたした。李斯はさらに獄中の韓非子に毒薬を贈り、自殺に追いこんだのであ

斯《し》、疾《にく》んで之《これ》を間《かん》す《二人を離間した》。遂《つい》に吏に下す《獄吏の手に渡した》。斯《し》、之《これ》に薬を遺《おく》って自殺せしむ。

十七年、内史《ないし》《首都の司法官》の勝《しょう》、韓《かん》を滅ぼす。十九年、王翦《おうせん》、趙《ちょう》を滅ぼす。二十三年、王賁《おうほん》、魏《ぎ》を滅ぼす。二十四年、王翦《おうせん》、楚《そ》を滅ぼす。二十五年、王賁《おうほん》、燕《えん》を滅ぼす。二十六年、王賁《おうほん》、斉《せい》を滅ぼす。

秦王《しんおう》初めて天下を幷《あわ》せ、自《みずか》ら以《おも》えらく、「徳は三皇を兼ね、功は五帝に過ぐ」と。更《あらた》め号して皇帝《こうてい》と曰《い》う。命《めい》を制《せい》となし、令《れい》を詔《しょう》となし、自《みずか》ら称して朕《ちん》と曰《い》う。制して曰《いわ》

る。

天下を幷せ 封禅を行う

秦王政《しんおうせい》の十七年（前二三〇年）、内史《ないし》の勝《しょう》が韓《かん》を滅ぼした。十九年、王翦《おうせん》が趙《ちょう》を滅ぼした。二十三年、王翦の子王賁《おうほん》が魏《ぎ》を滅ぼした。二十四年、王翦が楚《そ》を滅ぼした。二十五年、王賁が燕《えん》を滅ぼした。そして二十六年、王賁が斉《せい》を滅ぼした。

秦王政は、ここで初めて天下を統一したのである。秦王は、「徳は古《いにしえ》の三皇の徳を兼ねそなえ、功績は五帝をしのぐ」と自《みずか》ら任じ、あらためて自分の称号を「皇帝《こうてい》」とした。また、天子の下す「命」を「制」に、「令」を「詔」と改め、皇帝の自称を「朕《ちん》」とした。

そして、次のような制を下した。

「天子の死後に、その行いによって諡《おくりな》をつけ

く、

「死して行《おこな》いを以《も》って諡《おくりな》となすは、則《すなわ》ち是《これ》子、父を議し、臣、君を議するなり。甚《はなは》だ謂《いわ》れ無し。今自《よ》り以来、諡《し》法《ほう》を除き《諡の法はとりやめ》、朕を始《し》皇《こう》帝《てい》となし、後世以《も》って数を計り、二世三世より万世に至り、之《これ》を無窮《むきゅう》に伝えん」と。

天下の兵を収めて《武器を没収して》、咸陽《かんよう》に聚《あつ》め、銷《しょう》して以《も》って鐘・鐻《きょ》・金人《きんじん》十二を為《つく》る《鎔かして、鐘・鐻をつるす台・金属の像十二をつくった》。重さ各千石《おのおのせんせき》。天下の豪富を咸陽《かんよう》に徙《うつ》すこと、十二万戸。

丞相王綰等《じょうしょうおうわんら》言う、

「燕《えん》・斉《せい》・荊《けい》《楚（始皇帝の父の諱を避けたもの）》は地遠し。王を置かずんば以《も》って之《これ》を鎮《しず》むる無し。請う諸子を立てん《諸皇子を王に立てよう》」と。


るのは、とりもなおさず子が親を批評し、臣が君を批評するもので、まことにいわれのないことである。今よりのちはこの諡の法をやめ、朕を始皇帝《しこうてい》として、後の世代はその順序を数えて、二世皇帝、三世皇帝からさらに万世皇帝へと、窮まりなく伝えよう」

　すべての民間の武器を没収して、都の咸陽《かんよう》（陝西《せんせい》省咸陽市）に集め、それを鋳つぶして、つり鐘・つり鐘台・銅像十二などをつくらせた。その重さはそれぞれ千石《せんせき》（約七二トン）あった。また天下の富豪を咸陽《かんよう》に移り住まわせ、それが十二万戸に上った。

　丞相《じょうしょう》の王綰《おうわん》たちがいった。

「燕《えん》・斉《せい》・荊《けい》（楚《そ》）などは、遠い地にあります。やはり王を置かなくては、鎮撫《ちんぶ》することは難しかろうかと存じます。どうか皇子がたを諸侯にお立て下さい」

　始皇帝《しこうてい》はそれを朝議にかけた。廷尉《ていい》の李斯《りし》が反論した。

「周《しゅう》の武王《ぶおう》は自分の子弟や一族を多く諸侯に

始《し》皇《こう》その議を下す《評議を群臣にさせた》。廷《てい》尉《い》李《り》斯《し》曰《いわ》く、

「周《しゅう》の武《ぶ》王《おう》、封ずる所の子弟同姓甚《はなは》だ衆《おお》し。後《のち》属、疎遠し《親属同士が疎遠になり》、相《あい》攻撃すること仇讐《きゅうしゅう》の如《ごと》し。今海内《かいだい》、陛下の神霊に頼《よ》って、一統して皆《みな》郡県となる。諸子功臣は、公《おおやけ》の賦税を以《も》って之《これ》を賞賜せば、甚《はなは》だ足《た》って制し易《やす》からん。天下異意無きは、則《すなわ》ち安寧の術なり。諸侯を置くは便ならず」と。

始《し》皇《こう》曰《いわ》く、

「天下初めて定まる。又《ま》た復《ま》た国を立つるは、是《これ》兵を樹《た》つるなり《戦いのもとをつくる》。而《しこう》してその寧息を求むるは、豈難《あにかた》からずや。廷《てい》尉《い》の議是《ぜ》なり」と。


封じましたが、時代がたつと同族意識はなくなり、仇敵《きゅうてき》のようにいがみあうようになりました。今、天《あめ》が下は陛下のご威徳のもとに糾合され、すべて郡県に組織されております。皇子がたや功臣たちには、そこからの租税で、褒賞《ほうしょう》を賜《たまわ》れば、それで不満もなく統制も円滑にまいりましょう。天下に二心を抱く者がなくなることが、とりもなおさず太平への道であります。諸侯を置くのは妥当ではありません」

始皇帝が、

「ようやく天下が平定したいま、またまた国を建てて王を置くのは、戦乱の因《もと》をかもすようなものである。そうしておいて安寧を求めるのは、むしがよすぎるというもの。廷尉《ていい》の意見がもっともである」

と断を下し、天下を三十六郡に分け、行政の長である守、軍事の長である尉《い》、監察にあたる監《かん》を任命した。

二十八年（前二一九年）、始皇帝《しこうてい》は東方の

天下を分《わ》かって三十六郡となし、守《しゅ》・尉《い》・監《かん》を置く。

二十八年、始《し》皇《こう》、東のかた郡県を行《めぐ》る。鄒《すう》の嶧山《えきざん》に上り、石を立てて《石碑を建立して》功業を頌《しょう》す。泰山《たいざん》に上り、石を立てて封じて《封の祀りをした》祠祀《しし》す。(5)既《すで》に下るに、風雨暴《にわ》かに至る。樹下に休《いこ》う。その松を封じて五大夫《ごたいふ》となす。(6)梁父《りょうほ》に禅す《禅の祀りをした》。遂《つい》に東して、海上に遊ぶ。方士《ほうし》の斉人《せいひと》徐市《じょふつ》等《ら》、上書して、童男童女と海に入《い》り、蓬萊《ほうらい》・方丈《ほうじょう》・瀛洲《えいしゅう》(7)の三神山の仙人、及び不死の薬を求めんことを請う。その言の如《ごと》く市《ふつ》等をして行かしむ。

郡県を巡行した。まず鄒《すう》(山東省鄒県)の嶧《えき》山《ざん》に登り、碑を立てて天下統一の功業をたたえた。次に泰山《たいざん》(山東省中部にある山)に登り、碑を立て、土を高く盛って天を祭る「封《ほう》」の儀式を取り行った。山を下ろうとして、急な風雨に遭い、松の樹《き》の下に雨をさけた。そこでその松に五大夫《ごたいふ》の位を与えた。それから泰山のふもとの梁父《りょうほ》の丘で、地を祭る「禅《ぜん》」の儀式を取り行った。

　やがてさらに東に赴き、海辺に出た。この時、斉《せい》の方術士の徐市《じょふつ》たちが書をたてまつって、童児童女たちとともに海に出て、蓬萊《ほうらい》・方丈《ほうじょう》・瀛洲《えいしゅう》という三つの神山に行き、仙人や不老不死の霊薬を求めてきたいと願い出た。そこで願いどおりに徐市らを行かせた。

　その後、始皇帝《しこうてい》のほうは、揚子江《ようすこう》に船を浮かべ、洞庭湖《どうていこ》のほとりの湘山《しょうざん》(湖南省北部にある山)に行こうとした。ところが大風に遭い、船が進まなくなった。

　始皇帝は博士に下問した。

始皇《しこう》、江《こう》に浮かんで湘山《しょうざん》に至る。大風《たいふう》あり、
幾《ほと》ど渡ること能《あた》わず。
博士《はかせ》に問うて曰《いわ》く、
「湘君《しょうくん》(8)は何の神ぞ」と。
対《こた》えて曰く、
「堯《ぎょう》の女《むすめ》にして舜《しゅん》の妻なり」と。
始皇《しこう》大いに《(女と知って)》怒り、その樹を伐《き》り、その山を
赭《しゃ》《はげ山》にせり。

「湘水の神、湘君《しょうくん》とはどのような神なのか」

博士は答えていった。

「堯帝《ぎょうてい》の娘、すなわち舜帝《しゅんてい》の妻であります」

始皇帝《しこうてい》は相手が女と知って激怒し、湘山《しょうざん》の樹を伐りはらい、はだかにした。

(1) 此れ奇貨なり、居くべし…日本では、「奇貨居くべし」ということが多い。「奇貨」は珍しい品物、「居く」は買うという意味。いま買っておけば、後で価値が出るだろうというたとえで、日本ではさらに転じて、得難い機会だから、それを逃がさないようにするという意に用いられる。

(2) 黔首…「黔」はくろいこと。一般人民は冠をかぶらず、黒い髪を外に出しているところから、黔

首・黔細・黔庶などと呼ぶ。

（3）荀卿…いわゆる荀子である。趙の人。名は況《きょう》。本来、儒家であるが、孟子の性善説に反対して性悪説を唱え、また李斯や法家の代表者韓非をその門下から出したこともあり、法家の祖とも目されている。『荀子』はその著作をまとめたもの。

（4）韓非…韓の王家の一族。法家のもっとも代表的な著書『韓非子』は、韓非の著作を中心として、その一派の論著を編集したもの。前注参照。

（5）泰山に上り～祠祀す…「封」は封禅《ほうぜん》の「封」のこと。封禅は、天子が即位する際の儀式。『史記』封禅書によれば、周の成王や斉の桓公が行ったとあるが、史実としてはこの始皇帝の封禅がはじまりと考えられており、のち漢の武帝、後漢の光武帝、唐の玄宗など、すべてこれにならって泰山で「封」を、梁父で「禅」を行っている。

（6）その松を封じて五大夫となす…この故事から、「五大夫」とは、松の別名として用いられる。

（7）蓬萊・方丈・瀛州…いずれも東海（渤海）中にあるとされた、伝説上の神山。蓬萊・方丈はいずれもまた蓬壺《ほうこ》・方壺《ほうこ》ともいう。

（8）湘君…堯の娘、娥黄《がこう》・女英《じょえい》の二人。太古「五帝」の補注七（三四頁）参照。

秦「陳勝」——燕雀安んぞ鴻鵠の志を知らんや・王侯将相寧んぞ種有らんや

二世皇帝《にせいこうてい》、名は胡亥《こがい》、元年、東のかた郡県を行《めぐ》る。趙高《ちょうこう》に謂《い》って曰《いわ》く、

「吾《われ》、耳目の好む所を悉《つく》し、心志の楽しみを窮《きわ》めて、以って吾《わ》が年を終えんと欲《ほっ》す」と。

高曰《こういわ》く、

「陛下、法を厳にし刑を刻にし、尽《ことごと》く故臣《昔からの臣を》を除いて《とり除いて》、更《あらた》めて親信《しんしん》する所を置かば、則《すなわ》ち枕

陳勝呉広挙兵す

二世皇帝《にせいこうてい》、名は胡亥《こがい》である。即位した元年、東方の郡県を巡行した。その後で趙高《ちょうこう》に、

「わたしの望みはやりたいことをやり、楽しみたいことを楽しんで、一生を終わることだ」

ともらした。趙高《ちょうこう》はこうすすめた。

「ひとつ、法律をいっそう厳しくし、刑罰を重くし、また先帝からの旧臣は一人のこらず粛清して、気ごころの知れた者に代えてしまうことです。そうすれば陛下も枕を高くして

を高うし志を肆《ほしいまま》にせられん」と。

二世、之《これ》を然《しか》りとし、更めて法律を為《つく》り、務めて益《ますます》刻深にす。公子・大臣多く僇死《りくし》《惨殺された》す。陽城《ようじょう》の人陳勝《ちんしょう》、字《あざな》は渉《しょう》。少《わか》うして人の与《ため》に傭耕《ようこう》《雇われて農耕していた》す。耕《こう》を輟《や》めて隴上《ろうじょう》に之《ゆ》き、悵然《ちょうぜん》之《これ》を久しうして曰《いわ》く、

「苟《いや》《もしも》しくも富貴とならば相《あい》忘るること無けん」と。

傭者笑って曰く、

「若《なんじ》、傭耕をなす、何《なん》ぞ富貴とならん」と。

勝《しょう》、大息して曰《いわ》く、

「嗟呼《ああ》、燕雀《えんじゃく》安《いずく》んぞ鴻鵠《こうこく》の志を知らんや」と。


思いのたけをつくすことができましょう」

　二世皇帝はなるほどとうなずき、法律を改め、ひたすら苛酷《かこく》なものとした。そのため、多くの公子や大臣が無惨に殺された。

　陽城《ようじょう》（河南省登封県）の人で陳勝《ちんしょう》、字《あざな》を渉《しょう》という者は、若いころ雇われ農夫の一人であった。ある時、ふと農耕の手を止めて畑の中の小高いところへ足を運び、しばらくしみじみと考えこんでいたが、

「お互い出世しても、仲間のことは忘れないようにしたいものだ」

とつぶやいた。それを耳にして仲間の一人はふきだした。

「おまえ、人に雇われて畑仕事をしてるんだろう。どうやって偉くなるつもりだ」

　陳勝は大きくため息をついた。

「やれやれ、燕雀《すずめ》に鴻鵠《おおとり》の考えを分からせようというのが無理か」

　その後、陳勝《ちんしょう》は呉広《ごこう》とともに蘄《き》（安徽省宿県）の地で秦《しん》に対して反乱の兵を挙げた。そ

是《ここ》に至り呉《ご》公《こう》と兵を蘄《き》に起こす。時に閭《りょ》《村の》左《さ》(1)を発して《左に住む貧民を徴発して》漁陽《ぎょよう》を戍《まも》らしむ。勝《しょう》・広《こう》、屯長《とんちょう》となる。会《たまたま》大いに雨ふり、道通ぜず。乃《すなわ》ち徒属《部下》を召して《を呼び集めて》曰く、「公等《ら》、期を失う《期限に遅れた》。法、斬《ざん》に当たる《斬刑に相当する》。壮士死せずんば則ち已《や》む。死せば則《すなわ》ち大名を挙げんのみ。王侯将相、寧《いずく》んぞ種《しゅ》有らんや(2)」と。衆皆《みな》、之《これ》に従う。乃《すなわ》ち詐《いつわ》って公子扶蘇《ふそ》・項《こう》燕《えん》(3)と称し、大楚《たいそ》と称す。勝《しょう》は自立して将軍《しょうぐん》となり、広《こう》は都尉《とい》となる。

大梁《たいりょう》の張耳《ちょうじ》・陳余《ちんよ》、軍門に詣《いた》って上謁す。勝《しょう》大いに喜び、自立して王《おう》となり、張楚《ちょうそ》と

の頃には村里の左側に住む賦役を免除されていた貧民まで狩り出して、漁陽《ぎょよう》(河北省密雲県付近)の守備にさしむけるようになっていて、その中に陳勝《ちんしょう》と呉広《ごこう》は小隊長として加わっていた。たまたま大雨にあって、道が不通になった。二人は配下を呼び集めてこうもちかけた。

「われわれはどのみち期限には間にあわない。軍法ではそれは斬刑《ざんけい》ということになっている。ならばいっそ反乱にふみきろうではないか。壮士たるもの、生きのびればそれでよし、命をおとしたところで名前だけは大いにあがるという寸法だ。天子・貴族・将軍・大臣、どれもこれも血すじで決まってるわけではないんだ」

誰一人反対する者がなく、そこで二人は陳勝《しん》が秦の太子扶蘇《ふそ》、呉広が楚《そ》の将軍項燕《こうえん》と詐《さ》称《しょう》して、大楚《たいそ》と国名を名乗ったのである。のち陳勝は自立して将軍となり、呉広は都尉《とい》となった。

号す。諸郡県、秦《しん》の法に苦しむもの、争って長吏《ちょうり》《長官》を殺して以《も》って渉《しょう》《陳勝》に応ず。謁者《使者》、東方従《よ》り来たり、反者を以《も》って聞《ぶん》す《謀反人のことを上聞した》。二世《にせい》、怒り、之《これ》を吏《り》に下す《獄吏に引き渡した》。後《のち》の使者至る。上《しょう》、之《これ》に問う。曰《いわ》く、

「群盗は鼠窃狗偸《そせつくとう》、憂《うれ》うるに足らざるなり」

と。

上悦《しょうよろこ》ぶ。

陳勝《ちんしょう》、善き所《仲のよい》の陳人武臣《ちんひとぶしん》を以《も》って将軍《しょうぐん》となし、耳《じ》・余《よ》を校尉《こうい》(4)となし、趙《ちょう》の地を徇《とな》えしむ《命令を布告させた》。趙《ちょう》に至り、武臣《ぶしん》、自立して趙王《ちょうおう》となる。

やがて魏《ぎ》の都大梁《たいりょう》（河南省開封市）の張《ちょう》耳《じ》・陳余《ちんよ》が軍陣に来て、臣下の礼をとって陳《ちん》勝《しょう》に拝謁した。陳勝はすっかり喜んで、自《みずか》ら王の位につき、国号を張楚《ちょうそ》と称した。各地の郡県で秦の苛酷《かこく》な法に苦しんでいた者たちが、きそって長官を殺して陳勝に呼応した。

東の地方に派遣されていた使いの者が帰ってきて、反乱のようすを奏上した。二世皇帝《にせいこうてい》は怒ってこの使者を獄に下した。その後、また使者が帰ってきたので、帝がようすを聞くと、

「盗賊はおりますが、こそ泥程度で、お気にかけるほどではありません」

と答えた。二世皇帝はすっかり機嫌がよくなった。

陳勝《ちんしょう》は親しかった陳《ちん》の武臣《ぶしん》を将軍に取り立て、張耳《ちょうじ》と陳余《ちんよ》を校尉として、趙《ちょう》の地を鎮撫させた。ところが武臣は趙にゆくと、独立して趙王《ちょうおう》となった。

沛《はい》の人劉邦《りゅうほう》、沛《はい》に起こる。父老争うて令《れい》〔(沛県の)県令〕を殺し、迎え立てて沛公《はいこう》となす。沛邑《はいゆう》の掾《えん》・主《しゅ》吏《り》(5)、蕭何《しょうか》・曹参《そうさん》、ために沛《はい》の子弟を収めて三千人を得たり。

項梁《こうりょう》は、楚《そ》の将項燕《こうえん》の子なり、嘗《かつ》て人を殺し、兄の子籍《せき》と、仇《あだ》を呉中《ごちゅう》に避《さ》く。籍《せき》、字《あざな》は羽《う》、少時書を学んで成らず。去って剣を学ぶ。又成らず。梁《りょう》怒る。籍曰《せきいわ》く、「書は以《も》って姓名を記するに足る而已《のみ》、剣は一人《いちにん》の敵なり、学ぶに足らず。万人《ばんじん》の敵を学〔万人に匹敵するものを学びたい〕ばん」と。梁《りょう》乃《すなわ》ち籍に兵法を教う。

劉邦項梁これに続く

沛《はい》県（江蘇省沛県）の人劉邦《りゅうほう》は、故郷で兵を挙げた。沛の長老たちは率先して県令を殺し、劉邦を迎えて沛公《はいこう》と仰ぎ、沛のまちの掾《えん》、主吏《しゅり》であった蕭何《しょうか》と曹参《そうさん》は、沛公のために土地の若者を集め、それが三千人に達した。

項梁《こうりょう》は楚《そ》の将軍項燕《こうえん》の子である。人を殺したことがあって、兄の子の項籍《こうせき》をつれて呉の地方（江蘇省）に仇《あだ》を避けて逃げていた。籍は字《あざな》を羽《う》といい、若いころ読み書きをならったが上達せず、やめて剣を学んだが、これもものにならなかった。項梁《こうりょう》が叱《しか》りつけると、籍《せき》はけろりとしていいかえした。

「文字なぞは名前を書くほかは役に立たないしろものだし、剣はたった一人を相手にできるだけです。わたしは何万人を相手にできるものを学びたいのです」

項梁はそこで項籍に兵法を教えた。

さて会稽《かいけい》（江蘇省南部）の太守の殷通《いんとう》も、やはり挙兵して陳勝《ちんしょう》に呼応しようとし、項梁

会稽《かいけい》の守、殷通《いんとう》、兵を起こして陳渉《ちんしょう》《陳勝》に応ぜんと欲《ほっ》し、梁《りょう》をして将とならしむ。梁《りょう》、籍《せき》をして通《とう》を斬らしめ、その印綬を佩《お》ぶ。遂《つい》に呉《ご》中《ちゅう》の兵を挙げ、八千人を得たり。籍《せき》、裨将《ひしょう》《副将》となる。時に年二十四。

斉人田儋《せいひとでんたん》、自立して斉王《せいおう》となる。趙王武臣《ちょうおうぶしん》、将の韓広《かんこう》をして燕《えん》の地を略《りゃく》せしむ《攻略させた》。広《こう》自立して燕王《えんおう》となる。楚《そ》の将周市《しゅうふつ》、魏《ぎ》の地を定め、魏《ぎ》の公子咎《こうしきゅう》を迎え、立てて魏王《ぎおう》となす。

二年、呉広《ごこう》その下《しも》《部下》の殺す所となる。陳勝《ちんしょう》その御《ぎょ》、荘賈《そうか》の殺す所となる。以《も》《賈はそして》って秦《しん》に降る。

を将軍として招聘した。項梁は項籍に言いふくめて殷通を斬殺《ざんさつ》し、太守の印綬をわが身に佩《お》びた。そしてついに呉郡の兵を手中に収め、八千人の部下を得た。籍は副将となった。時に二十四歳であった。

斉《せい》の人田儋《でんたん》が、みずから立って斉王《せいおう》となった。趙王《ちょうおう》の武臣が将軍の韓広《かんこう》に燕《えん》の地を攻略させた。韓広は独立して燕王《えんおう》となった。楚《そ》の将軍周市《しゅうふつ》が、魏《ぎ》の地を平定し、魏《ぎ》の公子咎《きゅう》を迎えて魏王《ぎおう》に立てた。

趙高、馬鹿を強いる

二世皇帝《にせいこうてい》の二年、呉広《ごこう》が部下の田蔵《でんぞう》に殺された。陳勝《ちんしょう》も御者の荘賈《そうか》に殺され、賈はそれを

秦《しん》の将軍章邯《しょうかん》、魏《ぎ》を撃つ。斉《せい》・楚《そ》、之《これ》を救う。斉王儋《せいおうたん》・魏王咎《ぎおうきゅう》と周市《しゅうふつ》と、皆《みな》敗死す。趙王武《ちょうおうぶ》臣《しん》、その将李良《りりょう》の殺す所となる。張耳《ちょうじ》・陳余《ちんよ》、趙歇《ちょうあつ》を立てて王となす。

居鄛《きょそう》の人范増《はんぞう》、年七十、奇計を好む。往《ゆ》いて項梁《こうりょう》に説いて曰《いわ》く、

「陳勝《ちんしょう》、事を首《はじ》むるに、楚《そ》の後《のち》を立てずして《楚王の後裔を立てないで》自立す。その勢い長からじ。今、君、江東《こうとう》に起こり、楚《そ》の蠭起《ほうき》の将、争うて君に附くは、君の世世《よよ》楚《そ》の将にして《あなたが代々楚の将軍の家柄で》、必ず能く復《ま》た楚《そ》の後《のち》を立てんことを以《おも》えばなり」と。

是《ここ》に於《お》いて項梁《こうりょう》は楚《そ》の懐王《かいおう》の孫心《しん》を求め得

みやげに秦《しん》に投降した。秦の将軍章邯《しょうかん》が、魏《ぎ》を攻めた。斉《せい》と楚《そ》が魏を救おうとして、斉王《せいおう》儋《たん》、魏王咎《ぎおうきゅう》に楚将の周市《しゅうふつ》が枕をならべて戦死した。趙王武臣《ちょうおうぶしん》が、部下の将軍李良《りりょう》に殺された。張耳《ちょうじ》と陳余《ちんよ》が趙歇《ちょうあつ》を立てて王とした。

そのころ居鄛《きょそう》（安徽省巣県）の住人の范増《はんぞう》は、七十歳になっていて、人の意表に出るはかりごとを得意としていたが、項梁《こうりょう》のところに出向いてこう説いた。

「陳勝は秦に対する反乱の口火はきったものの、楚王の子孫を無視して自分が王になってしまいました。これでは勢いも長つづきしないでしょう。今、貴公が江東の地で兵を挙げると、楚のあちこちで蜂起《ほうき》した諸将が、あらそって貴公のもとに馳せさんじたのは、貴公も代々楚の将の家柄で、きっと再び楚王の子孫を擁立してくれると思えばこそでありまず」

そこで項梁《こうりょう》は、心《しん》という楚《そ》の懐王《かいおう》の孫を探し出し、これを立てて、やはり楚の懐王と名

て、立てて楚《そ》の懐王《かいおう》となし、以《も》って民望に従《楚の民の希望に従った》う。

趙高《ちょうこう》、丞相李斯《じょうしょうりし》と隙《げき》有り《仲が悪かった》。高《こう》、二世《にせい》に侍し、燕楽《えんらく》して《宴会で楽しみ》婦女前に居《お》るときに方《あた》って、人をして丞相斯《じょうしょうし》に告げしむ、「事を奏すべし」と。

斯《し》、上謁す。二世《にせい》怒って曰《いわ》く、

「吾嘗《われかつ》て間日《かんじつ》多し、丞相《じょうしょう》来たらず。吾方《まさ》に燕私《えんし》す《宴でくつろぐ》。丞相《じょうしょう》輒《すなわ》ち来たる」と。

高《こう》曰く、

「丞相《じょうしょう》の長男李由《りゆう》、三川《さんせん》の守《しゅ》となり盗と通ず。且《か》つ丞相《じょうしょう》外に居《い》て《禁中の外の朝廷》、権、陛下よりも重

のらせ、楚の人びとの望みをかなえた。

秦《しん》では趙高《ちょうこう》と李斯《りし》の間の確執が深まった。

趙高は二世皇帝《にせいこうてい》の側に侍していて、二世がちょうど酒宴を楽しみ、女たちをはべらせているときに、人をやって李斯に、「事を奏上するなら、今がよい折です」と伝えさせた。

そこで李斯が拝謁を請うた。二世が、

「わたしは平素から、ひまな日ならいくらでもある。そんな時に丞相《じょうしょう》はやってこない。わたしがちょうどくつろいで楽しんでいると、そのたびに丞相はやってくる」

と怒りをもらすと、趙高がそれに乗じて、

「丞相の長男の李由《りゆう》は、三川郡《さんせん》（河南省中部）の太守ですが、謀反の賊どもと内通しているようです。それに丞相は朝廷に居座って、陛下よりも権勢をふるっております」

とあおりたてた。すっかり信じこんだ二世は、李斯《りし》を獄吏に引きわたし、五刑を残らず加えた上で、咸陽《かんよう》の市場で腰から二つに斬《き》りはなしてしまった。獄から引き出されるとき、

し」と。

二世《にせい》之《これ》を然《しか》りとし、斯《し》を吏《り》に下し《獄吏にひき渡し》、五刑《五刑をすべて》を具《そな》えて《科して》、⑹咸陽《かんよう》の市《いち》に腰斬《ようざん》せしむ。斯《し》、獄を出《い》ずるとき、顧《かえり》みて中子《ちゅうし》《次男》に謂《い》って曰《いわ》く、

「吾《われ》、若《なんじ》と復《ま》た黄犬を牽《ひ》き、倶《とも》に上蔡《じょうさい》の東門《とうもん》を出《い》でて、狡兎《こうと》を逐《お》わんと欲《ほっ》するも、豈得《あにう》べけんや」と。

遂《つい》に父子相哭《あいこく》す。而《しこう》して三族を夷《い》せらる《みな殺しにされた》。

中丞相趙高《ちゅうじょうしょうちょうこう》、秦《しん》の権を専《もっぱ》らにせんと欲すれども、群臣の聴かざるを恐る。乃《すなわ》ち先ず験《試験》を設け《を設定し》、鹿を持して二世《にせい》に献じて曰く、

「馬なり」と。


李斯《りし》は次男のほうをふり返って、こういった。

「お前ともう一度、黄犬を引っぱって、いっしょに故郷の上蔡《じょうさい》（河南省上蔡県）の東の城門から出て、兎狩りでもしたいものだが——できぬ相談というものだなあ」


父子は声をあげて泣いた。そして親族一統が根こそぎ誅殺《ちゅうさつ》されたのであった。


中丞相《ちゅうじょうしょう》に昇った趙高《ちょうこう》は、秦《しん》の権力を一手に握ろうとねらったが、群臣たちが自分の命令に従うかどうかを懸念した。そこでまず踏み絵を試みることにし、鹿を持ってきて二世《にせい》皇帝《こうてい》に献上して、

「馬でございます」

と奏上した。二世は笑いだした。

「丞相、なにをまちがっているのか、鹿のことを馬だといっておるぞ」

そして左右のものにどうであるかと問いかけると、ある者は黙りこみ、ある者は答えた。趙高《ちょうこう》はそっと手をまわして、鹿だといった連中に罪名をくっつけて処刑した。そののちは、

二世《にせい》笑って曰《いわ》く、「丞相《じようしよう》誤れるか、鹿を指して馬となす(7)」と。左右に問うに、或《あるい》は黙し、或は言う。高《こう》、陰《ひそ》かに諸《もろもろ》の鹿と言う者に中《あ》つるに法を《法律の罪状を適用した》以《も》ってす。後《のち》群臣皆高《みなこう》を畏《おそ》れ、敢《あ》えてその過ちを言うもの莫《な》し。

項梁《こうりよう》、秦《しん》の将章邯《しようかん》と戦って敗死す。宋義《そうぎ》先ずその必ず敗れんことを言う。梁《りよう》果たして敗る。

秦《しん》、趙《ちよう》を攻む。楚《そ》の懐王《かいおう》、義《ぎ》を以って上将となし、項羽《こうう》を次将となして、趙《ちよう》を救わしむ。義《ぎ》、驕《おご》る。羽《う》、之《これ》を斬《き》ってその兵を領す。大

群臣たちはみな趙高を恐れ、そのあやまちをあえて指摘する者がなくなった。

　さて項梁《こうりよう》は秦《しん》の将軍の章邯《しようかん》と戦って敗れ、命を落とした。宋義《そうぎ》という者がその前に、梁が慢心ゆえにきっと敗北するだろうといっていたが、その言葉どおりになったのであった。

　梁を破った秦は、さらに趙《ちよう》に鋒先《ほこさき》をむけた。楚《そ》の懐王《かいおう》は、宋義《そうぎ》を上将軍に、項羽《こうう》(項籍《こうせき》)を次将軍にして、趙の救援に赴かせた。こんどは宋義に驕りの色が現れた。項羽は宋義を斬《き》り、全軍をその指揮下におさめた。項羽は鉅鹿《きよろく》(河北省平郷県)城下で秦の軍と戦ってこれを大いに破り、王離《おうり》らを捕虜にし、やがて章邯《しようかん》・董翳《とうえい》・司馬欣《しばきん》といった将軍たちも投降してきた。羽《う》は諸王たちの上将軍《じようしようぐん》となった。

　さて趙高《ちようこう》は前々から二世皇帝《にせいこうてい》に、

「関東に起こった謀反人どもは、なにもできはしません」

とくり返していた。ところが秦軍《しんぐん》の敗北がつづくと、趙高は二世の怒りを恐れ、決心し

いに秦《しん》の兵を鉅鹿《きょろく》の下《もと》に破り、王離《おうり》等を虜《とりこ》にし、秦《しん》の将、章邯《しょうかん》・董翳《とうえい》・司馬欣《しばきん》を降す。羽《う》、諸侯の上将軍《じょうしょうぐん》となる。

是《これ》より先、趙高《ちょうこう》数《しばしば》言う、「関東《かんとう》（函谷関の東）(8)の盗、能《よ》くなすこと無し」と。秦《しん》の兵数《しばしば》敗るるに及んで、高《こう》、二世《にせい》の怒りを恐れ、遂《つい》に婿《むこ》の閻楽《えんらく》をして二世《にせい》を望夷《ぼうい》宮《きゅう》に弑《しい》せしめ、公子嬰《えい》を立てて秦王《しんおう》となす。二世《にせい》の兄の子なり。

て娘婿の閻楽《えんらく》に命じて、望夷宮《ぼういきゅう》に二世皇帝《にせいこうてい》を襲って殺させた。そして公子子嬰《しえい》を立てて、秦王《しんおう》を継がせた。二世の兄、扶蘇《ふそ》の子である。

(1) 閭左…「閭」は村里の門。秦代では貧しい人びとを、その左に住まわせて、税や労役を免除したところから、ひいて、貧民のこと。
(2) 王侯～種有らんや…立身出世するのは、才能・努力しだいであって、血統によるものではないというたとえに用いられることば。

（3）公子扶蘇・項燕…扶蘇は、始皇帝の長子。焚書坑儒《ふんしょこうじゅ》を諫めて始皇帝の怒りに触れた。秦の三世皇帝子嬰《しえい》はその子。項燕は楚の名将で、項羽の祖父にあたる。秦の将軍王翦に囲まれて自殺したが、生存説が行われていた。

（4）校尉…兵事をつかさどる官。のち、宮城の護衛をつかさどる武官に多く用いるようになった。

（5）掾・主吏…「掾」は、ある職務の主管者をたすける輔佐役、属官。「主吏」は、郡の属官で、書吏をつかさどる官。功曹ともいう。『漢書』蕭何・曹参伝には、蕭何が「主吏の掾」に、曹参が「獄掾」になったとある。

（6）五刑を具えて…「五刑」は、秦・漢代では、黥《げい》（いれずみ）・劓《ぎ》（鼻きり）・刖《げつ》（足きり）・梟首《きょうしゅ》（さらし首）・菹（死体の塩づけ）の五種の刑罰。それを次つぎに全部施したもの。

（7）鹿を指して馬となす…この故事が日本語の「馬鹿《ばか》」の語源の一説となっている。

（8）関東…中国では、ただ「関」といえば、函谷関を指すことが多い。ここでも関東とは函谷関以東、今の河南省・山東省一帯の地を指す。

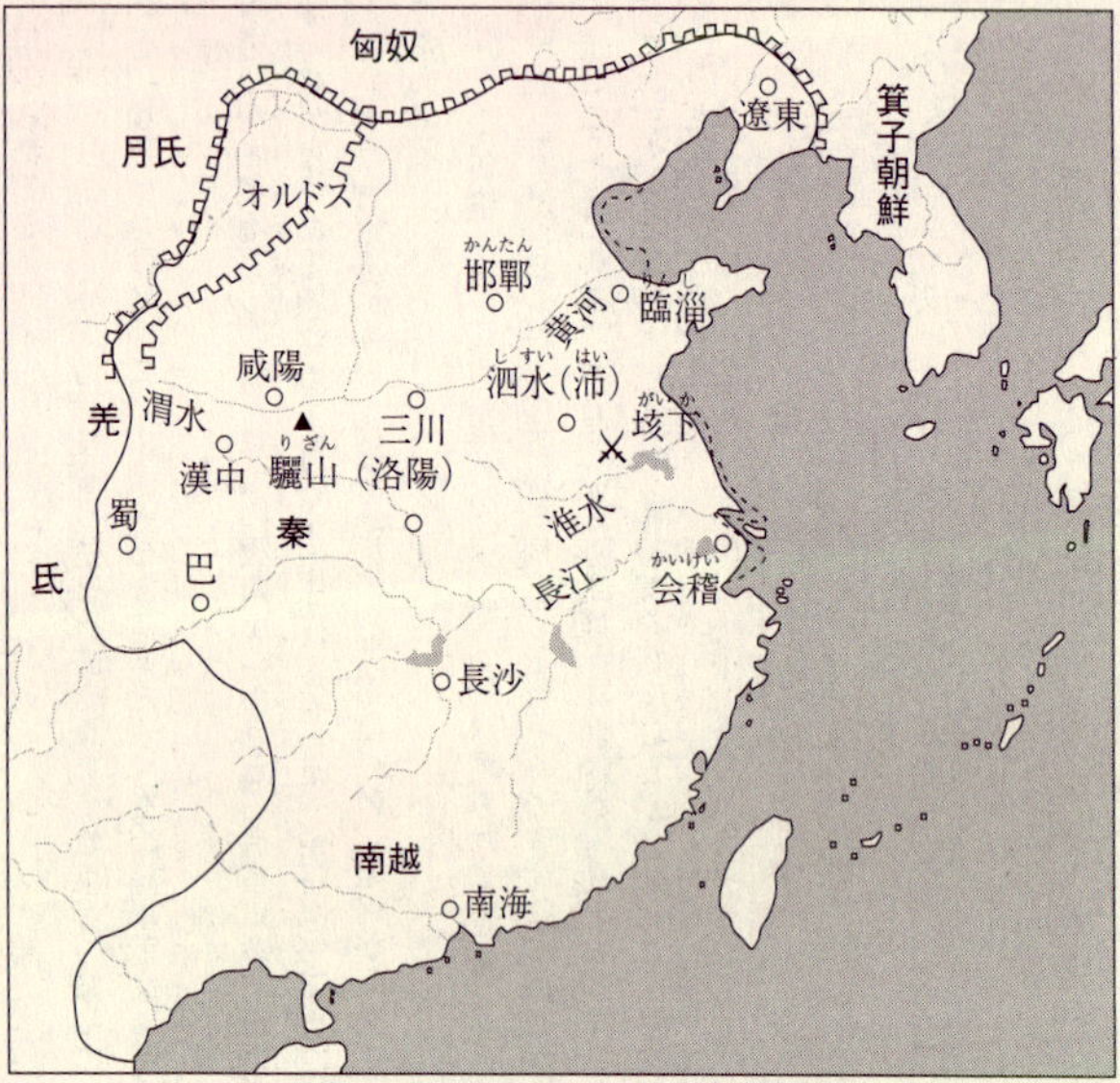

秦の勢力図(B.C.221～B.C.202 年、地図は最大領域)

西（前）漢「劉邦」――法三章のみ・鴻門の会

楚《そ》の懐王《かいおう》、沛公《はいこう》《劉邦》を遣《つか》わす。秦《しん》を破って関《かん》に入《い》り、秦王子嬰《しんおうしえい》を降す。既《すで》に秦《しん》を定め、還《かえ》《関中に》って覇上《はじょう》に軍す。悉《ことごと》く諸県の父老・豪傑を召し、謂《い》って曰く、

「父老、秦《しん》の苛《か》法《ほう》に苦しむこと久し。吾《われ》、諸侯と約す。先ず関中《かんちゅう》に入《い》る者は之《これ》に王たらんと。吾当《まさ》に関中《かんちゅう》に王たるべし。父老と約す、法は三章耳《のみ》。人を殺す者は死せん。人を傷つ

楚《そ》の懐王《かいおう》が、沛公《はいこう》となっていた劉邦を秦《しん》に遣《つか》わし、沛公は秦の軍を破って武関《ぶかん》から関《かん》中《ちゅう》に入り、秦王《しんおう》の子嬰《しえい》を降した（前二〇六年）。そして秦の地を平定し終わると、軍をかえして覇上《はじょう》に陣を張り、関中《かんちゅう》の各県の長老・豪傑を呼びよせて、こう話した。

「あなたたちは、ずいぶんと長く秦の苛酷《かこく》な法律に苦しめられてきた。わたしと諸侯たちは、最初に関中に入った者がその王となるという約束をしている。だからわたしがあなたたちの王となるはずである。そこでわたしはあなたたちに約束しよう。法律は三か条だけ。人を殺した者は死罪。人を傷つけた者、及び

け及び盗するものは罪に抵《いた》さん。余は悉《ことごと》く秦《しん》の苛法を除き去らん」と。

秦《しん》の民大いに喜ぶ。


項羽《こうう》、諸侯の兵を率《ひき》い、西のかた関《かん》に入らんと欲《ほっ》す。或《ある》ひと沛公《はいこう》に説いて関門を守らしむ。羽至る。門閉ず。大《項羽は》いに怒り、攻めて之《これ》を破り、進んで戯《ぎ》に至り、旦《あした》《翌朝早く》に沛公《はいこう》を撃《う》たんと期す。羽《う》の兵は四十万、百万と号す。鴻門《こうもん》に在《あ》り。沛公《はいこう》の兵は十万、覇上《はじょう》に在り。范増《はんぞう》、羽《う》に説いて曰く、

「沛公《はいこう》、山東《さんとう》《沛》に居《お》りしとき、財を貪《むさぼ》り色を好

盗みをはたらいた者は、それぞれ罪にあたる。それ以外はすべて秦の苛酷な法律は取りやめる」

秦の人びとは飛び上がってよろこんだ。

項羽と劉邦の対峙

さて項羽《こうう》も諸侯の兵を率いて西進し、函谷関《かんこくかん》から関中を目ざしていた。ところがある者が、函谷関の門をかためて項羽を入れないよう、沛公《はいこう》を説得したので、項羽が到着してみると、関門が閉ざされていた。項羽は大いに怒ってそれを攻め破り、さらに進んで戯水《ぎすい》（陝西省《せんせい》中部の川）までやってきた。そしていよいよ翌朝早く沛公を撃《う》つことにした。項羽の兵は四十万、これを百万と号し、西岸の鴻門《こうもん》に布陣した。沛公の兵は十万、覇上《はじょう》に陣をかまえた。范増《はんぞう》が項羽に進言するのに
「沛公は山東（沛《はい》）にいた当時は、財貨に貪《どん》欲《よく》で美女に目がない男でした。ところが関《かん》中《ちゅう》に来たいまでは、財宝をかすめとろうとも

めり。今関《いまかん》に入《い》り、財物取る所無《な》く、婦女幸《こう》せず《女を犯すこと》する所無《な》し《がない》。此《こ》れその志、小に在《あ》らず。吾《われ》、人をしてその気を望ましむるに、皆《みな》竜となり五采《ごさい》《五色》を成す。此《こ》れ天子の気なり。急に撃《う》って失うこと勿《な》かれ《とりにがしてはならない》」と。

羽《う》の季父《きふ》《叔父》項伯《こうはく》、素《もと》より張良《ちょうりょう》に善し《平素から張良と仲がよかった》。夜馳《は》せて沛公《はいこう》の軍に至り、良《りょう》に告げて呼んで与《とも》に倶《とも》に去らんとす《いっしょに沛公のもとを去ろうと呼びかけた》。

良曰《りょういわ》く、

「臣、沛公《はいこう》に従う。急有って亡《に》ぐるは不義なり」と。

入《い》って具《つぶさ》に告げ、因《よ》って伯《はく》を要《よう》して入り見《まみ》《入ってくわしく沛公に報告し、むりに頼んで、入って沛公》

せず、女に手をつけようともしていません。これは沛公の志がなまなかなものでないということです。それにわたしがある者に沛公の雲気を観望させてみたところ、みな竜の形をとり、五色にいろどられているとのことです。これは天子の気であります。一気に攻めるのが肝腎で、取り逃がさないことです」

項羽《こうう》の叔父の項伯《こうはく》は、かねてから沛公の臣の張良《ちょうりょう》と親しかった。その夜のうちに馬をとばして沛公の陣営につき、張良に急を告げ、いっしょに逃げ去るようにすすめた。張良《ちょうりょう》は、

「自分は沛公《はいこう》につき従ってきた身です。危急がせまったからといって逃げ去るのは、義にもとるというものです」

とことわると、中に入ってくわしく沛公《はいこう》に告げ、さらにぜひにと項伯《こうはく》を中に呼び入れて、沛公に会わせた。沛公は大杯を捧《ささ》げて項伯《こうはく》の長寿を祝し、子どもどうしの婚姻を約束すると、こう説いた。

「わたしは関中《かんちゅう》に入ってから、ほんのわずか

えしむ《に会わせた》。沛公《はいこう》、卮酒《ししゅ》を奉じて寿《じゅ》をなし《長寿を祈り》、約して婚姻をなす。曰く、

「吾、関に入って、秋毫《しゅうごう》も敢《あ》えて近づくる所《ほんのわずかのものも、身に近づけなかった》有らず。吏民を籍し《帳簿につけ》、府庫を封じ、而《しこう》して将《項羽》軍を待つ。関《かん》を守る所以《ゆえん》の者は、他の盗に備えしなり。願わくは伯《はく》、具《つぶさ》に臣の敢《あ》えて徳に倍《そむ》かざるを言え」と。

伯《はく》、許諾して曰《いわ》く、

「旦日《たんじつ》《明日、早朝に》、蚤《はや》く自《みずか》ら来たって謝せざるべからず」と。

伯《はく》去って具に以《も》って羽《う》に告げ、且《か》つ曰く、

「人大功有るに　之《これ》を撃《う》つは不義なり。因《よ》っ

も、わがものにしてはいません。官民の名簿をつくり、政府の庫には封印をし、そうして項羽《こうう》将軍をお待ちしていたのです。函谷関《かんこくかん》の守りをかためておりましたのは、他の地方の賊に備えていたからです。項伯どの、何とぞわたしがご恩徳に背く気持ちが露ほどもないことを、将軍にくわしく申しあげて下さい」

　項伯は諒承《りょうしょう》し、

「明日朝早く、ご自身おいでになって謝罪なさらなくてはなりますまい」

といい残すと、覇上《はじょう》を立ち去った。そして事情をつぶさに項羽に告げ、さらに、

「大きな功績があるのに、その者を撃《う》つのは義にそむくものです。しかるべく遇してやるのがよろしいのではないでしょうか」

とつけ加えた。

て善《よ》く之を遇するに如《し》かず」と。

沛公《はいこう》旦《あした》に百余騎を従えて、羽《う》を鴻門《こうもん》に見る。

謝して曰《いわ》く、

「臣、将軍と、力を戮《あわ》せて秦《しん》を攻む。将軍は河北に戦い、臣は河南に戦う。自ら意《おも》わざりき、先ず関《かん》に入《い》って秦《しん》を破り、復《ま》た将軍に此《ここ》に見《まみ》ゆるを得んとは。今者《いま》小人の言有り、将軍をして臣と隙《げき》有らしむ《仲たがいをさせた》」と。

羽《う》曰《いわ》く、

「此《こ》れ沛公《はいこう》の左司馬《さしば》曹無傷《そうむしょう》の言なり」と。

羽《う》、沛公《はいこう》を留《とど》めて与《とも》に飲む。范増《はんぞう》数々《しばしば》羽《う》に

鴻門の会

沛公《はいこう》は翌朝、百余騎の部下を従え、鴻門《こうもん》に項羽《こうう》をたずねると、罪を謝した。

「臣は将軍と力をあわせて秦《しん》を攻め、将軍は黄河《こうが》の北に戦われ、臣は黄河の南に戦いました。思いもかけないことに、わたくしが先に関中《かんちゅう》に入って秦を破り、ふたたびここで将軍にお目にかかることができました。ところがいま、つまらぬ輩《やから》の言葉が、将軍と臣との間にひびを入らせております」

項羽《こうう》はうなずいた。

「それは貴公の左司馬《さしば》の曹無傷《そうむしょう》がいったことがもとなのだ」

そして沛公をひきとめて宴をともにした。

范増《はんぞう》は何回も項羽に目で合図をし、腰に佩《お》びた玉玦《ぎょくけつ》をさし上げて沛公殺害の決断をうなが

目し《目くばせをし》、佩《お》ぶる所の玉玦《ぎょくけつ》を挙ぐる者《こと》三たび。羽《う》応ぜず。増出《ぞうい》でて、項荘《こうそう》をして入《い》り、前《すす》んで寿《じゅ》をなし《長寿を祈って乾杯し》、剣を以《も》って舞わんと請い、因《よ》って沛公《はいこう》を撃《う》たしむ。項伯《こうはく》も亦《ま》た剣を抜いて起《た》って舞い、常に身を以って沛公《はいこう》を翼蔽《よくへい》《かばった》す。荘《そう》、撃つことを得ず。張良《ちょうりょう》出《い》でて樊噲《はんかい》に告ぐるに事の急なるを以ってす。

噲《かい》、盾を擁《よう》して直《ただ》ちに入り、目を瞋《いか》らして羽《う》を視《み》る。頭髪上のかたを指し、目眥《もくし》《まなじり》尽《ことごと》く裂く。羽曰《ういわ》く、

「壮士なり、之《これ》に卮酒《ししゅ》を賜《たま》え」と。

則《すなわ》ち斗卮《一斗入りの大杯》酒を与《あた》う。

すこと三たび。項羽は応じようとしなかった。范増は外へ出ると、羽の従弟の項荘《こうそう》に宴席に入らせた。沛公《はいこう》の前に進み出て、長寿を祈って乾杯し、許しを得て剣舞を舞い、舞いながら沛公を斬《き》ろう、というのである。すると、項伯《こうはく》もまた剣を抜いて、たち上がって舞い、たえず身をもって沛公《はいこう》をかばいつづけた。荘は斬りかかることができない。張良《ちょうりょう》は席をはずし、外にいる樊噲《はんかい》に、事態がさしせまっていることを知らせた。

樊噲は盾をかかえこむとズカズカと入りこみ、目をつりあげて項羽をまっすぐみつめた。怒りに髪はさか立ち、まなじりも裂けんばかりである。羽はいった。

「あっぱれな勇士とみた。杯をとらせよ」

一斗入りの大杯が与えられた。項羽はつづいて命じた。

「豚の肩をとらせよ」

与えられたのは生の豚の肩であった。噲は膝《ひざ》もつかず杯をあおり、剣を抜いて肉を切っ

「之に彘肩《ていけん》《豚の肩》を賜え」と。

則ち生彘肩なり。噲《かい》立って飲み、剣を抜き
肉を切って之を啗《くら》う。羽《う》曰く、

「能《よ》く復《ま》た飲むか」と。

噲《かい》曰く、

「臣、死すら且《か》つ避けず。卮酒安《いずく》んぞ辞するに足らんや。沛公《はいこう》先《ま》ず秦《しん》を破って咸陽《かんよう》に入《い》る。労苦して功高きこと此《かく》の如《ごと》くなるに、未《いま》だ封爵の賞有らず。而《しか》も将軍、細人《小人》の説を聴き、有功の人を誅《ちゅう》せんと欲《ほっ》す。此《こ》れ亡秦《ぼうしん》の続耳《のみ》《滅んだ秦のつづきである》。切《ひそ》かに将軍の為《ため》に取らざるなり」と。

羽《う》曰《いわ》く、

てそれをくらった。羽はきいた。

「まだ飲めるかな」

噲《かい》が答えた。

「臣は死すら恐れるところではありません。まして一杯の酒ごとき、どうしてしりごみしましょう。ところで、臣の主人沛公《はいこう》は、まっ先に秦《しん》を破って咸陽《かんよう》に入りました。苦労して、こんな高い功績をあげたというのに、いまだに、爵位に封じる恩賞に与《あずか》っておりません。それどころか、将軍は小人の言に惑わされ、功績ある者を誅殺《ちゅうさつ》しようとなさっておられます。これではさきに滅んだ秦の二の舞でしかありません。失礼ながら将軍のおんためにならぬと存じます」

項羽《こうう》は、

「まあ坐《すわ》るがよい」

とだけいい、樊噲《はんかい》は張良《ちょうりょう》のとなりに座をとった。

間もなく、沛公《はいこう》は席を立って厠《かわや》に行き、それをしおに樊噲を招いて外へ出た。そして近

「坐《ざ》せよ」と。

噲《かい》、良《りょう》《張良》に従って坐す。

須臾《しゅゆ》にして沛公起《はいこうた》って厠《かわや》に如《ゆ》き、因《よ》って《それを機会に》噲《かい》を招いて出《い》で、間行《かんこう》《間道を通って》して覇上《はじょう》に趨《はし》る。良《りょう》を留《とど》めて羽《う》に謝せしめて曰く、

「沛公《はいこう》、桮勺《はいしゃく》《酒杯》に勝《た》えずして、辞すること能《あた》わず。臣良《りょう》をして白璧《はくへき》一双を奉じ、再拝して将軍の足下に献じ、玉斗一双、再拝して亜父《あほ》《范増》の足下に奉ぜしむ」と。

羽《う》曰《いわ》く、

「沛公安《はいこういずく》に在《あ》る」と。

良曰《りょういわ》く、

道をえらんで覇上《はじょう》に急いだ。あとに張良をのこし、項羽にこんなふうにわびをいわせた。

「沛公にはもはや献酬《けんしゅう》にたえられず、お別れの挨拶《あいさつ》もできません。臣、良に申しつけ、白《はく》璧《へき》一対を捧《ささ》げ、再拝して将軍の足下に献じ、さらに玉斗一対を、再拝して亜父《あほ》閣下の足下に献ぜよとのことでございます」

羽《う》が驚いてきいた。

「沛公《はいこう》はどこにおるのか」

張良はいった。

「将軍が沛公を咎《とが》めだてされるお気持ちと聞き、脱け出して、ひとり去りました。今ごろはすでに軍中に帰りついておりましょう」

これを聞いて、范増《はんぞう》は剣を抜くなり、わたされた玉斗を突きくだいて嘆息した。

「ああ、小わっぱに話はもちかけられぬわ。将軍の天下を奪うのは、まちがいなく沛公だ」

沛公は軍に帰りつくと、即座に曹無傷《そうむしょう》を処刑した。

「将軍、之《これ》を督過《とくか》するに意有り《過失を咎める気持ちがある》と聞き、身を脱して独り去り、已《すで》に軍に至らん」と。

亜父《あほ》、剣を抜き、玉斗を撞《つ》いて之を破って曰く、

「唉《ああ》、豎子《じゅし》《小僧っ子》謀《はか》るに足らず《相談するに足りない》。(1)将軍の天下を奪わん者は、必ず沛公《はいこう》ならん」と。

沛公《はいこう》、軍に至り、立《た》ちどころに曹無傷《そうむしょう》を誅《ちゅう》す。

（1）豎子謀るに足らず…「豎子」は、若者、とくに未熟な年少者を親しみをこめて呼ぶか、または軽蔑をこめて罵《ののし》ることば。「豎子」「孺子」とも書く。「豎子謀るに足らず」とは、つまらぬ人間と相談はできない、一しょに仕事はできないと相手をさげすむことば。また、さきに龐涓《ほうけん》が孫臏《そんぴん》の計に陥ちて自殺するときに、口惜しまぎれにいった「豎子の名を成せり」（春秋戦国・田氏斉）とは、ばかにしていた者にてがらを立てさせてしまったというたとえ。

西（前）漢「韓信」――国士無双・背水の陣

初め淮陰《わいいん》の韓信《かんしん》、家貧しくして城下に釣《ちょう》す。漂母《ひょうぼ》有り《綿さらしの老婆がいた》。信《しん》の饑《う》えたるを見て信《しん》に飯せしむ。信曰《いわ》く、

「吾《われ》必ず厚く母《ぼ》に報いん」と。

母怒って曰く、

「大丈夫《だいじょうふ》自《みずか》ら食らうこと能《あた》わず。吾、王孫《おうそん》を哀れんで食を進む。豈《あに》報を望まんや」と。

淮陰《わいいん》の屠中《とちゅう》の少年《と畜業の若者》に、信《しん》を侮る者有り。衆《多数》

国士無双韓信　淮陰《わいいん》（江蘇《こうそ》省淮陰県）の人韓《かん》信《しん》は、家が貧しく、まちはずれで釣りをしていた。古綿をさらしている老婆がいて、韓信のひもじいようすを見て、たべものを与えた。信が、

「きっとたっぷり恩返しするよ」

というと老婆は怒って、

「りっぱな大人が、自分の口も養えないみたいだから、可哀想に思って王孫《あなた》に食べさせてあげたのだ。お礼なぞ誰がほしいものかね」

淮陰《わいいん》のと畜業仲間の若者で、韓信《かんしん》をばかにしている者がいて、多勢をたのんで、韓信に恥をかかせようとしていった。

に因《よ》って《によって》之《これ》を辱《はず》かしめて曰く、「若《なんじ》、長大にして好んで剣を帯ぶと雖《いえど》も、中《ちゅう》情《じょう》《心情の中》は怯《きょう》なる耳《のみ》。能《よ》く死せば我を刺せ。能《あた》わずんば、我が胯下《こか》を出《い》でよ」と。信《しん》、之《これ》を熟視し、俛《ふ》して胯下より出でて蒲《ほ》伏《ふく》す。一市《いっし》《市中のもの》の人、皆《みな》、信《しん》が怯《きょう》を笑う。

項梁《こうりょう》、淮《わい》を渡る。信《しん》、之に従う。又《ま》た数《しばしば》と策を以って項羽《こうう》に干《もと》む《項羽に策略を献じた》。用いられず。亡《に》げて漢《かん》に帰《き》し《漢王に帰属して》、治粟都尉《ちぞくとい》(1)となる。数《しばしば》と蕭何《しょうか》と語る。何《か》、之を奇とす《信を非凡だと認めた》。王《おう》、南鄭《なんてい》《漢中の都》に至る。将士、皆謳歌《おうか》して帰らんことを思い、多く道より亡《に》ぐ。信度《しんはか》るに、何《か》、已《すで》に数《しばしば》と言いしも、王《おう》用い《蕭何がもう何回も自分のことを王にいったのに、王は採用しな》

「おまえ、でかいからだでうれしそうに剣をぶらさげているけれど、心の中はごく臆《おく》病《びょう》なんだろう。どうだ、一番死ぬ勇気があるなら俺《おれ》を刺してみろ。それがないなら、俺さまの股《また》をくぐるんだな」

じっと相手を見つめていた韓信《かんしん》は、身を伏せ、股の下をくぐってはいつくばった。市《いち》にいあわせた者は、みな韓信の臆病《おくびょう》さをあざ笑った。

項梁《こうりょう》が淮河《わいが》を渡ったとき、韓信はこれに加わった。のち項羽《こうう》に仕え、何度となく策略を項羽の前にもち出したが、採り上げられなかった。韓信は羽を見かぎって漢王《かんおう》のもとに走り、治粟都尉《ちぞくとい》に任ぜられた。丞相《じょうしょう》の蕭何《しょうか》と言葉を交わすことが多く、すっかり蕭何を感心させていた。

さて、漢中王《かんちゅうおう》に封ぜられた劉邦《りゅうほう》は、都の南《なん》鄭《てい》（陝西《せんせい》省南鄭県）に赴いた。部下の将士は、みな望郷の歌をうたい、望郷の思いにかられ、大勢が途中から逃げ去った。韓信《かんしん》も考えた。

ず、と。即《すなわ》ち亡《に》げ去る。何《か》、自《みずか》ら之《これ》を追う。人曰《いわ》く、「丞相何《じょうしょうか》亡《に》ぐ」と。王《おう》怒る、左右の手を失うが如《ごと》し。何《か》、来たり謁す。王罵《ののし》って曰《いわ》く、「若《なんじ》、亡げしは何《なん》ぞや」と。何《か》曰く、「韓信《かんしん》を追う」と。王曰く、「諸将の亡ぐるもの十を以って数う《十の単位で数えられる》。公追う所無し。信《しん》を追うとは詐《いつわ》りならん」と。何《か》曰く、「諸将は得《え》易《やす》き耳《のみ》。信《しん》は国士《こくし》無双《むそう》なり。王《おう》必ず長く漢中《かんちゅう》に王たらんと欲《ほっ》せば、信《しん》を事とす《韓信を大事にすること》る《はない》所無し。必ず天下を争わんと欲せば、信《しん》に

「蕭何《しょうか》どのがくりかえして推薦したのに、漢王は自分を用いようとしない」

そこで韓信も逃げ出した。

それを聞いて蕭何は自分で追いかけた。ある者が報告した。

「丞相《じょうしょう》の蕭何どのが逃亡しました」

漢王は怒りもし、両手をもぎとられたようでもあった。やがて蕭何《しょうか》が帰ってきて拝謁した。王はほっとしながらものしった。

「おまえまで逃げるとはどういうことだ」

蕭何が答えた。

「韓信《かんしん》を追いかけたのです」

王は驚いた。

「諸将の連中で逃げたのは何十人といるが、貴公は追いかけようとはしなかった。韓信を追って行ったなど、信じられると思うか」

蕭何はいった。

「あんな連中はどこででも手に入ります。韓《かん》信《しん》は二人とない国士です。大王がもし、いつまでも漢中《かんちゅう》だけの王でいたいといわれるなら、

非《あら》ずんば、与《とも》に事を計るべき者無し」と。王《おう》曰《いわ》く、

「吾《われ》も亦《ま》た東せんと欲《ほっ》する耳《のみ》《東に進出したいと思っている》。安《いずく》んぞ能《よ》く鬱《うつ》鬱《うつ》として久しく此《ここ》に居《お》らんや」と。何《か》曰く、

「必ず東せんと計《はか》らば、能《よ》く信《しん》を用いよ。信《しん》即《すなわ》ち留《とど》まらん。然《しか》らずんば信《しん》終《つい》に亡《に》げん耳《のみ》」と。王《おう》曰く、

「吾、公の為《ため》に以《も》って《韓信を》将となさん」と。何《か》曰く、

「留《とど》まらざるなり」と。王《おう》曰く、

「以って大将となさん」と。何《か》曰く、

「幸甚なり。王素《おうもと》より慢にして《平素から傲慢で礼儀に欠けている》礼無し。大将

韓信のことはどうでもよろしいのです。ぜひとも天下を争いたいという決意をお持ちならば、信をおいて、大事を計る相手はございません」

漢王《かんおう》はいった。

「俺《おれ》だって東に撃って出るつもりだ。いつまでもこんなところにぐずぐずしている気はないよ」

粛何《しょうか》はそこでいった。

「ぜひとも東に進出するつもりならば、よく心して韓信《かんしん》をお用い下さい。そうすれば韓信はとどまりましょう。さもなければ、いずれは立ち去ってしまいましょう」

「貴公がそういうならば将軍に取り立てよう」

「それではとどまりますまい」

「では大将軍にしよう」

蕭何はうなずいたうえで、念おしをした。

「そうしていただければ幸いです。ところで王は平素から人を見下し、礼儀というものを

を拝すること小児を呼ぶが如《ごと》し。此れ信《しん》の去る所以《拝命させる》《ゆえん》なり」と。乃《すなわ》ち壇場を設け、礼を具《そな》う。諸将皆《みな》喜び、人人自《みずか》ら以為《おも》えらく大将を得んと。拝するに至って乃《すなわ》ち韓信《かんしん》なり。一軍皆《みな》驚く。王遂《おうつい》に信《しん》の計を用いて、諸将を部署し、蕭何《しょうか》を留《とど》めて《国内に残し》、巴《は》・蜀《しょく》の租を収め、軍の粮食《りょうしょく》を給せしむ。信《しん》、兵を引いて故道《こどう》従《よ》り出《い》で、雍王章邯《ようおうしょうかん》を襲う。邯《かん》、敗死す。塞王司馬欣《さいおうしばきん》・翟王董翳《てきおうとうえい》、皆降《くだ》る。

漢《かん》の二年、項籍《こうせき》、義帝《ぎてい》を江中《こうちゅう》に弑《しい》す。

×　×　×

漢王《かんおう》、滎陽《けいよう》に至る。諸敗軍皆会《みなかい》す。蕭何《しょうか》も亦《ま》

心得ておられません。大将軍を任命するのに、子供でも呼びつけるぐらいの気でおられる。だからこそ韓信《かんしん》が逃げ出したのですぞ」

そこで祭壇を設け、礼容をととのえた。将軍たちは、みんな喜び、それぞれ自分が大将軍になれるのだと思いこんでいた。さて任命のときになってみると、それが韓信であった。全軍みなあっと驚いた。

こうして漢王《かんおう》は韓信の計略を用い、諸将を各部署に配置し、蕭何《しょうか》は漢中に残して、巴《は》と蜀《しょく》の租税を徴集して、軍の糧食を補給させた。こうしておいて韓信は兵を引きつれて、故道《こどう》県（陝西《せんせい》省鳳県付近）から三秦の地に撃って出、まず雍王章邯《ようおうしょうかん》を襲い、章邯は敗れて死んだ。そして塞王司馬欣《さいおうしばきん》・翟王董翳《てきおうとうえい》も降服した。

漢の二年、項籍《こうせき》は義帝《ぎてい》を揚子《ようす》江《こう》上で殺した。

さて、漢王《かんおう》は滎陽《けいよう》（河南省滎沢県）までた

た関中《かんちゅう》の老弱を発し《老人少年を徴発し》、悉《ことごと》く滎陽《けいよう》に詣《いた》らしむ。漢軍《かんぐん》、復《ま》た大いに振《ふる》う。蕭何《しょうか》、関中《かんちゅう》を守り、宗《そう》廟《びょう》・社稷《しゃしょく》・県邑《けんゆう》を立て、事、便宜に施行し《便宜にとりはからい》、関中《かんちゅう》の戸口《戸数人口》を計り、転漕《てんそう》・調兵《ちょうへい》《食糧輸送・兵力調達》、未《いま》だ嘗《かつ》て乏絶《ぼうぜつ》せず。魏王豹《ぎおうひょう》、叛《はん》す。漢王《かんおう》、韓信《かんしん》を遣《つか》わして之《これ》を撃たしむ。豹《ひょう》、柏直《はくちょく》を以《も》って大将となす。王《おう》曰《いわ》く、

「是《これ》口尚《なお》乳臭なり。安《いずく》んぞ能《よ》く韓信《かんしん》に当たらん」と。

信《しん》、兵を伏せ、夏陽《かよう》従《よ》り木罌《ぼくおう》《木の瓶の筏》を以って軍を渡し、安邑《あんゆう》を襲うて豹《ひょう》を虜《とりこ》にす。信《しん》、既《すで》に魏《ぎ》を定め、兵三万人を請い、願わくは、以《も》って

どりつき、敗残の各軍がここに集まった。一方、蕭何《しょうか》も、関中《かんちゅう》の老人や子どもに近いものまでもかり集めて、滎陽に送りこみ、漢軍の勢いは再び大いに盛んになった。蕭何は関中に留守役として、宗廟《そうびょう》を建て、土地神を祭り、行政組織をととのえるなど、すべて自分で裁断した。また関中の戸数、人口を調べ、食糧や兵員の補給を不足させたことがなかった。

魏王豹《ぎおうひょう》が楚《そ》に寝返った。漢王は韓信《かんしん》を討伐に派遣し、豹は柏直《はくちょく》を総大将に任じた。漢王は、

「あれはまだ口から乳の臭《にお》いの消えていない子供、韓信《かんしん》に敵《かな》うわけがない」

とせせら笑った。韓信は兵を人目につかぬよう移動させ、夏陽《かよう》（陝西省韓城県）から、木の瓶をつないだ筏《いかだ》で黄河《こうが》を渡って、安邑《あんゆう》（山西省夏県）を奇襲し、豹《ひょう》をとりこにした。韓信はこうして魏を平定すると、さらに三万の兵を要請し、北は燕《えん》・趙《ちょう》を攻めとり、東は斉《せい》を討ち破り、南は楚《そ》の糧道を断ちきり、そ

北のかた燕《えん》・趙《ちょう》を挙げ、東のかた斉《せい》を撃ち、南のかた楚《そ》の糧道を絶ち、西のかた大王《だいおう》(漢王)と滎《けい》陽《よう》に会せんと。王、張耳《ちょうじ》を遣《つか》わして与《とも》に倶《とも》にせしむ。

三年、信《しん》・耳《じ》、兵を以《ひき》いて趙《ちょう》を撃ち、兵を井陘口《せいけいこう》に聚《あつ》む。趙王歇《ちょうおうあつ》及び成安君陳余《せいあんくんちんよ》、之を禦《ふせ》ぐ。李左車《りさしゃ》、余《よ》に謂《い》って曰《いわ》く、「井陘《せいけい》の道、車、軌を方《なら》ぶるを得ず《わだちを並べることができず》、騎、列を成すを得ず。その勢い糧食必ず後ろに在《あ》らん。願わくは奇兵《奇襲隊》を得て、間道従《よ》りその輜重《しちょう》を絶たん。足下、溝を深くし塁を高くし、与《とも》

して西に大王と滎陽《けいよう》で再会したいと願い出た。漢王《かんおう》は張耳《ちょうじ》を派遣して、それを二人で組んでやるように命じた。

背水の陣　漢の三年、韓信《かんしん》と張耳《ちょうじ》は兵を率いて趙《ちょう》を攻撃し、軍隊を井陘口《せいけいこう》（河北省井陘県）に集めた。趙王歇《ちょうおうあつ》と成安君陳余《せいあんくんちんよ》が防禦にあたった。時に軍師の李左車《りさしゃ》が陳余に説いていうには、

「井陘の道は、車は二台並んで通れず、騎馬が隊列を組めないほどです。いきおい、糧食は後方になります。どうか、遊軍をあたえてください。間道から攻めて、輜重《しちょう》隊を分断しましょう。あなたは水濠《すいごう》を深く、土塁を高くして、交戦をなさらないよう。そうすれば敵

に戦うこと勿《な》かれ。彼前《すす》んでは闘うを得ず、退いては還《かえ》るを得ず、野には掠《かす》むる所無し《野にはかすめとるものとてない》。十日ならずして、両将の頭、麾下《きか》に致すべし」と。

余《よ》は儒者にして、自《みずか》ら義兵と称し、奇計を用いず。信《しん》、間《間者にさぐらせて》して之《これ》を知り、大いに喜び、乃《すなわ》ち敢《あ》えて下る。

未《いま》だ井陘口《せいけいこう》に至らずして止《とど》まり、夜半に軽騎二千人を伝発し、人ごとに赤幟《せきし》を持ち、間道従《よ》り趙《ちょう》の軍を望ましむ。戒《いまし》めて曰《いわ》く、

「趙《ちょう》、我が走《逃げる》るを見ば、必ず壁を空《城壁を空っぽにして》しうして我を逐《お》わん。若《なんじ》、疾《と》く《急いで》趙《ちょう》の壁に入《い》り、趙《ちょう》の幟《し》

は進んで戦うこともできず、退いて引き返すこともできず、さりとて野には菜っぱ一枚生えていません。十日もたたないうちに、二人の大将の首を、おん旗のもとにおとどけできるでしょう」

　ところが陳余《ちんよ》は儒家の出で、正義のための戦いを標榜《ひょうぼう》していて、正面から戦うべきだと、この奇襲策を採り上げなかった。韓信《かんしん》は間者の口からこのことを知って、大いに喜び、そこで強引に趙《ちょう》へと下ることにした。

　まず、井陘口《せいけいこう》に到着する前に軍隊をとどめ、真夜中に軽装の騎兵二千人を出発させ、一人一人に赤いはたじるしを持たせ、間道から趙《ちょう》の軍隊を見はらせた。そしてとくにこういいきかせた。

「趙は、われわれが逃げるのを見れば、必ず城壁を空にして追撃してくるはずだ。おまえたちはすばやくその城壁に入りこみ、趙のはたじるしを抜きとって、漢の赤いはたじるしをおし立てるのだぞ」

を抜いて、漢《かん》の赤幟を立てよ」と。

乃《すなわ》ち、万人をして先《ま》ず水を背に《背水の陣をはらせた》して陣せしむ。平旦、大将の旗鼓を建て、鼓行して井陘《せいけい》口《こう》を出《い》ず。趙《ちょう》、壁を開いて之《これ》を撃つ。戦うこと良久《やや》し。信《しん》・耳《じ》、佯《いつわ》って鼓旗を棄《す》てて、水《みず》の上《ほとり》の軍に走る。趙《ちょう》、果たして壁を空しうして之を逐《お》う。水の上の軍、皆《みな》殊死《死を賭して》して戦う。趙《ちょう》の軍、已《すで》に信《しん》らを失うて《見失って》壁に帰り、赤幟《せきし》を見て大いに驚き、遂《つい》に乱れて遁《のが》れ走る。漢軍《かんぐん》、夾撃《きょうげき》して大いに之《これ》を破り、陳余《ちんよ》を斬《き》り、趙歇《ちょうあつ》を禽《とりこ》にす。諸将、賀す。因《よ》って問うて曰《いわ》く、

「兵法に、山陵を右にし倍《そむ》き《右にするか背にし》、水沢を前にし

そして、一万人の兵に黄河《こうが》を背にして陣をはらせた。さて夜が明けると、大将の旗・太鼓をおし立て、太鼓を打ち鳴らして井陘口《せいけいこう》をうって出、趙《ちょう》は城壁を開いて迎え撃った。戦いがしばし続いて、韓信《かんしん》と張耳《ちょうじ》はいつわって太鼓や旗を棄《す》てて、河岸の陣地に逃げ出した。おもわくどおり、趙は城壁に一人も残さず、追撃にうつった。河岸の兵たちが絶体絶命の覚悟で奮戦した。趙の軍は韓信らを取り逃がし、やむなく引きあげてみると、城壁には赤い漢のはたじるしが立っている。驚いて混乱が起こり、とうとうばらばらに逃げ出した。漢軍ははさみうちにして、さんざんにこれを打ち破り、陳余《ちんよ》を斬《き》り、趙歇《ちょうあつ》をとりこにした。諸将たちは、祝いの挨拶《あいさつ》かたがた、たずねた。

「兵法に、山や丘は右か後ろに、川や沢は左か前にすべきだとあります。川を背にしながら勝利をおさめたのは、どうしてでありましょうか」

韓信《かんしん》は答えた。

左にすと。今、水を背にして勝ちしは何《なん》ぞや」と。

信《しん》曰く、「兵法に、之を死地に陥れて而《しこう》して後《のち》に生き、之を亡地に置いて而して後に存すと曰《い》わずや」と。

諸将、皆《みな》服す。信《しん》、李《り》左《さ》車《しゃ》を募《つの》り得て《懸賞して手に入れ》、縛を解いて之に師事す。その策を用い、弁士を遣《つか》わして書を燕《えん》に奉ぜしむ。燕《えん》、風に従って靡《なび》く。

「兵法にはこうもあるだろう。必ず死ぬ立場に陥れてこそ、生きる道がうまれ、必ず滅びる立場に置いてこそ、存する道が生まれると」

諸将たちは返す言葉もなかった。韓信《かんしん》は賞金を出して李《り》左《さ》車《しゃ》を探し出すと、いましめを解いて、師として扱った。そしてその策に従って、能弁のものをやって、手紙を燕王《えんおう》に呈上した。燕は風向きに逆らえず降服した。

（1）治粟都尉：漢代に一時おかれた官で、穀物及び塩、鉄のことをつかさどる。

西（前）漢「項羽」——四面楚歌

漢王《かんおう》、成皐《せいこう》に軍す。羽《う》、之《これ》を囲む。王《おう》逃れ去り、北のかた河《か》を渡り、晨《あした》に趙《ちょう》の壁に入《い》り、韓信《かんしん》の軍を奪い(1)、信《しん》をして趙《ちょう》兵を収めて斉《せい》を撃たしむ。酈食其《れきいき》、王に説き、滎陽《けいよう》を収め、敖倉《ごうそう》の粟《ぞく》に拠《よ》って、成皐《せいこう》の険を塞《ふさ》がんとす。王《おう》之に従う。

敖山の秦の穀倉

酈食其《れきいき》、漢王《かんおう》の為《ため》に、斉王《せいおう》に説いて之を下す。蒯徹《かいてつ》、韓信《かんしん》に説いて曰《いわ》く、

漢王《かんおう》は、成皐《せいこう》（河南省鄭州市付近）に陣を布《し》いた。項羽はさらに追ってこれを包囲した。漢王は再び逃走し、北へむかって黄河《こうが》を渡った。そして早暁、趙城《ちょうじょう》にのりこむと、韓信《かんしん》から兵符を奪ってその軍隊を掌握し、韓信には趙の兵を集めて斉《せい》を攻撃させた。

酈食其《れきいき》が漢王に、滎陽《けいよう》を手に入れ、もと秦《しん》の穀倉であった敖倉《ごうそう》の食糧にたよって、成皐《せいこう》の要険をかためようと進言し、漢王はその説を容《い》れた。

さらに酈食其《れきいき》は漢王のために斉王《せいおう》を説得して、服従させた。すると弁舌の士の蒯徹《かいてつ》が韓《かん》信《しん》に説いた。

「将軍、斉《せい》を撃つ。而《しか》るに漢《かん》独り間使を発し《密使を送って》て之を下せり。寧《むし》ろ詔《みことのり》有って将軍を止《とど》めしか。酈生《れきせい》、軾《しょく》に伏して《車の横木に身を寄せ》、三寸の舌を掉《ふる》い、七十余城を下せり。将軍、将たること数歳、反《かえ》って一豎儒《じゅじゅ》の功に如《し》かざるか」と。

四年、信《しん》襲うて斉《せい》を破る。斉王《せいおう》、食其《いき》を烹《に》て走る。

漢《かん》と楚《そ》と皆広武《みなこうぶ》に軍す。羽《う》、高俎《こうそ》を為《つく》って《高いまないた》、太公《たいこう》《漢王の父》をその上に置き、漢王《かんおう》に告げて曰く、

「急に下らずんば《いそいで降服しなければ》、吾太公《われたいこう》を烹ん」と。

王《おう》曰く、

「吾と若《なんじ》と倶《とも》に北面して懐王《かいおう》に事《つか》え、約して

「将軍が斉を攻撃しようとしておられますのに、漢は勝手に密使を送って、降服させてしまいました。それでいて漢王から将軍に、止まるようにとの詔《みことのり》がありましたか。あの酈生は車の横木に倚《よ》りかかったままで三寸の舌をふるい、斉の七十余城を降服させました。将軍は一軍の将として数年、たった一人のくされ儒者の功績に及ばなくてどうします」

漢王の四年、韓信《かんしん》は油断している斉《せい》を急襲して打ち破った。酈食其《れきいき》にだまされたと思った斉王は、食其を煮殺して逃げ去った。

漢《かん》と楚《そ》はともに広武《こうぶ》山（河南省中部にある山）で陣を布《し》いた。項羽《こうう》は足の高いまないたを作って、人質の太公《たいこう》をその上に置き、漢王に呼びかけた。

「すぐにも降服しなければ、太公を煮殺してみせるぞ」

漢王は切りかえした。

「わしはお前といっしょに、北面して懐王《かいおう》に仕え、その時義兄弟の契りを交わしたはずだ。

兄弟《けいてい》となる。吾《わ》が翁《おう》は即《すなわ》ち若《なんじ》が翁なり。必ず而《なんじ》が翁を烹《に》んと欲《ほっ》せば、幸いに我に一杯の羹《あつもの》を分かて」と。

羽《う》、王《おう》と挑戦せんと願う。王曰《おういわ》く、「吾《われ》、寧《むし》ろ智を闘わさん。力を闘わさず」と。因《よ》って羽《う》の十罪を数う。羽《う》、大いに怒り、弩《ど》を伏せ王《おう》を射て胸を傷つく。

楚《そ》、竜且《りゅうしょ》をして斉《せい》を救わしむ。竜且《りゅうしょ》曰く、「韓信《かんしん》は、与《くみ》し易き耳《のみ》。食を漂母に寄《食事を漂母にたよって》せて、身を資《たす》くるの策無く、辱《はず》かしめを胯下《こか》に受けて、人を兼ぬるの勇無し」と。

わしのおやじはつまりお前のおやじだ。どうしても自分の父親を煮殺すというなら、一つたのみがある。肉汁を一杯わけてくれ」

項羽《こうう》は漢王《かんおう》に一騎討ちを挑んだ。漢王はすまして答えた。

「わしは知恵の戦いならやるが、力の争いはやらんのだ」

それから項羽《こうう》の罪状を十か条並べたてた。項羽は怒り、弩《ど》をかくし伏せておいて、漢王に射かけ、胸に傷を負わせた。

韓信斉王となり劉邦に背かず

韓信《かんしん》が斉《せい》を攻めていると聞いて、楚《そ》は竜且《りゅうしょ》に斉の救援に赴かせた。竜且は、

「韓信など、ごく与《くみ》しやすい男にすぎない。綿晒しの老婆に食べものを恵んでもらうばかりで、身の暮らしを立てる才覚もなく、股《また》の

進んで信《しん》と濰水《いすい》を夾《さしはさ》んで陣す。信《しん》、夜、人をして沙《すな》を嚢《ふくろ》にして水を上流に壅《ふさ》がしめ、旦《あした》に渡って且《しょ》を撃ち、佯《いつわ》り敗れて、還《かえ》り走る。且《しょ》、之《これ》を追う。信《しん》、水を決せしむ。且《しょ》の軍大半渡るを得ず。急に撃って且《しょ》を殺す。信《しん》、人をして之を漢王《かんおう》に言わしめ、仮王《かおう》となり、以《も》って斉《せい》を鎮《ちん》せんと請う。漢王《かんおう》大いに怒って之を罵《ののし》る。張良《ちょうりょう》・陳平《ちんぺい》、足を躡《ふ》み、耳に附けて語る。王《おう》悟り、復《ま》た罵《ののし》って曰《いわ》く、

「大丈夫、諸侯を定めば、即《すなわ》ち真王たらん耳《のみ》。
大丈夫たるもの、諸侯を平定すれば
何《なん》ぞ仮を以ってなさん」と。
どうして王に立てるのに仮にすることがあろう
印を遣《つか》わし信《しん》を立てて斉王《せいおう》となす。
王の印章を送りとどけ

下で恥辱を受けるだけで、他人を統率する勇気のないやつだ」

ときめつけ、軍を進めて韓信《かんしん》と濰水《いすい》（山東省東部にある川）をさしはさんで対陣した。韓信は夜、人びとに命じて砂を袋につめて、川の上流をせきとめさせ、朝になると川を渡って竜且《りゅうしょ》を攻撃した。そして負けたふりをして逃げ帰った。且は追いかけた。と、韓信は折をはかって、せきとめていた水を放った。且の軍隊の大半が立ち往生し、そこを急襲して、竜且《りゅうしょ》を討ちとった。

韓信《かんしん》は使者を送ってこのことを漢王《かんおう》に報告するとともに、斉《せい》を鎮撫《ちんぶ》するために、かりに斉の王位に封じてもらいたいと要請した。漢王は大いに怒って罵《ののし》った。側にいた張良《ちょうりょう》と陳《ちん》平《ぺい》はいま韓信を敵にまわしてはならないと王の足を踏んで合図し、耳もとに口をつけて進言した。王はハッと気づいて、こんどはわざと、「大丈夫たるもの、諸侯を平定したからには、ほんものの王になるだけのことではな

項羽《こうう》、竜且《りゅうしょ》死すと聞いて大いに懼《おそ》れ、武渉《ぶしょう》をして信《しん》に説かしめ、与《とも》に連和して天下を三《ともに連帯、和解して、劉邦・項羽・韓信で》分せんと欲《ほっ》す《天下を三分したい》。信曰《しんいわ》く、「漢王《かんおう》、我に上将軍《じょうしょうぐん》の印を授け、衣を解いて我に衣《き》せ、食を推して《食事をおしてよこして》我に食《は》ましむ。言、聴かれ、計《はかりごと》用いらる。我之《これ》に倍《そむ》くは不祥なり。死すと雖《いえど》も易《か》えじ」と。

蒯徹《かいてつ》も亦《ま》た信《しん》に説く。信《しん》聴かず。

漢《かん》、黥布《げいふ》を立てて、淮南王《わいなんおう》となす。

項王《こうおう》、助け少なく、食尽《つ》く。韓信《かんしん》、又《ま》た兵を進めて、之《これ》を撃つ。羽《う》、乃《すなわ》ち漢《かん》と約し、天下を中分し、鴻溝《こうこう》以西を漢《かん》となし、以東を楚《そ》

いか。それを〝かりに〟などということはあるまい」

とどなった。そして印章をつかわして、韓信を斉王《せいおう》に立てた。

竜且《りゅうしょ》が敗死したと知らされて、項羽《こうう》の心におびえが生まれた。項羽は武渉《ぶしょう》を送って、互いに連携して、劉邦《りゅうほう》とともに天下を三分しあおうともちかけた。韓信ははねつけた。

「漢王《かんおう》はわたしに上将軍の印綬を授け、自分の衣服を脱いでわたしに着せ、自分の食事をおしてよこして、わたしに食べさせてくれた。わたしの進言は聴き入れられ、わたしの計略は用いられた。どうしてそれを裏切れよう。たとえ死んでも節操は変えるものではない」

その後、斉人《せいひと》の蒯徹《かいてつ》も同じ説得を試みたが、韓信《かんしん》は首をたてにふらなかった。

漢《かん》は黥布《げいふ》を淮南王《わいなんおう》に封じた。

項羽《こうう》は味方が減り、食糧も尽きてきた。さらに韓信《かんしん》も攻撃をしかけてきた。

項羽はしかたなく漢と和約を結び、天下を

となす。太公《たいこう》・呂后《りよこう》を帰し、解いて《軍備を解いて》東に帰る。漢王《かんおう》も亦《ま》た西に帰らんと欲《ほっ》す。張良《ちようりよう》・陳平《ちんぺい》曰《いわ》く、

「漢天下の大半を有《たも》つ。楚《そ》の兵饑疲《きひ》す。今釈《ゆる》して撃たずんば、此《こ》れ虎《とら》を養うて自《みずか》ら患《うれ》いを遺《のこ》すなり」と。

王《おう》、之《これ》に従う。

五年、王《おう》、羽《う》を追うて固陵《こりよう》に至る。韓信《かんしん》・彭越《ほうえつ》、期して至らず《期日を約束しながらこない》。張良《ちようりよう》、王《おう》に勧めて、楚《そ》の地・梁《りよう》の地を以《も》って両人に許さしむ《ふたりにやるよう許諾させた》。王《おう》之に従う。皆《みな》兵を引いて来たる。黥布《げいふ》も亦《ま》た会

鴻溝《こうこう》（河南省滎陽県にある川）で二分し、それから西を漢の領土、東を楚《そ》の領土とした。そして人質の太公《たいこう》と呂后《りよこう》を帰してよこし、戦闘態勢を解いて、東への帰途についた。漢王も同じく西に帰還しようとしたところ、張《ちよう》良《りよう》と陳平《ちんぺい》がおしとどめた。「漢は天下の大半を領有しており、楚《そ》の軍隊は飢え疲れはてています。ここで手をゆるめて息の根をとめなければ、これこそ、〝虎《とら》を育てて禍《わざわ》いのもとを残す〟というものです」

漢王はこの進言に従った。

四面楚歌　五年、漢王《かんおう》は項羽《こうう》を追撃して、固《こ》陵《りよう》（河南省淮陽県）まで来た。ところが韓信《かんしん》と彭越《ほうえつ》の軍が、約束しておきながら来ない。張良《ちようりよう》は楚《そ》の地・梁《りよう》の地を二人に分け与えることを認めるように、王にすすめた。王がそのとおりにすると、二人とも軍勢を率

す。

羽《う》、垓下《がいか》に至る。兵少なく食尽《つ》く。信等《しんら》之《これ》に乗ず。羽《う》、敗れて壁に入《い》る《城にたてこもった》。之を囲むこと数重《すうちょう》。羽《う》、夜、漢《かん》の軍の四面皆《みな》楚《そ》歌《か》する(2)を聞《楚の国の歌を歌うのを聞い》き、大いに驚いて曰《いわ》く、

「漢《かん》皆已《すで》に楚《そ》を得たるか。何《なん》ぞ楚《そ》人《ひと》の多きや」と。

起《た》って帳中に飲し、虞《ぐ》美《び》人《じん》(3)に命じて起って舞わしむ。悲歌慷慨《こうがい》、泣《なみだ》数行下る。

その歌に曰《いわ》く、

力、山を抜き　気は世を蓋《おお》う

いて、馳《は》せ参じてきた。さらに黥布《げいふ》の軍も加わった。

項《こう》羽は垓下《がいか》（安徽《あんき》省霊壁県付近）まで軍を動かしたが、兵力も減り、食糧も尽き、韓信たちはそれに乗じて攻めた。項羽は敗れて城壁の中にたてこもり、漢の軍はこれを幾重にも取り囲んだ。

夜、四方すべてから楚の歌が流れてくるのを聞いて、項羽は衝撃をうけてつぶやいた。

「漢はもう楚《そ》を手に入れてしまったのか。兵士にもこんなに楚の者がいるとは」

そして起きだすと、本陣の帳《とばり》のなかで酒を飲みはじめ、虞《ぐ》美《び》人《じん》に命じて立ちあがって舞わせた。項羽は悲しみの歌に心のたけを託し、涙がほおを伝った。

その歌は、

力は山をも引き抜き
気概は天下をおおう
天の時は味方せず

時、利あらず　騅《すい》逝《ゆ》かず
騅《すい》逝かざるを。奈何《いかん》せん
虞《ぐ》や虞《ぐ》や若《なんじ》を奈何せん

騅《すい》とは羽《う》が平日乗る所の駿馬《しゅんめ》なり。左右皆《みな》泣き、敢《あ》えて仰ぎ視《み》るもの莫《な》し。

羽《う》、乃《すなわ》ち夜八百余騎を従え、囲みを潰《ついや》して南に出《い》ず。淮《わい》を渡り、迷うて道を失い、大沢《だいたく》の中に陥《おちい》る。漢《かん》追うて之《これ》に及ぶ。東城《とうじょう》に至る。乃《すなわ》ち二十八騎有り。羽《う》、その騎に謂《い》って曰《いわ》く、「吾《われ》、兵を起こしてより八歳、七十余戦、未《いま》だ嘗《かつ》て敗れざるなり。今卒《つい》に此《ここ》に困《くる》しむ。此《こ》

吾《わ》が騅《すい》も前に進まぬ
騅が進まぬとてどうできよう
ああ、虞《ぐ》よ、虞よ
お前にどうしてやれようか

騅《すい》というのは項羽《こうう》が平生騎《の》っている駿馬《しゅんめ》のことである。左右の者すべて涙を流し、項羽の顔をふりあおいで視《み》ることもできなかった。

項羽はその夜、八百余騎をしたがえ、包囲を破り崩して南に逃げた。だが淮水《わいすい》を渡ったところで道に迷って、大湿地帯に踏みこんでしまい、漢《かん》の部隊に追いつかれてしまった。東城《とうじょう》（安徽省定遠県付近）にたどりついた。その時には二十八騎がつき従っていた。羽は最後の見得をきった。

「わしは兵を挙げてから八年、七十たび以上戦ったが、まだ戦いに敗れたことはない。ここでとうとう追いつめられてしまったのは、天がわしを滅ぼそうとしているのであって、いくさの上手下手のせいではない。もちろん、

れ天の我を亡《ほろ》ぼすなり。戦いの罪に非《あら》ず。今日固《もと》より死を決す。願わくは諸君の為《ため》に決戦し、必ず囲みを潰《つい》やし将を斬《き》り、諸君をして之《これ》を知らしめん」と。

皆《みな》その言の如《ごと》くす《言ったとおりにした》。是《ここ》に於いて東のかた烏《う》江《こう》を渡らんと欲《ほっ》す。亭長《ていちょう》、船を艤《ぎ》して待つ。

曰く、

「江東《こうとう》、小なりと雖《いえど》も、亦《ま》た以《も》って王たるに足る。願わくは急に渡れ」と。

羽《う》曰《いわ》く、

「籍《せき》《自分、項籍は》、江東《こうとう》の子弟八千人と、江《こう》を渡って西す。今一人の還《かえ》るもの無し。縦《たと》い江東《こうとう》の父兄、憐

もう生き残れるはずとてない。できることなら、諸君の目の前で決戦し、漢《かん》の包囲を崩し、敵将を斬《き》って、そのことを諸君に分かってもらうことにしよう」

そして、その言葉のとおりやってのけた。

こうして項羽《こうう》は東に逃れ、烏江《うこう》（安徽省和県付近）から揚子《ようす》江《こう》を渡ろうとした。烏江では亭長が舟を出す用意をととのえて待っていて、項羽をうながした。

「江東《こうとう》は狭小の地でありますが、それでも王として治めるだけのことはあります。さあ、どうか急いで渡って下さい」

その瞬間、項羽《こうう》の気力がすっと抜けた。

「わしは、江東の若者八千人と、揚子江を渡って西に進出したのだった。いま一人も生きてつれて帰ることができない。もし若者の父兄たちが憐んでわしを王として迎えてくれたとしても、なんの面目あって彼らに会うことができよう。わし自身、心に恥じずにおられようか」

んで我を王とすとも、我、何の面目あって復《ま》た見ん。独り心に愧《は》じざらんや」と。乃《すなわ》ち刎《くびは》ねて死す。そして、みずから首をはねて死んだ。

(1) 韓信の軍を奪い…漢王はみずから漢の使者と称して乗りこみ、まだ寝ている韓信と張耳の部屋に入って、その印綬と兵符を奪い、諸将を召し集めて更迭を行ったもの。そして張耳に趙の守りを命じ、趙でまだ徴発されていなかった者を徴発して韓信に与えた。

(2) 四面皆楚歌する…この故事から、周囲が敵や反対者ばかりで全く孤立しているたとえを「四面楚歌」という。

(3) 虞美人…項羽の愛妾。虞が姓で、美人とは宮中の女官の身分の一つ。虞美人はこのあと自決し、伝説として自決したあとにその血が化して生じたのが虞美人草とされる。

第三部　東漢から三国時代まで

一時は劉氏《りゅうし》の手から王莽に移った帝位も、結局は東漢光武帝《とうかんこうぶてい》劉秀《りゅうしゅう》によって、漢王室に奪還され（二五年）、乱世の風雲に乗じようとした各地の独立政権も平定されて、統一帝国はふたたびよみがえった。

以後、明帝《めいてい》・章帝《しょうてい》と盛世は受けつがれ、西漢《せいかん》に基礎をもつ政治機構、教育制度の整備が進んだ。しかし同時に、やはり前代に萌芽をみせた矛盾もまた肥大化し、和帝《わてい》以降のこの時代は、幼弱な皇帝のつづくなかで、外戚と宦官《かんがん》の専横と抗争が激化し、王室の実権が失われ、各地の豪族が自立し領主化していく過程であった。

そして黄巾《こうきん》の乱《らん》（一八四年）によって、漢の生命力は全く失われ、名目上にも帝位を失った時（二二〇年）以降、中国は群雄が魏《ぎ》・呉《ご》・蜀《しょく》にまとめられ、その三国が覇を争う、いわゆる三国時代《さんごくじだい》に入った。

ある朝廷のなかでヘゲモニーを握った一族が帝位を奪うにあたって、表面上は「禅譲《ぜんじょう》」の形をとるという方式で漢から帝位を継いだ魏は、わずか四十余年ののちに、全く同じ方式で、臣下であった司馬氏《しばし》の晋《しん》に政権を奪われた（二六五年）。その西晋《せいしん》もたちまち門閥貴族の内部抗争と、西北異民族の侵入のために崩壊する（三一六年）。

東（後）漢「光武帝」——柔能く剛に勝つ・虎を画いて狗に類す・糟糠の妻

中元《ちゅうげん》二年、上《しょう》、崩《ほう》ず。上《しょう》、兵を起こしし時、年二十八、位に即《つ》くの年三十一なり。第五倫《ていごりん》（人名）、詔書を読む毎《ごと》に嘆じて曰《いわ》く、「此《こ》れ聖主なり。一たび見《まみ》えば決せん（私の運は）」と。手書《しゅしょ》して方国《ほうこく》（四方の国）に賜う。一札十行《いっさつじゅうぎょう》、細書《さいしょ》、文を成す。政体を明慎《めいしん》し、権綱《けんこう》を総攬《そうらん》す。時を量《はか》り力を度《はか》り、挙《あ》げて過事無《な》し。嘗《かつ》て南陽《なんよう》に幸《みゆき》し、置酒《ちしゅ》して宗室を会《かい》す。諸

天下を理むるに柔道をもってす

中元《ちゅうげん》二年（五七年）、光武《こうぶ》帝《てい》が崩じた。帝は兵を挙げたのが二十八歳、位に即いたのが三十一歳であった。

京兆主簿の第五倫《ていごりん》は光武帝の詔書を目にするごとに、嘆声を発していった。

「聖主であられる。お目見えすることさえできれば、きっと認めていただけるはずだ」

各地の国にも手ずから書をしたためて賜った。一枚の竹簡《ちくかん》に、十行でこまごまと書かれていて、きちんとした文章になっていた。政治のあり方は明らかにして慎み、大権は自らがすべて握った。時勢と力量をよく見さだめ

母相与《あいとも》に語って曰く、

「文叔《ぶんしゆく》(帝の字)、平日人と款曲《かんきよく》《打ち解けず》せず、惟《た》だ直柔《ちよくじゆう》なる耳《のみ》。乃《すなわ》ち能《よ》く此《かく》の如《ごと》し」と。

上《しよう》、之《これ》を聞いて笑って曰く、

「吾天下を理《おさ》むるに、亦《ま》た柔道《じゆうどう》を以《も》って之《これ》を行わんと欲す」と。

上《しよう》、兵間に在ること久しくして武事を厭《いと》う。蜀《しよく》平らぎて後は、警急に非《あら》ざれば未《いま》だ嘗て軍旅を言わず。

北匈奴《ほくきようど》衰困《すいこん》す。臧宮《ぞうきゆう》・馬武《ばぶ》、上書して攻めて之を滅ぼさんことを請う。剣を鳴らし、掌《たなごころ》を抵《う》ち、志を伊吾《いご》の北に馳《は》す。上《しよう》、書を

たので、何によらず過ちをおかすことがなかった。

あるとき、故郷の南陽《なんよう》に行幸し、酒宴を開いて宗族を集めたことがあった。伯叔母《おば》たちは口ぐちにいった。

「文叔《ぶんしゆく》（光武帝の字）どのは、平生はあまり面白みもなくて、とにかく素直なだけだったけれど、それが天子になってしまうのだからねえ」

帝も笑って答えた。

「天下を治めるのも、素直なやり方でするつもりでおりますよ」

光武帝《こうぶてい》は久しく兵馬の間にあったので、すっかり戦《いくさ》がきらいになった。蜀《しよく》を平定した後は、よほどの危急時でなければ、軍征のことは言いださなかった。

北匈奴《ほくきようど》が衰退疲弊したとき、臧宮《ぞうきゆう》と馬武《ばぶ》の二将軍が上書して、攻め滅ぼしたいと願い出た。ふたりは剣を鳴らし手を拍って勇みたち、心は匈奴の伊吾《いご》城（甘粛省安西県北方）の北

報じて、告ぐるに黄石公《こうせきこう》の包桑記《ほうそうき》を以ってす。

曰《いわ》く、

「柔能《よ》く剛に勝ち、弱能《よ》く強に勝つ」と。

是自《これよ》り諸将敢《あ》えて兵を言うもの莫《な》し。玉門《ぎょくもん》関《かん》を閉じ、西域《せいいき》を謝絶《接触を絶った》す。

功臣を保全し、復《ま》た任ずるに兵事を以ってせず。皆《みな》列侯を以《も》って第《てい》《邸宅》に就かしむ。吏事を以って三公を責め《三公の責任とし》、亦《ま》た功臣を以って吏事に任ぜず。諸将、皆《みな》功名を以って自《みずか》ら終《お》う。

祭遵《さいじゅん》、先に死す。上《しょう》、之《これ》を念《おも》うて已《や》まず。来歙《らいきゅう》・岑彭《しんほう》、鋒鏑《ほうてき》《刀と矢》に死す。之を卹《あわれ》むこと甚《はなは》だ厚し。呉漢《ごかん》・賈復《かふく》、帝の世に終《お》う。漢《かん》、軍に

に飛んでいた。しかし、それに対する光武帝の返書には、黄石公《こうせきこう》の『包桑記《ほうそうき》』の文が引かれてあるだけであった。

「柔がよく剛に勝ち、弱がよく強に勝つ」

これよりのち、将軍たちで戦いを提唱する者はいなくなった。帝はさらに玉門関《ぎょくもんかん》を閉じ、西域《せいいき》との交渉を絶つまでの処置にふみきった。

創業の功臣を大事にし、二度と軍事に従わせず、それぞれ列侯にとり立てて、邸宅に住まわせた。官吏の仕事は大尉《たいい》・司徒《しと》・司空《しくう》の三公の職責とし、功臣には官吏の仕事をさせなかったので、将軍たちはのこらず、功臣としての名をけがさずに一生を終えたのであった。

その中では祭遵《さいじゅん》が早く死んだ。帝は追慕してやむことがなかった。来歙《らいきゅう》・岑彭《しんほう》は、兵刃の間に命を落とした。帝は手厚くあわれみ弔った。呉漢《ごかん》・賈復《かふく》も帝の治世の間に世を去った。呉漢は軍中にあると、戦いが不利なときでも、平然としていた。帝は感嘆していった。

在るや、或《あるい》は戦い利あらざるも、意気自若たり。上《しょう》歎じて曰《いわ》く、

「呉公《ごこう》、差《やや》人意を強うす。隠として一敵国の若《ごと》し」と。

師《し》《軍隊》を出《いだ》す毎《ごと》に、朝に詔《みことのり》を受けて夕に道に就く。卒《しゅつ》するに及び、上《しょう》、臨《臨御して》んで言わんと欲する所を問う。漢《かん》曰く、

「臣愚、願わくは陛下慎《つつし》んで赦《ゆる》すこと無き而《の》已《み》」と。

復《ふく》、兵《(帝が)》を起こしし時自《よ》り督たり。上曰《しょういわ》く、

「賈督《かとく》、衝《しょう》《敵の攻撃》を千里に折《くじ》くの威有り」と。

嘗《かつ》て戦って傷を被る。上《しょう》驚いて曰く、

「呉公《ご》はまことによく人の意気を引き立ててくれる。泰然たる様《さま》は敵の一国程《ほど》の重みがある」

　遠征するときはいつも、朝に命令を受けると、夕べには出立の途についていた。命が尽きようとするに及んで、帝が病床に出むいて、いいたいことはないかとたずねると呉漢《ごかん》は、

「愚かな臣の願いは、陛下がむやみに人を赦しすぎぬようにということだけでございます」

といいのこした。

　賈復《かふく》は、帝が挙兵したときから軍監《ぐんかん》の任にあたっていた。帝は、

「賈軍監は千里の外の敵の勢いを挫く威をそなえている」

とほめていた。戦いにまきこまれて傷を受けると、帝はひどく動揺していった。

「あまり敵を軽く見てはならぬといっておいたのに、心配通りのことが起こってしまった。

「吾嘗《かつ》てその敵を軽んずるを戒む。果《は》たして然《しか》り。吾が名将を失う。その婦孕《はら》む有りと聞く。子《男の子》を生まんか、我が女《じょ》を之《これ》に嫁せしめん。女を生まんか、我が子に之を娶《めと》らん」と。

その群臣を撫《ぶ》すること毎《つね》に此《かく》の如《ごと》し。惟《た》だ馬援《ばえん》死するの日、恩意頗《すこぶ》る終《完全ではなかった》えず。援嘗《えんかつ》て曰く、「大丈夫当《まさ》に馬革を以《も》って屍《しかばね》を裹《つつ》むべし。安《いずく》んぞ能《よ》く児女の手に死せんや」と。

交趾《こうち》反《はん》す。援《えん》、伏波《ふくは》将軍《伏波将軍の地位で》を以《も》って、討って之《これ》を平らぐ。武陵《ぶりょう》の蛮《ばん》、反す。援又《えんま》た行かんと請う。帝その老いたるを愍《あわれ》む。援《えん》、甲を被

わたしは名将を一人失ってしまう。聞けば、妻の胎内に子が残されているとのことである。男を生めば、わたしの娘を嫁がせよう。女を生めば、わたしの息子に娶らせよう」

伏波将軍馬援

光武帝《こうぶてい》が群臣をいつくしむことは、いつもこのようであった。ただ、馬援《ばえん》が亡くなったときだけは、恩遇の意がいたれりつくせりではなかった。

援はつねづね、

「大丈夫たる者、屍《しかばね》は戦場で馬の皮に包まれてこそ本望である。女子どもの看病のもとで死ぬのはごめんこうむりたい」

といっていた。

交趾《こうち》（ベトナム）が反《そむ》いた。援《えん》は伏波《ふくは》将軍となってこれを討伐して平定した。武陵《ぶりょう》（湖

り馬に上り、鞍に拠《よ》って顧眄《こべん》《左右を見て》し、以って用うべきを示す。上《しょう》笑って曰《いわ》く、

「矍鑠《かくしゃく》たるかな是《こ》の翁や」と。

乃《すなわ》ち之を遣わす。是《これ》より先、上《しょう》の婿梁松《りょうしょう》、嘗《かつ》て援《えん》を候して牀下《しょうか》に拝す。援自《えんみずか》ら父の友なるを以って答えず。松《しょう》平らかならず。

援《えん》、交阯《こうち》に在り。嘗《かつ》て書を遣わしその兄の子を戒めて曰く、

「吾、汝が《おまえたちが》曹《そう》の人の過ちを聞くこと、父母の名を聞くが如《ごと》(1)くせんことを欲す。耳には聞くべきも、口には言うべからず。好んで人の長短を議論し、政法を是非するは《政治を批判することは》、子孫に此《こ》の

南省溆浦県）の蛮族が反いた。援はまた征討を申し出た。帝は援がもう老年なのを気にかけて許さなかった。すると馬援は甲冑を着けて馬に乗り、鞍に拠って四方をにらみ、役に立つことを示した。帝も笑いながら、

「お元気なことだ、このご老人は」

といって、馬援《ばえん》を派遣した。

ただそれ以前に、帝の女婿の梁松《りょうしょう》が、援を訪れて床の下で拝礼をしたが、援は自分が松の父の友人であったので答礼をしなかったことがあり、梁松は援に含むところがあった。

また、馬援は交阯《こうち》に出征していたとき、兄の子に書簡を送って、こう戒めたことがあった。

「おまえたちには、人の過失を耳にするのは、父母の本名を聞くときのようにしてほしい。耳で聞くことはあっても、口に出してはならないのだ。好んで他人の長短をあげつらい、政治の是非をとかくいうことは、わが馬家の子孫にはやってほしくない。

行い有るを願わざるなり。

竜伯高《りょうはくこう》は敦厚周慎《とんこうしゅうしん》にして、謙約節倹なり。吾、之《これ》を愛し、之を重んず。汝が曹の之に効《なら》わんことを願う。

杜季良《ときりょう》は豪侠にして義を好み、人の憂いを憂え、人の楽しみを楽しむ。父の喪に客を致し、数郡 畢《ことごと》く至る《客を招くと数郡の人たちがみんなきた》。吾、之を愛し之を重んず。汝が曹の之に効《なら》うを願わざるなり。

伯高《はくこう》に効《なら》うて得ざるも、猶謹勅《なおきんちょく》の士とならん。所謂《いわゆる》鵠《こく》を刻んで成らざるも、尚《なお》鶩《ぼく》に類するなり。

季良《きりょう》に効《なら》うて得ずんば、陥《おちい》って天下の軽薄

竜伯高《りょうはくこう》どのは、人情味厚く慎み深いし、ひかえ目で質素な方である。わたしはこの人が好きでもあり、重んじてもいる。そしてわたしは、おまえたちにはこの人を見習ってほしい。

杜季良《ときりょう》どのは、豪傑はだで義を好み、人の憂いをわが憂いとし、人の楽しみをわが楽しみとする。父君の葬儀の通知をすると、周辺の郡の重だった人たちは一人のこらず参集したという。わたしはこの人が好きでもあり、重んじてもいる。しかしわたしは、おまえたちにはこの人は見習ってほしくない。

伯高どのを見習って失敗しても、謹直な人物にはなる。いわゆる〝白鳥を彫刻して失敗しても、家鴨には見える〟というわけだ。ところが季良どのを見習って失敗すれば、天下の笑い者になってしまう。いわゆる〝虎を画いて失敗すれば、犬に見立てられる〟というわけだ」

この杜季良とは、杜保《とほ》のことである。保に

子とならん。所謂《いわゆる》虎を画いて成らずんば、反《かえ》って狗《いぬ》に類するなり」と。

季良《きりよう》は杜《と》保《ほ》なり。保《ほ》の仇人《きゆうじん》、上書して保《ほ》を告ぐるに《告訴するのに》、援《えん》の書を以《も》って証となす。保《ほ》、坐して官を免ぜらる。松《しよう》、保《ほ》と游ぶに坐して《保と交遊があった点を問われ》、幾《ほとん》ど罪を得んとす。愈〻《いよいよ》援《えん》を恨む。

是《ここ》に至って、援《えん》の軍、壺頭《ことう》に至る。利あらずして、軍中に卒《しゆつ》す。松《しよう》、之《これ》を構陥《こうかん》す《罪をつくりあげて援を陥れた》。新息《しんそく》侯《こう》の印綬を収む。援《えん》、前《さき》に交趾《こうち》に在り、常に薏苡《よくい》を餌《じ》し《薬餌にして》、以って身を軽うし瘴気《しようき》に勝つ。軍還《かえ》るとき之を一車に載す。後、之を追譖《ついしん》する者《死後に讒言する者》有り。以って明珠文犀《めいしゆぶんさい》となす。上《しよう》、益〻《ますます》

恨みを持つものが、書をたてまつって保を訴え、馬援のこの手紙をその証拠とした。保は罪に問われて官職を追われ、梁松《りようしよう》は杜保と交遊があったとして、もう少しで連坐するところであった。それで松《しよう》はいよいよ援《えん》を恨んだのであった。

　こうしたとき、武陵《ぶりよう》討伐の馬援《ばえん》の軍が壺頭《ことう》山《ざん》（湖南省沅陵県東北）まで来たが、戦い利あらず、馬援は軍中で死んだ。これに乗じて松は、無実の罪状をつくりあげて援をおとしいれ、帝は、新息侯《しんそくこう》の印綬を召し上げてしまったのである。

　馬援は前に交趾《こうち》にいたときには、いつも薏《よく》苡《い》の実を煎じて薬餌にし、それで身体をすっきりさせて瘴気《しようき》のもたらす病を防いでいた。帰還に際してこれを車一台に積んで帰ったのだが、今になってまた、これを美しい真珠や犀角であったと讒言する者があらわれ、光武《こうぶ》帝《てい》はますます怒った。しかし朱勃《しゆぼつ》が上書して、冤罪であると訴えたので、次第にそれは和ら

怒る。朱勃《しゅぼつ》、書を上《たてまつ》り、その冤《えん》を訟《うった》うるを得て、乃《すなわ》ち稍《やや》解く。

上《しょう》、贓罪《ぞうざい》に於いて貸《ゆる》す所無し《収賄罪については容赦しなかった》。大司徒《だいしと》欧陽《おうよう》歙《きゅう》、嘗《かつ》て贓《ぞう》を犯す。歙《きゅう》が授くる所の尚書《しょうしょ》の弟《てい》子《し》(2)千余人《歙が『尚書』を授業した弟子》、闕《けつ》を守って哀《あい》を求む《宮門に来て哀憐を求めた》。竟《つい》に免れずして、獄に死す。

用うる所の群臣、宋弘《そうこう》等《ら》が如《ごと》き、皆《みな》重厚正直なり。上《しょう》の姉湖陽公主《こようこうしゅ》、嘗《かつ》て寡居《かきょ》す。意《宋弘に気があった》、弘《こう》に在り。弘《こう》、入って見《まみ》ゆ(帝に)。主《しゅ》《公主》、屏後《へいご》に坐す。上《しょう》曰く、

「諺《ことわざ》に言う、富んでは交わりを易《か》え、貴く

いだ。

光武帝は私腹を肥やす者に対しては、絶対に大目に見なかった。大司徒《だいしと》の欧陽歙《おうようきゅう》が収賄の罪を犯したときは、歙から『尚書《しょうしょ》』を学んだ弟子千余人が、宮門につめかけて格別の情けを嘆願したが、とうとう許されないで刑死したのであった。

糟糠の妻は堂より下さず

帝が重用した臣下たちは、宋《そう》弘《こう》をはじめとして重厚で剛直な者ばかりであった。帝の姉の湖陽公主《こようこうしゅ》がやもめの身となっていて、宋弘に心を奪われていた。ある日、弘が参内して帝に謁見すると、公主は屏風のうしろに座った。帝がこう謎をかけた。

「ことわざに、〝金持ちになったら友人を変

しては妻を易うと。人情か」と。

弘曰《こういわ》く。

「貧賤の交わりは忘るべからず。糟糠《そうこう》の妻(3)は《かすやぬかを食べさせ》堂より下さず《た妻は家から追い出せぬ》」と。

上《しょう》、主《しゅ》を顧みて曰《いわ》く、

「事諧《ととの》わず」と。


え、えらくなったら女房を変える〟というが、これが人の気持ちというものかな」

弘の返事は素っ気なかった。

「貧賤のときの友は忘れてはなりませぬし、苦労をなめさせた妻は追いだせませぬ」

帝は公主のほうをふりむいていった。

「お望みはかなわぬようです」

（1）父母の名を聞くが如く…名を知られることは、秘密を握られることで、例えば呪いに対する抵抗力を失うことであるという呪術的な民間信仰に由来して、中国では両親や天子の本名を、とくにその死後は呼ぶことを避け、またその文字は使わない。つまり「諱（いみな）」である。

（2）尚書の弟子…西漢の武帝は五経博士を置き、それぞれの経書について博士家を定めた。『尚書（書経）』については、秦の伏生から尚書を授けられた欧陽生を博士家とした。

（3）糟糠の妻…「糟」はかす、「糠」はぬか、かすやぬかを食べさせたということで、苦労をともにしてきたたとえ。

東（後）漢「班超」——虎穴に入らずんば虎児を得ず

孝明皇帝《こうめいこうてい》、初めの名は陽《よう》、母は陰氏《いんし》。光武《こうぶ》微《び》なりし時、嘗《かつ》て曰《いわ》く、「仕宦せば当《まさ》に執金吾《しつきんご》（首都警備の長官）と作《な》るべし。妻を娶《めと》らば当《まさ》に陰麗華《いんれいか》を得べし」と。後《のち》、竟《つい》に之《これ》（陰麗華を）を得たり。陽《よう》を生む。幼にして穎悟《えいご》（聡明）。光武《こうぶ》、州郡に詔《みことのり》して墾田戸《こんでんこ》口《こう》を検覈《けんかく》（土地と人口を検査させた）せしむ。諸郡、各《おのおの》人を遣わして事を奏《そう》す。陳留《ちんりゅう》の吏《り》の牘《とく》（文書）を見るに、上《うえ》に書（文字）有り。之を視《み》

幼にして才あり　孝明皇帝《こうめいこうてい》の初めの名は陽《よう》で、母は陰氏《いんし》である。光武帝《こうぶてい》は身分が低かったころ、「仕官するなら執金吾《しつきんご》、妻をめとるなら陰麗《いんれい》華《か》」と嘆じていた。その後、即位して麗華を手に入れることができた。そして陽《よう》が生まれたのである。

陽は幼少のころからすぐれて聡明であった。光武帝が州郡に詔勅を下し、開墾した田地や戸数・人口を実地に調査させたとき、諸郡はそれぞれ人を派遣して結果を奏上させた。陳《ちん》留郡《りゅうぐん》（河南省東部）の役人の報告の上に、な

るに云《いわ》く、

「潁川《えいせん》・弘農《こうのう》は問うべし《きくことができる》。河南《かなん》・南陽《なんよう》は問うべからず」と。

光武《こうぶ》、吏《り》に由《よし》を詰《なじ》る《理由を詰問した》。祇《た》だ言《い》う、

「街上《がいじょう》に於いて之を得たり」と。

光武《こうぶ》怒る。陽《よう》年《とし》十二、幄後《あくご》に在り。曰く、

「吏《り》、郡勅《郡の詔勅》を受け、墾田を以《も》って相方《あいくら》べんと欲する耳《のみ》。河南《かなん》は帝城、近臣多し。南陽《なんよう》は帝《皇帝》郷《の故郷で皇族が多い》、近親多し。田宅、制に踰《こ》ゆ。準となすべからず」と。

以って《その推測で》吏《り》を詰《なじ》る。首服《しゅふく》す《承認した》。光武《こうぶ》、大いに之《これ》《この》を奇とす《ことを非凡と認めた》。郭皇后《かくこうごう》廃せられ、陰貴人《いんきじん》立って后《こう》

にか書いたものが目に入った。よく見てみると、

「潁川郡《えいせんぐん》・弘農郡《こうのうぐん》は調べられる。河南郡《かなんぐん》・南《なん》陽郡《ようぐん》は調べられない」

とあった。光武帝がどういう意味かと問いただしても、ただ、

「まちなかで耳にした言葉です」

というばかりである。光武帝は怒りの色を見せた。陽はこの時年は十二で、玉座の幕の後ろにいたが、こう述べた。

「この役人は郡守の命令を受けてきたので、他の郡の開墾地と比べあまり差のないようにしようということでしょう。河南《かなん》は都のある地で近臣の領地が多く、南陽《なんよう》は天子の国許で皇族の領地が多くあります。田宅が規制を越えていて、比較の規準にならないということです」

詰問してみると、その通りであると白状した。光武帝《こうぶてい》は陽《よう》の才能に深い感銘を受けた。やがて郭皇后《かくこうごう》が廃せられて、陰貴人《いんきじん》が皇后と

となる。陽《よう》、皇太子《こうたいし》となり、名を荘《そう》と改む。

是《ここ》に《光武帝が死んで》至って位に即く。

永平《えいへい》二年、辟雍《へきよう》《学校》に臨み、養老《ようろう》の礼(1)を行う。

李躬《りきゅう》を以って三老《さんろう》となし、桓栄《かんえい》を五更《ごこう》となす。

三老は東面し、五更は南面す。上親《しょうみずか》ら袒《たん》して《肌ぬぎになっ》
牲《せい》を割《さ》き《ていけにえをさき》、醤《しょう》を執《と》って饋《き》し《ひしおをとって供え》、爵《しゃく》を執って酳《いん》す《盃をとってすすめた》。

礼畢《おわ》って、栄《えい》及び弟子を引いて堂に升《のぼ》らしむ。

諸儒、経を執って問難す《経の難解な点を問うた》。冠帯搢紳《しんしん》《正装した紳士》の人の、
橋門を圜《めぐ》って観聴する者、億万計。

三年、中興の功臣、二十八将を南宮《なんぐう》の雲台《うんだい》に図画《ずが》し、二十八宿《しゅく》に応ず。鄧禹《とうう》を首《はじめ》となし、
次は馬成《ばせい》・呉漢《ごかん》・王梁《おうりょう》・賈復《かふく》・陳俊《ちんしゅん》・耿弇《こうかん》・

なり、陽は皇太子《こうたいし》となり、名を荘《そう》とあらためた。そしてここに至って帝位についたのである。

永平《えいへい》二年（五九年）、辟雍《へきよう》に行幸して、養《よう》老《ろう》の礼を行った。李躬《りきゅう》を三老《さんろう》とし、桓栄《かんえい》を五《ご》更《こう》とした。三老は東面し、五更は南面する。明帝《めいてい》は、みずから片肌をぬいで、犠牲《いけにえ》を割《さ》き、醤《ひしお》をつけあわせてすすめ、盃をとって二人の口をすすぎ清めた。儀式がおわると、桓栄とその弟子たちを導いて講堂に昇らせ、儒者たちが経書を手に、解し難い点を問いただした。衣冠に身を正した人びとで、辟雍の橋門をとりかこんで拝観する者が数えきれぬほどであった。

三年、光武帝《こうぶてい》の漢室《かんしつ》中興をたすけた功臣二十八将軍を南宮《なんぐう》の雲台に描いて、天の星座二十八宿に対応させるようにした。それは鄧禹《とうう》を筆頭にして、続いて馬成《ばせい》・呉漢《ごかん》・王梁《おうりょう》・賈《か》復《ふく》・陳俊《ちんしゅん》・耿弇《こうかん》・杜茂《とも》・寇恂《こうじゅん》・傅俊《ふしゅん》・岑彭《しんほう》・堅鐔《けんじん》・馮異《ふうい》・王覇《おうは》・朱祐《しゅゆう》・任光《じんこう》・祭遵《さいじゅん》・李《り》

杜茂《とも》・寇恂《こうじゅん》・傅俊《ふしゅん》・岑彭《しんほう》・堅鐔《けんじん》・馮異《ふうい》・王《おう》覇《は》・朱祐《しゅゆう》・任光《じんこう》・祭遵《さいじゅん》・李忠《りちゅう》・景丹《けいたん》・万修《ばんしゅう》・蓋延《こうえん》・邳《ひ》彤《ゆう》・銚期《ちょうき》・劉植《りゅうしょく》・耿純《こうじゅん》・臧宮《ぞうきゅう》・馬《ば》武《ぶ》・劉隆《りゅうりゅう》なり。惟《た》だ馬援《ばえん》のみは、皇后の父なるを以《も》って与《あずか》らず《ここに加えなかった》。

十一年、東平王蒼《とうへいおうそう》、来朝す。蒼《そう》、上《しょう》の即位の初め自《よ》り、驃騎将軍《ひょうきしょうぐん》となり、五年にして国に帰る。是《ここ》に至って《この年になって》入朝す。上《しょう》問う、

「家に処《お》って何を以《も》ってか楽しみとなす」と。

蒼曰《そういわ》く、

「善をなす、最も楽し」と。

忠《ちゅう》・景丹《けいたん》・万修《ばんしゅう》・蓋延《こうえん》・邳彤《ひゆう》・銚期《ちょうき》・劉植《りゅうしょく》・耿純《こうじゅん》・臧宮《ぞうきゅう》・馬武《ばぶ》・劉隆《りゅうりゅう》の順である。ただ馬《ば》援《えん》だけは、皇后の父であるという理由でこの中に入れなかった。

十一年（六八年）、東平王《とうへいおう》の蒼《そう》が来朝した。蒼は帝の即位したはじめから、驃騎将軍《ひょうきしょうぐん》となり、五年の後に国に帰り、この年になって上京してきたのである。帝がなつかしそうに、

「故郷ではなにを楽しみにしているのか」

とたずねると、蒼は答えた。

「善を行う、これがなによりの楽しみであります」

十七年、復《ま》た西域都護《せいいきとご》《西域経営の長官》・戊己校尉《ぼきこうい》《西域軍司令》(2)を置く。

初め、耿秉《こうへい》、匈奴《きょうど》を伐《う》たんと請う。謂《おも》えらく、「宜《よろ》しく武帝《ぶてい》の西域《せいいき》に通じて《西域と通交して》、匈奴《きょうど》の右臂《ゆうひ》を断ちしが如《ごと》くなるべし」と。

上《しょう》、之《これ》に従い、秉《へい》と竇固《とうこ》とを以《も》って都尉《とい》となし、涼州《りょうしゅう》に屯せしむ。

固《こ》、仮司馬《かしば》《副幕僚長》班超《はんちょう》をして西域《せいいき》に使いせしむ。

超《ちょう》、鄯善《ぜんぜん》に至る。その王、之《これ》に礼すること甚《はなは》だ備《そな》わる。匈奴《きょうど》の使来たる。頓《とみ》に疎懈《そかい》《ひどく疎略になった》なり。

超《ちょう》、吏士三十六人を会して曰《いわ》く、

「虎穴に入らずんば、虎子を得ず」と。

虜営に奔《はし》ってその使い及び従士三十余級を

西域また服属す

永平《えいへい》十七年（七四年）、西《せい》域都護《いきとご》と戊己校尉《ぼきこうい》とを、ふたたび置くことになった。

それより前、耿秉《こうへい》が匈奴《きょうど》討伐を願い出て、

「武帝《ぶてい》がなされたように、西域とよしみを通じて、匈奴の右ひじをもぎとったようにするのがよろしい」

と考えをのべた。

帝はそれに従って、秉と竇固《とうこ》とを都尉《とい》に任命して、涼州《りょうしゅう》（甘粛省中部）に駐屯させた。

固は部下の仮司馬《かしば》の班超《はんちょう》を西域に使いとして派遣した。超はまず鄯善《ぜんぜん》に赴いた。

国王は礼を尽くしてこれをもてなしたが、そこへ匈奴の使者が来ると急に扱いが疎略になった。超はひきつれてきた部下三十六人を集めると、

「虎穴に入らずんば、虎児を得ず」

とはげまし、匈奴の使者の屯営を襲い、使者、随員三十余人の首級をあげた。

鄯善は国中をあげて恐れおののいた。超は

斬る。鄯善《ぜんぜん》の一国震怖《しんぷ》す。超《ちょう》、告ぐるに威徳《漢の威徳を告げ知らせ》を以ってし、復《ま》た虜《匈奴》と通ずる勿《な》からしむ。超《ちょう》、復《ま》た于《う》寘《てん》に使いす。その王も亦《ま》た虜使を斬って以《も》って降る。

是《ここ》に於《お》いて、諸国皆《みな》子を遣わして入り侍《じ》せしむ。西域《せいいき》復《ま》た通ず。是《ここ》に至って《この年になって》竇固《とうこ》等《ら》、車《しゃ》師《し》を撃って還《かえ》り、陳睦《ちんぼく》を以って都護《とご》となし、及《およ》び耿恭《こうきょう》を以って戊《ぼ》校尉《こうい》となし、関寵《かんがん》を己《き》校《こう》尉《い》となし、分《わ》かって西域《せいいき》に屯《とん》せしむ。

十八年、北匈奴《ほくきょうど》、戊校尉耿恭を攻む。初め、上《しょう》即位の明年、南単于《なんぜんう》比《ひ》死す。弟莫《ばく》立つ。上、使いを遣わして璽綬《じじゅ》を授く。北匈奴《ほくきょうど》、辺

漢《かん》の威徳を語り聞かせ、匈奴との交わりを絶たせた。

班超《はんちょう》が次いで于寘《うてん》に赴くと、国王はみずから匈奴の使者を斬って、漢に帰服した。

それからは西域《せいいき》の諸国は、すべて王子を人質として朝廷に送りこむようになり、西域との交わりが復活した。

こうしてこの年、竇固《とうこ》たちが車師《しゃし》を討って都へ帰り、陳睦《ちんぼく》を都護《とご》とし、そして耿恭《こうきょう》を戊《ぼ》校尉《こうい》、関寵《かんがん》を己校尉《きこうい》に任じ、西域に分駐させることになったのである。

ところが翌十八年、北匈奴《ほくきょうど》が戊校尉の耿恭を攻めた。

以前、明帝《めいてい》が即位した次の年に、南単于比《なんぜんうひ》が死んで、弟の莫《ばく》があとを継いだ。帝は使者を遣わして印綬を授けた。それでやがて北匈奴が漢《かん》の辺境を侵略すると、南単于は兵を出して、これを撃ち退けたのである。

ところが漢はその翌々年、北匈奴と使いをかわして交わりはじめたので、南単于は怨み

に寇《こう》す。南単于《なんぜんう》撃って之《これ》を卻《しりぞ》く。

漢《かん》、北匈奴《ほくきょうど》と交使《こうし》す。南単于《なんぜんう》、怨んで畔《そむ》かんと欲し、密《ひそ》かに人をして与《とも》に《（北匈奴と）》交通《通交した》せしむ。

漢《かん》、度遼《たくりょう》将軍(3)を五原《ごげん》に置《お》いて、以って之を防ぐ。已《すで》にして漢《かん》、北匈奴《ほくきょうど》を伐《う》つ。北匈奴《ほくきょうど》も亦《ま》た辺に寇《こう》す。是《ここ》に至って《この年になって》恭《きょう》を金蒲《きんほ》城に攻む。

恭《きょう》、毒薬を以って矢に傅《つ》けて、匈奴《きょうど》に語《つ》げて曰《いわ》く、

「漢家《かんけ》の箭《や》は神なり、中《あた》る者は異有り」と。

虜《匈奴》創《きず》を視《み》れば皆《みなわ》沸く。大いに驚く。恭《きょう》、暴風雨に乗じて之《これ》を撃つ。殺傷甚《はなは》だ衆《おお》し。匈奴《きょうど》、
震怖《しんぷ》して曰く、

を抱いて漢に反《そむ》こうとし、ひそかに使者を北匈奴にやって、意志を通じ合わせるようになった。漢は五原郡《ごげんぐん》（内モンゴル自治区南部）に度遼《たくりょう》将軍を置いて、その動きに対処した。

やがてまた漢《かん》が北匈奴《ほくきょうど》を討ち、北匈奴も再び辺境を侵略する。このようなことが繰りかえされて、この年、金蒲《きんほ》城（新疆ウイグル自治区北部）に耿恭《こうきょう》を攻めるようになったのである。

恭は毒薬を矢につけ、匈奴に向かって言った。

「漢の矢には神霊がある。当たれば変異が起こるぞ」

匈奴がその傷口を見ると、ふつふつと沸きかえっているので大いに驚いた。恭はまた、暴風雨に乗じて敵を攻め、手ひどい打撃を与えた。匈奴は恐れおののいて
「漢の兵には神霊が宿っている。恐ろしいかぎりだ」

といい、包囲を解いて去った。

「漢《かん》の兵は神なり、真に畏《おそ》るべきなり」と。
乃《すなわ》ち解き去る。

(1) 養老の礼…三公のうちの最も年長の者を三老、卿大夫のうちの最も年長の者を五更として、それに対して天子みずからが、父兄に対する礼を執って酒食をすすめる儀礼。以下の記述がそれにあたる。

(2) 西域都護・戊己校尉…「西域都護」は、西漢・宣帝のときに置かれ、西域諸国の統治にあたった。「戊己校尉」は、元帝のとき西域の兵事をつかさどらせるために置かれた戊校尉と己校尉。校尉とは将軍の次に身分の高い軍官。

(3) 度遼将軍…「度」は「渡」と同じで、遼水を渡って夷狄を伐つ将軍の意。

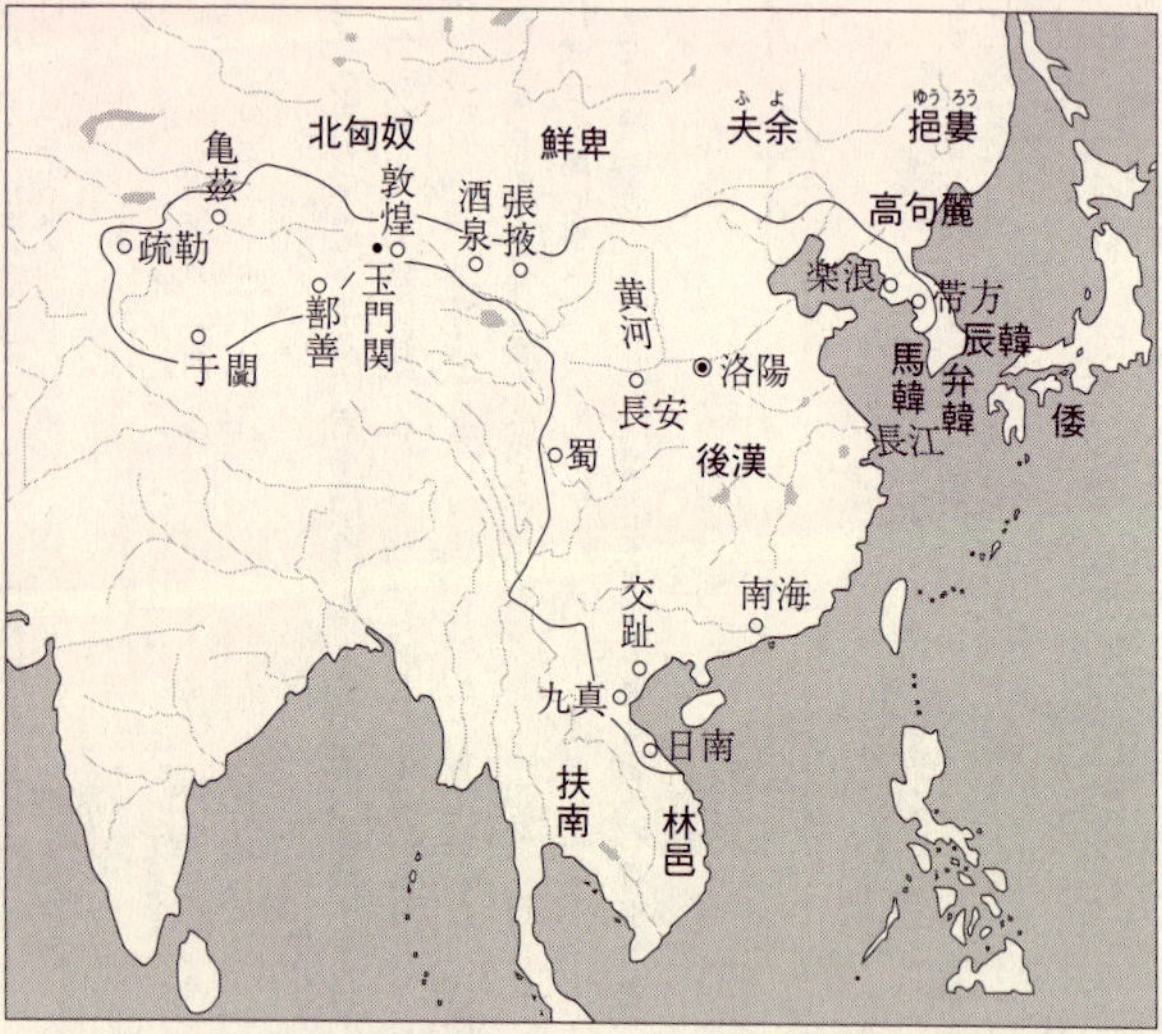

東（後）漢の勢力図（A.D.25〜A.D.220 年、地図は最大領域）

三国（東漢）「劉備」――髀肉の嘆・水魚の交わり・刮目して相待つ

車騎将軍董承《しゃきしょうぐんとうしょう》、密詔を受くと称し、劉備《りゅうび》と与《とも》に曹操《そうそう》を誅《ちゅう》せんとす。操《そう》一日、従容《しょうよう》として備《び》に謂《い》って曰《いわ》く、

「今天下の英雄は、唯《た》だ使君《貴君》と操耳《そうのみ》」と。

備《び》方《まさ》に食す。匕筯《ひちょ》を失す《箸を落とした》。雷震に値《あ》って詭《いつわ》って曰く、

「聖人《孔子》云う、迅雷風烈には必ず変ず《（顔色を）》と(1)。良《まこと》に以《ゆえ》有り《理由》」と。

髀肉の嘆　車騎将軍《しゃきしょうぐん》の董承《とうしょう》が、献帝《けんてい》の密詔を受けたと称して、劉備《りゅうび》とともに曹操《そう》を誅殺しようと計った。操はある日、悠然としたようすで備に語りかけた。

「当今、天下の英雄といえるのは、貴公とこの操とだけであろうな」

ちょうど食べ物を口に運んでいた劉備は、はっとして箸を取りおとした。と、そこに雷が鳴りひびいたので、こうとりつくろった。

「孔子《こうし》さまでも、『烈しい雷や風にあえば、ようすを変えた』といわれますが、いかにももっともなことであります」

やがて劉備は袁術《えんじゅつ》を迎え討つために派遣さ

備《び》、既《すで》に遣わされて袁術《えんじゅつ》を邀《むか》う。因って徐《じょ》州《しゅう》に之《ゆ》き、兵を起こして操《そう》を討つ、操《そう》、之《これ》を撃つ。備《び》先《ま》ず冀州《きしゅう》に奔《はし》る。兵を領して汝南《じょなん》に至る。汝南《じょなん》自《よ》り荆州《けいしゅう》に奔《はし》り、劉表《りゅうひょう》に帰す。嘗《かつ》て表《ひょう》の坐に於《お》いて、起《た》って厠《かわや》に至る。還って慨然として涕《なみだ》を流す。表《ひょう》怪しみて之《これ》を問う。備《び》曰く、「常時、身《み》鞍を離れず、髀肉皆消《ひにくみな》す（腿の肉がまったくなかった）。今復《ま》た騎《の》らず。髀裏肉生ず。(2)日月流るるが如《ごと》く、老いの将《まさ》に至らんとするに功業建たず。是《ここ》を以って悲しむ耳《のみ》」と。（髀肉の嘆）

それを機に徐州《じょしゅう》へ行き、そこで曹操《そうそう》討伐の兵を挙げた。しかし曹操はこれを撃ち破り、劉備《りゅうび》はまず冀州《きしゅう》に逃れ、そこで兵力をととのえて汝南郡《じょなんぐん》（河南省南部）に行き、さらに汝南から荆州《けいしゅう》へ逃れ、劉表《りゅうひょう》のもとに身を寄せた。

あるとき劉備は劉表と同座していて、ふと立って便所に行ったが、憂わしげに涙を流しながら帰ってきた。劉表が驚いてわけをたずねると、劉備は答えた。

「いつもは鞍からこの身を離したことはなく、腿の肉はすっかりそげ落ちておりました。ところがここのところは馬を走らせることもなく、今見れば腿の内側に肉がついておりました。月日のたつのは飛ぶように早く、老いがもう迫っているというのに、功業は少しも立てることができません、それが悲しいのです」

瑯琊《ろうや》の諸葛亮《しよかつりよう》、襄陽《じようよう》の隆中《りゆうちゆう》に寓居《ぐうきよ》す。毎《つね》に自ら管仲《かんちゆう》・楽毅《がくき》に比す。備《び》、士を司馬徽《しばき》に訪う。徽曰《きいわ》く、

「時務を識《し》る者は俊傑《しゆんけつ》に在り。此《こ》の間自《おのずか》ら伏竜《ふくりゆう》・鳳雛《ほうすう》有り。諸葛孔明《しよかつこうめい》・龐士元《ほうしげん》なり」と。

徐庶《じよしよ》も亦《ま》た備《び》に謂って曰く、

「諸葛孔明《しよかつこうめい》は臥竜《がりゆう》なり」と。

備《び》、三たび往いて、乃《すなわ》ち亮《りよう》を見るを得、策を問う。亮曰《りよういわ》く、

「操《そう》、百万の衆を擁し、天子を《天子を擁して》挟《さしはさ》んで諸侯に令す。此《こ》れ誠に与《とも》に鋒《ほこ》を争うべからず。孫権《そんけん》、江東《こうとう》に拠有し、国険にして民附く。与《とも》に援と

水魚の交わり

瑯琊《ろうや》（山東省南部）の人、諸《しよ》葛亮《かつりよう》は襄陽《じようよう》（湖北省襄陽県）の隆中山《りゆうちゆうさん》のふもとに寓居し、つねづね自分を管仲《かんちゆう》・楽毅《がくき》になぞらえていた。ある時劉備《りゆうび》が当今のすぐれた人物を司馬徽《しばき》に尋ねると、徽が答えるには、

「時局の急務を心得ている者ならば俊傑と申せましょうが、中でも伏竜《ふくりゆう》、鳳雛《ほうすう》といえる者がおります。諸葛孔明《しよかつこうめい》（亮《りよう》）と龐士元《ほうしげん》であります」

劉備《りゆうび》はまた徐庶《じよしよ》からも、

「諸葛孔明は臥竜であります」

と聞かされていた。そこで三たび足を運んでやっと亮に会い、天下の策を聞くことができた。

亮は答えた。

「曹操《そうそう》は百万の大軍を擁し、天子をおし立てて諸侯に号令しております。どうあっても矛を交えてはなりません。孫権《そんけん》は江東を根城にし、地は険阻で人もなついております。とも

なすべくして、図るべからず《攻略を計画してはならない》。荊州《けいしゅう》は武を用うるの国、益州《えきしゅう》は険塞、沃野千里。天府の土《天の庫の土地》なり。若《も》し荊《けい》・益《えき》を跨有《こゆう》し《またがって所有し》、その巌阻《げんそ》を保ち、天下変有らば、荊州《けいしゅう》の軍は宛《えん》・洛《らく》に向かい、益州《えきしゅう》の衆は秦川《しんせん》に出ず。孰《たれ》か簞食壺漿《たんしこしょう》(3)して、以《も》って、将軍を迎えざらんや」と。

備《び》曰く、「善し」と。

亮《りょう》と情好日に密なり。曰く、

「孤(天子の自称)の孔明《こうめい》有るは、猶《なお》魚の水(水魚の交わり)有るがごとし(4)」と。

士元《しげん》、名は統《とう》、龐徳公《ほうとくこう》の従子《甥》なり。徳公素《とくこうもと》より重名《名声》有り。亮《りょう》その家に至る毎《ごと》に、独り床

に助けあうべきであり、攻略を図るべきではありません。さてこの荊州《けいしゅう》は武略を用いるに適した国であり、益州《えきしゅう》(四川省)は険阻な要害に恵まれ、しかも肥沃の野が広がり、天の宝庫ともいうべき地であります。いま荊州・益州をあわせもち、その天険に拠りつつ、天下の動乱を待って、荊州《けいしゅう》の兵馬を宛《えん》(河南省南陽県)から洛《らく》(河南省洛陽市)に向け、益州の軍勢で秦川《しんせん》(陝西省・甘粛省)に撃って出れば、だれもが『食べ物を破籠《わりご》に、飲み物を壺に入れて』将軍を迎えるに違いありません」

劉備《りゅうび》は感嘆した。そしてこれ以後、日に日に交情を深め、口ぐせのように、「自分にとって孔明《こうめい》がいてくれるのは、魚が水を得たようなものだ」

というようになった。

龐士元《ほうしげん》は名を統《とう》といい、龐徳公《ほうとくこう》の甥である。徳公はかねがね名声が高く、諸葛亮《しょかつりょう》はその家に行くたびに、自分だけ床下から拝礼をした。

下に拝《はい》す。

曹操《そうそう》、劉表《りゅうひょう》を撃つ。表卒《ひょうしゅつ》す。子琮《そう》、荊州《けいしゅう》を挙げて操《そう》に降る。劉備江陵《りゅうびこうりょう》に奔《はし》る。操《そう》、之《これ》を追う。備《び》、夏口《かこう》に走る。操《そう》、軍を江陵《こうりょう》に進め、遂《つい》に東に下る。亮《りょう》、備《び》に謂って曰《いわ》く、「請う、救いを孫《そん》将軍に求めん」と。亮《りょう》、権《けん》を見て之《これ》に説く。権《けん》、大いに悦《よろこ》ぶ。操《そう》、権《けん》に書を遺《おく》って曰く、「今水軍八十万衆を治め、将軍と呉《ご》に会猟せん」と。

権《けん》以って群下《群臣》に示す、色を失わざるもの莫《な》

赤壁の戦い

曹操《そうそう》が劉表《りゅうひょう》を攻めた。おりから劉表は病死し、子の琮《そう》は荊州《けいしゅう》を献じて曹操に降った。

劉備《りゅうび》はまず荊州の要衝、江陵《こうりょう》（湖北省江陵県）に逃れたが、曹操に追撃されてさらに夏《か》口《こう》（湖北省武昌県）に走った。曹操は軍を江陵に進め、ついで揚子《ようす》江《こう》を下って東に向かった。

諸葛亮《しょかつりょう》は劉備に、呉《ご》の孫権《そんけん》に救援を求めるように勧め、みずから孫権のもとに赴いて同盟を説いた。孫権が大いに喜んだところへ、操から、

「水軍八十万を整えて、貴国で孫将軍とともに狩りをいたしたいが」

という恫喝《どうかつ》の書がとどいた。孫権《そんけん》がこれを諸将に見せると、顔色を変えない者はなかっ

し。張昭《ちょうしょう》、之《これ》を迎えんと請う。魯粛《ろしゅく》以《も》って不可となし、権《けん》に勧めて《操を迎えて降ろう》周瑜《しゅうゆ》を召さしむ。瑜《ゆ》至る。曰《いわ》く、

「請う数万の精兵を得て、進んで夏口《かこう》に往き、保《うけあって》して将軍の為に之《これ》を破らん」と。

権《けん》、刀を抜いて前の奏案《上奏の机》を斫《き》って曰く、

「諸将吏敢えて操《そう》を迎えんと言う者は、此《こ》の案と同じからん」と。

遂《つい》に瑜《ゆ》を以《も》って三万人を督せしめ、備《び》と力を幷《あわ》せて操《そう》を逆《むか》え、進んで赤壁《せきへき》に遇《あ》う。

瑜《ゆ》の部将黄蓋《こうがい》曰く、

「操《そう》軍方《まさ》に船艦を連ね、首尾《船首と船尾が接続している》相接す、焼いて

た。張昭《ちょうしょう》がまず曹操《そうそう》を迎えてその下に降るよう願いでた。しかし魯粛《ろしゅく》がそれに反対し、周《しゅう》瑜《ゆ》を召して意見を徴するように孫権に勧めた。

周瑜は伺候すると、こう申し出た。

「どうか精兵を数万お与え下さい。夏口《かこう》まで出陣し、必ずや将軍のために曹操を打ち破ってみせましょう」

孫権は刀を抜くや、面前の机に斬りつけていった。

「膝を屈して曹操を迎えよう、などと口にする者があれば、この机と同じ目にあうと覚悟せよ」

かくて周瑜《しゅうゆ》に三万の兵を統率させ、瑜は劉《りゅう》備《び》と力を併せて曹操《そうそう》を迎え撃ち、進んで赤壁《せきへき》(湖北省嘉魚県付近)の地で操の軍とまみえた。

瑜の部将の黄蓋《こうがい》が一計を申し出た。

「曹操の水軍は、軍船を鎖で連ね、船首と船尾がつながっています。焼き打ちにすれば敗走するしかないでしょう」

走らすべし」と。

乃《すなわ》ち蒙衝《もうしょう》《突入船》・闘艦《とうかん》十艘を取り、燥荻枯柴《そうてきこさい》《乾燥した柴草》を載せて、油をその中に灌《そそ》ぎ、帷幔《いまん》に裹《つつ》んで、上に旌旗《せいき》を建て、予《あらかじ》め走舸《そうか》《はやふね》を備えて、その尾に繋ぐ。先ず書を以《も》って操《そう》に遣《おく》り、詐《いつわ》って降ら《降伏したいといつわった》んと欲すとなす。

時に東南の風急なり。蓋《がい》、十艘を以《も》って最も前に著け、中江《江の中流》に帆を挙げ、余船、次《順次》を以《も》って倶《とも》に進む。操《そう》の軍皆《みな》指さして言う、「蓋《がい》降る」と。

去ること二里余、同時に火を発す。火烈《はげ》しく風猛《たけ》く、船の往《ゆ》くこと箭《や》の如《ごと》し。北船《北方軍の船》を焼

そこで先鋒船、戦船十隻をえらび、枯れた草や柴を積みこみ、油をそそぎ、幕で覆いをして上に旗を立てた。そして舟足の速い小舟を用意して、その船尾につないだ。それから、まず曹操《そうそう》に書を送り、詐《いつわ》りの降伏を申しでておいた。

折から激しい東南の風が吹き出した。黄蓋《こうがい》はその十隻を先頭に立てて揚子江《ようすこう》中に帆をあげ、他の船も並んであとに続いて進んで行った。曹操の軍ではそれを指さしては、「黄蓋《こうがい》が降伏してきた」と、言いあっていた。

あと二里あまり、一せいに火を放った。火は烈しく風は強く、船は矢のように突っこんでいった。みるみる北軍曹操の軍船は焼きつくされ、焰と煙は空にみなぎった。人も馬も数えきれぬほど溺れ死に、焼け死んだ。

そこへ周瑜《しゅうゆ》たちの率いる軽装の精鋭が、軍鼓を打ち鳴らして素早く攻めこんだ。北軍は四分五裂し、曹操は逃げ去った（二〇八年）。

その後も曹操は、たびたび呉に戦いを仕か

き尽くし、烟焔《えんえん》、天に漲《みなぎ》る。人馬溺焼し、死する者甚だ衆《おお》し。瑜《ゆ》等、軽鋭《身軽な精鋭》を率《ひき》いて、靁鼓《らいこ》して大いに進む。北軍大いに壊《やぶ》れ、操《そう》走り還る。

後屡《しばしば》兵を権《けん》に加うれども《孫権に対して軍事行動をとったが》、志を得ず。操《そう》、歎息して曰《いわ》く、

「子を生まば当《まさ》に孫仲謀《そんちゅうぼう》《孫権》が如《ごと》くなるべし。向者《さき》の劉景升《りゅうけいしょう》が児子《じし》(劉琮)は、豚犬耳《のみ》(5)」と。

劉備《りゅうび》、荊州《けいしゅう》・江南《こうなん》諸郡を徇《とな》う。周瑜《しゅうゆ》、権《けん》に上疏して曰《いわ》く、

「備《び》は梟雄《きょうゆう》《荒々しい英雄》の姿有り。而して関羽《かんう》・張飛《ちょうひ》、熊《ゆう》

けたが、失敗をくりかえすだけであった。さすがの曹操もこう歎息した。

「子を持つなら孫仲謀《そんちゅうぼう》(権《けん》)ほどの子が欲しいものだ。前に降伏してきた劉景升《りゅうけいしょう》(表《ひょう》)の子ぐらいなら、豚か犬と同じことだ」

劉備、蜀を得 漢中に自立す

劉備《りゅうび》は、荊州《けいしゅう》からさらに南の諸郡を説いてまわり、帰服させていった。周瑜《しゅうゆ》は孫権に上言して用心をうながした。

虎《こ》の将有り。此《こ》の三人を聚《あつ》めて疆場《きようえき》《国境地帯》に在らしむ。恐らくは蛟竜雲雨《こうりゆううんう》を得ば、終《つい》に池中の物に非《あら》ず。宜《よろ》しく備《び》を徙して呉《ご》に置くべし」と。権《けん》従わず。瑜《ゆ》方《まさ》に北方（曹操）を図らんことを議す。会《たまたま》病んで卒《しゆつ》す。魯粛《ろしゆく》代わってその兵を領す。粛《しゆく》、権《けん》に勧めて荊州《けいしゆう》を以《も》って劉備《りゆうび》に借さしむ。権《けん》、之《これ》に従う。

権《けん》の将呂蒙《りよもう》、初め学ばず。権《けん》、蒙《もう》に勧めて書を読ましむ。魯粛《ろしゆく》後に蒙《もう》と論議す。大いに驚いて曰く、

「卿は復《ま》た呉下《ごか》の阿《あ》蒙《もう》に非《あら》ず(6)」と。

蒙曰《もういわ》く、

「劉備は梟雄《きようゆう》の相をそなえておりますうえに、関羽《かんう》・張飛《ちようひ》という勇猛の将をもっております。いまこの三人があつまって国境のあたりにおります。蛟竜《こうりゆう》がひとたび雲雨を得たならば、とてものことに池中にひそんではおりますまい。劉備《りゆうび》だけをなんとか呉《ご》の地に移すようお計らいになるのがよろしかろうと存じます」

しかし孫権《そんけん》はこれに従わなかった。

周瑜《しゆうゆ》はいっぽう、北の曹操《そうそう》を討つべく策を立てていたが、折あしく病で世を去った（二一〇年）。魯粛《ろしゆく》が代わってその軍を率いることとなった。魯粛は孫権に、荊州《けいしゆう》をしばらく劉備に貸すように進言し、孫権はそれを聞きいれた。

孫権の将の一人呂蒙《りよもう》は、はじめ学にうとかったが、孫権が勧めて学問をさせた。しばらくして、魯粛が蒙と議論して呆気にとられた。

「貴公はほんとにあの呉下の蒙君かね」

呂蒙がやりかえした。

「相手が士なら、三日ぶりに会うときには、

「士別れて三日ならば、即《すなわ》ち当《まさ》に刮目《かつもく》《目をこすって》して相待つべし」と。

劉備《りゅうび》初め龐統《ほうとう》を用いて、耒陽《らいよう》の令となす。治まらず。魯粛《ろしゅく》、備《び》に書を遺《おく》って曰く、「士元《しげん》は百里の才に非《あら》ず《百里四万を治めるような人材ではない》。治中別駕《ちちゅうべつが》たらしめば、乃《すなわ》ちその驥足《きそく》を展《の》ぶるを得ん《驥足ぶりを発揮することができる》耳《のみ》」と。備《び》、之《これ》を用う。益州《えきしゅう》を取らんことを勧む。備《び》、関羽《かんう》を留《とど》めて荊州《けいしゅう》を守らしめ、兵を引いて流れを泝《さかのぼ》り、巴《は》自《よ》り蜀《しょく》に入り、劉璋《りゅうしょう》を襲って、成都《せいと》に入る。

備《び》、既《すで》に益州《えきしゅう》を得たり。孫権《そんけん》、人をして備《び》従《よ》り荊州《けいしゅう》を求めしむ。備《び》肯《あえ》て還さず《返還しようとしない》。遂《つい》に之《これ》

よくよく見直さなくてはならんよ」

劉備《りゅうび》ははじめ龐統《ほうとう》を耒陽《らいよう》（湖南省耒陽県）の県令として起用したが、いっこうに県政に身を入れようとしなかった。そこへ魯粛《ろしゅく》から、「士元《しげん》（龐統）は方百里の県を治めるには器が大きすぎるのです。治中別駕《ちちゅうべつが》（地方長官を補佐する官）に取りたてれば、思うさま能力を見せましょう」という書がとどき、劉備はそれに従って重用した。すると統は益州《えきしゅう》を取るよう進言した。劉備は関羽《かんう》に荊州《けいしゅう》の留守をまかせ、兵を率いて揚子江《ようすこう》をさかのぼり、巴《は》郡《ぐん》（四川省東部）から蜀郡《しょくぐん》へ進み、益州《えきしゅう》の牧の劉璋《りゅうしょう》を襲って、首府の成都《せいと》（四川省成都市）を占領した（二一四年）。

劉備が益州を手に入れたとあって、孫権《そんけん》が使いをよこして荊州を還すよう求めた。備はそれをはねつけ争いが起こったが、やがて和睦して荊州を分けあった（二一五年）。その後、劉備は蜀から漢中《かんちゅう》（陝西省漢中県）に進出し、自ら漢中王《かんちゅうおう》として立った（二一九年）。

を争う。已《すで》にして荊州《けいしゅう》を分かつ。備《び》、蜀自《しょくよ》り漢中《かんちゅう》を取り、自立して漢中王《かんちゅうおう》となる。

(1)迅雷風烈には必ず変ず…『論語』郷党に見え、孔子の日常の様子を記したことば。

(2)常時、身鞍を離れず~髀裏肉生ず…馬に乗ることが少なくなって、股に肉がついてしまったことを歎いたこの故事から、力を発揮すべき機会に恵まれないで、徒らに月日を過ごしている歎きを「髀肉の歎」という。

(3)簞食壺漿…「簞」は、竹でつくった食器、破籠《わりご》。「漿」は、飲みもの。簞食壺漿とは、破籠に入れた食べもの、つぼに入れた飲みもののことであるが、『孟子』梁恵王下に「簞食壺漿、以迎王師」とあるのによって、それを出して軍隊を歓迎することに用いる。

(4)孤の孔明有るは~有るがごとし…この故事から、互いに切りはなせない親密な関係を、「水魚の交わり」という。

(5)向者の劉景升が児子は、豚犬耳…この故事から、自分の子を卑下していうのに「豚児」という。

(6)呉下の阿蒙に非ず…「阿」は、名の上につけてその呼び名にすることば。魯迅の『阿Q正伝』の阿Qも同じ。この故事から、無学な者を「呉下の阿蒙」と呼ぶようになった。また次の蒙のことば「士別れて三日ならば……」と関連して、短時間に急速な進歩を見せた者のことを「三日前の阿蒙にあらず」ともいう。

三国「諸葛亮」——七縦七禽・天下三分の計・三顧の礼・死して後に已む・死せる孔明生ける仲達を走らす・泣いて馬謖を斬る

南夷《なんい》、漢《かん》に畔《そむ》く。丞相亮《じょうしょうりょう》、往《ゆ》いて之《これ》を平らぐ。孟獲《もうかく》という者有り。素《もと》より、夷漢《いかん》の服する所となる《その武勇は、平素から夷も漢も畏服していた》。亮《りょう》、獲《かく》を生致《せいち》《生けどりにし》し、営陣《(蜀の)》を観《み》しめ、縦《ゆる》して更《さら》に戦わしむ。七縦七禽《しちしょうしちきん》、猶《なお》、獲《かく》を遣《や》る。獲《かく》、去らずして曰《いわ》く、「公《こう》は天威なり《公は天賦の武威そのものだ》。南人復《ま》た反せず」と。魏主《ぎしゅ》、又《ま》た舟師を以《も》って呉《ご》に臨む。波濤《はとう》の

孟獲の七縦七禽　雲南《うんなん》の異民族が蜀《しょく》に叛《そむ》いた。丞相《じょうしょう》の諸葛亮《しょかつりょう》みずから赴いてこれを平定した。その中に孟獲《もうかく》という者がいて、その勇猛ぶりにはかねてから敵味方を問わず畏服《いふく》していた。諸葛亮は孟獲を生け捕りにすると、漢の陣営をとくと眺めさせたうえ、解き放ってまた挑戦させ、七回解き放って七回とらえ、なおも行かせようとしたところ、孟獲はもう立ちさろうとせず、こういった。

「公の武威は神のそれです。われわれ南の者

洶湧《きょうよう》するを見て、歎《たん》じて曰く、

「嗟呼《ああ》、固《まこと》に天の南北を限る所以《ゆえん》なり」と。

魏主丕《ぎしゅひ》、殂《そ》す。位を僭《せん》すること七年。改元する者《こと》一、黄初《こうしょ》と曰《い》う。諡《おくりな》して文皇帝《ぶんこうてい》と曰う。子の叡《えい》立つ。是《これ》を明帝《めいてい》となす。

叡《えい》の母、誅《ちゅう》せらる。丕《ひ》、嘗《かつ》て叡《えい》と出でて猟し、子母《しぼ》の鹿を見る。既《すで》にその母を射、叡《えい》をしてその子を射しむ。叡《えい》、泣いて曰《いわ》く、

「陛下、已《すで》にその母を殺せり。臣、その子を殺すに忍びず」と。

丕《ひ》、惻然《そくぜん》たり。是《ここ》に及んで、嗣《し》となり、位に即《つ》く。


は二度と叛きはしません」

魏主《ぎしゅ》がふたたび水軍を率いて呉《ご》にむかったが、またもやさかまく波がその行く手をはばんだ（二二五年）。魏主は歎息していった。

「ああ、これこそ天下を南と北とに分かとうという天の意志であろうか」

明年、魏主曹丕《ぎしゅそうひ》が病没した。帝位を僭《せん》すること七年。年号を改めたのは一度で、黄初《こうしょ》という。文皇帝《ぶんこうてい》と諡《おくりな》された。子の叡《えい》が立った。これが明帝《めいてい》である。

叡の母は以前に讒言《ざんげん》されて曹丕に殺されていた。かつてある日、曹丕は叡をつれて猟に出て、親子づれの鹿を見つけた。丕が母鹿を射止め、叡に子鹿を射させようとした。叡は泣いて訴えた。

「陛下が母鹿を殺されました。わたしはその子を殺すに忍びません」

丕は胸をうたれた。

こうして叡が後つぎとなって位に即いたのである。

処士管寧《かんねい》、字《あざな》は幼安《ようあん》。東漢《とうかん》の末自《よ》り、地を遼東《りょうとう》に避《さ》くること三十七年。魏《ぎ》、之《これ》を徴《め》す。乃《すなわ》ち海に浮かんで、西《西の魏に》に帰る。官に拝すれども、受けず。

漢《かん》の丞相亮《じょうしょうりょう》、諸軍を率《ひき》いて、北のかた魏《ぎ》を伐《う》つ。発するに臨んで、上疏《じょうそ》して曰《いわ》く(1)、「今、天下三分し、益州《えきしゅう》《蜀》疲弊せり。此《こ》れ危急存亡の秋《とき》なり。宜《よろ》しく聖聴《せいちょう》《広く耳を開き》を開張《かいちょう》すべく、宜《よろ》しく忠諫《ちゅうかん》の路《みち》を塞《ふさ》ぐべからず。

宮中・府中は倶《とも》に一体たり。臧否《ぞうひ》《善悪の賞罰》を捗罰《ちょくばつ》するに、宜《よろ》しく異同あるべからず。若《も》し、姦《かん》を

民間の士に管寧《かんねい》、字を幼安《ようあん》という者がいた。後漢の末から、戦乱を避けて遼東《りょうとう》（遼寧省中部）の地に住むこと三十七年に及んだ。魏がかつて招聘《しょうへい》しようとしたところ、水路西行して魏に帰って来た。官を授けようとしたが固辞した。

先の出師の表　蜀漢《しょくかん》の丞相諸葛亮《しょかつりょう》が、大軍を率いて北方、魏《ぎ》の討伐に向かうこととなり、出立にのぞんで、後《こう》皇帝に出《すい》師《し》の表《ひょう》を奉った（二二七年）。

「いまや天下は三分されているとはいえ、わが蜀は疲れ衰え、まさに危急存亡のときであります。陛下にはよく臣下の言葉に耳を傾けられますよう。忠義の諫めの路を閉ざされませぬよう。

宮廷と政府とは一体であります。善悪の賞罰にくいちがいがあってはなりませぬ。姦悪

作《な》し、科を犯し、及び忠善の者有らば、宜しく有司に付して、その刑賞を論じ、以《も》って平明の治を昭《あきら》かにすべし。

賢臣を親しみ、小人を遠ざくるは、此《こ》れ先《せん》漢《かん》の興隆せし所以《ゆえん》なり。小人を親しみ、賢臣を遠ざくるは、此《こ》れ後漢《こうかん》の傾頽《けいたい》せし所以《ゆえん》なり。

臣《しん》、本布衣《もとふい》《平民》、南陽《なんよう》に躬耕《きゅうこう》《我が身で耕し》し、性命を乱世に苟全《こうぜん》《どうにか全うして》して、聞達を諸侯に求めず。先帝《せんてい》、臣が卑鄙《ひひ》なるを以ってせず、猥《みだ》りに自ら枉屈《おうくつ》《身をかがめ》して、臣を草廬《そうろ》の中に三顧（三顧の礼）し、臣に諮《と》うに当世の事を以ってす。是《これ》に由って感激し、先帝に許す《使い走り》に駆馳《くち》《することを承知した》を以ってす。

を行い罪過を犯す者、あるいは忠を尽くし善をなす者は、役人に命じて刑罰と褒賞とを定めさせ、政治の公明正大であることを示すべきであります。

賢臣を近づけ小人を遠ざけたことこそ、前漢が興隆した原因でありますし、小人を近づけ賢臣を遠ざけたことこそ、後漢が衰亡した原因であります。

臣亮《りょう》はもと平民の身で、南陽《なんよう》にみずから田を耕し、この乱世に一命だけを大事にと、諸侯に仕えての栄達に背を向けておりました。先帝は臣の身の賤しさを気にもかけられず、貴《たっと》い身を屈して、三たび草廬《そうろ》を訪れられ、当世の急務について下問されました。これに感激して臣は先帝の頤使《いし》をお受けすることを誓いました。

先帝は臣がつつしみ深いことをお認め下さり、崩御されるにあたって、臣に国家の大事を託されました。その遺命を受けてよりこのかた、日夜心を砕き、ご信任に背いて先帝に

先帝、臣の謹慎なるを知り、崩ずるに臨み、寄するに大事を以ってせり。命を受けてより以来、夙夜憂懼《しゅくやゆうく》し、付託《ふたく》の効《こう》あらずして《依頼の効果がなく》、以《も》って先帝の明を傷《そこな》わんことを《先帝が人を見る明がなかったと傷つけることを》恐る。故《ゆえ》に五月、瀘《ろ》を渡り、深く不毛に入る。

今、南方、已《すで》に定まり、兵甲已《すで》に足る。当《まさ》に三軍を奨率《しょうそつ》して《励まし統率して》、北のかた、中原《ちゅうげん》を定むべし。漢室《かんしつ》を興復し、旧都に還《かえ》さんことは、此《こ》れ、臣が先帝に報いて陛下に忠なる所以《ゆえん》の職分なり」と。

遂《つい》に漢中《かんちゅう》に屯《たむろ》す。

人を見る明がなかったなどという謗《そしり》を残しはせぬかと恐れてまいりました。それ故にこそ、五月には瀘水《ろすい》を渡り、未開の地に深く入ったのでございます。

いまや南方は平定され、軍備もととのいました。三軍を励まし率いて、北のかた中原の地を平定すべきときであります。漢室を再興し、旧都長安《ちょうあん》に還ることこそ、臣が先帝に報い、陛下に忠節をつくすための務めであります」

こうして兵を進め、漢中《かんちゅう》（陝西省南部）の地に屯営をかまえた。

明年、大軍を率いて、祁山《きざん》を攻む。戎陣整《じゆうじんせい》斉《せい》、号令明粛《ごうれいめいしゆく》なり。始め魏《ぎ》、昭烈既《しようれつすで》に崩じ、数歳寂然《すうさいせきぜん》として聞く《(蜀の動きを)》こと無きを以って、略《ほぼ》備うる所無し。猝《にわか》に亮《りよう》の出ずるを聞き、朝野《ちようや》恐懼《きようく》す。是《ここ》に於いて天水《てんすい》・安定《あんてい》等の郡、皆亮《みなりよう》に応じ、関中響震《かんちゆうきようしん》す。

魏主《ぎしゆ》、長安《ちようあん》に如《ゆ》き、張部《ちようこう》をしてこれを拒《ふせ》がしむ。亮《りよう》、馬謖《ばしよく》をして諸軍を督《とく》し、街亭《がいてい》に戦わしむ。謖《しよく》、亮《りよう》の節度《指図》に違《たが》う。部《こう》大いに之《これ》を破る。亮《りよう》、乃《すなわ》ち漢中《かんちゆう》に還る。已《すで》にして復《ま》た漢《かん》帝《てい》に言《もう》して曰《いわ》く、

「漢《かん》と賊《(魏)》とは両立せず、王業は偏安《へんあん》《辺地に安んじられない》せず。臣、

諸葛亮出師し 司馬懿拒守す

明年、諸葛亮《しよかつりよう》は大軍を率いて祁山《きざん》(甘粛省南部)を攻めた。軍陣は一糸乱れず、軍令はたちまちに行き渡る。このところ魏の方では、蜀《しよく》が昭烈帝《しようれつ》が崩御してから数年、ひっそりと静まり返っていたので、備えをほとんどしていなかった。そこへにわかに亮が攻めてきたという知らせに、朝野あげて恐れおののいた。かくて天水《てんすい》(甘粛省南部)・安定《あんてい》(甘粛省南東部)などの諸郡はそろって諸葛亮に呼応し、余波は関中《かんちゆう》にひろがった。

魏主曹叡《ぎしゆそうえい》は長安《ちようあん》に赴《おもむ》き、張部《ちようこう》に防禦を命じた。諸葛亮《しよかつりよう》は馬謖《ばしよく》に諸軍を指揮させ、街亭《がいてい》(甘粛省秦安県)で戦わせた。ところが馬謖は亮の指令に背いたため、張部のためにさんざんに打ち破られた。そこで亮は、関中へ帰った。そしてまた帝に後《のち》の出師《すいし》の表《ひよう》を上《たてまつ》った。

「漢《かん》と魏《ぎ》賊とは両立せず、王業は僻地《へきち》蜀《しよく》に安んじていて成るものではありません。臣、ただただこの身この力を尽くし、死してのちに

鞠躬《きくきゅう》《ひたすらに》して力を尽くし、死して後に已《や》まん。成《せい》敗利鈍《ばいりどん》に至っては、臣が能《よ》く逆覩《げきと》《予見する》する所に非《あら》ざるなり」と。

兵を引いて散関《さんかん》より出で、陳倉《ちんそう》を囲む。克《か》たず。

呉王孫権《ごおうそんけん》、自ら皇帝《こうてい》を武昌《ぶしょう》に称し、父堅《けん》を追尊して、武烈皇帝《ぶれつこうてい》となし、兄策《さく》を長沙桓王《ちょうさかんおう》となす。已《すで》にして都を建業《けんぎょう》に遷《うつ》す。

蜀漢《しょくかん》の丞相亮《じょうしょうりょう》、又《ま》た、魏《ぎ》を伐《う》ち、祁山《きざん》を囲む。魏《ぎ》、司馬懿《しばい》を遣《つか》わし、将軍を督《とく》して、亮《りょう》を拒《ふせ》がしむ。懿《い》、肯《あ》えて戦わず。賈詡《かく》等《ら》曰く、

戦いをやめましょう。成否得失のごときは、臣のあらかじめ料《はか》り知るところではありません」

　そして兵を率いて散関《さんかん》（陝西省宝鶏県南）から打って出て、陳倉《ちんそう》（陝西省宝鶏県）を囲んだが、これを抜くことはできなかった（二二八年）。

　その翌年、呉王孫権《ごおうそんけん》は武昌《ぶしょう》（湖北省武漢市）にあって皇帝と自称し、父孫堅《そんけん》に武烈《ぶれつ》皇《こう》帝《てい》の称を追贈し、兄の策《さく》を長沙桓王《ちょうさかんおう》とした。そして都を建業《けんぎょう》（江蘇省江寧県）に移した。

　蜀漢《しょくかん》の丞相諸葛亮《しょかつりょう》はまたもや魏を討ち、祁《き》山《ざん》を包囲した（二三一年）。魏は司馬懿《しばい》を派遣し、諸軍を督励して亮を防いだ。懿はむりには戦おうとしなかった。部将の賈詡《かく》たちが、

「公は蜀軍を虎でもあるかのように恐れておられるが、天下のもの笑いになるのをどうなさるおつもりか」

　と責めたので、張部《ちょうこう》らに諸葛亮にたちむかわせた。亮は迎え討ってさんざんに破った。

「公《こう》、蜀《しょく》を畏るること虎の如《ごと》し。天下の笑いを奈何《いかん》せん」と。

懿《い》、乃《すなわ》ち張郃《ちょうこう》をして亮《りょう》に向かわしむ。亮《りょう》、逆《むか》え戦う。魏《ぎ》の兵、大いに敗《やぶ》る。亮《りょう》、糧の尽くるを以《も》って軍を退く。郃《こう》、之《これ》を追い、亮《りょう》と戦い、伏弩《ふくど》に中《あた》って死す。

亮《りょう》、還って農を勧め武を講じ、木牛《ぼくぎゅう》・流馬《りゅうば》(2)を作り、邸閣《ていかく》《倉庫をつくり》を治め、民を息《やす》め士を休め、三年にして後に之《これ》を用う。衆十万を悉《つ》くして、又《ま》た斜谷口《やこくこう》由《よ》り魏《ぎ》を伐ち、進んで渭南《いなん》に軍す。

魏《ぎ》の大将軍《だいしょうぐん》司馬懿、兵を引いて拒守す。

亮《りょう》、前者《さき》に数《しばしば》と出でしが、皆《みな》、運糧継《つ》がず、

その後、諸葛亮《しょかつりょう》は糧秣が尽きたので、兵を引きあげた。張郃《ちょうこう》はこれを追い亮に戦いを挑んで、伏兵の石弓に射られて命を落とした。

諸葛亮は蜀《しょく》に帰って、農事を勧め武術を習わせ、糧秣を運ぶ木の牛馬を工夫し、収める倉庫を作り、民人・兵士を休息させ、三年の後をまってふたたび動員した。総勢十万をくり出し、斜谷口《やこくこう》から出て魏《ぎ》を討ち、さらに進んで渭水《いすい》の南に布陣した。魏では大将軍の司《し》馬《ば》懿《い》が兵を率いて固守した。

諸葛亮は、これまで何回も出兵しながら、いつも食糧の輸送がうまくゆかず、思うように目的が果たせなかったので、こんどは兵士たちを分散させて屯田させた。耕作に従う兵たちは、渭水のほとりの住民の間に雑居したが、百姓たちは不安を抱くこともなく、軍隊のほうに私欲を満たそうとする者もなかった。

己が志をして伸びざらしめしを以《も》って、乃《すなわ》ち兵を分かって屯田す。耕す者渭浜居民《いひんきよみん》《渭水の岸の居住民》の間に雑《まじ》わり、而《しか》も百姓安堵し、軍に私《わたくし》無し。

亮《りょう》、数《しばしば》懿《い》に戦いを挑む。懿《い》、出でず。乃《すなわ》ち遺《おく》るに巾幗《きんかく》《髪飾り》婦人の服を以ってす。亮《りょう》の使者、懿《い》の軍に至る。懿《い》、その寝食及び事の煩簡《はんかん》を問うて、戎事《じゅうじ》《軍事についてはきかなかった》に及ばず。使者曰《いわ》く、

「諸葛公《しょかつこう》、夙《つと》に興《お》き、夜に寐《い》ね、罰二十以上は皆親《みなみずか》ら覧《み》る。噉食《たんしょく》《喰らう》する所は、数升に至らず」

と。

懿《い》、人に告げて曰く、

死せる諸葛亮（孔明）生ける仲達を走らす

亮《りょう》はくりかえし戦いを挑んだが、司馬懿《しばい》は討って出ようとしなかった。そこで亮は婦人ものの髪飾りと服とを贈った。それを携えた使者が魏《ぎ》の陣営にきたとき、懿は亮の日頃の生活ぶり、仕事の忙しさをたずね、軍事には触れなかった。そして使者が、

「諸葛公《しょかつこう》には朝早く起き夜遅くに寝《やす》まれます。杖罪二十以上の罪は、すべてご自身で裁かれます。召し上がるのは、一日にほんの数勺です」

と答えると、かたわらの者にいった。

「食少なく、事煩わし、それ能《よ》く久しからんや」と。

亮《りょう》、病篤《やまいあつ》し、大星有り、赤くして芒《ぼう》《光の尾》あり、亮《りょう》の営中に墜《お》つ。未《いま》だ幾《いくば》くならずして亮《りょう》、卒《しゅつ》す。長史《ちょうしょう》《丞相の次官》楊儀《ぎ》、軍を整えて還《かえ》る。百姓奔《はし》って懿《い》に告ぐ。懿《い》、之《これ》を追う。姜維《きょうい》、儀《ぎ》をして旗を反《かえ》し鼓を鳴らし、将《まさ》に懿《い》に向かわんとするが若《ごと》くせしむ。懿《い》、敢《あ》えて逼《せま》らず。百姓之《これ》が為に諺《ことわざ》して曰《いわ》く、

「死せる諸葛《しょかつ》、生ける仲達《ちゅうたつ》を走らしむ」と。

懿《い》笑って曰く、

「吾能《よ》く生を料《はか》れども、死を料《はか》ること能《あた》わ《生者の行為は予想できるが、死者の行為は予想できない》

「食が進まず仕事が多忙とあれば、命は長くなかろう」

諸葛亮の病が重くなった。大きな星があらわれた。赤く尾を引いて亮の営中に墜ち、そしていくばくもなく、諸葛亮は息絶えた（二三四年）。

長史《ちょうし》の楊儀《ようぎ》が、軍をまとめて引きあげにかかった。土地の者が急いでこれを司馬懿《しばい》に通報し、懿は追撃にうつった。姜維《きょうい》は楊儀《ようぎ》に勧めて、旗のむきを変えて、鼓を打ち鳴らし、懿にむかって進むように見せかけさせた。すると司馬懿《しばい》はそれ以上強いて追おうとしなかった。土地の者が、

「死せる諸葛《しょかつ》、生ける仲達《ちゅうたつ》（司馬懿）を走らす」

と言いはやしていると聞いて、懿は苦笑していった。

「生きている人間ならばなんとでもできるが、死んだ人間はどうにもならぬわ」

かつて亮《りょう》は兵法からわり出して、八陣の図

ず」と。

亮《りょう》嘗《かつ》て兵法を推演《推理演繹して》して、八陣《はちじん》の図を作る。是《ここ》に至って《蜀軍が引きあげて》、懿《い》、その営塁《えいるい》を案行《あんこう》《調べてまわり》し、歎《たん》じて曰く、

「天下の奇材なり」と。

亮《りょう》《(亮は)》政《まつりごと》をなすこと私《わたくし》無し。馬謖《ばしょく》素《もと》より亮《りょう》の知る所たり。軍を敗るに及び、流涕《りゅうてい》して之《これ》を斬り、(3)而《しこう》して、その後を卹《あわれ》む。李平《りへい》・廖《りょう》立《りゅう》、皆、亮《りょう》の廃する所となる《亮に罷免された》。亮《りょう》の喪を聞くに及び、皆、歎息流涕し、卒《つい》に病を発して死するに至る。

史に称す、「亮《りょう》、誠心を開き、公道《公平な政道》を布《し》く。

を作ったことがあった。蜀軍《しょくぐん》が引きあげたあと、司馬懿はその陣営のあとを調べ歩き、つくづくと歎声をあげていった。

「天下の奇才であったなあ」

諸葛亮は政治を行うのに、私心をさしはさまなかった。馬謖《ばしょく》には平素から寵遇を与えていたが、軍を敗戦に追いやったときには涙をふるって馬謖を斬った。そして残された遺族には手厚く情をかけた。李平《りへい》と廖立《りょうりゅう》は、ともに亮《りょう》の手で罷免されたが、亮の訃《ふ》を耳にするや涙を流して歎き悲しみ、そのあまり病を得て死んだほどであった。

史書（陳寿『三国志』）は「亮《りょう》は誠心を披《ひ》瀝《れき》し、公平な政治を行った。刑罰は厳しかったが怨《うら》む者はなかった。政治の要諦を心得た逸材である」と記している。しかしさらに、その才腕は国を治めるのにすぐれてはいるが、将としての才略はいまだしであったとも論じている。だがそれは誤りである。

かつて丞相《じょうしょう》として亮は後帝《こうてい》に「臣には成都《せいと》

刑政、峻なりと雖《いえど》も而《しか》も怨むる者無し。真に《政治とい》治を識《し》るの良材なり《うものをよく認識している人材だ》」と。而《しこう》してその材、国を治むるに長じて、将略は長ずる所に非《あら》ずと謂うは、則《すなわ》ち非《ひ》なり。

初め丞相亮《じょうしょうりょう》、嘗《かつ》て帝《てい》に表《ひょう》して曰《いわ》く、「臣、成都《せいと》に桑《くわ》八百株《しゅ》、薄田《はくでん》《やせ田》十五頃《けい》有り。子弟の衣食、自《おのずか》ら余り有り。別に生を治めて《生業》、以《も》って尺寸を長ぜず《わずかばかりをふやさない》。臣死するの日、内に余《よ》帛《はく》有り、外に贏財《えいざい》有って、以って陛下に負《そむ》かしめず」と。

是《ここ》に至って卒《しゅっ》す。その言の如《ごと》し。忠武《ちゅうぶ》と諡《おくりな》す。

に桑八百株と、やせ地ながら十五頃《けい》の田がございます。子弟の衣食には多すぎるほどであります。他に生業を営んで多少の利を得ようとは思いませぬ。臣の死後、家の内に余計な絹帛《けんぱく》、家の外に余計な資産を残して陛下を裏切りはいたしませぬ」と上奏したことがあった。死没してみると、まさにその言葉通りであった。

忠武《ちゅうぶ》と諡《おくりな》された。

（1）発するに臨んで、上疏して曰く…いわゆる「出師の表」である。「表」とは、事の道理を説く目的で君主にたてまつる文。「出師の表」は、名文として『文選』その他のアンソロジーに収められるが、とくに日本では『文章軌範』所収のこの文につけられた「この文を読んで、涙を流さない者は必ず不忠である」という評が有名である。

（2）木牛・流馬…米を運輸するための、木でつくった牛や馬。ともに、いくつかの工夫をこらした一種の一輪車であったと考えられている。

（3）馬謖素より亮の〜之を斬り…この故事から、平素親愛する者を、規律を保つためにやむを得ず処罰することを「泣いて馬謖を斬る」という。

三国時代の勢力図（A.D.220～A.D.265 年）

第四部　西晋から東晋まで

西晋《せいしん》の滅亡に際して多くの北方貴族はかつて三国《さんごく》・呉《ご》の地であった江南に難を避け、その地の豪族を懐柔し、やはり司馬《しば》氏《し》を推戴して呉の旧都建業（建康、今の南京）に東晋《とうしん》政権をたてた（三一七年）。そしてそのもたらした中原の文化は、江南の風土と融合してつづく南北朝における南朝文化の基礎となる、独自の貴族文化を生んだ。

しかし、建国初期の王導、及びそれを継ぐ謝安というすぐれた調整者がなくなると、東晋を支える諸勢力の間に亀裂が生じ、もともとそのバランスの上にたっていた司馬氏の支配力は失われ、結局は劉裕の宋へと政権は移り（四二〇年）、時代は南北朝に入る。

東晋「王猛」——傍若無人

晋《しん》の桓温《かんおん》、殷浩《いんこう》の敗に因《よ》って、浩《こう》を廃し、免じて庶人となさんと請う。朝廷初め浩《こう》を以って温《おん》に抗す。浩《こう》、廃す。此《こ》れ自《よ》り内外の大権、一に温《おん》に帰す。

浩《こう》、愁怨すと雖《いえど》も、辞色《言辞顔色》に形《あらわ》さず。嘗《つね》に空に書して、咄咄怪事《とつとつかいじ》の字を作る。

之《これ》を久しうして、郗超《ちちょう》、温《おん》に勧めて、浩《こう》を令僕《れいぼく》に処《お》らしめ、書を以って之《これ》に告ぐ。浩《こう》、

苻健・姚襄と桓温の攻防

晋《しん》の桓温《かんおん》は、殷浩《いんこう》の大敗をとりあげて、その職務を解き、身分を平民に落とすよう上奏した。

朝廷ではもともと殷浩の力で桓温《かんおん》をおさえようとしていたので、殷浩が廃されてしまう（三五四年）と、内外の大権はすべて桓温の手に握られることとなった。

殷浩《いんこう》は悲しみもし恨みもしたが、言葉や顔色にはださなかった。ただひもすがら指で空中に「咄咄怪事《とつとつかいじ》（なんとけしからぬことか）」という四文字を書いていた。

しばらくして郗超《ちちょう》が桓温に勧め、殷浩を尚《しょう》

欣然《きんぜん》たり。答書、誤り有るを慮《おもんぱか》り、開閉することと十数。竟《つい》に空函を達す《空の封筒を送った》。温《おん》、大いに怒って、遂《つい》に絶つ《見かぎった》。謫所《たくしょ》に卒《しゅつ》す。

桓温《かんおん》、師を帥《ひき》いて秦《しん》を伐ち、大いに秦《しん》の兵を藍田《らんでん》に敗り、転戦して灞上《はじょう》に至る。秦主苻《しんしゅふ》健《けん》、長安《ちょうあん》の小城を閉じて自ら守る。三輔《さんぽ》(1)《長安周辺地域》、皆《みな》来降す。温《おん》、居民を撫諭《安撫説諭》して安堵せしむ。民争うて牛酒を持して迎労す。男女、路を夾《はさ》んで之《これ》を観《み》る。耆老《きろう》泣《なみだ》を垂《た》るる者有り。曰《いわ》く、「図《はか》らざりき、今日復《ま》た官軍を覩《み》んとは」と。

北海《ほくかい》の王猛《おうもう》、字《あざな》は景略《けいりやく》、倜儻《てきとう》《独立心が強く》にして大志有り。華陰《かいん》に隠居す。温《おん》、関《かん》に入ると聞き、褐《かつ》《粗服》

書令僕射《しょれいぼくや》に任命することにして、書面で報《しら》せた。殷浩《いんこう》はすっかり喜んだ。返事に間違いがないか気になって、封を開いたり閉じたり十数回くりかえしたあげく、最後に空《から》の封筒を送ってしまった。桓温《かんおん》はすっかり怒ってそれからは沙汰やみとなり、殷浩は流されたまま世を去ったのである。

　桓温はかくしてみずから軍隊を率いて秦《しん》を伐《う》ち、藍田《らんでん》（陝西省《せんせい》藍田県）で大勝し、転じて灞上《はじょう》（長安のすぐ東の台地）に達した。秦《しん》王《おう》の苻健《ふけん》は長安《ちょうあん》の内城にたてこもって守りを固めたが、付近の地はすべて来降した。

　桓温は住民をいたわりさとして、安心させたので、住民たちは争って肉や酒を持ってきて歓迎した。男も女も道に立ち並んで温《おん》の兵を眺め、年輩の者の中には、

「官軍をこの目でもう一度見られるとは、思いもよらなかった」

と涙を流す者もいた。

　北海《ほくかい》の王猛《おうもう》は、字を景略《けいりやく》といい、人の束縛

を被《こうむ》って之《これ》に謁《えつ》す。虱《しらみ》を捫《ひね》って当世の務めを談《をきて》じ、旁《かたわ》らに人無きが若《ごと》し（傍若無人）。温之《おんこれ》を異として、猛《もう》に問うて曰《いわ》く、

「吾《われ》命を奉じて残賊《残虐な賊》を除く。而《しか》れども三秦《さんしん》の豪傑未《いま》だ至る者有らざるは何ぞや」と。

猛《もう》曰く、

「公、数千里を遠しとせず、深く敵境に入る。今、長安《ちょうあん》は咫尺《しせき》にして《長安からわずかの距離まで来て》、而も灞水《はすい》を度《わた》らず。百姓《ひやくせい》未だ公の心を知らず。至らざる所以《ゆえん》なり」と。

温《おん》、黙然として以《も》って応ずる無し。

温《おん》、秦《しん》の兵と白鹿原《はくろくげん》に戦う。利あらず。秦《しん》

をうけぬ気概と大きな志を持っていて、華陰《かいん》（陝西省華陰県）に隠れ住んでいた。桓温《かんおん》が関中《かんちゅう》に入ったと聞いて、粗末な身なりで会いに来た。そして虱《しらみ》をつぶしながらまるで人もなげなようすで当今の急務を説いた。

桓温はただ者ではないと思い、たずねてみた。

「わしは天子の命を奉じて凶賊を討伐しておる。しかるに三秦《さんしん》（陝西省中北部）の豪傑がだれも馳せ参じて来ないのはなぜだろうか」

王猛《おうもう》は答えた。

「公は数千里を遠しとせず、深く敵の領土に攻めこんでこられた。しかしいま長安《ちょうあん》を目のあたりにしながら、最後の一歩を踏み出そうとなさらない。みな公の気持ちを計りかねているのです。これがだれもやってこない理由です」

桓温はだまりこんでそれに答えなかった。

桓温はついで灞水《はすい》のほとり白鹿原《はくろくげん》で秦《しん》と戦い、こんどは苦戦した。秦では田畑の穀物を

人《ひと》、野を清む《畑をからにした》。温《おん》の軍、食乏し。猛《もう》と倶《とも》に還らんと欲す。猛《もう》、就《つ》かず。

秦主健《しんしゅけん》、卒《しゅつ》す。子の生《せい》立つ。

涼《りょう》の張祚《ちょうそ》、淫虐《いんぎゃく》にして弑《しい》せらる。子の玄靚《げんせい》立つ。

姚襄《ようじょう》、燕《えん》に降り、北のかた許昌《きょしょう》に拠《よ》り、又《ま》た洛陽《らくよう》を攻む。桓温《かんおん》、諸軍を督して、襄《じょう》を討つ。進んで河上《かじょう》《黄河のほとり》に至る。寮属《属僚》と平乗楼《へいじょうろう》に登り、北のかた中原《ちゅうげん》を望んで歎じて曰《いわ》く、「神州《しんしゅう》を《神州の陸地を》して陸沈せしむる百年《夷狄の手に沈めて百年》。王夷甫《おういほ》《王衍》の諸人、その責めに任ぜざるを得ず」と。

伊水《いすい》に至る。襄《じょう》、戦って連《しき》りに敗れて走る。

すべて刈り取っておいたので、食糧も乏しくなった。桓温は王猛を誘って、一緒に引きあげようとしたが、王猛は行をともにしなかった。

秦《しん》の国主の苻健《ふけん》が没し、子の苻生《ふせい》が後を嗣《つ》いだ。

同じ年、涼《りょう》では張祚《ちょうそ》が色に溺れ人びとを虐げたので弑せられ、子の張玄靚《ちょうげんせい》が後を嗣いだ。

姚襄《ようじょう》は晋《しん》に見切りをつけ燕《えん》に帰服し、北方の許昌《きょしょう》（河南省許昌県）を根拠として、やがて洛陽《らくよう》を攻めた。桓温《かんおん》は諸軍を指揮して、姚襄を討った（三五六年）。温は黄河《こうが》のほとりまで兵を進め、属官と大船のやぐらにのぼり、北岸のかなた中原をながめながら、つくづくといった。

「神州《しんしゅう》を夷狄《いてき》の荒らすにまかせて百年とは。王夷甫《おういほ》（王衍《おうえん》）といった空論ばかりの連中に責任がないとはいわせぬぞ」

桓温は伊水《いすい》に達した。姚襄はここで温を迎撃したものの、敗戦を重ねて逃走した。桓温温《おん》、金墉《きんよう》に屯《たむろ》し、諸陵(晋の)に謁す。鎮戍《ちんじゅ》を置いて還《かえ》る。

襄《じょう》、将《まさ》に西のかた関中《かんちゅう》を図らんとす（関中の攻略を企図した）。秦《しん》、兵を遣わし拒《ふせ》ぎ撃って襄《じょう》を斬る。襄《じょう》の弟萇《ちょう》、衆を以《も》って（衆兵をつれて）秦《しん》に降る。

秦《しん》の苻《ふ》堅《けん》、その君生《せい》を弑し、自立して、秦《しん》天王《てんおう》となる。王猛《おうもう》を堅《けん》に薦むる者有り。一見、旧の如《ごと》し（旧知のようになった）。自ら謂う、「玄徳《げんとく》の孔明《こうめい》に於《お》けるが如し（劉備と諸葛亮の関係のようである）」と。一歳の中《うち》五たび官を遷《うつ》す。異才を挙げ、廃職を修め、農桑を課し、困窮を恤《あわれ》む。秦《しん》の民大いに悦《よろこ》ぶ。

燕主慕容儁《えんしゅぼようしゅん》、卒《しゅつ》す。子暐《い》立つ。

は金墉《きんよう》（河南省洛陽市にある城）に駐屯し、晋《しん》の代々の陵に詣《もう》で、守備隊を残して帰国した。

いっぽう姚襄は西に進んで関中《かんちゅう》の地を奪おうとした。秦《しん》は兵をさしむけて防ぎ、襄を斬り殺した。襄の弟の姚萇《ようちょう》が残った軍勢を率いて秦に降服した。

秦《しん》の苻堅《ふけん》が、主君の苻生《ふせい》を弑殺《しいさつ》し、みずから立って秦天王《しんてんおう》となった（三五七年）。王猛《おうもう》を推薦する者がいて、苻堅《ふけん》が会ってみるとたちまち旧知のように親しくなった。「劉備《りゅうび》が諸葛亮《しょかつりょう》を得たようなものだ」と自分でたとえ、一年のうちに五度も昇進させた。

苻堅はさらに人材を抜擢し、官職を整備し、民には農耕養蚕を行わせ、困窮者を救った。そこで、秦《しん》の人びとはその政治を謳歌した。

燕《えん》の国主の慕容儁《ぼようしゅん》が没し、子の慕容暐《ぼようい》が後を嗣《つ》いだ（三五九年）。

この年、晋《しん》では桓温《かんおん》が謝安《しゃあん》を征西司馬《せいせいしば》に任命した。謝安は若いころから名声が高く、く

晋《しん》の桓温《かんおん》、謝安《しゃあん》を以《も》って、征西司馬《せいせいしば》となす。安《あん》、少にして重名有り。前後《ぜんご》徴辟《ちょうへき》《招聘》、皆《みな》、就かず。士大夫《したいふ》、相謂って曰《いわ》く、「安石《あんせき》出でずんば《謝安が出馬しなければ》、蒼生《そうせい》《民衆》を如何《いかん》せん」と。年四十余にして乃《すなわ》ち出ず。帝、在位十七年にして崩ず。改元する者《こと》二、永和《えいわ》・升平《しょうへい》と曰う。嗣無し。成帝《せいてい》の子瑯琊王《ろうやおう》立つ。是《これ》を哀皇帝《あいこうてい》となす。

りかえし朝廷から召されたが、いずれも出仕しなかった。士大夫《したいふ》たちは、「安石《あんせき》（謝安）が出なければ、万民はどうなることか」と口ぐちにいっていた。年四十を越えて、ここで官に就いたわけである。

穆帝《ぼくてい》が帝位にあること十七年で崩じた（三六一年）。年号を改めること二回で、永和《えいわ》・升平《しょうへい》がそれである。嗣子がなく、成帝《せい》の子の瑯琊王《ろうやおう》が即位した。これが哀皇帝《あいこうてい》である。

（1）三輔…長安を中心としておかれた三つの行政区域、即ち京兆尹《けいちょういん》（長安を含んで東部）・左馮翊《さひょうよく》（北部）・右扶風《ゆうふふう》（西部）の総称。

第五部　東晋から隋まで

名目だけの王朝となっていた東晋《とうしん》から、劉裕が禅譲《ぜんじょう》を受けて宋《そう》朝を建てて以降、中国は漢族を王室として、ほぼ南方の揚子江流域を支配する南朝と、匈奴族、鮮卑族などを天子として、ほぼ北方の黄河流域を支配する北朝とに分かれる。

このいわゆる南北朝時代は、新しく勃興した武人階級が、その力によって王朝を交替させてはいたが、根底には文人貴族の支配体制が確固として存在し、乱世でありながらも王《おう》羲之《ぎし》・顧愷之《こがいし》・陶淵明・謝霊運などの作品を代表とする、書画詩文の輝かしい発展が見られた。

そして、やはり鮮卑族の出である隋の楊堅が、南朝最後の王朝の陳を滅ぼして（五八九年）、この三国時代にはじまる約四百年にわたる長い分裂時代に終止符がうたれ、天下はつづく隋唐三百年の統一の時代へと遷ってゆく。

宋「陶淵明」――五斗米の為に腰を折る

南北朝

南朝《なんちょう》は、晋《しんよ》自り以《も》って之《これ》を宋《そう》に伝え、宋《そう》は之《これ》を斉《せい》に伝え、斉《せい》は梁《りょう》に伝え、梁《りょう》は陳《ちん》に伝う。北朝《ほくちょう》は、諸国、魏《ぎ》(北魏)に併《あわ》せられて自《よ》り、魏《ぎ》、後分《のちわ》かれて西魏《せいぎ》・東魏《とうぎ》となり、東魏《とうぎ》は北斉《ほくせい》に伝え、西魏《せいぎ》は後周《こうしゅう》に伝え、後周《こうしゅう》は北斉《ほくせい》を併《あわ》せて、之《これ》を隋《ずい》に伝う。隋《ずい》、陳《ちん》を滅《ほろ》ぼし、然《しか》る後《のち》、

南朝《なんちょう》の王統は、晋《しん》が宋《そう》にとこれを伝え（四二〇年）、宋は斉《せい》にと伝え（四七九年）、斉は梁《りょう》に伝え（五〇二年）、梁は陳《ちん》に伝えた（五五七年）。

北朝《ほくちょう》の王統は、いわゆる五胡十六国《ごこじゅうろっこく》の諸国が北魏《ほくぎ》に統一されたとき（四三九年）にはじまり、北魏はのち西魏《せいぎ》と東魏《とうぎ》に分裂し（五三四年）、東魏は北斉《ほくせい》に伝え（五五〇年）、西魏は後周《こうしゅう》に伝え（五五七年）、後周は北斉を併合（五七七年）してのち、それを隋《ずい》に伝えた

南北混《なんぼくこん》じて一《いつ》となる。今《いま》、南《みなみ》を以《も》って（正統として）、提頭《ていとう》《頭に掲げて》となして、北《きた》をその間《あいだ》に附《ふ》す。

宋

〔武帝《ぶてい》・少帝《しょうてい》〕

宋《そう》の高祖《こうそ》武《ぶ》皇帝《こうてい》、姓は劉氏《りゅうし》、名は裕《ゆう》、彭《ほう》城《じょう》の人なり。相《あい》伝えて、漢《かん》の楚《そ》の元王交《げんおうこう》の後《こう》となす。裕《ゆう》生まれて、母死す。父、京口《けいこう》に僑《きょう》居《きょ》《仮ずまいをして》し、将《まさ》に之《これ》を棄てんとす。従母《じゅうぼ》《母の姉妹》救《すく》うて、之《これ》に乳《にゅう》す。長《ちょう》ずるに及《およ》んで、勇健《ゆうけん》にして大志有り。僅《わずか》に字を識《し》る《文字をほとんど知らなかった》。小字《しょうじ》は寄奴《きど》。嘗《かつ》て行《ゆ》いて《道を歩いていて》大蛇《たいだ》に遇《あ》い、撃って之《これ》を傷《きずつ》く(1)。

（五八一年）。

そして隋が陳を滅ぼすに及んで、南北の別はなくなり、統一が実現した（五八九年）。いまここでは、南朝《なんちょう》の王朝名を標題に挙げて記述をすすめ、その間に北朝《ほくちょう》の事跡《じせき》をはさんでゆくことにする。

劉裕大蛇を撃って宋朝を開くを知る

宋《そう》の高祖《こうそ》武《ぶ》皇帝《こうてい》は、姓は劉《りゅう》、名は裕《ゆう》といい、彭《ほう》城《じょう》（江蘇省銅山県）の人である。西漢の高祖《こうそ》の弟にあたる楚《そ》の元王劉《げんおうりゅう》交《こう》の後裔とされる。

劉裕《りゅうゆう》を生むとき、母親は命を失った。京口《けいこう》（江蘇省鎮江市）に流れ住んでいた父は、裕を養いきれず棄てようとしたのを、母かたの伯母《おば》が見かねて、自分の乳を与えて育てた。

成長するにつれて、武勇にすぐれ、大望を心に抱くようになったが、学問はほとんど身

後《のち》、その所に至るに、群児《ぐんじ》の薬《くすり》を擣《つ》くもの有るを見る。裕《ゆう》、問う、

「何をかなす」と。

答えて曰《いわ》く、

「吾《わ》が王、劉寄奴《りゅうきど》の為《ため》に傷《きず》つけらる」と。

裕《ゆう》、曰《いわ》く、

「何《なん》ぞ之《これ》を殺さざる」と。

児の曰く、

「寄奴《きど》は王者なり、死せず」と。

裕《ゆう》、之《これ》を叱す。即ち《たちまち》散じて見えざりき。

初め、劉牢之《りゅうろうし》の軍事《ぐんじ》に参《さん》たり。嘗《かつ》て賊《ぞく》を覘《うかが》わしむ《敵情を偵察させた》。賊、数千人に遇う。裕《ゆう》、長刀《ちょうとう》を奮《ふる》っ

につけなかった。

寄奴《きど》という幼名で呼ばれていたころ、たまたま通りすがりに大蛇に出あい、撃ちかかって傷を負わせた。しばらくしてその場所にもどってみると、子どもたちが薬をねりあわせている。わけをきくと、

「王さまが劉寄奴《りゅうきど》に傷をつけられたのだ」

という返事である。劉裕《りゅうゆう》はわざとたずねてみた。

「どうして仇《あだ》うちをしないんだ」

子どもたちは頭をふった。

「寄奴《きど》は天子になるやつで、死なないんだ」

そこで大声でどなりつけると、子どもたちはふっと見えなくなった。

劉裕はまず劉牢之《りゅうろうし》の軍隊の幕僚《ばくりょう》となった。あるとき、賊《ぞく》の動静を探りに派遣されたところ、数千の賊に遭遇した。劉裕は長刀をふるって、ただひとりで敵とわたりあった。味方の諸軍はそれに勢いを得てつき進み、さんざんに賊を打ち破った。劉裕はこのことで大い

て、独り之《これ》を駆《か》る《駆逐した》。衆軍《しゅうぐん》因《よ》って勢《いきお》いに乗《じょう》じて、進み撃って大《おお》いに之《これ》を破る。裕《ゆう》、是《これ》に由《よ》って名を知らる。

その後《のち》、将相《しょうしょう》たること《将軍、宰相を歴任して》、二十余年。桓玄《かんげん》《東晋末の佞臣》を誅《ちゅう》し、孫恩《そんおん》《東晋末の反徒》・盧循《ろじゅん》を平《たい》らげ、南燕《なんえん》・後秦《こうしん》を滅ぼし、卒《つい》に、晋《しん》の禅《ゆずり》を受く(2)。西涼《せいりょう》の李暠《りこう》卒《しゅつ》す。諡《おくりな》して武昭王《ぶしょうおう》と曰《い》う。子《こ》の歆《きん》立って数年。是《ここ》に至って、北涼《ほくりょう》の沮渠蒙《しょきょもう》遜《そん》の為《ため》に誘《あざむ》かれ、与《とも》に戦って、之《これ》に殺さる。西涼亡《せいりょうほろ》ぶ。

宋主《そうしゅ》在位三年。改元する者《こと》一《いち》、永初《えいしょ》と曰《い》う。殂《そ》す。太子《たいし》立つ。是《これ》を廃帝《はいてい》(少帝)(3)滎陽王《けいようおう》となす。

に名をあげた。

その後、二十余年にわたって、将軍《しょうぐん》・宰《さい》相《しょう》を歴任し、その間、桓玄《かんげん》を誅殺し、孫恩《そんおん》・盧循《ろじゅん》を討伐し、南燕《なんえん》・後秦《こうしん》を滅ぼし、ついに晋《しん》室の禅譲《ぜんじょう》を受けて、宋王朝《そうおうちょう》を開いた（四二〇年）のであった。

西涼《せいりょう》の李暠《りこう》が没した（四一七年）。諡《おくりな》を武《ぶ》昭王《しょうおう》という。子の李歆《りきん》が立って数年たったとき、北涼《ほくりょう》の沮渠蒙遜《しょきょもうそん》にあざむかれ、ともに戦って殺された。こうして西涼《せいりょう》は滅亡した（四二一年）。

宋《そう》の武帝《ぶてい》、劉裕《りゅうゆう》は、位について三年、年号を改めること一回で、永初《えいしょ》がそれである。病死して太子《たいし》が後を嗣《つ》いだ（四二二年）。これが廃帝《はいてい》（少帝《しょうてい》）滎陽王《けいようおう》である。

廃帝滎陽王は、名は義符《ぎふ》。年十七で位に即いた。喪中にありながら、儀礼をまもろうとせず、とめどもなく遊びに耽《ふけ》った。

北魏《ほくぎ》の国主の拓跋嗣《たくばつし》が病死した（四二三年）。諡《おくりな》を明元皇帝《めいげんこうてい》とし、廟号《びょうごう》を太宗《たいそう》とした。

廃帝滎陽王《はいていけいようおう》、名は義符《ぎふ》。年《とし》十七にして位《くらい》に即《つ》く。喪《も》に居《い》て礼《れい》無く、遊戯《ゆうぎ》、度無し《遊び戯れることに限度がなかった》。魏主嗣《ぎしゅし》（拓跋嗣）殂《そ》す。明元皇帝《めいげんこうてい》と諡《おくりな》し、廟《びょう》を太宗《たいそう》と号す。子の燾《とう》立つ。

宋主《そうしゅ》在位三年。改元する者一《ことといち》、景平《けいへい》と曰《い》う。徐羨之《じょせんし》・傅亮《ふりょう》・謝晦《しゃかい》、廃して之《これ》を弑《しい》す。宜都《ぎと》王《おう》立つ。是《これ》を太宗文皇帝《たいそうぶんこうてい》となす。

〔文帝《ぶんてい》〕

文皇帝《ぶんこうてい》、名は義隆《ぎりゅう》。素《もと》より令望有り《平素から人望があり》。少帝《しょうてい》の廃せらるるや、迎《むか》え入れられて位《くらい》に即《つ》く。

夏主勃勃《かしゅぼつぼつ》殂《そ》す。子の昌《しょう》立つ。

子の燾《とう》が後を嗣いだ。

宋の少帝《しょうてい》、劉義符《りゅうぎふ》は、位に在ること三年、年号を改めること一回で、景平《けいへい》がそれである。徐羨之《じょせんし》・傅亮《ふりょう》・謝晦《しゃかい》らが、少帝《しょうてい》を廃したうえで弑殺《しいさつ》し、宜都王《ぎとおう》がそのあとに立った（四二四年）。これが太宗文皇帝《たいそうぶんこうてい》である。

文皇帝《ぶんこうてい》の名は義隆《ぎりゅう》である。平素から名望が高く、少帝《しょうてい》が廃されると、迎え入れられて帝位に即《つ》いた。

陶淵明、印綬を解き

謝霊運、山沢に遊ぶ

晋《しん》の徴士陶潜《ちょうしとうせん》卒《しゅつ》す。潜《せん》、字《あざな》は淵明《えんめい》。潯陽《じんよう》の人。侃《かん》の曾孫《そうそん》なり。少《わか》くして高趣《こうしゅ》有り。嘗《かつ》て彭沢《ほうたく》の令《れい》となる。八十日にして郡《ぐん》の督郵《とくゆう》（巡視監督する役人）至る。吏、曰《いわ》く、

「応《まさ》に束帯して之《これ》に見《まみ》ゆべし」（礼装して出迎えなければなりません）と。

潜《せん》、歎《たん》じて曰《いわ》く、

「我、豈能《あによ》く五斗《ごと》米《べい》の為《ため》に、腰を折って郷里の小児に向かわんや」と。

即日印綬《そくじついんじゅ》を解いて（県令の印の印綬を返還して）去り、帰去来《ききょらい》の辞を賦し、五柳先生伝《ごりゅうせんせいでん》を著《あらわ》す。徴《め》せども就《つ》かず。自《みずか》ら先世（先祖）が晋《しん》の臣《しん》たるを以《も》って、宋《そう》の高祖《こうそ》の王業《おうぎょう》漸《ようや》く隆《さか》んなりし自《よ》り、復《ま》た肯《あ》えて仕《つか》えざりし

夏の国主の赫連勃勃《かくれんぼつぼつ》が没し、子の昌《しょう》が後を嗣《つ》いだ（四二五年）。

　晋《しん》の招きを辞《じ》していた隠士の陶潜《とうせん》が世を去った（四二七年）。陶潜は字《あざな》が淵明《えんめい》、潯陽《じんよう》（江西省九江市）の人で、東晋の功臣、陶侃《とうかん》の曾孫にあたる。若いときから高遠な志を抱いていた。彭沢《ほうたく》（江西省湖口県）の県令《けんれい》に任じられたことがあったが、八十日ほどたって、郡の巡察官《じゅんさつかん》がやってきたときに、部下から、

「束帯《そくたい》に身を正してお会い下さい」

といわれ、つくづくと歎息をついた。

「日に五斗の俸給米のために、田舎の小僧に腰をかがめてたまるものか」

　そして即日、印綬《いんじゅ》を解きすてて彭沢《ほうたく》を去り、「帰去来《ききょらい》の辞《じ》」「五柳先生伝《ごりゅうせんせいでん》」にその気持ちを託《たく》すると、二度と朝廷の召しに応じなかった。

　先祖が晋《しん》に仕えたことがあって、宋《そう》の武帝《ぶてい》の王業がだんだんと盛んになってからも、けっして仕官しようとせず、ここに生涯を終えた。世に靖節先生《せいせつせんせい》と呼ばれる。

が、是《ここ》に至って世を終《お》う。靖節《せいせつ》先生と号す。魏《ぎ》、数《しばしば》夏と戦う。是《ここ》に至って、その主、昌《しょう》を執《とら》えて、以《い》て帰る。

夏《か》の赫連定《かくれんてい》、帝を平涼《へいりょう》に称《しょう》す。

西秦《せいしん》の主《しゅ》、乞伏熾盤《きつぷくしはん》卒《しゅつ》す。子暮木《ぼぼく》（暮末又は慕末の誤り）立つ。

北燕《ほくえん》の馮跋《ふうばつ》、殂《そ》す。弟弘《おとうとこう》立つ。

夏主定《かしゅてい》、西秦《せいしん》を撃ち、暮木《ぼぼく》を以《い》て帰り、之《これ》を殺す。西秦《せいしん》亡ぶ。定《てい》、又《ま》た北涼《ほくりょう》を撃って、その地を奪わんと欲す。吐谷渾《とよくこん》、その軍を襲い、定《てい》を執《とら》えて魏《ぎ》に送る。夏《か》亡ぶ。吐谷渾《とよくこん》は、慕容氏《ぼようし》の別種なり。

北涼《ほくりょう》の沮渠蒙遜《しょきょもうそん》卒《しゅつ》す。子牧犍《ぼくけん》立つ。

北魏《ほくぎ》がしばしば夏と兵戈《へいか》を交え、やがて国《こく》主《しゅ》の赫連昌《かくれんしょう》を捕らえ、つれ帰った（四二八年）。夏では昌《しょう》の兄の赫連定《かくれんてい》が、平涼《へいりょう》（甘粛省平涼県）で、帝《てい》と名のった。

同じ年、西秦《せいしん》の国主《こくしゅ》の乞伏熾盤《きつぷくしはん》が死んで、子の乞伏暮末《きつぷくぼまつ》が後を継いだ。

北燕《ほくえん》の馮跋《ふうばつ》が没し、弟の弘《こう》が太子《たいし》の馮翼《ふうよく》を殺して位に即いた（四三〇年）。

その翌年、夏の赫連定が西秦を攻めて乞伏暮末を捕らえ、つれ帰って命を奪った。これで西秦が滅んだ。

赫連定はさらに北涼《ほくりょう》を攻めて、その地を奪おうとした。ところが吐谷渾《とよくこん》が夏《か》の軍勢を奇襲して、定《てい》を捕らえて北魏《ほくぎ》に送った。これで夏《か》が滅んだ。吐谷渾《とよくこん》というのは、慕容氏《ぼようし》の一種族である。

北涼《ほくりょう》の沮渠蒙遜《しょきょもうそん》が没し、子の牧犍《ぼくけん》が後を継《つ》いだ（四三三年）。

この年、宋《そう》の貴族、謝霊運《しゃれいうん》が反逆のとがで誅殺《ちゅうさつ》された。謝霊運は好んで山水に楽しみを

宋《そう》の謝霊運《しゃれいうん》、罪を以《も》って誅《ちゅう》せらる。霊運《れいうん》、好んで山沢《さんたく》の遊びをなす。従者数百人、木を伐《き》って径《みち》を開《ひら》く。百姓《ひゃくせい》驚擾《きょうじょう》す。或《ある》ひとその異志《謀反の意志》有るを表《ひょう》す。臨川《りんせん》の内史《ないし》となる。有司《ゆうし》、之《これ》を糾《ただ》す。収《とら》えらる。霊運《れいうん》、兵を興《おこ》して逃逸し、詩を作って曰《いわ》く、(4)

韓《かん》《戦国時代の韓》、亡んで子房《しぼう》《張良》奮い
秦《しん》、帝となって魯連《ろれん》《戦国時代斉の魯仲連》恥《は》ず

追討《ついとう》して、之《これ》を擒《とりこ》にし、広州《こうしゅう》に徙《うつ》す。已《すで》にして棄市《きし》せらる。

求めた。数百人の従者をつれ、森林に出あえば伐採して道をつけさせ、あたりの人びとを騒がせた。

謀反の下心があると上表する者があらわれ、とりあえずは不問に付《ふ》せられて、臨川郡《りんせんぐん》（江西省臨川県）の内史《ないし》に補《ほ》せられたが、やはり放逸《ほういつ》に耽《ふけ》ったので、司直《しちょく》のとがめるところとなり、身柄を拘束された。謝霊運は兵を挙げて逃れ去り、宋《そう》に推服できない心情を詩に托《たく》した。

韓《かん》、ほろんで張良《ちょうりょう》はふるい起《た》ち
秦《しん》、立って魯仲連《ろちゅうれん》は臣従を恥ず

文帝《ぶんてい》は謝霊運を追討して捕らえ、広州《こうしゅう》（広東省南海県）の地に移したが、やがて斬罪に処して、屍《しかばね》を市にさらした。

北魏《ほくぎ》が北燕《ほくえん》を攻めた。馮弘《ふうこう》は高句麗《こうくり》（朝鮮半島北部）に逃げこんだが、そこで殺された。ここで北燕は滅んだ（四三六年）。

魏《ぎ》、燕《えん》を伐《う》つ。馮弘《ふうこう》、高麗《こうらい》《高句麗》に奔《はし》って、殺さる。燕《えん》、亡ぶ。

魏《ぎ》、涼《りょう》《北涼》を伐《う》つ。姑臧《こぞう》潰《つい》ゆ。牧犍《ぼくけん》、降《くだ》り、後《のち》、殺さる。北涼《ほくりょう》亡ぶ。

魏《ぎ》、その司徒《しと》崔浩《さいこう》を殺す。浩《こう》、明元《めいげん》の時自《よ》り、已《すで》に謀臣《ぼうしん》となって、輒《すなわ》ち功有り《国のはかりごとに参画する大臣として功績があった》。道士の寇謙之《こうけんし》を信じ、魏主《ぎしゅ》に勧《すす》めて崇奉《すうほう》せしめ、天《てん》師道場《しどうじょう》を立つ。而《しこう》して、最《もっと》も仏法を悪《にく》み、沙《しゃ》門《もん》《僧侶》を誅《ちゅう》し、仏像・仏書を毀《こぼ》つ。

魏主《ぎしゅ》、浩《こう》に命じて、国史を修めしむ《編修させた》。先世の事を書するに、皆《みな》、実《じつ》を詳《つまび》らかにし、石に刊《かん》して、之《これ》を衢路《くろ》《大通りの辻》に立つ。北人、忿恚《ふんい》し、浩《こう》が

北魏はさらに北涼《ほくりょう》の討伐にもむかった。北涼の都の姑臧《こぞう》は壊滅し、沮渠牧犍《しょきょぼくけん》は降服してやがて殺された。ここで北涼《ほくりょう》も滅び（四三九年）、中国は南朝《なんちょう》の宋《そう》と北朝《ほくちょう》の北魏《ほくぎ》とが対立する形勢となった。

北魏で太武帝拓跋燾《たいぶていたくばつとう》が司徒《しと》の崔浩《さいこう》を誅殺《ちゅうさつ》した（四五〇年）。崔浩は明元帝拓跋嗣《めいげんていたくばつし》のころから、重臣として国政に与《あずか》って功績をあげた。道士《どうし》の寇謙之《こうけんし》を信じ、帝《てい》にもすすめて信奉させ、天師《てんし》道場なるものを建立させた。さらに仏教を徹底して忌《い》み嫌い、僧侶を殺し、仏像や経をこぼち棄てた。

太武帝になって、崔浩は国史の編纂を命じられたが、浩は帝の先代の事跡について、すべて事実を明らかにして記述し、石に刻んで街路の辻に立てた。

帝と先祖を共にする北の出の者たちは憤激し、国の恥をことさらに暴きたてるものだと糾弾した。太武帝《たいぶてい》も激怒し、崔浩《さいこう》を問責して誅殺《ちゅうさつ》し、一族も皆殺しにした。

国悪を暴揚《ばくよう》するを譖《しん》す《暴露し揚言したと攻撃した》。魏帝《ぎてい》、大《おお》いに怒り、
遂《つい》に案じて《事件としてとりあげ》之《これ》を誅《ちゅう》し、その族を夷《い》す《夷滅した》。

(1) 大蛇に遇い、撃って之を傷く…大蛇を斬ることが、のちに新しい王朝を開く前兆となることは、前漢の高祖にも例が見られる。

(2) 晋の禅を受く…帝位を奪うにあたって、名目上は前の王朝から譲られる形をとる方式は、後漢の献帝から魏の曹丕への禅譲に始まる。

(3) 廃帝…一度、帝位についたが、のち位から廃された者をいう。

(4) 詩を作って曰く…『宋書』謝霊運伝に見える。現在の王朝を悪名高い秦に見たてているのであるから、処刑されたのも、ある程度自ら招いた結果といえる。謝霊運の死は、いわば魏晋の名門貴族が、これ以降徐々に寒門武人に実権を奪われてゆく、序奏であった。なお、張良については、西漢の記事（本文一四九頁）参照。

隋「煬帝」――営造巡遊・虚歳無し

文帝

隋《ずい》の高祖《こうそ》文皇帝《ぶんこうてい》、姓は楊氏《ようし》、名は堅《けん》、弘農《こうのう》の人なり。相《あい》伝う、東漢《とうかん》の太尉《たいい》震《しん》(1)の後《後漢・安帝の時の楊震の後裔》たり、と。父の忠《ちゅう》、魏《ぎ》《北魏》及び周《しゅう》《北周》に仕えて、功を以《も》って隋公《ずいこう》に封《ほう》ぜらる。(2)堅《けん》、爵《しゃく》を襲《つ》ぐ《封爵をついだ》。堅《けん》、生まれて異有り《生誕にあたって異変があった》。(3)宅の旁《かたわら》に尼寺《にじ》有り。一尼《いちに》抱き帰って自《みずか》ら之《これ》を鞠《やしな》う《大事に育てた》。一日《いちじつ》尼《に》出《い》ず。その母に付し《実母にあずけ抱か》

楊堅外戚を以って周の祚を奪う

隋《ずい》の高祖《こうそ》文皇帝《ぶんこうてい》は、姓は楊氏《ようし》、名は堅《けん》、弘農《こうのう》（河南省霊宝県付近）の人である。後漢《ごかん》の太尉《たいい》楊震《ようしん》の後裔であると伝えられる。父の楊忠《ようちゅう》が北魏《ほくぎ》と北周《ほくしゅう》に仕えて功績を挙げて隋公《ずいこう》に封《ほう》ぜられ、堅《けん》はその爵位を継いだ。

楊堅は誕生にあたって怪異があった。それで生まれた家のかたわらにあった尼寺の尼の

て自《みずか》ら抱かしむ《せておいた》。角出《かくい》で鱗《りん》起こる。(4)母大《おお》いに驚いて之《これ》を地に墜《おと》す。尼《に》心動く。亟《すみやか》に《急いで》還《かえ》って之《これ》を見て曰《いわ》く、

「我が児《こ》を驚かして、晩《おそ》く天下を得しむるを致せり」と。

長ずるに《成長すると》及んで相表奇異なり《人相が普通でない》。周人《しゅうひと》、嘗《かつ》て武帝《ぶてい》に告ぐ、

「普六茹堅《ふりくじょけん》《楊堅》(5)、反相有り《謀反の相が出ている》」と。

堅《けん》、之《これ》を聞いて深く自《みずか》ら晦匿《かいとく》す《自分の才能を隠した》。女《じょ》《(堅の)娘が》、周《しゅう》の宣帝《せんてい》の后《きさき》となる。周《しゅう》の静帝《せいてい》立つ。堅《けん》、太后《たいこう》の父というを以《も》って政《まつりごと》を乗《と》り、遂《つい》に周《しゅう》の祚《そ》を《周王朝の帝位を奪って隋王》移せり《朝とした》。位に即《つ》いて九年、陳《ちん》を平らげて天下

一人が、連れ帰ってその手で育てていた。ある日のこと、その尼が出かけるというので、生みの母にあずけていった。母が抱いていると、突然角が生え、うろこができ、あまりの不思議さに思わず手を離して、堅を地面にとり落としてしまった。外出の途中、ふと胸さわぎがした尼は、急いで引きかえし、これを目にして天を仰いだ。

「あなたは自分の子を驚かして、天下を取る時期を遅らせてしまったのですよ」

成長するにつれて、人相がいよいよただびとではなくなってきた。北周《ほくしゅう》のある人が武帝《ぶてい》に、

「普六茹堅《ふりくじょけん》（楊堅《ようけん》）の顔には謀反の相が表れております」

と注進した。

それが楊堅《ようけん》の耳に入り、それから堅はすっかり自分の才智をあらわさないようになった。

やがて娘が北周《ほくしゅう》の宣帝《せんてい》の皇后《こうごう》となり、ついで静帝《せいてい》の代となった。楊堅は皇太后《こうたいこう》の父とい

一となる。

開皇《かいこう》二十年、太子《たいし》勇《ゆう》を廃《はい》して庶人となす。

初め帝《てい》、勇《ゆう》をして政事を参決せしむ。時に損益《損害と利益》有り。勇《ゆう》の性《性質は》は寛厚《かんこう》なり。率意《そつい》にして矯《きょう》飾《しょく》無し《無頓着で飾りたててごまかしたりしなかった》。帝《てい》の性は節倹なり。勇《ゆう》服用《衣服や用度品に》侈《おご》る。恩寵《おんちょう》始めて衰う《寵愛が衰えはじめた》。勇《ゆう》、内寵《ないちょう》多く、妃《ひ》《正妃》、寵無くして死す。而《しこう》して庶子《しょし》多し。独孤《どっこ》《勇の母親の》皇后《こうごう》、深く之《これ》を悪《にく》む。

晋王広《しんおうこう》弥《いよいよ》自《みずか》ら矯飾《きょうしょく》して、嫡《ちゃく》《正嫡の地位》を奪うの計をなす。后《こう》、帝《てい》を賛《たす》けて勇《ゆう》を廃せしめ、而《しこう》して広《こう》を立てて太子《たいし》となす。

竜門《りゅうもん》の王通《おうつう》、闕《けつ》《王闕》に詣《いた》って太平の十二策を献《けん》

う立場で、まず政治の実権を握り、結局は北周の帝位を奪った。

そして即位して九年ののち、陳《ちん》を平定して天下は統一されたのである。

開皇《かいこう》二十年（六〇〇年）、文帝《ぶんてい》は皇太子《こうたいし》の勇《ゆう》を廃嫡《はいちゃく》して庶人の身分におとした。

はじめ文帝《ぶんてい》は楊勇《ようゆう》を政治に参画させ、時として成功や失敗があった。勇は心が広く親切であり、また率直で飾り気がなかった。ところが文帝がつましく無駄を嫌ったのに対して、勇は服装や調度には奢るたちであったので、恩寵《おんちょう》にわずかにひびが入った。さらに勇は寵妾を多くかかえ、正妃《せいひ》の元氏《げんし》は見向きされない日がつづくまま悶死し、妾腹の子が大勢いた。勇の生母の独孤《どっこ》皇后《こうごう》はそのことでひどく勇をうとましく思うようになった。

勇の弟の晋王広《しんおうこう》は、さかんにうわべをとりつくろい、正太子《せいたいし》の地位を奪いとる策略を弄《ろう》した。そこで独孤《どっこ》皇后《こうごう》はついに文帝《ぶんてい》にすすめて、勇を廃立して、楊広《ようこう》を皇太子《こうたいし》に立てたの

ず。帝《てい》、用うること能《あた》わず、罷《や》めて帰り、河《か》《黄河》汾《ふん》《と汾水》の間《あいだ》に教授す。弟子、遠き自《よ》り至る者甚《はなは》だ衆《おお》(6)し。

仁寿《じんじゅ》四年、帝不予《ふよ》《天子は病気になった》なり。太子《たいし》《楊広》を召し、入《い》って殿中に居《お》らしむ。太子《たいし》、預《あらかじ》め帝の不諱《ふき》《崩御》の後《のち》の事を擬《ぎ》《準備して》し、書を為《つく》って僕射《ぼくや》(7)の楊素《ようそ》に問いて報《返事》を得たり。宮人、誤って帝《てい》の所に送る。帝《てい》之《これ》を覧《み》て大《おお》いに恚《いか》る。

帝の寵《ちょう》する所の陳夫人《ちんふじん》出《帝前から》でて、更衣し、太《たい》《着換え中を太子が犯そ》子《し》《うとし》の逼《せま》る所となり、之《これ》を拒《こば》んで免《まぬが》るるを得たり。帝《てい》、その神色の異なる有るを怪《精神状態と顔色が異常なのを》しんで、

である。

竜門《りゅうもん》(山西省河津県付近)の王通《おうつう》が、宮中に参内して、天下太平の十二条を献上したが、文帝は採用にふみきることができなかった。王通は仕官をやめて故郷に帰り、黄河《こうが》・汾水《ふんすい》の間の地方で学問を講述し、遠くから多勢の弟子が慕い集まった。

太子広、父を弑し兄を縊って即位す

仁寿《じんじゅ》四年(六〇四年)、文帝《ぶんてい》は病床に臥し、皇太《こうたい》子《し》を呼びよせて宮中に居らせた。太子は文帝の死後の処置を想定し、書信に認めて僕射《ぼくや》の楊素《ようそ》に送って意見を求めた。ところがその返書を、宮女が誤って帝の手許にとどけ、文帝はそれを見てひどく立腹した。

さらに文帝《ぶんてい》の寵愛した陳《ちん》の宣帝《せんてい》の娘の宣華《せんか》夫人《ふじん》が、帝の寝殿から出て着換えをしているところを、太子《たいし》が挑みかかった。はげしく拒んでやっと逃れたが、文帝はその顔色が尋常

故《ゆえ》を問う。

夫人《ふじん》泫然《げんぜん》として曰《いわ》く、

「太子《たいし》、無礼なり」と。

帝《てい》、恚《いか》って床《ゆか》を抵《う》って曰《いわ》く、

「畜生、何ぞ大事を付する《天下の事をまかせる》に足らん。独孤《どっこ》、我を誤る」と。

将《まさ》に故《もと》の太子《たいし》勇《ゆう》を召《め》さんとす。広之《こうこれ》を聞いて、右庶子《ゆうしょし》の張衡《ちょうこう》をして入《い》って、疾《やまい》に侍せしめ《病気を看病させ》、因《よ》って帝《てい》を弑《しい》せしめ、人を遣《や》って勇《ゆう》を縊《くび》り殺さしむ。

帝《てい》、性厳重にして、政事に勤む。令《れい》すれば《命令を出せばすぐ》行われ《実行され》、禁ずれば止む。財に嗇《しょく》《吝嗇》なりと雖《いえど》も、

でないのを怪しんで、わけを問いつめた。

夫人の眼から涙が溢れた。

「皇太子が道ならぬふるまいに及ぼうとなさいました」

文帝はこぶしで床を撃ちたたいて激怒した。

「人でなしめ、こんな奴に天下を渡せというのか。わしは独孤のために大事を誤った」

そしてもとの太子の勇を召し出そうとした。広《こう》はそれを聞きつけると、右庶子の張衡《ちょうこう》を宮中に入れて病床につきそわせることとし、隙を見て文帝を弑殺させ、さらに人をやって勇をもくびり殺させた。

文帝《ぶんてい》は厳格で軽々しいところがなく、政治にはげんだので、布令すれば行われ、禁制すれば止んだ。金銭には細かかったが、功績を賞するときには物惜しみしなかった。人びとをいつくしみ養い、農業養蚕を奨励し、労役を軽く租税を少なくし、自らの用度はごく切りつめた。こうして天下は帝の徳化をあおいだ。

功を賞するに吝《やぶさ》かならず。百姓《ひやくせい》《民びと》を愛養し、農《のう》桑《そう》を勧課《かんか》し、徭《よう》を軽くし、賦《ふ》を薄くし、自《みずか》ら奉《ほう》ずること倹薄なり。天下之《これ》に化す《教化された》。受禅《じゆぜん》《帝位を禅譲されたとき》の初め、民戸四百万に満たざりしが、末年には八百万を踰《こ》えたり。然《しか》れども自《みずか》ら詐《さ》力《りよく》を以《も》って天下を得たれば、猜忌苛察《さいきかさつ》にして、讒言《ざんげん》を信受し、功臣故旧《こうしんこきゆう》《功臣や知己旧友でも終わりまでその身を保った者はいなかった》、終始保全する者無し。

在位二十四年。改元する者《こと》二、開皇《かいこう》・仁寿《じんじゆ》と曰《い》う。太子《たいし》立つ。是《これ》を煬皇帝《ようこうてい》となす。

帝位を禅《ゆず》り受けたときには、民戸の数は四百万に満たなかったが、治世の末年には八百万戸を越えたほどであった。しかし、自ら謀略によって天下を得ただけに、猜疑《さいぎ》心《しん》が強く、細かく気をまわし、讒言《ざんげん》を真にうけることが多く、功臣や旧友でも、最後まで身を全うした者がいないほどであった。

位にあること二十四年、年号を改めることが二回で、開皇《かいこう》と仁寿《じんじゅ》がそれである。皇太子が位に即いた。これが煬皇帝《ようこうてい》である。

煬帝

煬皇帝《ようこうてい》、名は広《こう》。開皇《かいこう》の末、立って太子《たいし》となる。是《こ》の日、天下地震す(悪い前兆ではないかと思われた)。位に即《つ》くや、首《はじ》めに洛陽《らくよう》の顕仁宮《けんじんきゅう》を営《いとな》み(造営し)、江嶺《こうれい》(8)の奇材異石を発す(徴発した)。又《ま》た海内《かいだい》(四海のうち＝天下)の嘉木異草、珍禽奇獣を求めて、以《も》って苑囿《えんゆう》(庭園)に実《み》つ。

又《ま》た通済渠《つうさいきょ》(運河の名)を開き、長安《ちょうあん》の西苑《せいえん》自《よ》り、穀洛《こくらく》(穀水・洛水)の水を引いて、河《か》(黄河)に達し、河《か》を引いて汴《べん》(汴水)に入れ、汴《べん》を引いて泗《し》(泗水)に入れ、以《も》って淮《わい》(淮河)に達せしむ。

又《ま》た民を発して邗溝《かんこう》(9)(運河の名)を開いて江《こう》(揚子江)に入れ、

渠を開き宮苑を営み巡遊虚歳無し

煬皇帝《ようこうてい》の名は広《こう》である。開皇《かいこう》年間の末に皇太子《こうたいし》になった。その日、天下に大きな地震が起こった。

煬帝《ようだい》は位に即くや、まず洛陽《らくよう》を東京《とうけい》と定め、そこに顕仁宮《けんじんきゅう》という離宮を造った。そのために揚子《ようす》江《こう》から五嶺《ごれい》にかけて、得がたい材木や石を徴発し、また天下の優れた木や草、珍しい鳥や獣をさがし求めて、御苑を満たした。

煬帝《ようだい》は淮水《わいすい》と黄河《こうが》を結ぶ運河——通済渠《つうさいきょ》を開いた（六〇五年）。それはすでに文帝《ぶんてい》が開いた広通渠《こうつうきょ》と連なって、長安《ちょうあん》の西苑《せいえん》から穀《こく》水《すい》・洛水《らくすい》の水を引いて黄河に通じさせ、汴水《べんすい》に、汴水の水を泗水《しすい》に、そして淮水に通じさせるものであった。

さらに民びとを徴発して邗溝《かんこう》を開いて淮水

旁《かたわら》に御道《ぎょどう》《行幸道路》を築き、樹《う》うるに柳を以《も》ってす。長安《ちょうあん》自《よ》り江都《こうと》に至るまで、離宮を置くこと四十余所。人を遣《や》り江南《こうなん》に往《ゆ》いて、竜舟《りゅうしゅう》《天子の御座乗船》及び、雑船数万艘《そう》を造らしめ、以《も》って遊幸の用に備う。

西苑《せいえん》は周二百里。その内に海を為《つく》る。周十余里。蓬莱《ほうらい》・方丈《ほうじょう》・瀛洲《えいしゅう》(10)の諸山を為《つく》る《象ってつくった》。高さ百余尺。台観《楼台》宮殿、山上に羅絡《ららく》《からまりつながった》せり。海の北に渠《きょ》有り。縈紆《えいう》《くねくねと曲がって》して海に注《そそ》ぐ。渠《きょ》に縁《よ》って十六院を作る。門皆渠《みなきよ》に臨み、華麗を窮極せり。

宮樹凋落《ちょうらく》《葉がしぼんで落ちると》すれば、翦綵《せんさい》《色絹を切って》して花葉を為《つく》り之《これ》を綴《つづ》る。沼内《しょうない》にも亦《ま》た翦綵して荷芰菱茨《かきりょうけん》《はす・ひし・みずぶき》を為《つく》り、

と揚子江を結び、その岸ぞいに御道《ぎょどう》をつくって柳を植えた。そして長安《ちょうあん》から江都《こうと》（江蘇省江都県）まで、四十に余る離宮を造営した。また江南に人をやって、四階だての竜舟《りゅうしゅう》、および各種の舟数万隻を造らせて、遊幸のために備えさせた。

長安《ちょうあん》の西苑《せいえん》は周囲が二百里（約六〇キロメートル）あり、その中に人工の海をつくった。それは周囲が十余里あり、中に神仙が住むと伝えられる蓬莱《ほうらい》・方丈《ほうじょう》・瀛洲《えいしゅう》の三山を築いた。高さは百余尺で、山上には高台や宮殿が軒をつらねた。その北側に水路が開削《かいさく》され、めぐりめぐって海に注ぐ。水路にそって十六の宮殿が造営され、その門はすべて水路にむかって放たれ、すべて華麗をきわめていた。

御苑《ぎょえん》の木々が冬を迎えて凋落《ちょうらく》すると、布で花や葉をつくって飾りつけ、池の中も布で蓮《はす》や菱《ひし》をつくり、色があせかけるとすぐ新しいのにとりかえた。

月の夜、馬に乗せた宮女数千人をひきつれ

色渝《かわ》れば則《すなわ》ち新しき者に易《か》う。好んで月夜を以《も》って、宮女数千騎を従えて、西苑《せいえん》に遊び、清夜遊《せいやゆう》の曲を作って馬上に之《これ》を奏せしめたり。後《のち》又《ま》た永済渠《えいさいきょ》(運河の名)を開き、沁水《しんすい》を引き、南のかた河《か》《黄河》に達し、北のかた涿郡《たくぐん》に通ず。又《ま》た汾陽《ふんよう》宮《きゅう》を営む。又《ま》た江南河《こうなんが》(運河の名)を穿《うが》ち、京口自《けいこうよ》り余杭《よこう》に至ること八百里なり。

洛口倉《らくこうそう》を鞏《きょう》の東南の原上に置く。城《倉城の周囲は》の周《しゅう》二十余里。三千窖《こう》《あなぐら》を穿《うが》つ。興洛倉《こうらくそう》を洛陽《らくよう》の北に置く。城の周十里。三百窖《こう》を穿《うが》つ。窖皆《こうみな》八千石《こく》を容《い》る。

帝《てい》、或《あるい》は洛陽《らくよう》に如《ゆ》き、或は江都《こうと》に如《ゆ》き、或

て西苑《せいえん》に遊び、「清夜遊《せいやゆう》の曲《きょく》」を作って馬上で演奏させるのが、煬帝《ようだい》のなによりの楽しみであった。

その後、煬帝は永済渠《えいさいきょ》を開いた。それは沁《しん》水《すい》の水を引いて、南は黄河《こうが》に達し、北は涿郡《たくぐん》(河北省涿県)に通じさせるものであった。

また、(山西省静楽県付近の山上に)汾陽宮《ふんようきゅう》を造営した。さらに江南河《こうなんが》を鑿《うが》ち、それによって揚子《ようす》江《こう》南岸の京口《けいこう》(江蘇省鎮口市)から余杭《よこう》(浙江省杭州市)に至る八百余里が通じた。

煬帝《ようだい》は洛口倉《らくこうそう》という穀倉を、鞏《きょう》(河南省鞏県)の東南に設けた。周囲二十里余りの城郭を築いて、その中に三千の穴倉《あなぐら》を掘ったものである。また興洛倉《こうらくそう》を洛陽《らくよう》の北に設けた。城郭の周囲は十里で、三百の穴倉を掘った。穴倉はいずれも八千石の穀物をいれることができた。

煬帝《ようだい》はあるいは洛陽《らくよう》に行き、あるいは江都《こうと》(江蘇省江都県)に赴き、あるいは北方を巡《めぐ》

は北巡して楡林《ゆりん》・金河《きんか》に至り、或は五原《ごげん》に如《ゆ》き、長城《ちょうじょう》を巡り、或は河右《かゆう》を巡る。営造巡遊、虚歳《きょさい》無《な》し《何もない年はなかった》。

天下の鷹師《ようし》を徴《ちょう》す《徴集》。至る者万余人。天下の散楽《さんがく》を徴《ちょう》す。諸蕃《しょはん》来朝すれば《諸外国の使節が入朝した時には》、百戯《ひゃくぎ》を端門《たんもん》に陳《ちん》す。糸竹《しちく》《琴瑟・笙笛の類》を執《と》る者万八千人。月を終えて罷《や》む。費《ひ》巨万《きょまん》。歳《としどしも》と以って常となす。

高麗王《こうらいおう》を徴《め》して入朝《にゅうちょう》せしむ。至らず。大業《たいぎょう》七年、帝《てい》自《みずか》ら将として高麗《こうらい》を撃ち、天下の兵を徴《ちょう》して涿郡《たくぐん》に会《かい》せしむ《集合させた》。河南《かなん》・淮南《わいなん》・江南《こうなん》に勅《ちょく》して、戎車《じゅうしゃ》《戦争に使う車》五万乗《輛》を造らしめて、衣甲《いこう》等《とう》

って楡林《ゆりん》（内モンゴル自治区達拉特旗付近）、金河《きんか》（内モンゴル自治区呼和浩特市付近）にまで至り、あるいは五原《ごげん》（内モンゴル自治区五原県付近）に遊んで長城《ちょうじょう》に足をのばし、あるいは黄河《こうが》の北岸に沿ってへめぐり、ただの一年も造営か巡幸かのない年はなかった。

天下から鷹匠《たかじょう》を呼び集めてみると、やって来た者が一万人を超えた。また天下から散楽《さんがく》の楽士を呼び集め、蕃夷族が来朝する折にはもろもろの伎芸《ぎげい》を宮城の正門のところで演じて、それを迎えさせたが、楽器を手にする者だけで一万八千人に及び、一か月にわたって続けられた。その費用は幾万とも知れず、それが毎年毎年、恒例として繰りかえされた。

三度の高麗遠征に天下ようやく乱る

周囲の異民族のなかで、高句麗《こうくり》王だけが、朝貢《ちょうこう》を促す隋《ずい》の要求をはねつけた。大業《たいぎょう》七年（六一一年）、煬帝《ようだい》は自ら軍を率いて高句麗《こうくり》を討つこととし、天下の兵を徴

を供載《きょうさい》《登載の用に供し》し、河南《かなん》・河北《かほく》の民夫《みんぷ》を発《徴発》して軍須《ぐんしゅ》《軍需》に供《きょう》す。江淮《こうわい》《揚子江・淮河》以南の民夫《みんぷ》は、船をもて黎陽《れいよう》及《およ》び洛口《らくこう》諸倉の米を運ばしむ。舳艫《じくろ》《ぴったり連なって》千里、往還《ゆきかえり》するもの常に数十万人。昼夜《ちゅうや》絶えず。死する者相枕《あいまくら》《互いに枕となった》す。天下騒動し、百姓《ひゃくせい》《人びと》窮困し、始めて相《あい》聚《あつ》まって盗をなす。

漳南《しょうなん》の竇建徳《とうけんとく》の兵《へい》起こる。

発して涿郡《たくぐん》に集結させた。そして河南《かなん》・淮《わい》南《なん》・江南《こうなん》に勅命を下して兵車五万輛《りょう》を造らせて軍衣や武器を運ぶ用にあて、河南《かなん》・河北《かほく》から人夫を徴発して雑役にあたらせ、江淮《こうわい》より南から集めた人夫には、船で黎陽倉《れいようそう》及び洛口《らくこう》倉《そう》の米を運ばせた。

その船隊は舳《へ》先《さき》と艫《とも》とを接して千里の長さを絶えることなく、数十万人が常にその往復の船曳《ひ》きに従事して、それが昼に夜を継いだので、倒れて死ぬ者が重なりあうほどとなった。ここにおいて天下の安寧は全く失われ、人びとは生きてゆけぬまでに追いつめられたあげく、徒党《ととう》を組んで流賊となる動きが芽ばえ、まず漳南《しょうなん》(山東省徳州市付近)で竇建徳《とうけんとく》が反乱を起こした。

(1) 東漢の太尉震…安帝の時、三公に進みながら、宦官と対立してその中傷によって死んだ楊震《ようしん》のこと。「天知る。地知る。子知る。我知る」の、いわゆる「楊震の四知」でも有名。ただし楊堅が楊震の後裔であるというのは、系譜を偽作したもので、事実ではない。

(2) 隋公に封ぜらる…戦国時代の随国の地（現在の湖北省随県）に封ぜられたもので、本来は「随公」とあるべきところ、隋の高祖文帝となった楊堅が国号を定めるとき、帝位が「去る」のを嫌って、歩行を意味する「辶」（しんにゅう）を削って、「隋」の字とした。

(3) 生まれて異有り…紫色の瑞気がたちこめ、手のひらに王という字が浮きでていたといわれる。

(4) 角出で鱗起こる…竜の姿に化そうとしたこと。竜は天子を象徴する。

(5) 普六茹堅…文帝の父の楊忠は、西魏の重臣で恭帝から普六茹という鮮卑族の姓を賜わっていたので、文帝楊堅も普六茹堅の名で呼ばれていた。

(6) 弟子〜甚だ衆し…初唐の名臣の魏徴《ぎちょう》や房玄齢《ぼうげんれい》らも、王通の門人であった。

(7) 僕射…尚書省の長官。もともとは、ある単位の長となる者の称。はじめはいろいろな官に僕射が置かれたが、のち尚書僕射だけが残り、宰相の役割をつとめるようになった。

(8) 江嶺…「江」は揚子江、「嶺」は、広西壮族自治区西南部の、大庾・始安・臨賀・桂陽・掲陽の、いわゆる五嶺。

(9) 邗溝…江都（揚州）から淮安（山陽）に通じる運河。山陽瀆《さんようとく》ともいう。現在の淮南運河。

(10) 蓬萊・方丈・瀛洲…いずれも東海中にあるとされた神山。秦「始皇帝」の補注七（一三三頁）参照。

第六部　隋から唐まで

隋《ずい》末の混乱にあって「中原の鹿」（帝位）を手に入れたやはり鮮卑系と考えられる唐王朝は、三代目の太宗に至って完全に天下を統一し、また隋の律令制をさらに発展させて、いわゆる「貞観《じょうがん》の治」の盛世を招来するとともに、実質的にも漢人貴族の手から権力を奪いとり、さらには対外的にも大きく発展した。

つづく高宗《こうそう》の皇后の則天武后《そくてんぶこう》は、高宗の病弱にも乗じて実権を奪い、さらに自分に反対した鮮卑系支配集団を排斥し、それに代わる人材を科挙の合格者に求めた。

武后とそれにつづく中宗の皇后韋后と、六十年間の女性による統治という中国史上でも特異な時期は、玄宗の手によって終わりを告げ、開元・天宝と「大唐の春」は華ひらいた。

しかしやがて安史の乱によって、唐王朝の基礎は大きくゆらぎ、そののちは内に宦官、外に節度使の専横があり、官僚たちが党争にあけくれる中にあって、王室の威信はふたたびかつての栄光をとりもどすことはなかった。そして九世紀末にいたって、黄巣の乱によって、わずかにその命脈を支えていた南方の穀倉地帯が失われるとともに、世界帝国を誇った唐は巨木の倒れるが如く滅亡した（九〇七年）。

唐「李世民（太宗）」――禍を転じて福となす

唐《とう》の高祖神堯皇帝《こうそしんぎょうこうてい》、姓は李氏《りし》、名は淵《えん》、隴《ろう》西成紀《せいせいき》の人なり。西涼《せいりょう》《五胡十六国の一》の武昭王暠《ぶしょうおうこう》の後《こう》なり。祖の虎《こ》、西魏《せいぎ》に仕えて功有り。隴西公《ろうせいこう》に封《ほう》ぜらる。父の昞《へい》、周《しゅう》の世に於《お》いて唐公《とうこう》に封ぜらる。淵《えん》、爵を襲う《爵位をついだ》。

隋《ずい》の煬帝《ようだい》、淵《えん》を以《も》って弘化《こうか》の留守《りゅうしゅ》(1)となす。衆《しゅう》を御《ぎょ》すること《人々を統御するのに》寛簡《かんかん》なり。人多く之《これ》に附《つ》く。煬帝《ようだい》、淵《えん》の相表奇異《そうひょうきい》《人相が普通でなく》にして、名、図讖《としん》《劉淵》に応ず《李淵という名が予言書の言葉に》

李世民、父に決起を説く

唐《とう》の高祖神堯皇帝《こうそしんぎょうこうてい》は、姓は李《り》氏《し》、名は淵《えん》といい、隴西成紀《ろうせいせいき》（甘粛省奉安県付近）の人である。西涼《せいりょう》の武昭王李暠《ぶしょうおうりこう》の後裔にあたる。祖父の李虎《りこ》は西魏《せいぎ》に仕えて功績をあげ、隴西公《ろうせいこう》に封《ほう》じられ、父の李昞《りへい》は北周《ほくしゅう》のとき唐公《とうこう》に封ぜられた。そして李淵《りえん》はその爵位《しゃくい》を嗣《つ》いだ。

隋《ずい》の煬帝《ようだい》が淵を弘化郡《こうかぐん》（甘粛省慶陽県）の留守《りゅうしゅ》としたところ、部下の統率にあたって、ごく寛大で細かなことをとやかくいわなかったので、信服する者が多かった。さらに淵の人相がいかにも非凡であり、その上、李淵《りえん》という名が、予言書にいう隋室《ずいしつ》を滅ぼす者に合

(2)るを以《も》って之《これ》を忌《い》む《照応するというので嫌った》。淵懼《えんおそ》れ、酒を縦《ほしいまま》にし賂《ろ》を納《い》れて以《も》って自《みずか》ら晦《くら》ます《本来の自分を隠した》。

天下盗《盗賊》起こる。淵《えん》を以《も》って山西《さんせい》・河東《かとう》の撫《ぶ》慰大使《いたいし》(3)となす。制を承《う》けて黜陟《ちゅっちょく》し《勅命をうけてから地方官の免職・昇進をしつつ》、群盗を討捕して多く捷《か》つ。突厥《とっけつ》、辺に冠《あだ》す。淵に詔《みことのり》して之《これ》を撃たしむ。

淵《えん》の次子世民《せいみん》、聡明勇決にして、識量人に過ぐ。隋室の方《まさ》に乱るるを見て、陰《ひそ》かに天下を安んずるの志《こころざし》有り。晋陽《しんよう》の宮監《離宮の監督官》裴寂《きゅうかんはいせき》・晋陽《しんよう》の令《県の長官》劉文静《れいりゅうぶんせい》と相《あい》結ぶ。

文静《ぶんせい》、世民《せいみん》に謂《い》いて曰《いわ》く、

「今、主上《煬帝》南巡《しゅじょうなんじゅん》し、群盗万《ぐんとうまん》もて数《かぞ》う。此《こ》の際

していたので、煬帝《ようだい》は淵《えん》を憎しみと疑いの目で見るようになった。それを察した李淵は、わざと酒びたりになったり、賄賂《わいろ》を受けとったりして、なんとか凡庸な人物を装おうとした。

天下に反乱が相継いで起こった。煬帝は淵を山西《さんせい》・河東《かとう》の撫慰大使《ぶいたいし》に任命した。淵はこんどは地方官の任免にも煬帝の了承を得るようにしながら、次から次へと叛徒を討ち平らげた。そこでその後、突厥《とっけつ》が辺境に侵入してきた時にも、討伐の詔《みことのり》が淵に下った。

さて淵の次子の世民《せいみん》は、聡明であるうえに、勇気と決断に富み、その識見と度量もまた人なみはずれて優れていた。隋《ずい》の世が乱れに乱れているのを見て、天下を平定しようという大望を心に抱いた。そして共に事をなす仲間として、晋陽県《しんようけん》(山西省太原市)の離宮長官の裴寂《はいせき》と、県令の劉文静《りゅうぶんせい》の二人を発見した。

文静がまず世民に説いた。

「いま、主上《しゅじょう》は南へ巡幸したまま江都《こうと》にとど

に当たり、真主《しんしゅ》《真の主君》有って駆駕《くが》《かりたて使う》して之《これ》を用いば、天下を取らんこと掌《たなごころ》を反《かえ》すが如《ごと》き耳《のみ》。太原《たいげん》の百姓《ひゃくせい》《人びと》収拾せば、十万人を得べし。尊公《貴方の父上》の将たる所の兵復《ま》た数万人あり。此《これ》を以《も》って虚《この隙に》に乗じて関に入り《関中に入り》、天下に号令せば、半年を過ぎずして、帝業《天下がとれましょう》成らん」と。

世民《せいみん》笑いて曰《いわ》く、

「君が言、正《まさ》に我が意に合えり」と。

乃《すなわ》ち陰《ひそ》かに部署《賓客を各部所に配置した》す。而《しこう》して淵《えん》は知らざるなり。

会《たまたま》淵《えん》の兵、突厥《とっけつ》を拒《ふせ》いで利あらず、罪《戦いに敗》を得《けた罪を咎められることを恐れた》んことを恐る。世民《せいみん》、間《かん》に乗《じょう》じて淵《えん》に説く、

まり、その留守の間に中原《ちゅうげん》は、万をもって数えられる叛徒が群がり起こっています。この機に乗《じょう》じて真の天子《てんし》たる人物が、その連中をうまく統率して使いこなしたならば、天下を取ることなど、わけはありません。まずここ唐《とう》の地、太原《たいげん》の民から集めて十万人、御尊父の配下にも数万人はいましょう。これだけいれば、いまのこの隙《すき》に乗《じょう》じて関中《かんちゅう》に入り、天下に号令を発したなら、統一の成就に半年はかかりますまい」

世民《せいみん》の顔に会心の笑みが浮かんだ。

「ささて、世の中には同じことを考える人もいるものだな」

そしてひそかに手はずをととのえはじめたが、李淵《りえん》にはなにひとつ知らさなかった。

ちょうどそのころ、突厥《とっけつ》と戦った部下が戦いに敗れ、李淵は煬帝《ようだい》の怒りを気に病んでいた。世民はここぞと、人気《ひとけ》のないときをみすまして、その耳にささやいた。

「むしろ禍いを転じて福とする機会ではあり

「民心《朝廷を見限っている民の心》に順《したが》いて義兵を興さば、禍《わざわい》を転じて福《さいわい》となさん」と。

淵《えん》、大いに驚いて曰《いわ》く、

「汝《なんじ》、安《いずく》んぞ《どうして、そんな事を言うのか》此《こ》の言をなすを得ん。吾《われ》、今、汝を執《とら》えて県官《けんかん》に告げん」と。

世民《せいみん》、徐《おもむろ》に《ゆっくりと》曰《いわ》く、

「世民《せいみん》、天の時人《ときひと》の事を観《み》るに此《かく》の如《ごと》し。故に敢《あ》えて言を発す。必ず執《とら》えて告ぐとも、敢えて死を辞せず」と。

淵《えん》曰く、

「吾《われ》、豈《あに》告ぐるに忍びんや。汝《なんじ》、慎《つつし》んで口より出《いだ》す勿《な》かれ」と。


ませぬか、そのためには民心に順《したが》って正義の旗あげをすることです」

　さすがの李淵《りえん》も、どぎもを抜かれた。

「なんということを言う。すぐにもひっとらえて、役人に引き渡すぞ」

　世民《せいみん》は声音《こわね》ひとつ変えなかった。

「この世民が見きわめた天と人の流れがそうなっているのです。だからそう申しあげました。つかまえて訴えなくてはならぬといわれるのでしたら、わたくしが死ぬのもやむを得ません」

　淵は首をよこにふった。

「そんなことはできん。だからおまえもよくよく口をつつしむのだぞ」

　しかし、その翌日、世民はさらに強くおした。

「隋《ずい》にとって代わるという予言に合うのは李《り》氏《し》に違いないと、そう世間でいっているのはご存じと思います。だからこそ李金才《りきんさい》の一族は、理由もなく皆殺しにされました。父上が

明日、復《ま》た説いて曰く、

「人皆《みな》伝う、李氏《りし》当《まさ》に図讖《としん》に応ずべし、と。故に、李金才《りきんさい》は故《ゆえ》無くして族滅《ぞくめつ》《一族皆殺しに会う》せられぬ。大《たい》《父上》人《じん》能《よ》く賊を尽くさば、則《すなわ》ち功高くして賞《しょう》せられず、身益《ますます》と危うからん。惟《た》だ昨日の言、以《も》って禍《わざわい》を救うべし。此《こ》れ万全《ばんぜん》の策なり。願わくは疑う勿《な》かれ」と。

淵《えん》、歎《たん》じて曰《いわ》く、

「吾一夕《われいっせき》、汝《なんじ》の言を思うに、亦《ま》た大いに理《り》有り。今日、家を破り身を亡《ほろ》ぼすも、亦《ま》た汝に由《よ》らん。家を化《か》して国となすも、亦《ま》た汝に由《よ》らん」と。


かりにここで叛賊を一掃されたとしても、その功績が大きければ大きいほど、恩賞にあずかるどころか、身の危険がいよいよさし迫るだけのことです。きのう申しあげましたことば、これだけが父上を禍いから救いだす道です。準備には万に一つの手ぬかりもありません。どうかわたくしを信じていただきたく存じます」

　李淵《りえん》の返事には、むしろあきらめにも似た響きがあった。

「ゆうべ一晩、おまえのいったことを考えてみたが、そのとおりかも知れん。よろしい、わが家が絶え、この身が滅びるのも、おまえのせい、わが家がそのまま天下と化するのも、おまえのせい――それでいこう」

是《これ》より先、裴寂《はいせき》、私《ひそ》かに晋陽《しんよう》の宮人《きゅうじん》を以《も》って淵《えん》に侍《じ》せしむ《(寝所に)》。淵《えん》、寂《せき》に従って《寂の家に行って》飲む。酒酣《たけなわ》にして寂《せき》曰く、

「二郎《にろう》《次男(世民)》陰《ひそ》かに士馬を養い、大事を挙げんと欲するは、正《まさ》に寂《せき》が宮人を以《も》って公《こう》《李淵》に侍《じ》せしめ、事覚《あら》われなば併《あわ》せ誅《ちゅう》せられんことを恐るるが為耳《ためのみ》」と。

会《たまたま》煬帝《ようだい》、淵《えん》が寇《こう》を禦《ふせ》ぐこと能《あた》わざるを以《も》って、使者を遣《つか》わし、執《とら》えて江都《こうと》《揚州》(4)に詣《いた》らしむ。世民《せいみん》、寂等《せきら》と、復《ま》た説《い》いて曰《いわ》く、

「事已《ことすで》に迫れり。宜《よろ》しく早く計《けい》を定むべし。

李淵長安を陥れ唐王朝を開く

いっぽう裴寂《はいせき》もまた、以前から手を打っていた。晋陽《しんよう》の離宮の宮女《きゅうじょ》を、内々に連れだして李淵《りえん》に侍《はべ》らせておいたことである。そしてある日李淵がやってきて酒宴となり、それが酣《たけなわ》となったころ、いかにもすまなげにこう告げた。

「ご次男どのがこっそり兵馬を蓄《たくわ》え、大事に踏みきろうとしておられるのは、わたくしが宮女をお側に侍らせたことが発覚して自分もまきぞえになるのを恐れられてのことなのです」

時を同じくして、煬帝《ようだい》は李淵《りえん》が突厥《とっけつ》の侵攻を防ぐことができなかったとして、淵を捕らえて江都《こうと》に引きたてる命令を持った使者を遣わしてきた。世民《せいみん》は裴寂《はいせき》たちと淵に迫った。

「事はさしせまりました。決断をするにも急がねばなりません。よろしいですか。晋陽《しんよう》の

且《か》つ晋陽《しんよう》の士馬は精強にして、宮監《きゅうかん》の蓄積は巨万《きょまん》なり。代王《恭帝侑》幼冲《だいおうようちゅう》にして、関中《かんちゅう》の豪傑並《なら》び起これり。公若《こうも》し鼓行《ここう》して西《にし》し《堂々と大鼓を打って西へ行軍し》、撫《ぶ》して之《これ》を有《ゆう》せば、嚢中《のうちゅう》の物を探るが如《ごと》き耳《のみ》」と。

淵乃《えんすなわ》ち召募《しょうぼ》して兵を起こす《兵を募って軍を起こした》。遠近赴き集まる。仍《よ》って使《つか》いを遣わして《背後の突厥とも和を結び》兵を突厥《とっけつ》に借る。

世民《せいみん》、兵を引《率いて》いて西河《せいか》を撃って之《これ》を抜き、郡《ぐん》丞《じょう》(5)高徳儒《こうとくじゅ》を斬《き》り、之《これ》を数《せ》めて曰《いわ》く、

「汝《なんじ》、野鳥を指して鸞《らん》《太平の世に現れるという鳥》となし、以《も》って人主《じんしゅ》を欺《あざむ》く。吾《われ》義兵を興すは、正《まさ》に佞人《ねいじん》を誅《ちゅう》せんが為耳《ためのみ》」と。

兵を進めて霍邑《かくゆう》を取り、臨汾《りんぷん》・絳郡《こうぐん》に克《か》ち、

軍隊は精強です。離宮には巨万の物資が蓄えてあります。代王《だいおう》はほんの幼少で、関中《かんちゅう》では一方の首領たちがわれもわれもと旗あげをしています。ここで父上が気勢をあげて西に向かい、かたや優遇をたねに連中を誘いこめば、大事が成功するのは袋の中のものをさぐり取るようなものです」

そこで淵《えん》は兵を募って行動を起こした。遠近の地方からつぎつぎと馳せ参じる者が集まった。そして使者をやって突厥《とっけつ》からも軍勢を借りた。

世民がまず兵を率いて西河郡《せいかぐん》（山西省汾陽県）を攻め落とした。そして郡の次官の高徳儒《こうとくじゅ》を引きすえ、こう責めたてたうえで斬ってみせしめにした。

「おまえは野鳥がいるのを瑞鳥《ずいちょう》の鸞《らん》が出たなどといいたてて、主君をたぶらかし取りいった。われわれが義兵を起こしたのは、おまえのような佞人《ねいじん》を誅殺《ちゅうさつ》するためなのだ」

世民《せいみん》はさらに兵を進め、霍邑県《かくゆうけん》（山西省霍

韓城《かんじょう》を下し馮翊《ひょうよく》を降す。淵《えん》、兵を留《とど》めて河《か》東《とう》を囲み、自《みずか》ら兵を引いて西し、世子《せいし》建成《けんせい》を遣わして、潼関《どうかん》を守らしむ。世民《せいみん》、渭《い》北《ほく》を徇《とな》う《服属させて歩く》。関中《かんちゅう》の群盗、悉《ことごと》く淵《えん》に降る。

諸軍を合わせて長安《ちょうあん》を囲んで、之《これ》に克《か》ち、恭帝《きょうてい》を立つ。淵《えん》、大丞相《だいじょうしょう》・唐王《とうおう》となり、九《きゅう》錫《しゃく》を加う。(6) 尋《つ》いで禅《ゆずり》《帝位を禅譲され》を受け、(7) 子建成《けんせい》を立てて皇太子《こうたいし》となし、世民《せいみん》を秦王《しんおう》となし、元吉《げんきつ》を斉《せい》王《おう》となす。

県）を取り、臨汾県《りんぷんけん》（山西省臨汾県）・絳郡《こうぐん》（山西省絳県付近）を抜き、韓城県《かんじょうけん》（陝西省韓城県）を下し、馮翊郡《ひょうよくぐん》（陝西省大荔県）を陥《おと》した。

　李淵《りえん》は、河東郡《かとうぐん》（山西省永済県）の囲みに一隊を留めると、残りを率いて西に向かい、世嗣《よつぎ》の子の建成《けんせい》を潼関《どうかん》（陝西省潼関県）の守りに遣わし、世民《せいみん》には渭水《いすい》の北の地を説き従わせてまわらせた。こうして関中《かんちゅう》の反乱者たちは、すべて李淵のもとに降った。

　そこで李淵は、諸部隊をすべてまとめると、都長安《ちょうあん》を包囲し、ついに攻略して乗りこみ、煬帝《ようだい》のかわりに恭帝《きょうてい》を天子《てんし》に立てた（六一七年）。

　淵は大丞相《だいじょうしょう》・唐王《とうおう》となり、九錫《きゅうしゃく》を賜《たま》わった。そしてやがて隋《ずい》から帝位を受けたのである（六一八年）。即位すると長子の建成を皇太子《こうたいし》に立て、弟の世民を秦王《しんおう》に、元吉《げんきつ》を斉王《せいおう》とした。

（1）留守…天子が行幸や征討に出かけている間、代わって都を守る官。また、国が非常事態のとき、ある地方に限定して臨時に、皇帝の大権を委譲される官。

（2）名、図讖に応ずる…「図讖」とは予言書のこと。この頃唐が隋に代わる予兆とされたものには北周の衛元嵩《えいげんすう》の詩に「深水、黄楊を没す」とあるのが、「深水」は「淵」ですなわち李淵を指し、それが隋の楊氏を滅ぼすことを示すとされたこと、及び隋・煬帝の記事にある民謡などがある。

（3）撫慰大使…勅命によって、地方に赴いて治安の維持に当たる者。

（4）江都…今の揚州《ようしゅう》。隋の煬帝は、後年、天下の騒乱をよそに、江都で遊楽にふけっていた。

（5）郡丞…郡で太守に次ぐ官。

（6）九錫を加う…「錫」は「賜」に通じ、「九錫」とは、とくに功績のあった臣下に対して、天子から賜る九つの品及び特典で、輿馬・衣服・楽器・虎賁《こほん》（勇者三百人）・弓矢・鈇鉞《ふえつ》（おのとまさかり＝生殺の権）・秬鬯《きょちょう》（祭りに使う酒）・朱戸（門を朱塗りにする特典）・納陛（外に露出しない階段＝それを使って宮殿に升降する特典）の九つ。これを下賜することは、天子がその臣に対して帝位を禅譲する前提とされるので、これ以降、帝位を狙う権臣が天子にその下賜を強要したり、また天子から権臣の機嫌をとるために与えたりすることがしばしば行われた。

（7）禅を受け…宋「陶淵明」の補注二（二四一頁）参照。高祖が長安に入るなり恭帝を立てたのは、王朝を開く際に禅譲の形式を取るための処置であった。

唐「魏徴」――臣をして忠臣とならしむること勿かれ

上書して佞臣《ねいしん》を去らんと請う者有り。曰《いわ》く、

「願わくは陽《いつわ》り怒って以《も》って之《これ》を試《ため》みよ（ためしてみなさい）。理《り》（道理）を執《と》って（を主張して）屈《くつ》せざる者は直臣《ちょくしん》なり。威《い》（威光）を畏《おそ》れて旨《むね》に順《したが》う（言うままになる）者は佞臣《ねいしん》なり」と。

上《しよう》曰《いわ》く、

「吾自《われみずか》ら詐《いつわり》をなさば、何を以《も》ってか臣下の直《ちょく》を責めんや（正直であれと要求できようか）。朕方《ちんまさ》に至誠を以《も》って天下を治めん」と。


そのころ、佞臣《ねいしん》を側近から退けるようにと上書する者があった。そしていうには、

「わざと筋の通らぬ叱責《しっせき》をしてみせておためし下さいますよう。道理をたてにあくまで屈せぬ者が直臣であります。ご威光をはばかって仰せ通りに従おうとする者が佞臣であります」

太宗《たいそう》は色を変えた。

「余がみずからいつわりをしておいて、どうして臣下に直であれと強制できよう。朕《ちん》はひたすらまことをもって天下を治めるまでだ」

また盗賊を撲滅《ぼくめつ》するために刑罰をきびしくするよう建言する者に対しては、こう答えた。

或《ある》ひと法を重くして盗《とう》を禁ぜんと請う。上《しょう》曰《いわ》く、

「当《まさ》に奢《おごり》を去って費《ついえ》を省き《奢侈をやめて費用をはぶき》、徭《よう》を軽《かろ》くし《夫役を軽減して》賦《ふ》を薄くすべし《税金も少なく》。廉吏《れんり》を選用して《廉潔な役人を登用して》、民の衣食をして余《あまり》有らしめば《衣食に余裕が出るようにすれば》、自《おのずか》ら盗をなさじ。安《いずく》んぞ重法を用《もち》いんや」と。

是《これよ》自り数年の後、路遺《お》ちたるを拾わず《路に落としものがあっても私しない》、(1)商旅《行商人や旅人》野宿せり。上《しょう》、嘗《かつ》て曰《いわ》く、

「君は国に依《よ》り、国は民に依《よ》る。民を刻《こく》して《民を苛刻に扱って》以《も》って君に奉《ほう》ずるは、猶《なお》肉を割《さ》いて《自分の肉を》以《も》って腹に充《み》つるがごとし。腹は飽くとも身は斃《たお》れん。君は富むとも国は亡《ほろ》びん」と。

「上の者が贅沢《ぜいたく》を止めて費用を省き、民の労役や租税を軽くすることである。そして廉潔《れんけつ》な官吏を選んで用い、人びとの衣食を余りあるようにすれば、盗みなど自《おのず》からなくなろう。どうして刑を重くする必要があろう」

そして数年たってみると、落とし物をふところに入れようとする者もいなくなり、旅びとも安心して野に泊まるようになった。

太宗《たいそう》はまたこうもいった。

「国があればこそ君があり、民があればこそ国があるのだ。民をしぼりあげて君のものにするのは、わが肉を切りさいて腹を満たそうというようなものだ。腹はくちくなっても、身体の命は失われる。君が富み栄えるときは、国が滅びるときなのだ」

さらにまた、あるとき側近の者にこう問いかけた。

「西域《せいいき》のえびすの商人は、美珠を手に入れると、わが身を切り裂いてそのなかにかくすと耳にしたことがある。ほんとうにこのような

又《ま》た嘗《かつ》て侍臣に謂《い》って曰《いわ》く、

「聞く、西域《せいいき》の賈胡《ここ》《外国人の商人》、美珠を得れば、身を剖《さ》いて之《これ》を蔵《おさ》《蔵匿する》む、と。諸《これ》有りや」と。

曰《いわ》く、

「之《これ》有り」と。

曰《いわ》く、

「吏の賕《きゅう》《わいろ》を受けて法に抵《いた》《抵触する》ると、帝王の奢欲《しゃよく》《奢侈欲望のま》に徇《したが》《まにしたがって》いて国を亡《ほろ》ぼす者と、何を以《も》ってか、此《こ》の胡《こ》の笑うべきに異ならんや」と。

魏徴《ぎちょう》曰《いわ》く(2)、

「昔、魯《ろ》の哀公《あいこう》、孔子《こうし》に謂《い》って曰《いわ》く、『人の好く忘るる《よくもの忘れをする》者有り、宅を徙《うつ》《引越しをして》してその妻を忘れ

ことがあるのか」

　その通りであると聞かされて、太宗《たいそう》は重々しくこう述べた。

「官吏で賄賂《わいろ》を受けとって刑に処せられる者や、帝王で奢侈《しゃし》に耽《ふけ》って国を滅ぼす者は、どうしてこのえびすの愚かしさと異なるところがあろうか」

　魏徴《ぎちょう》が思わず身をのりだした。

「昔、魯《ろ》の哀公《あいこう》が孔子《こうし》に、『ひどいもの忘れをする男がいて、家を移すのに女房を忘れてきたそうだ』といったところ、孔子は『もっとひどいのがいます。桀《けつ》や紂《ちゅう》などはわれとわが身を忘れました』と答えられたそうです。すぐれた方の考え方というものは、よく似るものと知りました」

たり』と。孔子《こうし》曰《いわ》く、『又《ま》た甚《はなは》だしき者有り、桀《けつ》・紂《ちゅう》は、乃《すなわ》ちその身を忘たり』と。亦《ま》た猶《なお》《(先の帝の言葉は)》是《かく》のごときなり《この(孔子の)言葉のようだ》」と。

張蘊古《ちょううんこ》、大宝《たいほう》《天子の箴言》の箴《しん》(3)を献ず。曰《い》える有り、

「一人《(天子は)一人で》を以《も》って天下を治む、天下を以《も》って一人《(天子)》に奉《ほう》ぜず」と。

又《ま》た曰《いわ》く、

「九重《きゅうちょう》を内に壮《さか》んにすとも《帝の御殿をいくら壮麗にしても》、居《お》る所は膝《ひざ》を容るるに過ぎず。彼《か》の昏《くら》くして知らざるもの《(桀・紂のような)暗主は》は、その台《だい》を瑶《よう》にして《殿閣を宝玉で飾り》その室を瓊《けい》にす《宮室を美玉で飾る》。八珍《はっちん》《八種の珍味》を前に羅《つら》ぬとも、食する所は口に適《かな》うに過ぎ

人はどれだけの土地がいるのか

張蘊古《ちょううんこ》という者が、「大宝《たいほう》箴《しん》(天子のいましめ)」という文章を献じた。それにはこうあった。

「天子は一人の身をもって天下を治めるが、その天下で天子一人を肥やしてはならない」

またこうあった。

「九重の大門で宮殿をいかに広げようと、身を置くのは膝をいれるに足る二、三尺にすぎぬ。しかし愚かでこの理を知らぬかの暗主は、高殿を瑶《よう》で敷きつめ、宮室を瓊《けい》でちりばめる。八味の珍羞《ちんしゅう》で食卓をいかに飾ろうとも、箸に運ぶのは口にあう二、三種にすぎぬ。しかし

ず。惟《た》だ狂《きょう》にして念《おも》うこと罔《な》きもの《（この道理を）考えないものは》は、その糟《かす》《酒糟》を丘にしてその酒を池にす」と。

又《ま》た曰《いわ》く、

「没没《ぼつぼつ》として闇《くら》きこと勿《な》かれ《（天子は）物事に沈み込んで暗愚になってはいけない》。察察《さっさつ》として明らかなること勿《な》かれ《物事に通じて細かすぎてもいけない》。冕旒《べんりゅう》《冠の前後の飾り》目を蔽《おお》うと雖《いえど》も、而《しか》も無形《むけい》に視《み》よ。黈纊《とうこう》《左右の飾り》耳を塞《ふさ》ぐと雖《いえど》も、而《しか》も無声《むせい》に聴け」(4)と。

上《しょう》、その言を嘉《よみ》《よしとした》す。

天下を分かって十道《じゅうどう》となし、山川の形便《けいべん》に因《よ》って、関内《かんない》・河南《かなん》・河東《かとう》・河北《かほく》・山南《さんなん》・隴右《ろうゆう》・淮南《わいなん》・江南《こうなん》・剣南《けんなん》・嶺南《れいなん》と曰《い》う。

将を遣わして梁師都《りょうしと》を討つ。その下之《しもこれ》《師都の部下が》を殺

狂ってこの理に思い及ばぬかの暗主は、酒糟《さけかす》で丘を築き、酒醴《しゅれい》で池をたたえる」

さらにこうあった。

「闇に溺れる暗愚を拒み、影を認めぬ明察を避けよ。冠の前飾りで目を蔽いつつ、心の目で形なき形を視よ。横飾りで耳を塞ぎつつ、心の耳で声なき声を聴け」

太宗《たいそう》はこのいましめを喜んでうけとった。

貞観元年《じょうがんがんねん》（六二七年）、天下を十道に分け、山や川などの地勢との関係によって、それぞれ関内《かんない》・河南《かなん》・河東《かとう》・河北《かほく》・山南《さんなん》・隴右《ろうゆう》・淮南《わいなん》・江南《こうなん》・剣南《けんなん》・嶺南《れいなん》と名づけた。

将軍を派遣して楡林郡《ゆりんぐん》の梁師都《りょうしと》を討伐させた。梁師都の部下が主君を殺して降服してきた。その地を夏州《かしゅう》（陝西省横山県）と呼ぶこととした。

太常《たいじょう》の祖《そ》孝孫《こうそん》が、唐《とう》王室の雅楽《ががく》を選定して奏上した。

して以《も》って降る。その地を以《も》って夏州《かしゆう》となす。
太常《たいじよう》《礼楽祭事の官》の祖《そ》孝孫《こうそん》、唐《とう》の雅《が》楽《がく》を奏《そう》す《選定して奏上した》。

貞観《じようがん》二年、又《ま》た宮女三千余人を出《いだ》す。

故事に、軍国の大事は、中書舎人《ちゆうしよしやじん》(5)《詔勅を起草する係の役人》、各《おのおの》《それぞれ》と所見を執《と》って、その名を雑署す、之《これ》を五花判《ごかはん》事《じ》(6)《の意見を書きつらねて皆が署名した》と謂《い》う。中書侍郎《ちゆうしよじろう》・中書令《ちゆうしよれい》之《これ》を省審し《審議し》、給《きゆう》事中《じちゆう》・黄門侍郎《こうもんじろう》之《これ》を駁正《はくせい》《論駁修正》(7)《中書省の長官》す。上《しよう》、王珪《おうけい》に謂《い》って曰《いわ》く、

「国家本中書《もとちゆうしよ》と門下《もんか》とを置いて、以《も》って相《あい》検察せしむ。卿《けい》が曹《ともがら》雷同すること勿《な》かれ《おまえ王珪たちよ、他人の意見に軽々しく従ってはならぬ》」と。

時に珪《けい》は侍中《じちゆう》(8)《門下省の長官》となり、房玄齢《ぼうげんれい》・杜如晦《とじよかい》は僕《ぼく》《尚書》

房・杜賢相を称し魏徴、良臣を願う

貞観《じようがん》二年、また後宮《こうきゆう》から宮女三千人余りを出した。唐《とう》では慣例として、軍政・国政の大事についての詔勅は、中書舎人《ちゆうしよしやじん》がそれぞれの見解で起草してそれぞれ署名し、これを五花判事《ごかはんじ》といった。そして中書侍郎《ちゆうしよじろう》、中書令《ちゆうしよれい》がくわしくそれを調べて審議し、門下省《もんかしよう》の給事中《きゆうじちゆう》と黄門侍郎《こうもんじろう》が批判し訂正することになっていた。ある時、帝《てい》は王珪《おうけい》にむかって戒めた。

「もともと国家が中書省と門下省を置いたのは、互いに是非得失を吟味させるためである。卿《けい》ら一同は、むやみと人の意見に盲従してはならない」

このころ、王珪は門下省の侍中《じちゆう》であり、房《ぼう》

射《や》《省の長官》(9)となり、魏徴《ぎちょう》は秘書監《ひしょかん》《秘書省の長官》に守《しゅ》として、(10)朝政に参預す。

玄齢《げんれい》事を謀るに必ず曰《いわ》く、

「如晦《じょかい》に非《あら》ずんば決すること能《あた》わず」と。

如晦《じょかい》至るに及んで、卒《つい》《結局》に玄齢《げんれい》の策を用う。

蓋《けだ》し玄齢《げんれい》は善《よ》く謀《はか》り《計画がよく》、如晦《じょかい》は善《よ》く断《だん》ず《決断力がある》。二人心を同じうして国に徇《したが》う《国のためによく働く》。故に唐《とう》の世に賢相を称《しょう》すれば、房《ぼう》・杜《と》を推《お》す。

徴《ちょう》《魏徴》、嘗《かつ》て上《しょう》に告げて曰《いわ》く、

「願わくは臣をして良臣とならしめよ。臣をして忠臣とならしむること勿《な》かれ」と。

上曰《しょういわ》く、

玄齢《げんれい》と杜如晦《とじょかい》は尚書省《しょうしょしょう》の僕射《ぼくや》、魏徴《ぎちょう》は秘書監《ひしょかん》として、朝政に参与していた。玄齢はなにか政策を立てるときにはいつも、

「如晦に決めさせなくては」

といった。そして如晦がやってくると、結局は玄齢が立てた案を採用した。思うに房玄齢は政策の立案にすぐれ、杜如晦はその善悪の判断にすぐれていたのであり、その二人が心を合わせて国政に身をささげた。だから唐《とう》代《だい》での賢相といえば、房・杜とならび称《しょう》するのである。

また魏徴は、ある時天子《てんし》に、こう謎めかして願い出た。

「どうか臣を良臣とならせていただきたい。忠臣にはならせていただかないよう」

太宗《たいそう》はちょっととまどった顔をした。

「忠臣と良臣は違うのか」

魏徴《ぎちょう》はおもむろに答えた。

「稷《しょく》・契《せつ》・皐陶《こうよう》などは、舜《しゅん》と君臣が心をあわせて、ともに誉れと栄えとを享受いたしまし

「忠良異なるか」と。

徴曰《ちょういわ》く、

「稷《しょく》・契《せつ》・皐陶《こうよう》《帝舜の臣下たち》は、君《舜》臣心を協《あわ》せて、倶《とも》に尊栄を享《う》けたり。所謂《いわゆる》良臣なり。竜逢《りゅうほう》《夏の桀王の臣》・比干《ひかん》《殷の紂王の臣》は面折廷争《めんせつていそう》し、身誅《ちゅう》せられ国亡《ほろ》びぬ。所謂《いわゆる》忠臣なり」と。

上《しょう》、悦《よろこ》ぶ。


た。これがわたくしのいう良臣であります。竜逢《りゅうほう》・比干《ひかん》は主君の桀《けつ》や紂《ちゅう》の非を強く諫め、その身は誅殺され、その国は滅びました。これがわたくしのいう忠臣であります」

　この問答もまた太宗を喜ばせた。

(1) 路遺ちたるを拾わず…善政が行われているしるしとして、しばしば用いられるたとえ。
(2) 魏徴曰く…『孔子家語』賢君に見える故事。
(3) 大宝の箴…「大宝」とは、『易』繋辞下に「聖人之大宝曰位」とあるところから、天子の位のこと。「箴」はいましめ。
(4) 冕旒目を蔽うと雖も～無声に聴け…「冕旒」は、天子の冠である冕の前後で目にあたる部分に垂らす紐、「黈纊」は冕の左右で耳にあたる部分に垂らす綿のこと。天子が不必要な事柄を見たり聞いたりしないようにという意をもたせたもの。

（5）中書舎人…中書省で、中書令、中書侍郎に次ぐ官。時によって変動はあるが、大体において六名が定員であった。後注七参照。

（6）五花判事…五、六名の中書舎人たちの署名を、五つの花にたとえたもの。

（7）中書侍郎・中書令～之を駁正す…律令によって定められた唐代の中央官庁は、通常「三省・六部《りくぶ》・九寺」といわれている。この三省は、中書省が、皇帝の左右にあって意見を述べ、詔勅や法令を起草し、門下省において審議して、それが尚書省に送られて施行される、というのが主な任務分担であり、主要な官としては、中書省では中書令二名・中書侍郎二名・中書舎人六名、門下省では侍中二名・門下侍郎（黄門侍郎）二名・給事中四名がある。そして中書令と侍中と、尚書省の長官である左右僕射が合議して重要な事柄を決定したので、通常その六人が宰相と呼ばれる。後注九参照。

（8）侍中…門下省の長官。通常二名置かれた。前注参照。

（9）僕射…尚書省の長官で、左僕射・右僕射の二名が置かれた。のち左右丞相と改名された。尚書省は吏・戸・礼・兵・刑・工の六部によって構成され、実際の行政にあたった。前注七参照。

（10）秘書監に守として…尚書・門下・中書の三省以外に、宮中の書庫を管理する秘書省、天子の日常生活を管理する殿中省、後宮に関する事柄をとり扱う内侍省があって、あわせて「六省」と呼ばれる。「秘書監」は秘書省の長官で、定員は一名である。「守として」とは、秘書監に相当する官品より低い者が、その職に当たることをいう。

唐「安禄山」――腹中赤心有るのみ・口に蜜有り腹に剣有り

十載《さい》、安禄山《あんろくざん》の為《ため》に第《てい》《邸宅》を起こし、華麗を窮《きわ》極《めた》す。上《しょう》、日に諸楊《しょよう》《楊貴妃の一族》をして之《これ》と遊《あそ》ばしむ。禄《ろく》山《ざん》、体肥大《肥えて大きかった》なり。上《しょう》、嘗《かつ》てその腹を指《ゆびさ》して曰《いわ》く、

「此《こ》の胡《こ》《外国人（禄山は突厥族）》の腹中、何の有る所ぞ《何が入っているのか》」と。

対《こた》えて曰《いわ》く、

「赤心有る《忠誠心だけです》耳《のみ》」と。

禄山《ろくざん》、禁中に入れば、先《ま》ず貴《き》妃《ひ》を拝す。上《しょう》、

安禄山機智に富む

天宝《てんぽう》十載《さい》（七五一年）、安禄山《あんろくざん》のために邸宅を建てた。それは豪華を極め、壮麗を尽くしたものであった。そして玄宗《げんそう》は毎日のように、安禄山の宴遊の相手として、貴妃《きひ》の一族のものをその邸宅につかわした。

安禄山はひどく太っていた。玄宗はある時、その垂れ下がった腹を指さして、

「この胡《えびす》めの腹には、なにがつまっているのであろうか」

とたわむれにたずねた。とっさに玄宗を喜ばせる答えをするのが、安禄山のとりえである。

「まごころだけでできております」

その故を問う。曰《いわ》く、

「胡人《こじん》は母を先にして父を後《のち》にす」と。禄山《ろくざん》が生日《せいじつ》に、賜予《しよ》《賜りもの》甚《はなは》だ厚し。後三日、召し入る。貴妃《きひ》、錦繍《きんしゅう》《豪華な布》を以《も》って大繦褓《きょうほ》《幼児のおぶいひも》を為《つく》り、宮人をして綵輿《さいよ》《美しく彩った輿》を以《も》って之《これ》を舁《か》かしむ《禄山をのせてかつがせた》。

　上《しょう》、歓笑《かんしょう》《にぎやかに笑う》するを聞いて、故を問う。左右、貴妃《きひ》が禄児《ろくじ》《安禄山坊や》を洗うを以《も》って対《こた》う《と答えた》。上《しょう》、妃《ひ》に浴《よく》児金銀銭《じきんぎんせん》を賜い、歓を尽くして罷《や》む。

　是《これ》自《よ》り宮掖《きゅうえき》《妃達のいる脇御殿》に出入、通宵《つうしょう》出でず《夜通し出てこない》、頗《すこぶ》る醜声《不品行の噂》の外に聞こゆる有り。上《しょう》、亦《ま》た《まったく》疑わず。又《ま》た禄《ろく》山《ざん》を以《も》って河東《かとう》の節度使《せつどし》を兼ねしむ。


安禄山《あんろくざん》は宮中に入ると、先に貴妃《きひ》を拝した。玄宗《げんそう》が不審がると、禄山は答えた。

「えびすの習慣では、なに事でも母を先にし、父を後にいたします」

　安禄山の誕生日、おびただしい下賜品が与えられた。三日ののち、召されて宮中に入ると、貴妃はあや錦の大きな産衣《うぶぎ》を用意していて、禄山にきせ、これも色あざやかなあや絹の輿《こし》にのせて、宮女たちにかついでねり歩かせた。

　その笑い騒ぐ声が、玄宗の耳にとどいた。なに事かとたずねる玄宗に、左右の者が、

「貴妃《きひ》が禄《ろく》坊やに産湯をつかわせておられるのです」

と答えた。玄宗は忽《たちま》ち相好をくずして、見物にあらわれ、貴妃に〝浴児金銀銭《よくじきんぎんせん》〟なるものを与え、その日はひたすら歓楽のうちに終わった。

　それからのちは、安禄山は後宮《こうきゅう》に出入りするようになり、時には夜が明けるまで出てこないこともあって、貴妃とみだらな噂が盛ん

李《り》林甫《りんぽ》、禄山《ろくざん》と語るに、毎《つね》にその情を《心情を》揣《はか》り《推し測って》知って先ず《先に》之《これ》を言う。禄山《ろくざん》驚き服し、見る毎《ごと》《面会する毎に》に盛冬《真冬》にも必ず汗す。林甫《りんぽ》を謂《い》って十郎《じゅうろう》となす。

既《すで》にして范陽《はんよう》に帰る。その下《しも》《部下》、長安《ちょうあん》自《よ》り帰れば、必ず、十郎《じゅうろう》何をか言う、と問う。美言《誉め言葉》を得れば則《すなわ》ち喜ぶ。或《あるい》は但《た》だ云《い》う、

「安大夫《あんたいふ》に語れ、須《すべか》らく好く点検すべし」

と。

即《すなわ》ち曰《いわ》く、

「噫嘻《ああ》我死せん」と。

に外でささやかれるようになったが、玄宗《げんそう》はまるで疑うこともなく、禄山《ろくざん》をさらに河東《かとう》（山西省北部）の節度使《せつどし》まで兼ねさせた。

口に蜜あり腹に剣あり——李林甫

宰相《さいしょう》の李《り》林甫《りんぽ》は、安禄山《あんろくざん》と話すときは、いつもその考えを見すかして、禄山が言い出す前に口にした。さすがの安禄山も虚をつかれつづけて、すっかり畏怖《いふ》するようになり、林甫に会うと、真冬でも汗がにじみ出た。そして林甫の名を口にできず、〝十郎《じゅうろう》どの〟と呼んだ。

都を辞して范陽《はんよう》に帰任してからも、部下が長安《ちょうあん》から帰ると、必ず、

「十郎どのは、どういっておられたか」

と聞いた。そしてほめていたと聞くと大喜びし、

「安大夫《あんたいふ》に伝えるよう、よく注意するように」

ということばしか聞けなかった、と耳にす

十二載《さい》、李林甫《りりんぽ》、卒《しゅつ》す。林甫《りんぽ》、上《しょう》の左右に媚《こ》び事《つか》え、上《しょう》の意に迎合して、以《も》って寵《ちょう》を固うし、言路を杜《と》絶《ぜつ》し、聡明《そうめい》を掩蔽《えんぺい》す（(臣下の)言上する方途を遮断し帝の賢さを発揮出来なくした）。嘗《かつ》て諸御史《ぎょし》（官吏の不正を監督し諫める役人たち）に語《つ》げて曰《いわ》く（に語った）、

「仗《じょう》に立つの馬（毎日宮門の外に整列する護衛の馬）を見ずや、一たび鳴けば輒《すなわ》ち斥《しりぞ》け去らる（列からはずされ連れ去られてしまう）」と。

賢（賢なる者）を妬《ねた》み能（能力ある者）を嫉《ねた》み、己《おのれ》に勝るものを排抑（排除抑圧）す。性陰険なり。人以《も》って口に蜜有り腹に剣有りとなす。

毎夜、偃月堂《えんげつどう》（林甫の書斎）に独坐し、深思する所有れば、明日必ず誅殺《ちゅうさつ》有り。屢《しばしば》大獄（大事件）を起こす。太子《たいし》自《よ》り以下皆之《みなこれ》を畏《おそ》る。

ると、

「ああ、わしも長くないかも知れん」

とふるえあがるのであった。

天宝《てんぽう》十二載《さい》（七五二年）、その李林甫《りりんぽ》が世を去った。

李林甫は、玄宗《げんそう》の左右にへつらって取り入り、玄宗の意向にひたすら迎合して、寵愛を固めた。その上で臣下の奏上の道をとざして、玄宗の判断力を失わせてしまった。林甫は御《ぎょ》史《し》たちを集めておいて、こうほのめかしたのである。

「儀仗の列に立ちならぶ馬を見るがよい。一声鳴き声を立てれば、すぐさま引きずり出され、どこかへ連れ去られるのがその運命なのだ」

他人の聡明さ、才能は林甫の心にそねみを起こさせた。自分より優れた者は、なんとしてでも葬りさり、まったく陰険そのものであった。

「口に蜜あり、腹に剣あり」

相位《しょうい》に在《あ》ること十九年、天下の乱を養成《大乱の基をつくった》す。而《しこう》して上《しょう》悟らず。然《しか》れども禄山《ろくざん》、林甫《りんぽ》の術数《権謀術策》を畏《おそ》る。故にその世を終うるまで《林甫が死ぬまでは》未だ敢《あ》えて反せず。


是《こ》の歳、国忠《こくちゅう》《楊国忠》、相《しょう》《宰相》となり、禄山《ろくざん》必ず反せん、と言い、且《か》つ曰《いわ》く、

「試みに召せ《長安へ呼んでみなさい》、必ず来たらざらん」と。

十三載《さい》、禄山《ろくざん》、召を聞いて即《すなわ》ち至る《ただちにやって来た》。上《しょう》、是《これ》に由《よ》って、国忠《こくちゅう》の言を信ぜず、禄山《ろくざん》に左僕《さぼく》射《や》(1)を加えて帰らしむ。

十四載、禄山《ろくざん》、蕃将《ばんしょう》《胡人の部将で》を以《も》って漢将《かんしょう》《漢人の部将に》に代えん

これが人びとが、林甫に与えた評語であった。

深夜、書斎の偃月堂《えんげつどう》に独り坐り、なにごとか考えこんでいると、その明くる日には、必ず誅殺される者がでた。いくたびとなく大きな事件をつくりあげて人を罪に陥したので、上は太子《たいし》にいたるまで、畏《おそ》れはばからぬ者はなかった。

宰相《さいしょう》の位にあること十九年、後の大乱の種はすべて蒔いたが、玄宗《げんそう》にはそれが分からなくなっていた。ただ安禄山《あんろくざん》は林甫《りんぽ》の術策を恐れていたので、その在世中は反乱にふみきれなかった。

安禄山遂に反す

この年のうちに、楊国忠《ようこくちゅう》は李林甫《りりんぽ》のあとをついで宰《さい》相《しょう》となった。国忠は安禄山《あんろくざん》に謀反の意志があると、くりかえし玄宗《げんそう》の耳にふきこんだ。そしてこうつけ加えた。

「ためしに禄山をお召しになってみてくださ

と請う。上《しょう》、猶《なお》疑わず。

表請《上表して》して馬三千匹を献ず。匹毎に二人鞚《こう》《一頭につき二人でくつわをとり》を執《と》り、二十二将をして河南《かなん》に部送《仕分けして送りたいと請うた》せしむ。上《しょう》、始めて之《これ》を疑う。使いを遣わしてその献《献上》を止《とど》む。禄山《ろくざん》、床に踞《きょ》して《床几に座ったままで使者に拝礼もしないで》拝せず。曰《いわ》く、

「馬を献ぜざるも亦《ま》た可なり。十月当《まさ》に京師《けいし》に詣《いた》るべし」と。

使い還《かえ》る。亦《ま》た表無し《禄山からの上表文は》。

是《こ》の冬、禄山《ろくざん》遂《つい》に反す。所部《支配下の》の兵及び奚《けい》《匈奴の一》・契丹《きったん》《種》を発すること、凡《すべ》て十五万《兵の数は合計》。范陽《はんよう》を発し、引いて南す《列を連ねて南下した》。歩騎精鋭《歩兵も騎兵も精鋭で》、煙塵千里《も続いた》。

時に承平《しょうへい》《平和が長く続いて》久しく、百姓《ひやくせい》《皆》兵革《戦争》を識《し》らず。州県

い。やって来るはずがありませんから」

　ところが天宝《てんぽう》十三載《さい》（七五四年）、安禄山《あんろくざん》は玄宗《げんそう》の詔を受けると、直ちにやって来た。玄宗はそこで国忠の言葉を信じず、禄山に左《さ》僕射《ぼくや》の官位を与えて范陽《はんよう》に帰した。

　あけて天宝十四載、安禄山は配下の漢族の部将を、すべて胡人《こじん》の将に変えたいと願い出た。玄宗はそれでも禄山を信じる気持ちを変えようとしなかった。

　ひきつづいて、馬三千頭を献上したいという安禄山の請願がとどいた。それは一頭ごとに二人がくつわをとり、二十二人の将軍が率いて、手わけして河南《かなん》に送りとどけるというものであった。

　玄宗の心にはじめて疑惑が起こった。急いで使者を遣わして献上を取りやめさせようとした。その使者を前に、安禄山は拝礼しようともせず、床几《しょうぎ》に腰をすえたまままいいはなった。

「いらぬといわれるなら、むりに差しあげな

皆《みな》風を望んで《威風を望見しただけで》瓦解《がかい》す。進んで東京《とうけい》《(禄山の軍は)洛陽》を陥る。

平原《へいげん》の太守顔真卿《たいしゅがんしんけい》(2)、兵を起こして賊を討《禄山の軍を討つべく挙兵した》つ。上《しょう》、始め、河北《かほく》、賊に従うと聞き、歎《たん》じ《慨歎して》て曰《いわ》く、

「二十四郡《河北一帯には》、曾《かつ》て一人の義士無きか」と。

真卿の奏《上奏文》至るに及び、大いに喜んで曰《いわ》く、

「朕《ちん》、真卿《しんけい》の何の状なる《どんな様子の人物か》を識《し》らず、乃《すなわ》ち能《よ》く《まあそれがよくこんなにしてくれた》此《かく》の如《ごと》くなる」と。

常山《じょうざん》の太守顔杲卿《たいしゅがんこうけい》《真卿の従兄》、兵を起こして賊を討つ。

河北《かほく》の諸郡、皆之《みなこれ》に応ず。

十五載《さい》、安禄山《あんろくざん》、僭号《せんごう》して大燕皇帝《だいえんこうてい》と称《しょう》

くとも結構。どのみち十月には都にまかりでる所存である」

追い帰されるように、使者は長安《ちょうあん》にもどった。もはや安禄山からはなんの上奏文もとどかなくなった。

この年の冬十一月、安禄山はついに乱を起こした。配下の兵および奚族《けいぞく》・契丹族《きったんぞく》の兵、あわせて十五万を率い、范陽《はんよう》を出て南へと目ざした。よりすぐった騎馬隊、歩兵隊の過ぎるところ、舞いたつ砂ぼこりは千里にわたった。

当時、久しく太平がつづいて、誰も戦いというものを知らなくなっていた。河北《かほく》の州や県は、禄山の兵の影が見えるなり、自ら崩れ去り、次の月には、安禄山は東京《とうけい》の洛陽《らくよう》に入っていた。

す。

賊将史思明《ししめい》、常山《じょうざん》を陥れ、顔杲卿《がんこうけい》を執《とら》えて洛陽《らくよう》に送る。禄山《ろくざん》、その己《おのれ》に反するを数《せ》む。杲卿《こうけい》曰《いわ》く、

「我、国の為《ため》に賊を討つ。汝《なんじ》を斬《き》らざるを恨む。何《なん》ぞ反と謂《い》うや。臊羯狗《そうかつく》（なまぐさい羯の犬め）何《なん》ぞ速《すみ》やかに我を殺さざる」と。

禄山《ろくざん》、大いに怒り、縛《ばく》して之《これ》を咼《か》す（肉をそいでいく刑）。死に（杲卿は）比《およ》ぶまで、罵《ののし》って口を絶たず。

真源《しんげん》の令《れい》（県令）張巡《ちょうじゅん》、吏民（役人や民衆）を帥《ひき》いて、玄元皇帝《げんげんこうてい》（老子）の廟《びょう》に哭《こく》し、兵を雍丘《ようきゅう》に起こして賊を討つ。

朔方《さくほう》の節度使《せつどし》郭子儀《かくしぎ》、河北《かほく》の節度使《せつどし》李光弼《りこうひつ》、

禄山皇帝と称し顔真卿ら反撃す

平原郡《へいげんぐん》（山東省陵県）の太守《たいしゅ》の顔真卿《がんしんけい》が、兵を挙げて賊迎撃にたった。玄宗《げんそう》ははじめ、河北道《かほくどう》がすべて賊に靡《なび》いたと聞いて、

「二十四郡にただひとりの義士もいないのか」

と顔をゆがめていたが、顔真卿《がんしんけい》の上奏を目にすると、うって変わって小躍《こおど》りして喜んだ。

「真卿といっても覚えがないが、それにしてもよくやってくれた」

真卿の従兄で、常山《じょうざん》（河北省正定県付近）太守《たいしゅ》の顔杲卿《がんこうけい》も、賊討伐ののろしを挙げ、河《か》北《ほく》の諸郡はそのもとに馳せ参じた。

翌、天宝《てんぽう》十五載、安禄山《あんろくざん》は大燕皇帝《だいえんこうてい》と僭称した。

賊将の史思明《ししめい》が常山《じょうざん》を陥《おとしい》れ、願杲卿を捕らえて洛陽《らくよう》に送った。禄山が、とりたててやった自分になぜ背いたかとなじると、杲卿は目をつりあげてののしり返した。

「わしは国のため賊を討ったのだ、おまえを

賊将史思明《ししめい》と戦い、大いに之《これ》を破り、首《しゅ》とし《まずはじめ》て河北《かほく》の数郡を復《ふく》す。副元帥哥舒翰《ふくげんすいかじょかん》、賊と戦って大敗す。麾下《きか》《部下》、翰《かん》を執《とら》えて賊に降る。賊、遂《つい》に関《かん》《潼関》に入《い》る。

上《しょう》、出奔して、馬嵬《ばかい》に次《じ》す《宿泊した》。将士飢疲して、皆《みな》憤怒し、楊国忠等《ようこくちゅうら》を殺し、及び上《しょう》に逼《せま》って、貴妃《きひ》を縊殺《いさつ》し、然《しか》る後《のち》に発《出発》す《した》。

父老《ふろう》《村の主だった人々》、道を遮《さえぎ》って、留《とど》まらんことを請う。上《しょう》、太子《たいし》《璵、のちの粛宗》に命じて之《これ》を慰撫《いぶ》せしむ。父老、太《たい》子《し》の馬を擁《とり囲んで》し、復《ま》た行くことを得ず、皇孫俶《こうそんしゅく》《太子の子俶、の》

斬れなかったのが残念なだけだ。なにが背くだ。このえびすの犬め、臭くてかなわぬ。さっさと殺してくれ」

禄山《ろくざん》は顔をまっ赤にして怒り、杲卿《こうけい》を縛りつけて一寸きざみに肉を切りそいでいった。だが杲卿は息が絶えるまで、禄山をののしりつづけてやめなかった。

真源《しんげん》（河南省鹿邑県付近）の県令《けんれい》の張巡《ちょうじゅん》は、吏民を引きつれ、老子《ろうし》の廟に詣でて哭泣《こくきゅう》し、雍丘《ようきゅう》（河南省杞県）の地で賊討伐の兵を挙げた。

朔方《さくほう》（甘粛省南部）の節度使《せつどし》郭子儀《かくしぎ》と河北《かほく》郡《ぐん》（河北省及び河南省北部）の節度使李光弼《りこうひつ》とが賊将の史思明《ししめい》と戦って大いに破り、まず河北のいくつかの郡を奪いかえした。

馬嵬に楊貴妃散る

しかし大勢はまだ覆るに至らなかった。副元帥《ふくげんすい》の哥舒翰《かじょかん》は賊軍に大敗を喫し、部下が哥舒翰を捕らえて安禄山《あんろくざん》に投降した。賊軍はついに潼《どう》

をして《ちの代宗》上《しょう》に白《もう》さしむ《申し上げさせた》。上曰《しょういわ》く、

「天なり」と。

太子《たいし》に喩《さと》しめて曰《いわ》く、

「汝《なんじ》、之《これ》を勉《つと》めよ。西北の諸胡、吾之《われこれ》を撫《ぶ》すること素《もと》より厚し。汝《なんじ》必ずその力を得ん」

と。

且《か》つ宣旨して位を伝えんと欲す。

太子《たいし》、平涼《へいりょう》に至る。朔方《さくほう》の留後《りゅうごと》《留守役》杜鴻漸《こうぜん》、霊《れい》武《ぶ》に迎え入れ、馬嵬《ばかい》の命《玄宗の譲位するとの命に》に遵《したが》わんと請う。牋《せん》《太子への上奏文》五たび上《たてまつ》る。乃《すなわ》ち許す《許可した》。

上《しょう》を尊んで上皇天帝《じょうこうてんてい》となす。上《しょう》、在位四十五年。改元する者《こと》三、先天《せんてん》・開元《かいげん》・天宝《てんぽう》と曰《い》

関《かん》（陝西省東部にある関所）を越えて長安《ちょうあん》に殺到した。

玄宗《げんそう》は夜逃げ同然に長安《ちょうあん》を捨てて西に落ちのび、まず馬嵬《ばかい》の宿に足をとめた。

飢えと疲れにさいなまれる将兵の怒りは、まず楊国忠《ようこくちゅう》ら貴妃《きひ》の一族を殺すことから始まり、さらに玄宗にせまって楊貴妃《ようきひ》をくびり殺させて、やっと玄宗に従って動き出した。

馬嵬の父老たちはその行くてを遮って、ふみ留まるよう懇請した。玄宗は皇太子《こうたいし》に説得させようとした。すると父老たちは皇太子の馬を取り囲んで進めないようにして、抗戦をうながした。皇太子は子の俶《しゅく》に命じて、玄宗に情況を伝えると、玄宗は空を仰いでひとこともらした。

「天命か」

そして皇太子に、

「頑張るように。西北の胡族《こぞく》たちについては、平素から手厚く恩顧を与えてある。きっと加勢が得られるであろう」

う。太子《たいし》立つ。是《これ》を粛宗皇帝《しゅくそうこうてい》となす。

と告げさせたうえ、位を譲る宣旨を伝えさせた。

皇太子はそれを辞退したまま、平涼県《へいりょう》（甘粛省平涼県付近）まで来ると、朔方郡《さくほうぐん》の留守《るす》役《やく》の杜鴻漸《とこうぜん》が霊武《れいぶ》（寧夏回族自治区霊武県付近）に迎えいれた。そして馬嵬《ばかい》での玄宗《げんそう》の宣旨に従って即位するよう願い出た。

その願いの書が五たびたてまつられるに及んで、皇太子はついに承諾した。

玄宗には上皇天帝《じょうこうてんてい》という尊号がおくられた。玄宗は位に在ること四十五年、年号を改めたことが三回で、先天《せんてん》・開元《かいげん》・天宝《てんぽう》がそれである。

こうして即位した皇太子が、粛宗皇帝《しゅくそうこうてい》である。

（1）左僕射…尚書省の長官。尚書省の左右僕射は従二品であり、左丞相・右丞相と呼ばれることが多かった。

（2）顔真卿……一族の数人とともに、書家としても有名。安禄山の反乱に対して、まったくといっていいほど無力であった正規軍に比べて、この顔真卿や従兄の顔杲卿など郡の太守や、県の県令などの官僚が組織した抵抗集団が、反乱軍の背後でゲリラ活動をしたことが、唐王朝を立ち直らせる大きな力となった。そしてその中心となったのが、中小地主層が指導した村落の自衛組織であった。

第七部　唐から南宋滅亡まで

唐が滅亡すると、華北では朱全忠の建てた後梁《こうりょう》にはじまり、後周が宋の趙匡胤《ちょうきょういん》に滅ぼされるまで、五つの王朝の交代が見られ、その他の地方、華中・華南・四川・山西などでは、呉・楚・南唐・前蜀などいわゆる十国が興亡をくりかえした。即ち五代十国である。

この時代は唐の後半から見られた節度使体制を基礎とする、いわば武人政治の時代であり、それはつづく宋代にひきつがれるが、やがてより強固な皇帝権力の確立によって、科挙をその供給源とする文人官僚政治にとってかわられることとなる。

だが一方その文官政治は兵力の弱化を招き、北方の遼や西夏の侵入が直接の脅威となるとともに、軍事費が大きく財政を圧迫した。神宗の期待に応えてこの事態を解決しようとしたのが、王安石による新法であり、大地主・大商人やそれと結ぶ官僚の収奪をおさえるとともに、君主権の強化による富国強兵を目ざすものであった。しかしそれは既得権益を守ろうとする旧勢力、旧法党の強い反発を招来し、宋の国運を左右することとなった。

宋（北宋）「太祖（趙匡胤）」——人生は白駒の隙を過ぐるが如し

宋《そう》の太祖《たいそ》皇帝《こうてい》、姓は趙氏《ちょうし》、名は匡胤《きょういん》。その先《さき》《(1)先祖は》は涿人《たくひと》なり。相《あい》伝う、漢《かん》の京兆《けいちょう》の尹《いん》《長安の長官》、広漢《こうかん》の後となす、と。父弘殷《こういん》、洛陽《らくよう》の禁衛将校《きんえいしょうこう》《宮城警護》となる。匡胤《きょういん》を甲馬営《こうばえい》《兵営の一つ》に生む。赤光、室に満つ。営中、異香《良い香り》あること一月。人之《これ》を香孩児《こうがいじ》《芳香赤子》の営と謂《い》う。

少にして辛文悦《しんぶんえつ》に従って学ぶ。文悦《ぶんえつ》嘗《かつ》て駕《天子の車を自分が迎える》を邀《むか》うと夢む。乃《すなわ》ち匡胤《きょういん》なり。

点検、天子となられん

宋《そう》の太祖《たいそ》皇帝《こうてい》の姓は趙氏《ちょうし》、名は匡胤《きょういん》で、その先祖は涿《たく》（河北省涿県）の人である。前漢《ぜんかん》の宣帝《せんてい》の時に京兆尹《けいちょういん》となった趙広漢《ちょうこうかん》の後裔であるという。

父の趙弘殷《ちょうこういん》が後晋《こうしん》の禁衛将校《きんえいしょうこう》として洛陽《らくよう》にいたとき、匡胤は甲馬営《こうばえい》という兵営で生まれた。そのとき、赤光が室中に満ちあふれ、芳香が兵営中にひろがって、ひと月消え去らなかった。それで人びとは、この兵営を〝薫《かお》りの赤子《あかご》の営〟と呼んだ。

幼少のころ、辛文悦《しんぶんえつ》について学問を修めた。あるとき文悦が夢に天子の車駕を迎えると見

周《しゅう》の世宗《せいそう》の時、軍政を掌《つかさど》ること凡《すべ》て六年。士卒その恩威に服す。数《しばしば》征伐に従って大功を立つ。

世宗《せいそう》、一日文書《書類箱》篋中《きょうちゅう》に於《お》いて、一の木書《木簡》を得たり。曰《いわ》く、

「点検《てんけん》《殿前軍長官》(2)天子《てんし》と作《な》らん」と。

時に張永徳《ちょうえいとく》、点検《てんけん》たり。世宗《せいそう》乃《すなわ》ち之《これ》を遷《うつ》し、易《か》うるに匡胤《きょういん》を以《も》ってす。

世宗殂《せいそうそ》す。恭帝《きょうてい》即位の明年、命じて宿衛を《近衛兵を統率》領《して》して、契丹《きったん》を禦《ふせ》がしむ。時に主少《しゅわか》く国危うし。中外始めて推戴の議有り。

ると、それが匡胤《きょういん》であった。

匡胤は後周《こうしゅう》の世宗《せいそう》に仕え、その治世六年を通じて、軍政を掌《つかさど》り、士卒はその恩威に心服し、また数多い世宗の征討につき従って、その度ごとに大功を立てた。

世宗はある日、文書箱に見なれない木札を見かけた。上にこう記してあった。

「点検《てんけん》、天子とならん」

その時、張永徳《ちょうえいとく》が殿前都点検《でんぜんとてんけん》であった。世《せい》宗《そう》は永徳を他の職に移し、その後に匡胤を任じた。

世宗が崩《ほう》じ、恭帝《きょうてい》が後を嗣《つ》いだその翌年、匡胤は禁軍を統率して契丹《きったん》の侵攻を防ぐよう朝命を受けた。

だが時に恭帝はまだ幼く、国の将来はいかにも危なげであった。朝廷の内外から匡胤を天子に推戴しようという声が、ようやく聞かれるようになっていた。

大軍既《すで》に出《い》ず。軍校苗訓《ぐんこうびょうくん》、日下《太陽の下》に復《ま》た一日《一つの太陽》有り、黒光相盪《あいうご》くを見、指《ゆびさ》して曰《いわ》く、

「此《こ》れ天命《てんめい》なり」と。

夕べに陳橋駅《ちんきょうえき》に次《じ》す《宿泊した》。軍士聚議《しゅうぎ》す。

「先ず点検《てんけん》《趙匡胤》を立てて天子《てんし》となし、然《しか》る後に北征せん」と。

環列《かんれつ》《輪のように取り巻いて》して旦《あした》を待つ。点検《てんけん》、酔臥《すいが》して知らざるなり。黎明に軍士、甲を擐《つらぬ》き兵を執《と》り《甲冑を身につけ、武器》、直ちに寝門を叩《たた》いて曰《いわ》く、

「諸将、主無し。願わくは大尉《たいい》を策して天子となさん」と。

点検《てんけん》驚き起《た》って衣を披《き》れば、則《すなわ》ち相与《あいとも》に扶《たす》

陳橋駅の変
匡胤擁立さる

匡胤《きょういん》の大軍が都を出た。と、将校の苗訓《びょうくん》が、太陽の下にもう一つの太陽があり、二筋の黒い光がゆらぎあっているのを指さして叫んだ。

「あれを見よ、天子が代わるしるしだ」

その夕べ、陳橋駅《ちんきょうえき》に宿をとると、将校たちが集まって相談した。

「まず趙点検《ちょうてんけん》を天子に擁立して、それから北伐にむかおうではないか」

そして匡胤の本陣を取り巻いて夜明けを待った。だが匡胤は酔って寝こんでいて、なにひとつ気付いていなかった。

東の空が白むとともに、将校たちは甲冑を身に着け、武器を手に持って、じかに匡胤の寝所の戸をたたいて叫びたてた。

「われらには主君と頼むべき人がおられません。どうか大尉《たいい》どのを天子と立てることをお許し下さい」

驚いて飛び起き、衣服を身にまとおうとす

け出《い》で、被《き》するに黄袍《こうほう》《天子の着衣》を以《も》ってし、羅拝《らはい》《並んで拝礼して》して万歳と呼ぶ。擁《よう》して馬に上らせて南行す。之《これ》を拒《ふせ》げども可《き》かず。乃《すなわ》ち轡《たづな》を攬《と》って諸将に誓《誓い》《をたてさせ》い、軍を整えて仁和門《じんわもん》自《よ》り入《い》る(3)。秋毫《しゅうごう》《少しも》も犯す所無し。

恭帝《きょうてい》遂《つい》に位を禅《ゆず》る。領《りょう》する所の節鎮《せっちん》、宋《そう》州《しゅう》(4)の帰徳軍《きとくぐん》たるを以《も》って、故に国号を宋《そう》と曰《い》う。

即位の初め、陰《ひそ》かに群情を察せんと欲して、頗《すこぶ》る微行《びこう》《忍び歩き》をなす。或《ある》ひと、軽《かろがろ》としく出《い》ずる毋《な》かれ、と諫《いさ》む。上《しょう》《太祖》曰《いわ》く、

るところを、大勢で抱きかかえるようにして外に連れだし、天子の黄袍《こうほう》を着せかけ、前に並んで伏し拝むと、万歳と叫んだ。

そしてむりに馬におしあげると、南の都へと引き返しはじめ、どう拒んでも承知しなかった。

匡胤《きょういん》はやむなくみずからたづなを執り、将校たちに綱紀の遵守を誓わせた上で、隊列を整え仁和門《じんわもん》から都へと入城した。軍紀には露ほどの乱れもなかった。

こうして後周《こうしゅう》の恭帝《きょうてい》は、匡胤に帝位を禅《ぜん》譲《じょう》した。匡胤の所領していた藩鎮が、宋州《そうしゅう》（河南省商丘市付近）の帰徳軍《きとくぐん》であったところから、宋《そう》が新しい国の名と定められた。

群情を察するに
微行を数とす

位に即《つ》いたはじめ、太祖《たいそ》はひそかに民情を探ろうとして、よく微行を試みた。そして、あまり軽がるしく微行しないようにと

「帝王の興《おこ》るや、自《おのずか》ら天命有り。周《しゅう》の世宗《せいそう》、諸将の方面大耳《だいじ》《四角い顔で大きな耳の者》なる者を見て、皆之《みなこれ》を殺す。我終日、側《かたわら》に侍す。害する能《あた》わざるなり」と。微《び》行《こう》愈《いよいよ》数《しばしば》とす。曰《いわ》く、「天命《てんめい》有る者は、自《みずか》ら之《これ》をなすに任す、汝《なんじ》を禁ぜざるなり」と。

中外、讋服《しょうふく》《懾れ服した》す。昭義《しょうぎ》の節度《せつど》使《し》(5)李筠《りいん》は、故《もと》の周《しゅう》の宿将なり。沢州《たくしゅう》に反す。上《しょう》、石守信《せきしゅしん》に命じて之《これ》を討たしむ。尋《つ》いで親《みずか》ら征す。筠《いん》、自《じ》焚《ふん》して死す。沢《たく》・潞《ろ》平らぐ。

淮南《わいなん》の節度《せつど》使《し》李重進《りじゅうしん》は、周祖《しゅうそ》《郭威》の甥《おい》なり。亦《ま》

諫《いさ》められても、平然として、

「帝王になるかどうかは、天から授かった運命次第なのだ。前朝の世宗《せいそう》陛下は、顔が角ばり耳の大きな貴人の相《そう》の者を目にとめると、片はしから誅殺しておしまいになった。ところがわしは日がな一日お側にいながら、ついに殺されずにすんだではないか」

と答え、却《かえ》ってそのたびかずを増やし、はては、

「天命を授かっているものは、誰でも天子になるがよい。おまえだってかまわぬのだぞ」

といい放った。群臣はのこらず畏服した。

昭義軍節度使《しょうぎぐんせつどし》の李筠《りいん》は、もと後周《こうしゅう》の老将であったが、沢州《たくしゅう》(山東省晋城県)で反旗をひるがえした。太祖《たいそ》はまず石守信《せきしゅしん》に討伐を命じたが、すぐに親しく征討に赴いた。李筠は自ら火中に身を投じて死に、沢州《たくしゅう》・潞州《ろしゅう》(山西省長治県)が平定された。

淮南節度使《わいなんせつどし》の李重進《りじゅうしん》は、後周の太祖の甥にあたるが、やはり反乱を起こした。これもま

た反す。上《しょう》、石守信《せきしゅしん》に命じて之《これ》を討たしむ。尋《つ》いで親《みずか》ら征す。重進《じゅうしん》、自焚して死す。淮南《わいなん》平らぐ。

荊南《けいなん》の高宝融《こうほうゆう》、卒《しゅっ》す。弟宝勗《ほうきょく》、之《これ》に代わる。

南唐泉州《なんとうせんしゅう》の留従効《りゅうじゅうこう》、藩《はん》と称《しょう》す。

建隆《けんりゅう》二年、南唐主李景《なんとうしゅりけい》、都を南昌《なんしょう》に遷《うつ》し、その子従嘉《じゅうか》を以《も》って建康《けんこう》を守らしむ。景殂《けいそ》《死んだ》す。従嘉《じゅうか》立つ。名を煜《いく》と更《あらた》む。(6)

上《しょう》、既《すで》に筠《いん》・重進《じゅうしん》を誅《ちゅう》し、枢密直学士《すうみつちょくがくし》(7)趙《ちょう》普《ふ》を召して問うて曰《いわ》く、

「吾《われ》、天下の兵《兵乱》を息《や》めて、国家長久の計をな

ず石守信が討伐を命じられ、ついで太祖が親征し、重進が自ら身を焼いて最期をとげ、淮南が平定された。

荊南節度使《けいなんせつどし》の高宝融《こうほうゆう》が没し、弟の宝勗《ほうきょく》が代わって節度使になった。

南唐《なんとう》の領下の泉州《せんしゅう》（福建省晋江県）の留《りゅう》従効《じゅうこう》が宋《そう》に帰服し、宋の藩臣と名乗るようになった。

年が明けて翌建隆《けんりゅう》二年（九六一年）、南唐の国主の李景《りけい》（李璟）は、首都を南昌《なんしょう》（江西省南昌市）に移し、故都の建康《けんこう》は子の従嘉《じゅうか》に治めさせた。ついで景が卒去し、従嘉が後を嗣《つ》ぎ、名を煜《いく》と改めた。

銭穀を制し精兵を収む

太祖《たいそ》は李筠《りいん》と李重進《りじゅうしん》の反乱を鎮定し終わったところで、枢密《すうみつ》直学士《ちょくがくし》の趙普《ちょうふ》を召し出して問いかけた。

さんと欲す。その道何如《いかん》」と。

普《ふ》言《い》わく、

「唐季《とうき》（唐末）以来、帝王数《しばしば》易《かわ》る。節鎮《せっちん》太《はなは》だ重く、君弱く臣強きに由る而已《のみ》。今稍《ようや》くその権を奪うに若《し》くは莫《な》し。その銭穀（地租として徴収した金銭と穀物）を制《せい》し、その精兵を収めば、則《すなわ》ち天下 自《おのずか》ら安からん」と。

又《ま》た言わく、

「殿前《でんぜん》の帥《すい》(8)、石守信等《せきしゅしんら》、皆《みな》統御の才に非《あら》ず。宜《よろ》しく他の職を授くべし」と。

上《しょう》悟り、守信等《しゅしんら》を召す。宴 酣《たけなわ》にして左右を屏《しりぞ》けて謂《い》って曰《いわ》く、

「我、爾《なんじ》が曹《ともがら》の力に非《あら》ずんば此《ここ》に至らず。然《しか》

「天下から戦乱をとだえさせ、国家長久の計を立てたいと思うが、いかなる道がよかろうか」

趙普《ちょうふ》が答えた。

「唐の末以来、王朝が次つぎに代わったのは、ただただ藩鎮《はんちん》の力が大きくなり、君主が弱く臣下が強くなったからにほかありません。この際、徐々に藩鎮から実権を削いでゆくのが、なによりかと存じます。金銭米穀を扱う財政の権をこちらが制し、節度使《せつどし》管下の軍から精兵をこちらに召しあげたならば、天下にはおのずと太平が訪れましょう」

趙普《ちょうふ》はさらに人についても言及した。

「殿前司《でんぜんし》の長官の石守信《せきしゅしん》など、それだけの統率の才のない者が多うございます。他の職に移すべきかと思います」

太祖《たいそ》も納得し、守信たちを招いて酒宴を催した。そして宴もたけなわになったころ、側近の者を退かせると、太祖はおもむろに口を開いた。

れども終夕《終夜》未《いま》だ嘗《かつ》て枕《まくら》を安《やす》んぜざるなり。此《こ》の位に居《お》る者《こと》は、誰《たれ》か之《これ》をなすを欲せざらん」と。

　守信等《しゅしんら》頓首《とんしゅ》《頭を地面にすりつけて》して曰《いわ》く、

「陛下何為《なんす》れぞ此の言を出《いだ》す。天命已《すで》に定まる。誰《たれ》か敢《あ》えて異心《いしん》《謀反心》有らんや」と。

　上曰《しょういわ》く、

「汝《なんじ》が曹《ともがら》、異心無しと雖《いえど》も、麾下《きか》《部下》の人の富貴を欲するを如何《いかん》せん。一旦黄袍《こうほう》を以《も》って汝《なんじ》が身に加えば、なすを欲せずと雖《いえど》も、それ得べけんや」と。

　皆頓首《みなとんしゅ》して泣いて曰《いわ》く、

「わたしはそなたたちの力があればこそ、こうやって天子《てんし》になれた。だがなればなったで、一晩として枕を高くして眠ることができなくなった。この位、誰もが代わってみたいと思っているであろうからな」

　思わぬ言葉に守信《しゅしん》らはひれ伏した。

「陛下、あまりなお疑いであります。もはや天命《てんめい》は定まっております。陛下にふたごころなぞ、誰ひとりとして抱いてはおりませぬ」

　だが太祖《たいそ》の言葉はなお厳しかった。

「そなたたちは謀反の心はなくとも、そなたたちの配下が富貴を願う気持ちはどうしようもあるまい。ある日部下が天子の黄袍《こうほう》をそなたたちの身に着せかけたならばどうする。わたしを裏切りたくないといって、それが通せるかな」

　恐ろしさに、ひとり残らず頭を地にすりつけながら涙を流した。

「臣ら愚か者のこととて、そこまで思い及びませんでした。陛下、なにとぞあわれみをお

「臣等愚《ぐ》にして此《ここ》に及ばず。惟《た》だ陛下哀矜《あいきょう》《あわれんで》して、生くべきの途《みち》(思慮が)を指示せよ」と。

上曰《しょういわ》く、

「人生は白駒《はくく》の隙《げき》を過ぐるが如《ごと》し(9)。富貴を好むをなす所の者は、多く金銭を積んで、厚く自《みずか》ら娯楽し、子孫をして貧乏なる無からしめんと欲するに過ぎざる耳《のみ》。汝《なんじ》が曹《ともがら》、何ぞ兵権を釈《と》き去って、出《い》でて大藩を守り、便好《便利の好い》の田宅を択《えら》んで、子孫の計をなさざる。多く歌童舞女を置き、日ゝ《ひび》に酒を飲んで相《あい》安んぜば、亦《ま》た善《よ》からずや」と。

皆拝謝《みなはいしゃ》して曰《いわ》く、

かけ下さり、臣らの生きながらえる道をお示し下さい」

太祖《たいそ》がそこで顔を急に和らげた。

「人の一生は白馬が戸の隙き間を走りすぎるほどの束の間のことにすぎぬ。富貴を好むといっても、金銀をごっそりと蓄え、歓楽をたっぷり享《う》け、さらに子孫にも美田を残す――それで十分ではないか。どうだろうおまえたち、ここで兵馬の権など手放しては。そうすればどこか大きな藩鎮《はんちん》をやろう。けっこうな土地をえらんで邸宅をかまえ、子々孫々の繁栄を考えることだ。そこで歌舞を楽しんで毎日酒を飲んで安楽に暮らせば、これまた善き人生ではないか」

太祖の思惑が初めて分かったものの、もうどうしようもなく、守信《しゅしん》たちは、

「陛下が、これほどまでに臣らのことを御配慮下さいますとは、これこそ死者をよみがえらせ、枯木に花を咲かせて下さるというものでございます」

と拝謝すると、その翌日、ひとり残らず病を理由に職を辞し、太祖《たいそ》はまず禁軍《きんぐん》の兵権を奪いとった。

「陛下、臣等を念《おも》うて此《ここ》に至る。所謂《いわゆる》死を生かして骨に肉つくるなり」[10]と。

明日皆疾《みなやまい》と称《しょう》して罷《や》めんことを請《こ》う。

(1) 広漢…西漢の宣帝のときの京兆の長官で、人びとに慕われながら、中傷されて腰斬の刑に処せられた趙広漢のこと。

(2) 点検…殿前都点検のこと。精兵殿前軍の司令官都指揮使の上に立つ。後周及び宋初に置かれた。

(3) 乃ち轡を攬って～仁和門自り入る…いわゆる陳橋駅の変である。衆将に推されたことになっているが、実際には趙匡胤の弟で、のちの太宗である趙匡義が、名臣趙普とともに画策して擁立したもの。

(4) 宋州…即ち春秋時代の宋の国のあった地である。

(5) 節度使…宋州帰徳軍節度使兼殿前都点検の身から天子となった太祖にとって、天下の統一にあたって警戒すべき相手は、やはり各地の節度使および殿前軍の軍権を持つ諸将であり、その権限を奪うことが、太祖の大きな課題であった。なお、殿前軍については、後注八参照。

(6) 名を煜と更む…李煜は、五代から宋にかけて盛んであった韻文文学の一ジャンルである「詞」の作者としてよく知られている。

(7) 枢密直学士…宋代では枢密院は唐代の兵部にかわって軍政をつかさどり、中書門下省にならぶ重要な官庁で、長官・次官である枢密使・枢密副使など、重要な官は、中書門下省の次官である参知政事と同じく執政と呼ばれ、副宰相としてあつかわれた。「直学士」は、枢密院で執政格に次ぐ官。

(8) 殿前の帥…殿前軍の将軍の権力を、太祖が直接掌握することをすすめたものである。前注五参照。

(9) 人生は白駒の隙を過ぐるが如し…『荘子』知北遊に、老子が孔子に言ったことばとして見える。それによって、人生のはかなさをたとえて「過隙」あるいは「白駒過隙」という。

(10) 死を生かして骨に肉つくる…『春秋左氏伝』襄公二十二年に見え、楚の令尹の薳《い》子馮《しひょう》が申叔予《しんしゅくよ》についていったもので、深い恩をうけたたとえ。

宋（北宋）「欧陽脩・王拱辰」――小人は朋無し・一網打尽

是《これ》より先、呂夷簡《りょいかん》・張士遜《ちょうしそん》並びに相《しょう》たり。夷簡《いかん》罷《や》められ、李迪相《りてきしょう》たり。而《しこう》して士遜《しそん》、首《しゅ》相《しょう》たり。発明する所無く《創意工夫がなく》して罷《や》めらる。夷簡《いかん》、復《ま》た相《しょう》たり。迪《てき》罷《や》められて、王曾《おうそう》、復《ま》た相《しょう》たり。而《しこう》して権は夷簡《いかん》に在《あ》り。

夷簡《いかん》の初め罷《や》められしは、郭皇后《かくこうごう》の言を以《も》ってす。復《ま》た入《い》るに及んで、后《こう》、尚美人《しょうびじん》(1)の寵《ちょう》を争うの隙《げき》《仲違い》有り。遂《つい》に郭后《かくこう》を廃す。夷簡《いかん》、

挙用と流謫
四賢一不肖

この前から、呂夷簡《りょいかん》と張士遜《ちょうしそん》が同格で宰相《さいしょう》となっていた。劉太《りゅうたい》后《こう》が死ぬと、呂夷簡が罷免され、李迪《りてき》が宰相となり、士遜《しそん》が首席の宰相となった。しかし、あまり映えない仕事ぶりのために罷免されて、呂夷簡《りょいかん》がまた宰相《さいしょう》にもどり、李迪《りてき》も罷免されて、王曾《おうそう》がまた宰相にもどった。ただ実権は夷簡が握っていた。

夷簡が最初罷めさせられたのは、郭皇后《かくこうごう》のある言葉がもとであった。再び朝廷に入ったとき、郭皇后は尚美人《しょうびじん》と仁宗《じんそう》の寵愛をめぐって、いがみあっていた。その結果、郭皇后が廃されるに至ったが、それには夷簡の力が大

力有り。台諫《だいかん》《監察・諫言の官》(2)孔道輔《こうどうほ》・范仲淹《はんちゅうえん》、争えども、得ずして出《い》ず。仲淹《ちゅうえん》、朝《ちょう》に還《かえ》って待制《たいせい》となり、開封府《かいほうふ》に知《長官》たり。事を言う愈《いよいよ》急にして、数《しばしば》時政を議《ぎ》す。夷簡《いかん》、その職を越ゆるを訴う。罷《や》めて饒《じょう》州《しゅう》に知《ち》たらしむ。館閣《かんかく》(3)余靖《よせい》・尹洙《いんしゅ》、之《これ》を争う。皆坐《みなざ》して貶《へん》せらる。欧陽脩《おうようしゅう》、諫官高若訥《かんかんこうじゃくとつ》の諫《いさ》めざるを責め、謂《い》う、

「人間《じんかん》《この世に》羞恥の事有るを知らず」と。若訥《じゃくとつ》、その書を奏《そう》す。亦《ま》た(欧陽脩も)貶《へん》せらる。蔡襄《さいじょう》、四賢一不肖《しけんいちふしょう》の詩を作る。四賢《しけん》は仲《ちゅう》

きく働いていた。

　この時、台諫《だいかん》の孔道輔《こうどうほ》と范仲淹《はんちゅうえん》が強く反対したが容《い》れられず、地方に出された。

　范仲淹は間もなく朝廷にもどって待制《たいせい》となり、開封府《かいほうふ》の知事となった。しかし時事について、ますます厳しい言葉を呈するようになり、しばしば時の政策を批判した。呂夷簡はそれが職分を越えた発言であると仁宗に訴え、仲淹はまた罷免《ひめん》されて饒州《じょうしゅう》（江西省鄱陽県）の知事に左遷された（一〇三六年）。

　館閣《かんかく》の余靖《よせい》と尹洙《いんしゅ》がそれに抗議し、二人とも一味として左遷された。欧陽脩《おうようしゅう》は、諫官《かんかん》の高若訥《こうじゃくとつ》がなにも言わないのを腹にすえかねて、

「世のなかに、恥というものがあるのを御存じないのか」

　ときびしく責めた。若訥《じゃくとつ》がその書面を仁宗《じんそう》に奏上し、欧陽脩《おうようしゅう》も地方に左遷された。

　蔡襄《さいじょう》は四賢一不肖詩《しけんいちふしょうし》を作って反撃した。四賢とは范仲淹《はんちゅうえん》・尹洙《いんしゅ》・余靖《よせい》・欧陽脩《おうようしゅう》を指し、一不肖とは高若訥《こうじゃくとつ》を指すのである。

淹《えん》・洙《しゅ》・靖《せい》・脩《しゅう》を指し、不肖《ふしょう》は若訥《じゃくとつ》を指すなり。

王曾《おうそう》、対《たい》に因《よ》って夷簡《いかん》が賂《ろ》を納《い》れて恩を示すを斥《さ》す。夷簡《いかん》・曾《そう》、並びに罷《や》めらる。王《おう》随《ずい》・陳堯佐《ちんぎょうさ》、之《これ》に代わる。建明する所無きを以《も》って罷《や》めらる。張士遜《ちょうしそん》・章得象《しょうとくしょう》、之《これ》に代わる。

趙元昊《ちょうげんこう》、夏《か》・銀《ぎん》・綏《すい》・宥《ゆう》・霊《れい》・塩《えん》・会《かい》・勝《しょう》・甘《かん》・涼《りょう》・瓜《か》・沙《さ》・粛州《しゅくしゅう》の地を抛有し、興《こう》州《しゅう》に居《お》り、賀蘭山《がらんざん》を阻《そ》して固めとなし、大夏《たいか》皇帝《こうてい》と僭号《せんごう》して、入寇《にゅうこう》す。西辺騒然たり。

また王曾《おうそう》は仁宗の下問への答えのおりに、呂夷簡《りょいかん》が賄賂を受け取って便宜をはかっていることを弾劾した。それで両成敗の形で、夷簡・王曾がともに罷免され、王随《おうずい》と陳堯佐《ちんぎょうさ》が代わって宰相となった（一〇三七年）。だがこの二人も無能ぶりを示しただけで罷免され、張士遜《ちょうしそん》と章得象《しょうとくしょう》がこれに代わった。

西夏勃興し、契丹間に乗ず　西夏《せいか》の趙元昊《ちょうげんこう》が、陝西《せんせい》から甘《かん》粛《しゅく》にかけての夏《か》・銀《ぎん》・綏《すい》・宥《ゆう》・霊《れい》・塩《えん》・会《かい》・勝《しょう》・甘《かん》・涼《りょう》・瓜《か》・沙《さ》・粛《しゅく》の各州を領有し、興州《こうしゅう》（陝西省略陽県）を本拠とし、賀蘭《がらん》山脈の険をたのみに、大夏《たいか》皇帝《こうてい》の名を僭称したうえ、宋《そう》の領

范雍《はんよう》、西夏《せいか》を経略《けいりやく》《経営攻略》す。元昊《げんこう》の将《まさ》に延州《えんしゅう》を攻めんとするを聞き、懼《おそ》るること甚《はなは》だしく、門《城門》を閉じて救わず《を閉ざし、各地の救援に行かなかった》。劉平《りゆうへい》戦う。中官黄徳和《ちゆうかんこうとくわ》、平《へい》、賊に降ると誣奏《ふそう》《偽りの奏上をする》す。兵を以《も》ってその家を囲み、その族を収めんと議す。富弼《ふひつ》言う、

「平《へい》、環慶《かんけい》自《よ》り来《き》たり援《すく》い、姦臣《かんしん》救わず《延州救援に赴く途中、西夏軍に包囲されたのを范雍が救わなかった》。故に敗れ、賊を罵《ののし》って死す。徳和《とくわ》、人を誣《し》《中傷して》いて免れんことを冀《こいねが》うなり」と。

坐して《（徳和は）罪に問われ》腰斬《ようざん》せらる。范雍《はんよう》罷《や》めらる。

時に軍興《おこ》って多事なれども、張士遜《ちようしそん》補う所無し。諫官韓琦《かんがんかんき》、上疏《じようそ》して曰《いわ》く、

「政事府《政府》は豈《あに》養病《ようびよう》《養生所》の坊《ぼう》ならんや」と。

地に侵入した。西の辺境はたちまち騒然とした。

　この時、范雍《はんよう》が西夏の経略にあたっていたが、元昊《げんこう》が延州《えんしゅう》（陝西省延安市）へ来攻すると聞いてただただふるえあがり、城門を閉ざしたまま救いに赴こうとしなかった。そこで劉平《りゆうへい》がかけつけて戦った。

　ところが軍中にいた宦官《かんがん》の黄徳和《こうとくわ》が、劉平が賊に進んで投降したのだと、いつわりの奏上をした。そこで劉平の留守宅を取り囲んで、一族を捕らえようとの評議がおこった。その時、富弼《ふひつ》が進み出た。

「劉平は環《かん》・慶《けい》（甘粛省東部）地方から救いにかけつけたのに、姦臣の范雍《はんよう》が動こうとしなかったので、戦いに敗れたのです。敵の手にはおちたものの、賊をののしりつづけて殺されました。徳和は他人を中傷して、自分が逃亡したのをごまかそうとしているのです」

　徳和は罪に問われ、腰斬の刑に処せられ、范雍は罷免された。

是《ここ》に於《お》いて、士遜《しそん》、致仕《ち し》《辞職》す。呂夷簡《りょいかん》復《ま》た相《しょう》たり。韓琦《かんき》・范仲淹《はんちゅうえん》を用いて辺帥《へんすい》《辺境の司令官》となす。仲《ちゅう》淹《えん》、嘗《かつ》て兼ねて延州《えんしゅう》に知《ち》《長官》たり。夏人《か ひと》、相《あい》戒めて曰《いわ》く、

「延州《えんしゅう》を以《も》って意となす毋《な》かれ《取ろうと考えるな》。小范老子《しょうはんろうし》《范仲淹》、胸中自《おのずか》ら数万の甲兵有り。大范老子《たいはんろうし》《范雍》の欺《あざむ》くべきに比せざるなり」と。

辺人《へんじん》《辺境の人》、之《これ》が語をなして曰《いわ》く、

「軍中に一韓《かん》《韓琦》有り。西賊《西夏の賊》之《これ》を聞いて心胆《しんたん》寒し。軍中一范《はん》《范仲淹》有り。西賊之《これ》を聞いて胆を驚破《きょうは》す」と。

昊《こう》の大いに逞《たくま》しうするを得ざりしは、蓋《けだ》し

戦乱が起こり、多事多端なこの時にあたって、張士遜《ちょうしそん》はなにひとつ対処することができなかった。たまりかねて諫官《かんかん》の韓琦《かんき》が上書した。

「政府が病人の養生所であってはなりませぬ」

張士遜はいたたまれず職を辞した。呂夷簡《りょいかん》がまたも宰相《さいしょう》に復帰し、韓琦と范仲淹《はんちゅうえん》とを辺境の司令官に起用した（一〇四一年）。仲淹が以前延州《えんしゅう》の知事を兼ねていたころを知っていた西夏《せいか》の連中は、口ぐちに、

「延州は取ろうと思うな。小范《しょうはん》（仲淹）おやじの胸中には数万の軍隊がひそんでいる。だましやすい大范《たいはん》（雍）おやじといっしょにするな」

と警戒しあい、いっぽう辺境の人びとは、

「ひとりの韓《かん》がいるだけで、西夏の賊めは胆《きも》をひやす。

ひとりの范《はん》がいるだけで、西夏の賊めは胆をつぶす」

琦《き》・仲淹《ちゅうえん》の力を宣《の》ぶる《尽力する》こと多きに居りしに藉《よ》るなり。

契丹《きったん》、朝廷に西夏《せいか》の撓《みだ》れ有るに乗《じょう》じて、泛《へん》《海を》使《し》《渡ってくる使者》を遣わして、石晋《せきしん》《石氏の晋》の割《さ》きし所、周《しゅう》の世宗《せいそう》の取りし所の関南《かんなん》の地を求めしむ。知《ち》制誥《せいこう》《詔勅起草官》富弼《ふひつ》、接伴《せっぱん》す。

時に夷簡《いかん》、事に任じ《政事を処理し》、人敢《あ》えて抗する莫《な》し。弼《ひつ》、数《しばしば》之《これ》を侵す。夷簡《いかん》、事に因《よ》って弼《ひつ》を罪せんと欲し、弼《ひつ》を以《も》って報使《ほうし》とす。

弼《ひつ》至り、往返論難《おうへんろんなん》《非難の議論を交わし》、力《つと》めてその地を割《さ》くを拒《こば》む。使いして還《かえ》れば、再び遣《や》る。而《しか》も国書故《ことさ》らに異同をなす。夷簡《いかん》、以《も》って弼《ひつ》を陥れん

といいはやして喜びあった。

趙元昊《ちょうげんこう》がそれほど勝手気ままにできなかったのは、韓琦《かんき》と范仲淹が大いに力をふるったからに外ならないのである。

宋《そう》の朝廷が西夏との争いに忙殺されているのに乗じて、契丹《きったん》は海路、使いを宋《そう》に送り、石氏《せきし》の後晋《こうしん》から割譲され、後周《こうしゅう》の世宗《せいそう》に奪い回《かえ》された、関南《かんなん》の地を要求させた。宋では知《ち》制誥《せいこう》の富弼《ふひつ》がその交渉にあたった。

そのころは、呂夷簡《りょいかん》が采配をふるっていて、さからう者がまるでいなかった。しかし富弼だけは何度となく反対した。そこで夷簡は弼を罪に陥すきっかけをつくることを狙って、富弼を契丹《きったん》への返使に任じた。

富弼は契丹に赴くと、はげしくわたりあって、土地を割譲するのをどうしても承知しなかった。そうして帰ると、夷簡はすぐ再び使者として派遣し、それもまたせた国書をいいふくめた口上とはかけ違うものとした。夷簡はこうして富弼を陥れようとしたのである。

と欲す。

弼《ひつ》、疑うて啓《ひら》き《開封して》観《み》る。乃《すなわ》ち復《ま》た回奏し、夷《い》簡《かん》を面責《めんせき》し、書を易《か》えて往き、歳賂《さいろ》の銀絹《ぎんけん》各《おのおの》と十万を増し、和議を定めて還《かえ》る。

呂夷簡《りょいかん》罷《や》めんことを求む。上《しょう》、遂《つい》に天下の弊事《へいじ》を更《あらた》めんと欲し、諫官《かんがん》の員を増し、王《おう》素《そ》・欧陽脩《おうようしゅう》・余靖《よせい》・蔡襄《さいじょう》に命じて、諫院《かんいん》《諫官の役所》の職に供《きょう》せしむ。

韓琦《かんき》・范仲淹《はんちゅうえん》を以《も》って枢密副使《すうみつふくし》(4)《枢密院次官》となし、夏《か》竦《しょう》を召して枢密使《すうみつし》(5)《枢密院長官》となす。諫官《かんがん》、論じて竦《しょう》を罷《や》め、杜衍《とえん》を以《も》って之《これ》に代う。国子直講《こくしちょくこう》(6)石《せき》

怪しいと感じた富弼は、途中で封を開いてその疑念を確かめると、すぐとって返して、その旨奏上し、呂夷簡を面詰した。そして国書を改めて契丹に行き、毎年贈る銀と絹とをそれぞれ十万両を増やすことで和議をとりまとめて、宋に引きあげた（一〇四二年）。

欧陽脩の『朋党論』

呂夷簡《りょいかん》が辞職を願い出、仁宗《じんそう》は天下の悪弊を改めようとして、諫官《かんがん》の数を増やし、王素《おうそ》・欧陽脩《おうようしゅう》・余《よ》靖《せい》・蔡襄《さいじょう》らを諫院《かんいん》の職に充てた。やがて韓《かん》琦《き》・范仲淹《はんちゅうえん》が枢密副使《すうみつふくし》に、夏竦《かしょう》が枢密使《すうみつし》に任じられた。欧陽脩らは夏竦を痛烈に批判して辞任させ、杜衍《とえん》と代わらせた。国子直講《こくしちょくこう》の石《せき》介《かい》はそれを耳にすると、

「これぞ盛徳のいたすところ」

と飛びあがって喜び、慶暦聖徳詩《けいれきせいとくし》を作った。

「茅の根を引きぬくごとく

介《かい》喜んで曰《いわ》く、

「此《こ》れ盛徳の事なり」と。

乃《すなわ》ち慶暦聖徳《けいれきせいとく》の詩(7)を作る。曰《い》える有り、

「衆賢の進むは、茆《ぼう》の斯《ここ》に抜くるが《茅を一本抜くと何本もいっしょに抜け》如《ごと》く、大《たい》姦《かん》の去るは、距《きょ》《鳥の爪が抜ける》の斯《ここ》に脱するが如《ごと》し」と。

大姦《たいかん》は竦《しょう》を指すなり。

仲淹《ちゅうえん》・琦《き》、適〻《たまたま》陝西《せんせい》自《よ》り来たり、道中に詩を得たり。仲淹《ちゅうえん》、股《もも》を拊《う》って琦《き》に謂《い》って曰《いわ》く、

「此《こ》の怪鬼輩《かいきはい》《化け物ども》の為に事を壊《やぶ》られん」と。

竦《しょう》、因《よ》ってその党と論を造り、衍等《えんら》を目《もく》して党人《とうじん》となす。欧陽脩《おうようしゅう》、乃《すなわ》ち朋党論《ほうとうろん》を作って之《これ》を上《たてまつ》る。略に曰《いわ》く、

　もろもろの賢者あらわれ
　　鷹が爪を失うごとく
　ただひとり奸賊《かんぞく》の去る」

奸賊とは、つまり夏竦を指しているのである。

　范仲淹と韓琦とが、たまたま陝西《せんせい》から召されての途次に、この詩を目にした。仲淹は股《もも》をたたいて歎くと、韓琦にいった。

「これではこの怪物めらに、われらの大事を打ちこわさせるようではないか」

　果たして夏竦らは一味とともに、杜衍《とえん》以下を党派を組むものとする論を張った。欧陽《おうよう》脩《しゅう》はそこでその反論として『朋党論《ほうとうろん》』なる一文を作って奉った。それにはほぼこうあった。

「小人には同志はありません。ただ君子にだけあるものです。小人でただ利につられて、かりそめの同志となるのは、いつわりの同志であります。利を眼前に置かれれば、争って奪いあい、その利が尽きると、互いの間もおろそかに、傷つけあうものであります。

「小人《しょうじん》は朋《ほう》無し、惟《た》だ君子のみ之《これ》有り。小人の利を同じうするの時、暫《しばら》く朋をなす者は偽《ぎ》なり。その利を見るに及んで先を争い、或《あるい》は利尽きて情疎《じょうそ》に、反《かえ》って相賊害《あいぞくがい》す。君子身を修むれば則《すなわ》ち道を同じうして相益《あいえき》し、国に事《つか》うれば則《すなわ》ち心を同じうして共に済《すく》う。終始一の如《ごと》し。此《こ》れ君子の朋《ほう》なり。君たる者、但《た》だ当《まさ》に小人の偽朋《ぎほう》《偽りの仲間》を退けて、君子の真朋《しんぽう》《真実の仲間》を進むべし。則《すなわ》ち天下治まらん」と。

仲淹《ちゅうえん》、参政《さんせい》に遷《うつ》り、富弼《ふひつ》、枢副《すうふく》となる。上《しょう》、既《すで》に仲淹等《ちゅうえんら》を擢《ぬき》んで、進見する毎《ごと》に、必ず太平を以《も》って之《これ》を責め、天章閣《てんしょうかく》を開いて召対《しょうたい》《召して応対させ》し、

君子は身を修めれば主義を同じくして互いに益しあい、国に仕えても心を合わせて、ともども助けあいます。終始、まさに一心同体の如くであります。これが君子の同志であります。

天子たる者、小人の偽りの同志を退け、君子のまことの同志を登用する。これでこそ天下は正しく治まるでありましょう」

やがて仲淹《ちゅうえん》は参政《さんせい》に遷《うつ》り、富弼《ふひつ》は枢密副使《すうみつふくし》となった。仁宗《じんそう》は仲淹らを重用し、謁見のたびごとに、太平の世をきたすようにと励ました。そして翰林院《かんりんいん》の天章閣《てんしょうかく》に召すと、敷物を下賜し、筆墨を与えた。仲淹たちは恐れいって退席すると、改めて十箇条の意見を書き連ねて奏上した。

坐を賜い筆札を給《きゅう》す。仲淹等《ちゅうえんら》、皆《みな》惶恐《こうきょう》す。退いて十事を列奏《十箇条の意見書を書き連ね奏上した》す。

× × ×

未《いま》だ幾《いく》ばくならず、仲淹《ちゅうえん》、陝西《せんせい》・河東《かとう》を宣《せん》撫《ぶ》《宣撫》し、富弼《ふひつ》、河北《かほく》を宣撫す。竦等《しょうら》謗《そしり》を造《つく》る。故に仲淹等《ちゅうえんら》、朝に安んぜず。欧陽脩《おうようしゅう》も亦《ま》た出《使となり》でて河北《かほく》に使いす。

晏殊《あんしゅ》、罷《や》めらる。杜衍《とえん》、同平章事《どうへいしょうじ》たり。衍《えん》務めて僥倖《ぎょうこう》を裁《さい》《おさえつけた》す。内降《ないこう》《内命があっても》ある毎に、率《おおむ》ね寝格《しんかく》《握りつぶした》して行わず。詔旨を積むこと十数なれば、輒《すなわ》ち上《しょう》の前に納《い》る。上《しょう》、嘗《かつ》て諫官《かんかん》に語って曰《いわ》く、「外人《世間の者》、衍《えん》が内降を封還《ほうかん》するを知るか。朕《ちん》、

王拱辰の一網打尽

まもなく范仲淹《はんちゅうえん》は陝西《せんせい》・河東《かとう》、富《ふ》弼《ひつ》は河北《かほく》の宣撫使《せんぶし》として地方に出た。夏竦《かしょう》らが中傷するうわさを広めたので、朝廷に居づらくなったからである。欧陽脩《おうようしゅう》も河北へ都転運使《とてんうんし》として出た。

晏殊《あんしゅ》が罷免され、杜衍《とえん》が同平章事《どうへいしょうじ》となった。杜衍は幸運で抜擢されるというような事のないように努めた。それで仁宗《じんそう》の内命が下っても、ほとんどとりあげず、寝かせておいた。そして十いくつかたまったところで、仁宗にまとめて返上した。そして仁宗は、諫官《かんかん》の前でぐちをこぼすしかなかった。

「世間の者たちは、衍《えん》のやつが内命書をつきかえしているのを知っているのかな。実はやつに遠慮して出さなかった分のほうが、つき

宮中に在《あ》って、毎《つね》に告ぐべからざるを以《も》って止む者は、封還する所よりも多し」と。

会《たまたま》と衍《えん》の婿、蘇舜欽《そしゅんきん》、進奏院《しんそういん》に監《かん》とし、故《こ》紙《し》を鬻《ひさ》ぎし公銭を用《も》って、神を祀《まつ》り客を会《かい》す。御史中丞《ぎょしちゅうじょう》王拱辰《おうきょうしん》、素《もと》より衍等《えんら》のなす所を便《べん》《不都》とせず《合と思っていた》。因《よ》ってその事を攻む。獄を置いて罪を得る者数人なり。拱辰《きょうしん》喜んで曰《いわ》く、

「吾《われ》、一網に打ち去り尽くせり(8)」と。

衍《えん》、相《しょう》たること七十日にして罷《や》めらる。

かえされたのよりも多いのだ」

ちょうどそのころ、杜衍の婿の蘇舜欽《そしゅんきん》が進《しん》奏院《そういん》の監督官をしていて、役所の古い紙を売った公金を、個人の祭祀《さいし》や接客に使った。御《ぎょ》史中丞《しちゅうじょう》の王拱辰《おうきょうしん》は、平素から杜衍たちの執政で不利益を受けていたことから、きびしくこの事を攻撃した。そして裁判沙汰となったあげく、何人かが罪に問われた。ほくそえんだ拱辰《きょうしん》は、仲間たちに自慢した。

「どうだ、わしの一網は」

杜衍《とえん》は宰相となって七十日で罷免された（一〇四五年）。

（1） 尚美人…「美人」は、後宮の女官の位。なお、後宮の女性のランクは唐代の開元年間に改制されるまでは、夫人（貴妃・淑妃・徳妃・賢妃）、嬪（昭儀・昭容・昭媛・充儀・充容・充媛）、婕妤・美

人・才人・宝林・御女・采女という順になっていた。

(2) 台諫…朝廷の監察をつかさどる御史台と、天子を諫める知諫院の官の総称。監察御史や諫議大夫など。

(3) 館閣…昭文館や秘閣など、宮中の図書を収める官庁。また秘書郎、校書郎など、それに属する官。

(4) 枢密副使…軍事を掌る枢密院の次官。宋(北宋)「太祖(趙匡胤)」の補注**七**(二九七頁)参照。

(5) 枢密使…枢密院の長官。宋(北宋)「太祖(趙匡胤)」の補注**七**参照。

(6) 国子直講…国子監の教授。宋は唐末から五代にかけての官制をほぼうけついだが、官名だけを位階や俸禄を表すものとして残し、実際の行政には別な体系をあてた。即ち中書・門下・尚書の三省も名だけ残して長官を置かず、民政を掌る中書門下省に二、三名の同中書門下平章事を置いてそれを最高の職として宰相役に宛て、二名の参知政事(執政と呼ばれる)に副宰相として、それを補佐させた。唐代のいわゆる九寺・五監も、やはり官名だけを残すものが多かったが、その中で天下の獄事を裁断する大理寺、宗室の事を掌る宗正寺、国立大学にあたる国子監だけは、従前の機能が存続していた。

(7) 慶暦聖徳の詩…「慶暦」は時の年号で、西暦一〇四一から一〇四九年まで。なお夏竦の退任は慶暦八年(一〇四八年)である。

(8) 吾、一網に打ち去り尽くせり…「一網打尽」ということばは、これに拠る。

宋（北宋）「張孝純」——尽忠報国

星有って月の如《ごと》し。徐徐《じょじょ》《ゆっくり》として南行して落つ。光、人物を照らし、月と異なる無し。神保観《しんぽかん》《道教の祠》を修む。その神は都人《とじん》素《もと》より之《これ》を畏《おそ》れたれば、城を傾けて《城中の人々はあげて》男女土を負うて以《も》って献じ、名づけて献土と曰《い》う。又《ま》た鬼使《きし》を飾作《しょくさく》《鬼神の使者の扮装をして》し、土を納《い》るるを催《うなが》す者《もの》有り。上《しょう》も亦《ま》た微服《びふく》《微賤の服を着て》して之《これ》を観《み》しが、後《のち》数日旨《むね》《上旨を下して》あって禁《きん》ず。京師《けいし》・河東《かとう》・陝西《せんせい》、地震《ちふる》う。宮中の殿門、

宋衰えて怪異流賊多し

しばらくして、月ほどもある流星が現れ、ゆっくりと南にむかって落ちて行った。その光も全く月と異なるところなく、地上を照らした。

神保観《しんぽかん》を修復した折り、平素から都の人びとが畏服する二郎神《じろうしん》が祭神とて、都中の男女が土を運んで奉納し、それを献土と呼んだ。また鬼神の使者に扮して、その献土を催促して廻る者も現れた。徽宗《きそう》も身をやつしてその様子を観覧したが、数日の後、それを禁止する上旨を下した。

京師《けいし》・河東《かとう》・陝西《せんせい》で地震があった。宮殿や

揺動《ようどう》して且《か》つ声あり。蘭州《らんしゅう》の草木、没入《ぼつにゅう》し、山下の麦苗《ばくびょう》、乃《すなわ》ち山上に在り。

金国《きんこく》、城郭《じょうかく》・宮室《きゅうしつ》無し。契丹《きったん》の旧礼《きゅうれい》を用う。結綵山《けっさいざん》(1)にて倡楽《しょうがく》《俳優の音楽》を作《な》し、闘鶏《とうけい》・撃鞠《げききく》《蹴鞠》の戯《ぎ》の如《ごと》きは、中国と同じ。但《た》だ衆楽《しゅうがく》の後《のち》に於《お》いて、舞女《ぶじょ》数人を飾り、両手に鏡を持たしむること、電母《でんぼ》《雷の女神》に類《るい》す。その国茫然《ぼうぜん》《茫漠として広い》たり。皆茇舎《みなばつしゃ》《野宿》して以《も》って居る。是《ここ》に至って方《まさ》に大屋《たいおく》《大きな家屋》数千間を営《いとな》み、尽《ことごと》く中国のなす所に倣《なら》う。

両京河浙路《りょうけいかせつろ》、災異《さいい》畳見《じょうけん》《災厄異変が重なって現れた》す。都城、青菓を売る男子有り。孕《はら》んで子を誕《う》む。又《ま》た豊楽楼《ほうらくろう》の酒保《しゅほ》《酒楼の雇人》朱子《しゅし》有り。その妻年《とし》四十にして、忽《たちま》ち髭《し》《口ひ》

宮門も揺れ動いた上、怪しげな声が人びとの耳を驚かした。また蘭州《らんしゅう》では草や木が地面に埋もれたり、山の下の麦の苗が山の上に現れたりした。

　金《きん》の国は、もともと街や宮殿といったものがなく、風習などはもとの契丹《きったん》のものを用いていた。またあや絹を結んだかざりのもとで芝居をしたり、闘鶏や蹴鞠の遊びなどは中国と同じであった。ただ音楽のあとで舞いの女数人に着飾らさせ、両手に鏡を持って打ちふり、きらきらと稲妻のように光らせた。

　国土は果てしもなく広く、草を結んで住んでいたが、この頃から数千間もの大屋を造るようになり、すべて中国のやり方をまねるようになった。

　宋では都の東西・河北《かほく》・河南《かなん》・浙江《せっこう》にわたって、災害や怪異が絶えまなく起こった。都の城中では、野菜売りの男で、子をはらんで生み落とした者が現れた。また豊楽楼《ほうらくろう》という酒楼の使用人に朱《しゅ》という者がいて、その妻が髯《ぜん》《げ顎ひげ》を生じ、長さ六七寸、宛《あたか》も一男子なり。詔《みことのり》して、度《ど》《得度》して女道士《じょどうし》となす。河北《かほく》・山東《さんとう》、盗《とう》起こる。連歳凶荒《れんさいきょうこう》なり。民《たみ》楡皮《ゆひ》《にれの皮》を食《く》らう。野菜給《やさいきゅう》せず。相食《あいは》むに至る。饑民並《きみんなら》び起こり盗《とう》をなす。張仙《ちょうせん》という者有り、衆《しゅう》《従う人々は》十万、張迪《ちょうてき》の衆五万、高託山《こうたくざん》の衆三十万、自余《じよ》《その他》二《に》三万《さんまん》の者《もの》は、勝《あ》げて計《かぞ》うべからず。

金主《きんしゅ》《阿骨打》、帝《てい》と称《しょう》すること六年（九年の誤り）にして殂《そ》す。太《たい》祖《そ》大聖武《たいせいぶ》元皇帝《げんこうてい》と号《ごう》す。弟呉乞買《ごきつばい》《ウキマイ》立つ。晟《せい》と改名す。

燕山《えんざん》の地、易州《えきしゅう》の西北は乃《すなわ》ち金坡《きんぱ》関《かん》、昌平《しょうへい》

四十歳になると突然ひげが生えはじめ、それが、六、七寸にのび、男にしか見えなくなった。それで得度して女道士となるよう詔が下った。

河北《かほく》と山東《さんとう》では謀反が続発した。連年の凶作で人びとは楡《にれ》の皮を食べはじめ、野草も尽き、ついには互いに食いあうまでになり、飢えにさいなまれた人びとが蜂起して賊となったのである。中でも山東《さんとう》では張仙《ちょうせん》という者が現れて、その配下が十万人、張迪《ちょうてき》の配下は五万人、また河北《かほく》の高託山《こうたくざん》の配下は三十万人にものぼり、その他、一党が二、三万人ほどの賊は、数えきれないほどであった。

金、平州を得
遼を滅ぼす

金《きん》の国主阿骨打《あこつだ》が、皇帝《こうてい》と称《しょう》して九年目で卒去した。諡《おくりな》を太祖《たいそ》大聖武《たいせいぶ》元皇帝《げんこうてい》という。弟の呉乞買《ごきつばい》が後を継ぎ、名を晟《せい》と改めた（一一二三年）。

さて燕山《えんざん》の地は、易州《えきしゅう》の西北には金坡《きんぱ》関《かん》、

の西は乃《すなわ》ち居庸関《きょようかん》、順州《じゅんしゅう》の北は乃《すなわ》ち古北関《こほくかん》、景州《けいしゅう》の北は乃《すなわ》ち松亭関《しょうていかん》、平州《へいしゅう》の東は乃《すなわ》ち隃関《ゆかん》、隃関《ゆかん》の東は乃《すなわ》ち金人《きんひと》の来路《金との往来の路》なり。

凡《およ》そ此《こ》の数関は、天《てん》、蕃《ばん》・漢《かん》《蕃夷と中国》を限《かぎ》れるなり。之《これ》を得《え》ば則《すなわ》ち燕《えん》の境保《きょうたも》つべし。然《しか》るに関内《かんない》の地、平《へい》・灤《らん》・営《えい》の三州は、後唐《こうとう》《明帝のとき》に契丹《きったん》の阿保《あほ》機《き》の陥《おとしい》る所となりし自《よ》り、営《えい》・灤《らん》を以《も》って平《へい》に隷《れい》《属させ》し、平州路《へいしゅうろ》となす。燕《えん》を得《え》て平州《へいしゅう》を得ざれば、則《すなわ》ち関内《かんない》の地、蕃《ばん》・漢雑処《かんざつしょ》《夷狄と中国人とが雑居》して、燕《えん》保《たも》ち難《がた》しとなす。

遼《りょう》の張瑴《ちょうこく》、平州《へいしゅう》を守る。金《きん》、已《すで》に人を遣わして瑴《こく》を招く。瑴曰《こくいわ》く、

昌平《しょうへい》の西には居庸関《きょようかん》、順州《じゅんしゅう》の北には古北関《こほくかん》、景州《けいしゅう》の北には松亭関《しょうていかん》、平州《へいしゅう》の東には隃関《ゆかん》があり、隃関の東が金人《きんじん》が中国《ちゅうごく》に来る路となっていた。

このいくつかの関所は、つまり異民族と漢民族との境として天が造った要害であり、これを掌握できれば燕《えん》の地は保つことができる。しかし関内の地のうち、平州・灤州《らんしゅう》・営州《えいしゅう》の三州は後唐《こうとう》の明宗《めいそう》のとき、契丹《きったん》（遼《りょう》）の阿保《あほ》機《き》に奪われ、遼は営州・灤州を平州に属させて平州路《へいしゅうろ》とした。燕の地を得ても平州を支配できなければ、異民族と漢族の地が入り組み、燕の地も保つことが容易でなくなるのである。

そして遼では張瑴《ちょうこく》がその平州路《へいしゅうろ》の守備にあたっていた。金《きん》は人をやって張瑴を靡《なび》かせようとした。瑴は、

「遼のもっておりました八路のうち、いま残っているのはこの平州だけと聞いております。いまさら手向かう気持ちはありません」

と返答しておきながら、間もなく平州を南

「契丹《きったん》凡《すべ》て八路《はちろ》あり。今《いま》特《た》だ平州《へいしゅう》存《そん》する耳《のみ》。敢《あ》えて異志《いし》有らんや《金に対して二心はない》」と。

既《すで》にして乃《すなわ》ち平州《へいしゅう》を以《も》って南附《なんぷ》す《(張瑴は)南の宋に帰服した》。宋遽《そうにわか》に之《これ》を納《い》る《宋はすぐにこの申し入れを受納した》。趙良嗣《ちょうりょうし》力《つと》め争《あらそ》う《反対した》。以為《おも》えらく、必ず金《きん》の兵を招かん《怒った金が軍隊を派遣するだろう》、と。金人《きんひと》諜《ちょう》して知り《間諜がこれを報告し》、即《すなわ》ち平州《へいしゅう》を襲《おそ》うて之《これ》を陥《おとしい》れ、宋《そう》の詔札《しょうさつ》《張瑴へ下した詔書》を得たり。是《これ》より曲《きょく》を帰《き》し《違約の罪を宋に帰し》、檄《げき》《文書》を累《かさ》ねて瑴《こく》を取らんとす《張の引き渡しを要求した》。已《や》むことを得ず。王安中《おうあんちゅう》に命じて之《これ》を縊《くび》らしめて、その首を函送《かんそう》す《箱づめにして送った》。

未《いま》だ幾《いく》ばくならずして、金《きん》の太子《たいし》斡離不《あつりふ》《宗望・オリブ》、已《すで》に平州路《へいしゅうろ》より将《まさ》に燕《えん》に入らんとす。宋《そう》、方《まさ》に且《か》つ人を遣わして、密《ひそ》かに天祚《てんそ》《遼の天祚帝》を

の宋《そう》に隷属させようと言ってよこした。そして宋はすぐさまこれを受け入れた。

ただ趙良嗣《ちょうりょうし》がそれに強硬に反対した。それが金の攻撃を惹《ひ》き起こすというのである。その懸念の通り、金人は間者を通してこれを知ると、すぐさま平州を急襲して陥れ、宋からの詔書を手に入れた。そしてそれからは盟約に背いたとして宋を責め、書簡を送って張瑴を引き渡すよう繰り返して要求した。宋はいたしかたなく、王安中《おうあんちゅう》に命じて張瑴をくびり殺してその首を箱に入れて金に送らせた。

そして間もなく、金の皇太子《こうたいし》の斡離不《あつりふ》が、平州路から燕《えん》に攻め入ろうとした。

この時宋《そう》はちょうど人をやって、夾山《きょうざん》に逃げていた遼《りょう》の天祚帝《てんそてい》を帰順するよう説得させ、童貫《どうかん》に河東《かとう》・河北《かほく》・燕山《えんざん》の三路を宣撫させ、天祚帝を迎えようとした。ところがそこへ金《きん》が退いて行ったので、天祚帝は陰夾山《いんきょうざん》に入ろうとして立ち往生してしまった。天祚帝はやむなく配下を引きつれて南に出たが、そこを

誘《いざな》って来たり降《くだ》らしめ、童貫《どうかん》を以《も》って両河燕《りょうかえん》山路《ざんろ》を宣撫《せんぶ》《宋に帰服させ》せしめ、将《まさ》に天祚《てんそ》を迎えんとす。金人方《きんひとまさ》《金軍がちょうど》に退く。天祚《てんそ》、陰夾山《いんきょうざん》に入らんとすれども得《う》べからず。是《ここ》に至って衆《しゅう》を領《りょう》して《部下を率いて》南に出で、遂《つい》に金人《きんひと》の敗《やぶ》る所となり、擒《きん》に就《つ》く《捕虜となった》。契丹《きったん》《遼は》は阿保機《あほき》より天祚《てんそ》に至るまで、九世にして亡《ほろ》ぶ。時《とき》に宣和《せんな》七年乙巳《いっし》の歳《とし》なり。

是《こ》の冬、金《きん》の斡離不《あつりふ》《宗望・オリブ》・粘罕《ねんかん》《宗翰・ネメガ》、道を分かって南《みなみ》す《南の宋へ進撃した》。斡離不《あつりふ》、燕山《えんざん》を陥《おとしい》る。郭薬師《かくやくし》之《これ》に降《くだ》る。金《きん》の兵《へい》長駆して進む。郭薬師《かくやくし》為《ため》に前駆す。童《どう》貫《かん》、太原《たいげん》より逃《のが》れ帰る。粘罕《ねんかん》、太原《たいげん》を囲む。

金の兵に打ち破られて虜《とりこ》になった。

こうして契丹族《きったんぞく》の遼は、阿保機《あほき》から天祚帝に至るまで、九代、二百十年で滅んだ。時に宣和《せんな》七年乙巳《いっし》の歳（一一二五年）であった。

金軍南進開始す
宋相皆鄙夫なり

そしてこの年の冬、金《きん》の兵は斡離不《あつりふ》と粘罕《ねんかん》の二手に分かれて南へと進軍を開始した。斡離不が燕山《えんざん》を攻略し、副知事の郭薬師《かくやくし》が投降した。金軍の進撃が急になり、郭薬師がそれを先導した。

太原《たいげん》の帥《すい》張孝純《ちょうこうじゅん》歎《たん》じて曰《いわ》く、

「平時《へいじ》には童太師《どうたいし》多少の威重《いちょう》《威厳を見せる》を作《な》す。乃《すなわ》ち畏《い》怯《きょう》すること此《かく》の如《ごと》し。身《み》、大臣《だいじん》となって、難《なん》《国難》に死《し》する能《あた》わず。何《なん》の面目《めんもく》あって天下の士に見《まみ》えん」と。

孝純《こうじゅん》、冀景《きけい》を以《も》って関《かん》を守らしむ。知《ち》朔寧《さくねい》府《ふ》《朔寧府知事》孫翊《そんよく》来たり《救援に来た》救う。兵二千に満《み》たず。金人《きんひと》と城下に戦う。

張孝純《ちょうこうじゅん》曰《いわ》く、

「賊《ぞく》已《すで》に近きに在《あ》り。敢《あ》えて門を開かず。観《かん》察《さつ》《孫翊》、忠を尽《つ》くし国に報ずべし《尽忠報国》」と。

翊《よく》曰《いわ》く、

太原《たいげん》（山西省太原市）にあった童貫《どうかん》はこれを聞いてあわてて逃げ帰り、間もなく太原は粘罕にとり囲まれた。残された守将の張孝《ちょうこう》純《じゅん》はつくづくと歎息をもらした。

「平時にはいささか威厳らしいものも身についていたようだが、いざとなってのこの臆《おく》病《びょう》さはなんだ。大臣の身になって、国難に一命を捨てることもできぬ。童太師《どうたいし》どのもいったいどのつらをさげて天下の士にまみえようというのだろうか」

張孝純《ちょうこうじゅん》は冀景《きけい》に城門を固めさせた。そこへ朔寧府《さくねいふ》（山西省朔県）の孫翊《そんよく》が救援に駆けつけ、二千に足りない兵を率いて城外で金軍《きんぐん》と戦った。

張孝純が城壁の上から呼びかけた。

「こう近くに賊がおし寄せていては、城門を開くこともかなわぬのだ。孫観察《そんかんさつ》、尽忠報国《じんちゅうほうこく》をたのむ」

それを孫翊《そんよく》がふり仰いだ。

「残念なのは、手勢がいかにも少なすぎるこ

「但《た》だ兵少なきを恨《うら》むのみ」と。

乃《すなわ》ち復《ま》た引いて戦う。金人《きんひと》大いに沮《はば》む《阻止された》。再び兵を益《ま》す《兵力を増強してきた》。力敵《ちからてき》すること能《あた》わず。翊《よく》死す。一騎《孫翊の部下で》の肯《あ》えて降《くだ》るもの無し。

時に王黼《おうほ》先だつこと一年《一年前に》已《すで》に罷《や》められて《罷免されていて》、白時中《はくじちゅう》・李《り》邦彦《ほうげん》並《なら》びに相《しょう》《宰相》たり。皆《みな》鄙《ひ》夫《ふ》《心が狭くいやしい》なり。金《きん》の兵来《き》たるや、時中《じちゅう》但《た》だ出奔《しゅっぽん》の策《さく》《都からの逃亡策を》を建《た》つる而已《のみ》。

上《しょう》、内禅《ないぜん》《天子の位を身内にゆずった》す。位に在《あ》ること二十六年。改元する者《こと》六。建中靖国《けんちゅうせいこく》と曰《い》い、崇寧《すうねい》・大観《たいかん》・政《せい》和《わ》・重和《ちょうわ》・宣和《せんな》と曰《い》う。太子《たいし》立つ。是《これ》を欽宗《きんそう》皇帝《こうてい》となす。

とだけだ」

そして再び部下を引きつれると、金《きん》の兵へと突進した。金軍は一時大いにひるんだが、やがて兵をふやして打ちかかってきた。どうにもならない兵力の差のうちに、孫翊は敵の手にかかったが、配下のただの一騎も、金に投降しようとしなかった。

このころ朝廷では、王黼《おうほ》が一年前にすでに罷免されていて、白時中《はくじちゅう》と李《り》邦彦《ほうげん》がともに宰《さい》相《しょう》になっていた。いずれも心いやしい者たちであり、金の兵が迫って来ると、白時中は都からの逃亡の方策しか口にしなかった。

徽宗《きそう》はわれとわが身を罪に問い、宣和《せんな》七年十二月、位を皇太子に禅《ゆず》った。在位二十六年、年号を改めたのが六回で、建中靖国《けんちゅうせいこく》・崇寧《すうねい》・大観《たいかん》・政和《せいわ》・重和《ちょうわ》・宣和《せんな》がそれである。皇太子《こうたいし》が即位した。これが欽宗皇帝《きんそうこうてい》である。

（1）結綵山…旧暦正月十五日のいわゆる上元の日の晩に、灯籠をともし上下ともに楽しむ元宵節のかざり。樹木のかたちにやぐらを組み、そこに色とりどりのあや絹をむすびつけたもの。宮城をはじめ、大きな寺観、貴人の邸宅の門前に飾られた。

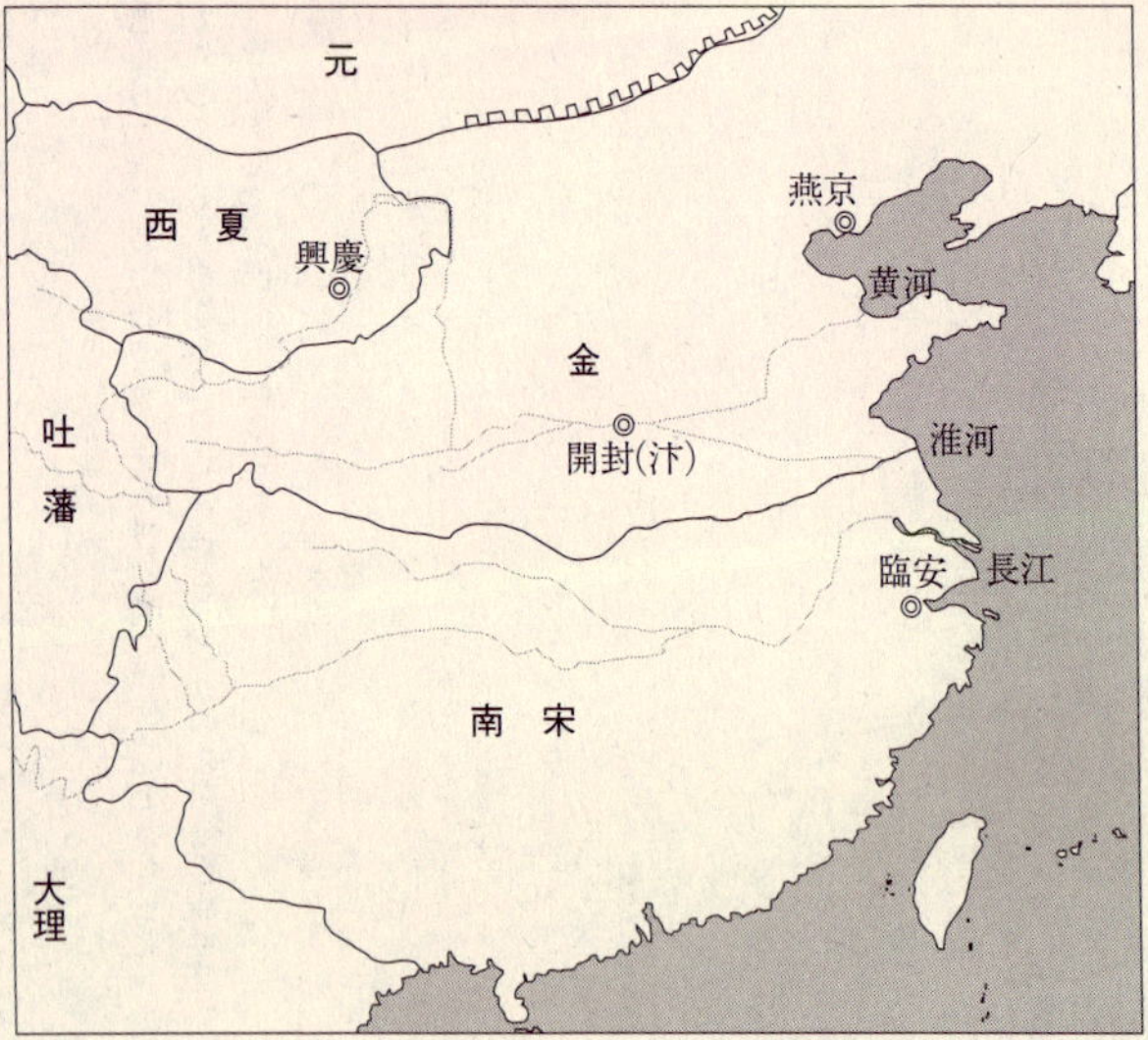

元・金・南宋の勢力図（12 世紀頃）

南宋（元）「耶律楚材」——一利を興すは一害を除くに若かず

辛未《しんび》、嘉定《かてい》四年の春、元《げん》の太祖《たいそ》南侵《なんしん》し、金《きん》兵《ぺい》を敗《やぶ》り、群牧監《ぐんぼくかん》《国営牧場》を襲い、その馬を駆《か》って《馬を奪って》還《かえ》る。是《これ》より連歳、金《きん》の州郡《しゅうぐん》を攻取《こうしゅ》《攻撃略奪》す。

癸酉《きゆう》、嘉定《かてい》六年、金主衛紹王允済《きんしゆえいしようおういんせい》、在位五年、歳《とし》として兵を受けざるは無く《モンゴル兵の侵攻を受けない歳はなく》、幾《ほとん》ど支《ささ》《食い》うる能《あた》わず《止められなかった》。且《か》つ将士《しょうし》の心《部下の人望を》を失い、大将《たいしょう》の《配下の将軍の》弑《しい》する所となる。追廃《ついはい》《死後、帝位を剝奪して》して東海郡侯《とうかいぐんこう》となし、豊《ほう》

嘉定《かてい》四年（一二一一年）、辛未《しんび》の歳が明けると、チンギス汗はまたも兵を南下させて金の軍を撃破し、都の牧畜所を襲って、馬を奪いとって連れ帰った。そしてその後は毎年、金の土地を蚕食していった。

元、南侵し
金、南遷す

嘉定《かてい》六年（一二一三年）、癸酉《きゆう》の歳、金《きん》の国主衛紹王允済《えいしようおういんせい》は、位に即いて五年の間、モンゴルの兵の侵攻を受けない時はなく、抵抗するすべも知らなかった。やがて将兵たちからも見放され、将軍の一人に弑殺された。そして死

王珣《おうじゅん》を立つ。瑒《えい》の兄なり。是《これ》を宣宗《せんそう》となす。

太祖《たいそ》《チンギス汗》、兵を三道に分かって、並び進んで、燕南《えんなん》・山東《さんとう》・河北《かほく》の五十余郡を取る。

甲戌《こうじゅつ》、嘉定《かてい》七年、元《げん》の太祖《たいそ》、蹕《ひつ》《行列を》を燕北《えんほく》に駐《とど》む。金主《きんしゅ》《宣宗》、岐国公主《きこくこうしゅ》《帝室の娘》及《およ》び童男女《どうだんじょ》五百、馬三千と金帛《きんぱく》《絹》とを以《も》ってし、以《も》って献《けん》じて和を乞《こ》う。許さると雖《いえど》も、燕《えん》に自立する能《あた》わざる《燕を首都としていることの》を度《はか》り、五月、汴《べん》に遷《うつ》る。丞相完顔福興《じょうしょうかんがんふくこう》を留《とど》めて、太子《たいし》守忠《しゅちゅう》を輔《たす》けて燕《えん》に居らしむ。太祖《たいそ》、兵を遣わして之《これ》を囲《かこ》ましむ。守忠《しゅちゅう》、汴《べん》に走る。後《のち》一年にして燕京陥《えんけいおちい》る。

元《げん》の兵河東《かとう》より河《か》《黄河》を渡って南《みなみ》す。汴《べん》を距《さ》る

後、帝号を廃され東海郡侯《とうかいぐんこう》に身分を降された。豊王珣《ほうおうじゅん》が擁立された。瑒《えい》の兄である。これが宣宗《せんそう》である。

モンゴルはこの年も三方面から金《きん》に侵入し、燕南《えんなん》・山東《さんとう》・河北《かほく》の五十余郡を奪い取った。

翌嘉定《かてい》七年、チンギス汗は金《きん》の中都燕京《ちゅうとえんけい》（北京市）に乗りこみ、そのまま馬をとどめた。金の宣宗《せんそう》は岐国公主《きこくこうしゅ》、童男童女各五百人、馬三千頭と金帛とを献じて元《げん》に和を乞うた。

和議は認められチンギス汗は去ったが、金は燕《えん》の地では国を立ててゆくことができないと考え、五月に南京汴《なんけいべん》（河南省開封市）に遷《うつ》った。そして丞相《じょうしょう》の完顔福興《かんがんふくこう》を残し、皇太子《こうたいし》の守忠《しゅちゅう》を輔《たす》けて燕を守らせた。

遷都を怒ったチンギス汗は兵をやって燕京を包囲させた。守忠は汴に逃れ、一年後に燕京は陥落した。

モンゴルの兵はさらに河東《かとう》（山西省一帯）から黄河《こうが》を渡って南下し、汴から二十里の地まで攻めよせたが、金の必死の抵抗によって

こと二十里にして去る。金人《きんひと》是《これ》より地勢《ちせい》《支配地域》益《ますます》蹙《ちぢま》る。山東《さんとう》之《これ》に叛《そむ》く。東《(モンゴルとは)》は河《か》を阻《へだ》て、西は潼《どう》関《かん》を阻《へだ》つるのみ。宋《そう》の川蜀《せんしょく》・淮漢《わいかん》を窺《うかが》いて、以《も》って自《みずか》ら《領域を》広めんと欲《ほっ》し、遂《つい》に盟《ちかい》を敗《やぶ》って来たり侵《おか》す。

宋《そう》、黄榜《こうぼう》《詔勅を書いた立て札》を以《も》って忠義《ちゅうぎ》の人を募《つの》り、進んで京東路《けいとうろ》を討たしむ。忠義《ちゅうぎ》の李《り》全《ぜん》、歳《とし》の戊寅《ぼいん》を以《も》って、衆《しゅう》を率《ひき》いて来帰す。全《ぜん》は本《もと》漣水県《れんすいけん》の弓手なり。開禧《かいき》乙丑《いっちゅう》《年に》の間に在《あ》って、已《すで》に嘗《かつ》て《義勇軍の》募《つのり》《募集》に応じて、その県を焚《や》けり《金に占領されていた漣水県を焼き打ちした》。丁丑《ていちゅう》、嘉定《かてい》十年、元《げん》《モンゴル》、木華黎《ぼくかれい》《ムカリ》を以《も》って太師《たいし》と

撤退した。しかしこれよりのち、金の支配する領域はいよいよ狭くなり、さらに山東《さんとう》もそむき去ったので、モンゴルと東は黄河《こうが》、西は潼関《どうかん》（陝西省潼関県）をへだてて境を接する地に逼塞《ひっそく》するようになった。

金が自らの領土を拡げるには、もはや南の宋《そう》の四川《しせん》、淮漢《わいかん》（淮河漢水流域）の地をうかがうしかなくなった。嘉定《かてい》十年、和約を破って、金《きん》の兵は宋《そう》に侵攻した。

宋は高札に詔勅をかかげて、全土から忠義の士を募り、進んで京東路《けいとうろ》の地方に撃って出た。また翌十一年、戊寅《ぼいん》の歳には、忠義軍《ちゅうぎぐん》の李全《りぜん》が部下を率いて帰順して金との戦いに加わった。李全はかつて漣水《れんすい》県（江蘇省漣水県付近）で弓手であった者で、かつて開禧《かいき》元年に、宋王朝の檄に応じてその県を焼き打ちにして宋の手に取り戻したこともあった。

なし、国王《こくおう》《魯の国王》に封《ほう》ず。諸軍(ムカリは)を率《ひき》いて南征し、大《だい》名府《めいふ》に克《か》《勝》ち、益都《えきと》・淄《し》・萊《らい》等の州《しゅう》を定《攻略平定した》む。

戊寅《ぼいん》、嘉定《かてい》十一年、元《げん》の木華黎《ぼくかれい》、西京《せいけい》より河東《かとう》に入り、太原《たいげん》・平陽《へいよう》及び忻《きん》・代《だい》・沢《たく》・潞《ろ》等の州《しゅう》に克《か》つ。

是《こ》の歳《とし》、西夏《せいか》を伐《う》って、その王城《おうじょう》《興慶》を囲《かこ》む。夏主李尊頊《かしゅりじゅんぎょく》、西京《せいけい》《西涼の誤り》に走る。高麗王暾《こうらいおうとん》《高宗》、元《げん》に降《くだ》り、歳《とし》ごとに方物《ほうぶつ》《地方の産物》を貢《こう》《貢納》せんと請《こ》う。

己卯《きぼう》、嘉定《かてい》十二年、西域《せいいき》、元《げん》の使者を殺す。太祖《たいそ》《チンギス汗》親征す。

庚辰《こうしん》、嘉定《かてい》十三年、元《げん》の木華黎《ぼくかれい》、地を徇《とな》《巡撫して》え

元、金との和議を許さず

嘉定《かてい》十年（一二一七年）、丁《てい》丑《ちゅう》の歳に、モンゴルはムカリを太師《たいし》とし、魯国王《ろこくおう》に封《ほう》じた。ムカリは大軍を率いて南征し、河北の大名府《だいめいふ》を陥し、山東《さんとう》の益都《えきと》・淄《し》・萊《らい》などの諸州を平定した。

翌十一年戊寅《ぼいん》の歳には、ムカリは西京大同《せいけいだいどう》府《ふ》（山西省大同市）から河東《かとう》（山西省一帯）の地に入り、太原《たいげん》・平陽《へいよう》及び忻《きん》・代《だい》・沢《たく》・潞《ろ》などの諸州を制圧した。

この年、モンゴルは西夏《せいか》を伐ち、都城の興《こう》慶《けい》を包囲した。国主の神宗李尊頊《しんそうりじゅんぎょく》は西涼《せいりょう》（甘粛省武威県）の地に逃げた。

またこの年、高麗《こうらい》の高宗王暾《こうそうおうとん》がモンゴルに降伏し、毎年その地の産物を貢ぐことを願い出た。

嘉定《かてい》十二年、己卯《きぼう》の歳、西域《せいいき》が元《げん》の使者を殺したので、チンギス汗がみずから征討した。

嘉定十三年、庚辰《こうしん》の歳、元のムカリは宣撫しつつ真定《しんてい》（河北省正定県）に行き、さらに

て真定《しんてい》に至り、又《ま》た河北《かほく》の諸郡を徇《とな》う。

　壬午《じんご》、嘉定《かてい》十五年、元《げん》の太子《たいし》拖雷《たらい》《ツルイ》、西域《せいいき》の諸城に克《か》つ。遂《つい》に太祖《たいそ》と会《かい》す。秋、金主《きんしゅ》《宣宗》復《ま》た使いを遣わして和を請う。太祖《たいそ》時に回鶻国《かいこっこく》《ウイグル》に在《あ》り、之《これ》に謂《い》って曰《いわ》く、

「我《われ》、向《さき》に汝《なんじ》が主《しゅ》《金の》をして我《われ》に河朔《かさく》の地を授け《割譲し》しめ、汝《なんじ》が主《しゅ》《金の》をして河南王《かなんおう》とならしめ、彼此《ひし》《金とモンゴルは争いを止めようと提案した》兵を罷《や》めんとす。汝《なんじ》が主《しゅ》従わず。今《いま》木華黎《ぼくかれい》、已《すで》に尽《ことごと》く之《これ》を取る《河南・山東の地を占領した時になって》。乃《すなわ》ち始め来たって請う《和議を乞おうというのか》や」と。

　遂《つい》に許さず。

　癸未《きび》、嘉定《かてい》十六年、春三月、元《げん》の太師《たいし》、魯《ろ》

河北《かほく》の諸郡の鎮定宣撫にあたった。

　嘉定十五年、壬午《じんご》の歳、モンゴルの皇太子のツルイが西域の諸国をつぎつぎにおとし、先に行っていた太祖《たいそ》のもとに参着した。

　この秋、金《きん》の宣宗《せんそう》はまた元に使いをおくって和を乞うた。西域の回鶻国《かいこつ》（ウイグル国）にいた太祖は、その使者をひきすえて冷たく言い放って、和議を許そうとしなかった。

「黄河《こうが》より北の地を譲りさえすれば、その方の主《あるじ》を河南《かなん》の国王として、互いに兵を収めようと申したはずだ。その方の主君はその時には言うことをきかず、ムカリがその地を尽く攻めとった今となってから、はじめて和平を願い出るつもりのようだな」

　嘉定《かてい》十六年、癸未《きび》の歳、春三月、モンゴルの太師《たいし》・魯国王《ろこくおう》ムカリが卒去した。

　五月、元《げん》が地方地方に達魯花赤《ダルガチ》を置いて、郡や県の統治に当たらせることをはじめた。

　金《きん》の宣宗完顔珣《せんそうかんがんじゅん》が、位に在ること十二年で卒去した。子の完顔守緒《かんがんしゅしょ》が後を嗣いだ。これ

国王《こくおう》木華黎《ぼくかれい》卒《しゅつ》す。

五月、元《げん》初めて達魯花赤《たつろかせき》《ダルガチ》(1)を置き、郡県《ぐんけん》を監《かん》《監督》治《ち》せしむ。

金《きん》の章宗《しょうそう》(宣宗の誤り)珣《じゅん》、在位十二年にして殂《そ》《亡くなった》す。子守《しゅ》緒《しょ》立つ。是《これ》を哀宗《あいそう》となす。

甲申《こうしん》、嘉定《かてい》十七年、元《げん》の太祖《たいそ》《チンギス汗》、東印度《いんど》に至り、鉄門関《てつもんかん》に駐《とど》まる。一獣有り《一匹のけものが現れた》。鹿形《ろくけい》《姿は鹿》、馬尾《ばび》《尾は馬》、緑色にして一角《いっかく》《一本の角》あり。能《よ》く人言《じんげん》《人間の言葉をしゃべる》を作《な》す。侍衛《じえい》の者に謂《い》って曰《いわ》く、

「汝《なんじ》が主《しゅ》、宜《よろ》しく早く還《かえ》るべし」と。

太祖《たいそ》以《も》って耶律楚材《やりつそざい》に問う。曰《いわ》く。

が哀宗《あいそう》である。

チンギス汗角端に怯ゆ

嘉定《かてい》十七年(一二二四年)、甲《こう》申《しん》の歳、モンゴルのチンギス汗が東印度《いんど》にまで到り、鉄門関《てつもんかん》(ウズベク共和国のサマルカンドの南といわれる)に軍をとどめていた。

この時、体は鹿で尾は馬、全身が緑色で角を一本生やした一匹の奇獣が現れた。その獣は人の言葉をしゃべることができ、近衛の者に語りかけた。

「おまえたちの主君は、すぐに国に帰るがよ

「此《こ》の獣は角端《かくたん》と名づく。能《よ》く四方の語を言う《各地の言葉が話せる》。生《せい》を好《この》んで殺《さつ》を悪《にく》む。此《こ》れ天《てん》、符《ふ》《しるし》を降《くだ》して、以《も》って陛下《へいか》に告《つ》ぐるなり。願わくは天心《てんしん》を承《う》けて、此《こ》の数国の人命《じんめい》を宥《ゆる》せよ《征服をやめて》」と。
太祖《たいそ》即日師《そくじつし》を班《かえ》す《軍隊を引き還させた》。

× × ×

元《げん》《モンゴル》の中書令《ちゅうしょれい》耶律楚材《やりつそざい》卒《しゅつ》す。后《こう》《ナイマージェン》、嘗《かつ》て儲嗣《ちょし》《後継者》の事を以《も》って、楚材《そざい》に問う。対《こた》えて曰《いわ》く、「此《こ》れ外臣《がいしん》《外国人の家来》の敢《あ》えて知る所に非《あら》ず。自《おのずか》ら太宗《たいそう》《オゴタイ》の遺詔《いしょう》の在《あ》る有り。守って之《これ》を行わば、社稷《しゃしょく》《国家》の幸《さいわ》いなり」と。
后《こう》、嘗《かつ》て御宝《ぎょほう》の空紙《くうし》《天子の印のある白紙》を以《も》って、幸臣奥都剌《こうしんおうとらつ》《アブドル・ラ

い」

チンギス汗は耶律楚材《やりつそざい》に尋ねると、楚材は答えた。

「角端《かくたん》と申します。さまざまな国の言葉をしゃべることができ、生を好み殺を悪むものです。これは陛下が天下を治められるよう、天が陛下に告げ知らせるために降された兆《しるし》でありましょう。願わくは陛下、この天の心を受けて、このあたりの人びとの命を、お目こぼし下さいますよう」

その日のうちに、チンギス汗は兵をかえして帰国の途にたった。

名臣耶律楚材死す

モンゴルの中書令《ちゅうしょれい》の耶律《やりつ》楚材《そざい》が卒去した。かつて楚材は皇后乃馬真氏《こうごうないばしんし》からオゴタイ汗の後嗣《つ》ぎについて相談をうけて、こう答えた。

「これはもと契丹《きったん》から参ったわたくしの与《あずか》り知ることではありません。オゴタイ汗の御遺詔がありますからには、それを守り行えば、

合蛮《ごうばん》《ハマン》に付し、自《みずか》ら書塡《しょてん》して《自分で書き入れたものを詔勅とさせ》之《これ》を行わしむ。楚《そ》材《ざい》、奏《そう》《上奏》して曰《いわ》く、

「天下は先帝《せんてい》《太宗》の天下にして、朝廷 自《おのずか》ら憲章《けんしょう》《憲綱典章》有り。今之《これ》を紊《みだ》さん《紊乱しようとしている》と欲す。臣敢《しんあ》えて詔《その詔勅》を奉《ほう》ぜず」と。

事遂《ことつい》に止《や》む。復《ま》た旨《むね》有り《皇后の言葉があった》、

「凡《およ》そ奥都剌合蛮《おうとらつごうばん》の奏准《そうじゅん》《許可を奏上する》する所にして、令史《れいし》《下級役人》之《これ》が為《ため》に書《しょ》《筆記》せざる者は、その手を断たん」と。

楚材曰《そざいいわ》く、

「軍国《ぐんこく》《軍事、国事》の事、先帝悉《せんていことごと》《全て》く老臣《ろうしん》に委《い》す《委任された》。令史《れいし》何《なん》ぞ与《あずか》らん《関係ない》。事若《も》し理《り》に合わば、自《みずか》ら当《まさ》に奉行《ほうこう》《施行する》すべし。如《も》し行うべからずんば、死すとも且《か》

それが国の幸せとなりましょう」

またある時、皇后は御璽《ぎょじ》を捺《お》しただけの白紙を、寵臣の奥都剌合蛮《おうとらつごうばん》にわたし、勝手に詔勅を書きこんで使用させた。楚材《そざい》が厳しく諫《いさ》めた。

「この天下は先帝オゴタイ汗が定められた天下であり、朝廷には朝廷の範《のり》というものがあります。こんどの御処置はそれを乱すものであります。臣は詔勅に従うわけにはまいりません」

それでこの事は取りやめた。ところが皇后はやがてまたこんなことを言い出した。

「奥都剌合蛮が勅許を願い出た事柄を、令史《れいし》が記録を怠ったならば、その手を切り落とすであろう」

楚材がまた駆けつけた。

「軍政のこと、国政のこと、先帝はすべてこの老いぼれにお委ねになりました。令史《れいし》になんの関わりがありましょう。その事が理にかなっておりましたならば、そのような御命令

つ避《さ》けじ。況《いわ》んや手を断つをや」と。
后《こう》、その先朝《せんちょう》の勛旧《くんきゅう》《勲功のある旧臣》なるを以《も》って、曲《ま》げて《しかたなく》敬憚《けいたん》《敬いはばかる》を加う。

　楚材《そざい》、天資《てんし》《生まれつき》英邁《えいまい》、夐《はるか》に人表《じんぴょう》に出《い》ず《はるかに人並みをすぎる》。案牘《あんとく》《法案などの文書》前に満《み》つと雖《いえど》も、酬答《しゅうとう》《返答》その宜《ぎ》《適切で》を失わず。色《いろ》を正して朝《ちょう》に立ち、勢《せい》の為《ため》に屈せず。身を以《も》《威儀を》って天下に徇《じゅん》ぜんと欲し、毎《つね》に国家の利病《りへい》《利害損得》、生民《せいみん》《民衆》の休戚《きゅうせき》《悲喜》を陳《の》べて、辞色《じしょく》《言語顔色》懇切《こんせつ》なり。太宗《たいそう》嘗《かつ》て曰《いわ》く、「汝《なんじ》又た百姓《ひゃくせい》の為《ため》に哭《こく》《哭泣する》せんと欲するか」と。

　楚材《そざい》毎《つね》に言う、
「一利《いちり》を興《おこ》すは、一害《いちがい》を除《のぞ》くに若《し》かず。一事《いちじ》を生《しょう》《新たに始める》ずるは、一事《いちじ》を減《げん》《取りやめる》ずるに若《し》かず」と。

は下されなくとも、すすんで行いましょう。もし行うべきでない事でありましたなら、死を賭しても行いますまい。手を切られるなど、なんでありましょう」

　先朝以来の功臣とあって、皇后も心ならずも楚材には一目おいていたのであった。

　耶律楚材《やりつそざい》は、天から衆人に抜きんでた資質をうけ、山のように積まれた文書を前にして、次から次へと答えを与えて、当を失するということがなかった。朝廷にあっては厳然として、権勢に屈することを知らず、願うところは天下のために身を捧げることであり、つねに天下の利害、民草の喜憂を述べて、まことに切々としたものがあった。オゴタイ汗は在世のおり、よくからかい顔で、
「また民びとのためでありますからと、涙をながす気であろう」
と楚材《そざい》に声をかけていた。

　楚材には、口ぐせがあった。
「利をひとつ興すよりは、害をひとつ除くこ

平居《へいきょ》《普段》妄《みだ》りに言笑《げんしょう》せず。士人《しじん》に接《せっ》するに及《およ》んで、温恭《おんきょう》の容《よう》《様子》外《そと》に溢《あふ》る。その徳に感ぜざるもの莫《な》し。

と、善事をひとつ始めるよりは、悪事をひとつ終わらせることだ」

平生、むやみに談笑することはなく、人びとに接しては溢れるばかりの温容で、会う人はすべて、その徳に深い感銘を受けたのであった。

（1）達魯花赤…モンゴル語 *Darugaci* の音訳。モンゴルは征服して属領とした諸国や地方について、軍事上の服属と、朝貢を履行する限り、従来の支配者に統治を委ねたが、その服従を監視する目付役を達魯花赤と呼ぶ。原義は「制圧官」というほどの意味。

南宋（元）「廉希憲」——男子中の真男子

恭宗

江西《こうせい》の提刑文天祥《ていけいぶんてんしょう》、兵を募《つの》って王に勤《つと》む。天祥《てんしょう》は吉州盧陵《きっしゅうろりょう》の人なり。丙辰《へいしん》、進士《しんし》の第《だい》に魁《かい》（首位）たり。殿帥韓震《でんすいかんしん》（近衛の将軍）、却《おびやか》（強要して）して都を遷《うつ》さんと謀《はか》る。陳宜《ちんぎ》中《ちゅう》、計《けい》（謀計）を以《も》って之《これ》を誅《ちゅう》す。池州《ちしゅう》破《やぶ》る。通守趙昂発《つうしゅちょうこうはつ》、将《まさ》に死せんとして、

文天祥・張世傑の血戦策沮まる

江西《こうせい》の提刑《ていけい》の文天祥《ぶんてんしょう》が立って、救国の兵を募った。文天祥は吉州盧陵《きっしゅうろりょう》（江西省吉安市）の人で、理宗《りそう》の丙辰《へいしん》の歳に首席で進士《しんし》に合格した。

首都では殿帥《でんすい》の韓震《かんしん》が力ずくで遷都の企てを進めた。陳宜中《ちんぎちゅう》が謀略を用いて震を誅殺した。

池州《ちしゅう》（安徽省貴池県）が落ちた。通守《つうしゅ》の趙《ちょう》

その妻と訣《わか》る。妻曰《いわ》く、
「卿能《けいよ》く忠臣たり。妾《しょう》顧《かえ》って忠臣の妻たる能《あた》
わざるか」と。
昂発《こうはつ》喜んで衣冠《いかん》を具《ぐ》《装束して》して、与《とも》に倶《とも》に縊《くび》《縊死した》る。
明日伯顔《みょうにちはくがん》《バヤン》城に入り、見て之《これ》を憐《あわれ》み、衣棺《いかん》を
具《そな》えて葬《ほうむ》る。
建康《けんこう》破る。趙淮之《ちょうわいこれ》に死す。
京師《けいし》《臨安》戒厳《かいげん》す。朝臣踵《ちょうしんきびす》を接《せつ》《次から次へと》して宵遁《よるのが》る。
王爚《おうやく》・陳宜中等《ちんぎちゅうら》、似道《じどう》《賈似道》の不忠不孝の罪を劾《がい》《弾劾》
す。宜中《ぎちゅう》、本《もと》、賈《か》の恩を受く。是《ここ》に至って
亟《しばしば》《した》賈を劾して以《も》って自《みずか》ら解く《関係を絶った》。
似道《じどう》、貶《へん》《流刑の地へ向かった》に赴く。鄭虎臣《ていこしん》、父の仇《あだ》を以《も》って

昂発《こうはつ》は戦いに殉じようとして、妻にわかれを告げると、妻はきっとなって言い返した。

「あなたは忠臣として身を終えようとしておられます。なぜわたしを忠臣の妻として身を終えさせて下さらないのですか」

　昂発は喜んで、ともども衣冠を正すと自縊して死んだ。次の日、元軍《げんぐん》が入城すると、伯《は》顔《がん》は夫妻の死にざまを見て感動し、丁寧に葬った。

　ついで建康《けんこう》も元の手に落ち、その戦いで趙《ちょう》淮《わい》が討ち死にをした。

　ついに都臨安《りんあん》も危急の事態に陥った。一夜明けると朝臣の姿がごっそりと都から消えているという日が続いた。

　王爚《おうやく》や陳宜中《ちんぎちゅう》たちが、賈似道《かじどう》の不忠不孝の罪を弾劾した。宜中はもともと賈似道に取り立てられたのだが、このごろになると繰り返して似道を弾劾して、その系閥から離れようとした。

　ついに賈似道は流謫《るたく》されることになった。

監押《かんおう》《押送》して漳州《しょうしゅう》に至り、厠上《しじょう》《便所》に即《つ》いて、その胸を拉《らっ》《両手で折って》して之《これ》を殺す。

張世傑《ちょうせいけつ》、兵を以て入って《（臨安に）》衛《も》る。元《げん》の兵、境《さかい》に在《あ》り。陳宜中《ちんぎちゅう》等《ら》、惟《た》だ、賈《か》の党を攻撃し、略《ほぼ》備禦《びぎょ》《防衛策》の策《さく》無し。司馬夢求《しばぼうきゅう》、江陵《こうりょう》の沙市鎮《さしちん》を監《かん》す。力戦して死す。諸帥《しょすい》を徴《ちょう》《呼び寄せて》して、入り衛《まも》らしむ。夏貴《かき》・昝万寿《さんばんじゅ》・黄万石等《こうばんせきら》、至らず。

六月、庚申朔《こうしんさく》、日蝕《ひしょく》す、晦冥《かいめい》《真暗闇となった》なり。鶏《にわとり》塒《ねぐら》に栖《す》み、咫尺《しせき》、人物を弁《べん》ぜず《弁別出来ない》。巳《み》より午《うま》に至り、明、始《はじ》めて復す。

留夢炎《りゅうぼうえん》、相《しょう》たり。

文天祥《ぶんてんしょう》、民兵峒丁《みんぺいどうてい》《渓峒山の壮丁》二万余人に将《しょう》として入っ

鄭虎臣《ていこしん》が父の仇を討つために護送を買って出て、漳州《しょうしゅう》（福建省漳州市）まで来たとき、厠についてゆくと、胸の骨をひしぎ折って殺した。

張世傑《ちょうせいけつ》が部下を率い、臨安《りんあん》に入って皇居の護りにあたった。元《げん》の兵はもう国境に迫っていたが、陳宜中たちは賈似道一派の攻撃に熱中するばかりで、防禦の策などは無いにひとしかった。その間にも江陵《こうりょう》の沙市鎮《さしちん》では、守備の監察《かんさつ》にあたっていた司馬夢求《しばぼうきゅう》が、激闘のうちに戦死した。朝廷は諸将を臨安に入って守備につくよう召集したが、夏貴《かき》・昝万寿《さんばんじゅ》・黄万石《こうばんせき》たちは姿を見せなかった。

庚申《こうしん》にあたる六月一日、日蝕があった。暗闇が世を蔽《おお》い、鶏はねぐらに帰り、一寸先の見分けがつかなかった。巳《み》の刻（午前十時）に始まり、午《うま》の刻（正午）までつづいて、やっと薄明かりがもどってきた。

留夢炎《りゅうぼうえん》が宰相《さいしょう》となった。

文天祥《ぶんてんしょう》は民間の義勇兵や蕃族の兵二万余人

て衛《まも》る。夢炎《ぼうえん》と意《い》相楽《あいかな》わず。尚書《しょうしょ》を以《も》って、江浙制置《こうせつせいち》に除《じょ》せられ《任命され》、呉門《ごもん》を守る。州郡《しゅうぐん》、連《しき》りに降る。元兵《げんぺい》、臨安《りんあん》を距《さ》ること百里、独松関《どくしょうかん》、急《きゅう》を告ぐ。時に張世傑《ちょうせいけつ》の軍五万、諸路《しょろ》勤王《きんのう》の兵四十余万あり。天祥《てんしょう》、世傑《せいけつ》と議《ぎ》す、

「両軍堅《かた》く閩《びん》・広《こう》を守り、全城の王師《おうし》《官軍》血戦《けっせん》し、万一捷《まんいちかち》を得《え》ば、猶《な》《恢復への努力の余地がある》おなすべきなり」と。

世傑《せいけつ》、大いに喜び、師《し》を出《いだ》さんと議す。宜《ぎ》中以《ちゅうおも》えらく、

「王師《おうし》は務《つと》めて持重《じちょう》《慎重にすべきだ》すべし」と。

詔を降して之《これ》を沮《はば》み、使いを遣わして和《わ》を

を率いて警備のために都に入った。しかし留夢炎との仲がうまくゆかず、尚書《しょうしょ》の身分のまま、江浙制置使《こうせつせいちし》に任じられ、臨安《りんあん》から出て呉《ご》門《もん》（江蘇省蘇州市）を守ることとなった。

　各州、各郡がつぎつぎに元軍《げんぐん》に降服していった。元の兵が臨安を去ること百里に迫り、独松関《どくしょうかん》（浙江省安吉県付近）から危急の報が入ってきた。

　この頃、張世傑《ちょうせいけつ》は五万の兵を持ち、各地の報国義勇兵も四十万余りにのぼった。文天祥《ぶんてんしょう》が世傑にはかった。

「われら両軍で、福建《ふっけん》・広州《こうしゅう》の地を堅守し、全都の官軍が血戦を挑めば、或いは勝利を収めて道がひらけるかも知れぬ」

　張世傑は、出兵策を建議した。ところが都《と》督《とく》の陳宜中《ちんぎちゅう》は、ただ自重を唱えるだけで、勅命を仮りて出兵を阻み、使者を送って元に和を乞わせた。

　文天祥たちにも詔が下り、元《げん》の兵と戦いを交えることを禁じた。

乞《こ》わしむ。

天祥等《てんしょうら》に詔して兵を罷《や》めしむ。

潭州陥《たんしゅうおちい》る。時に一軍《出兵を》は湖南《こなん》より潭州《たんしゅう》を囲む。守臣李芾《しゅしんりふつ》、戦い守って屢《しばしば》捷つ。八九月を経《へ》て、城将《まさ》に陥《おちい》らんとし、闔門《こうもん》《一族あげて》之《これ》に死す。

丙子《へいし》、徳祐《とくゆう》二年、正月、秀王与睪《しゅうおうよえき》、皇兄益《こうけいえき》王昰《おうし》・皇弟広王昺《こうていこうおうへい》等《ら》を奉《ほう》じて海に航《こう》す。

世傑《せいけつ》《張世傑》、朝《ちょう》を去る。

元兵《げんぺい》、高亭山《こうていざん》に駐《とど》まる。都城《とじょう》を去ること三十里なり。

宜中《ぎちゅう》《陳宜中》、夜遁《のが》る。


潭州《たんしゅう》（湖南省長沙市）がついに元の手に落ちた。元の一軍が湖南《こなん》からおし寄せて潭州を包囲し、守備にあたっていた李芾《りふつ》は、防禦につとめいく度か敵を破った。そして八、九か月、もはや支えきれなくなったとき、李芾は一家をあげて国に殉じた。

臨安陥落し
恭宗は北送

徳祐《とくゆう》二年（一二七六年）、丙子《へいし》の歳の正月、秀王与睪《しゅうおうよえき》が、恭宗《きょうそう》の兄の益王昰《えきおうし》と、恭宗の弟の広《こう》王昺《おうへい》らを奉じ、乱を避けて海に逃れた。張世《ちょうせい》傑《けつ》もまた抗戦を期して、朝廷から去った。

元《げん》の兵が、高亭山《こうていざん》に駐屯するようになった。都城から三十里の地である。

宰相《さいしょう》の陳宜中《ちんぎちゅう》が夜陰に乗じて、温州《おんしゅう》に走った。

文天祥《ぶんてんしょう》を右丞相《ゆうじょうしょう》とす。辞《じ》《辞退して》して拝《はい》《任官しない》せず。

賈余慶《かよけい》・呉堅《ごけん》、相《しょう》たり。

天祥《てんしょう》《文天祥》、出でて軍前《元軍》に使いす。辞気《じき》慷慨《こうがい》し、議論して屈《くつ》せず。伯顔《はくがん》《バヤン》之《これ》を留む。

元兵《げんぺい》、臨安《りんあん》に入る。賈余慶《かよけい》等、三宮《さんきゅう》《恭帝・理宗の皇后謝氏・度宗の皇后全氏》を奉《ほう》じて以《も》って降る。手詔《しゅしょう》《(太皇太后は)直筆で》して諸路に諭《さと》して内附《ないふ》《元に帰服させた》せしむ。

伯顔《はくがん》、宰執《さいしつ》《宰相・執政らを》を遣わし、先《ま》ず大都《たいと》《燕京》に赴《おもむ》かしむ。天祥《てんしょう》、亦《ま》た舟に登り、北行して鎮江《ちんこう》に至り、間《かん》《隙》を得《え》て逸《のが》れ去る。

三宮《さんきゅう》、北に遷《うつ》る。宮室《きゅうしつ》・駙馬《ふば》・宮人《きゅうじん》・内《ない》侍《じ》・大学等《だいがくら》数千人、皆遣中《みなけんちゅう》に在《あ》り。真州《しんしゅう》を過

かわりに文天祥《ぶんてんしょう》を右丞相《ゆうじょうしょう》に任じたが、天祥は固辞してこれを受けなかった。そこで賈余慶《かよけい》と呉堅《ごけん》とが宰相《さいしょう》となった。

文天祥が城を出て、元の陣営に軍使として赴いた。激しい語気で、ひるむところなくわたりあったので、伯顔《はくがん》は引きとめて帰そうとしなかった。

そして元《げん》の兵がついに臨安《りんあん》城内の土をふんだ。賈余慶《かよけい》たちは恭宗《きょうそう》・太皇太后《たいこうたいこう》・皇太后《こうたいこう》の三人を奉じて元に降服した。幼帝にかわって太皇太后謝氏《しゃし》の手ずからの詔勅が各地におくられ、元に帰順する命令が発せられた。

伯顔は使者としてきた宋《そう》の宰相たちを、まず世祖《せいそ》のいる大都《たいと》(北京市)へ送りつけた。文天祥《ぶんてんしょう》もその舟に同乗したが、鎮江《ちんこう》(江蘇省鎮江市)まで北上したところで、隙をうかがって逃れ去った。

恭宗ら三人も北へ送られた。皇族、王室の女婿、宮女、宦官《かんがん》、大学生ら数千人が、その同勢に加わった。一行が真州《しんしゅう》(江蘇省儀徴

ぐ。守《しゅ》、苗再成《びょうさいせい》、駕《が》を奪わんとす。幾《ほとん》ど遂《と》げんとして克《あた》わず。

五月、宋帝《そうてい》恭宗、上都《じょうと》開平府に至り、瀛国公《えいこくこう》に降封《こうほう》せらる。帝《てい》、在位二年、改元する者《こと》一、徳祐《とくゆう》と曰《い》う。

益王《えきおう》・広王《こうおう》、海道より温州《おんしゅう》に至る。蘇劉《そりゅう》義《ぎ》・陸秀夫《りくしゅうふ》、来たり会《かい》し、陳宜中《ちんぎちゅう》・張世傑《ちょうせいけつ》、海舟《かいしゅう》にて亦《ま》た福州《ふくしゅう》に至る。謝太后《しゃたいこう》の手詔《しゅしょう》を宣《せん》し、二王を以《も》って天下都副元帥《てんかとふくげんすい》となし、諸路の忠義《ちゅうぎ》を召す。

五月朔《さく》、陳宜中《ちんぎちゅう》・陸秀夫《りくしゅうふ》・張世傑等《ちょうせいけつら》、共に益王昰《えきおうし》を立てて帝《てい》となす。福州《ふくしゅう》に即位す。是《これ》

県）にさしかかったとき、太守《たいしゅ》の苗再成《びょうさいせい》が恭宗を奪い還そうと企《くわだ》て、いま一歩のところで失敗した。

五月、恭宗たちは上都《じょうと》（内モンゴル自治区多倫県）につき、恭宗は天子の地位から降ろされ、元の手で瀛国公《えいこくこう》に封《ほう》ぜられた。恭宗《きょうそう》は、位に在ること二年で、年号は一度、徳祐《とくゆう》と改めた。

海に出た益王《えきおう》と広王《こうおう》は、温州《おんしゅう》に逃れついた。やがて蘇劉義《そりゅうぎ》・陸秀夫《りくしゅうふ》らが馳《は》せつけ、陳宜《ちんぎ》中《ちゅう》・張世傑《ちょうせいけつ》らも海路、福州《ふくしゅう》（福建省福州市）にたどり着いた。

そして謝太后《しゃたいこう》の親筆の詔を宣布し、益王と広王とを天下都副元帥《てんかとふくげんすい》とし、各地の忠誠の士を召し集めた。

五月一日、陳宜中・陸秀夫・張世傑たちは、相談して益王昰《えきおうし》を皇帝として立てた。益王は福州で位に即いた。これが端宗皇帝《たんそうこうてい》である。

を端宗皇帝《たんそうこうてい》となす。

端宗

端宗皇帝《たんそうこうてい》、名は昰《し》、孝恭懿聖皇帝《こうきょういせいこうてい》の兄なり。位に即《つ》いて景炎《けいえん》と改元し、遥《はるか》に帝《てい》に尊号《そんごう》を上《たてまつ》って孝恭懿聖皇帝《こうきょういせいこうてい》となし、太皇太后《たいこうたいこう》を寿《じゅ》和聖福至仁太皇太后《わせいふくしじんたいこうたいこう》となし、皇太后《こうたいこう》を仁安皇《じんあんこう》太后《たいこう》となす。度宗《たくそう》の淑妃楊氏《しゅくひようし》を尊んで皇太后《こうたいこう》となし、同じく政を聴《き》かしむ。広王昺《こうおうへい》を封《ふう》じて衛王《えいおう》となす。

陳宜中《ちんぎちゅう》、左丞相《さじょうしょう》たり。張世傑《ちょうせいけつ》、少保《しょうほ》たり。文天祥《ぶんてんしょう》至る。右丞相《ゆうじょうしょう》に除《じょ》せらる。宜中《ぎちゅう》・世《せい》

端宗、福州に即位
文天祥義軍を募集

端宗皇帝《たんそうこうてい》の名は昰《し》で、孝《こう》恭懿聖皇帝《きょういせいこうてい》の兄にあたる。位に即くと、年号を景炎《けいえん》と改め、遠く北方の恭宗《きょうそう》に孝恭懿聖皇帝の尊号を奉った。また太皇太后《たいこうたいこう》を寿和聖福至仁太《じゅわせいふくしじんたい》皇太后《こうたいこう》、皇太后《こうたいこう》を仁安皇太后《じんあんこうたいこう》とし、度宗《たくそう》の淑《しゅく》妃《ひ》で端宗《たんそう》の生母の楊氏《ようし》に皇太后の尊称を贈り、ともに政治にあたることとした。そして広王《こうおう》昺《へい》を衛王《えいおう》に封《ほう》じた。

陳宜中《ちんぎちゅう》を左丞相《さじょうしょう》、張世傑《ちょうせいけつ》を少保《しょうほ》とした。文《ぶん》天祥《てんしょう》も到来して右丞相《ゆうじょうしょう》に任じられたが、宜中《ぎちゅう》や世傑《せいけつ》と意見が違うとして、どうしても受けなかった。

文天祥は、九月に南剣州《なんけんしゅう》(福建省南平市)に都督府《ととくふ》を開き、義勇兵を募って数千人を集

傑《けつ》と意を異《こと》にするを以《も》って、肯《あ》えて拝《はい》せず。

九月、天祥《てんしょう》、督《とく》《軍司令部》を南剣州《なんけんしゅう》に開き、兵を募《つの》って数千を得《え》たり。遂《つい》に邵武軍《しょうぶぐん》を復《ふく》す。

冬十月、天祥《てんしょう》、師《し》を帥《ひき》いて汀州《ていしゅう》に次《じ》《宿営した》す。興《こう》化軍《かぐん》の通判張日中《つうはんちょうじつちゅう》等来たり会《かい》す。時《とき》に贛《かん》の寇猖獗《こうしょうけつ》《侵攻軍》にして、江《こう》・閩《びん》・広《こう》の路《みち》を血《ち》にす。日《じつ》中等《ちゅうら》、天祥《てんしょう》が督《とく》を開いて王に勤《つと》むと聞いて、遂《つい》に各〻《おのおの》兵を起こして来たり応《おう》ず。

天祥《てんしょう》、趙時賞《ちょうじしょう》・張日中《ちょうじつちゅう》・趙孟瀅《ちょうもうえい》を遣わし、一軍を将《ひき》いて贛《かん》に趨《おもむ》かしめ、以《も》って寧都《ねいと》を取り、呉浚《ごしゅん》を遣わし、一軍を将《ひき》いて雩都《うと》を取らしむ。劉洙《りゅうしゅ》・蕭明哲《しょうめいてつ》・陳子敬《ちんしけい》、皆江西《みなこうせい》より兵

め、邵武軍《しょうぶぐん》（福建省邵武県）の地を取りもどした。

　また冬に入って十月には、配下を率いて汀《てい》州《しゅう》（福建省長汀県）に留まった。そこへ興化《こうか》軍《ぐん》（福建省莆田県）の通判《つうはん》の張日中《ちょうじつちゅう》たちが来て加わった。この頃、贛州《かんしゅう》（江西省贛州市）の元兵《げんぺい》たちが猛威を振るっており、江西《こうせい》・福《ふっ》建《けん》・広西《こうせい》・広東《こうとう》一帯は、いたるところ血ぬられた地となっていた。日中たちは、文天祥《ぶんてんしょう》が都督府を開いて勤王に立ったと聞き伝えて、それぞれ兵を起こしてそれに呼応したのである。

　文天祥は、趙時賞《ちょうじしょう》・張日中・趙孟瀅《ちょうもうえい》に、一軍を率いて贛州《かんしゅう》に赴かせ、寧都《ねいと》（江西省寧都県）を攻略させ、呉浚《ごしゅん》にも一軍を率いて雩都《うと》（江西省雩都県）を奪わせた。劉洙《りゅうしゅ》・蕭明哲《しょうめいてつ》・陳子敬《ちんしけい》らも、江西で兵を起こし、文天祥のもとに馳せ参じてきた。

　一連の元《げん》との戦いで、鄒渢《すうふう》が寧都《ねいと》で敗死した。武崗《ぶこう》（湖南省武岡県）の教授の羅開礼《らかいれい》は、

を起こして来たり会《かい》す。鄒渢《すうふう》、元人《げんひと》と寧都《ねいと》に戦いて敗績《はいせき》す。武岡《ぶこう》の教授羅開礼《きょうじゅらかいれい》、兵《へい》を起こして永豊県《えいほうけん》を復《ふく》せんとす。亦《ま》た死す。天祥為《てんしょうため》に服《ふく》（喪服）を製して哭《こく》す。

十一月、元《げん》の阿刺罕《あらかん》・董文炳《とうぶんぺい》、建寧府《けんねいふ》に入り、遂《つい》に福州《ふくしゅう》を侵《おか》す。宜中《ぎちゅう》・世傑《せいけつ》、帝《てい》及び衛《えい》王《おう》・楊太后《ようたいこう》等を奉じて、海に航《こう》し、潮州《ちょうしゅう》より広州《こうしゅう》に至り、富陽《ふよう》（富場）に趨《おもむ》き、謝女峡《しゃじょきょう》に遷《うつ》る。丁丑《ていちゅう》、景炎《けいえん》二年、阿刺罕《あらかん》、汀州《ていしゅう》に入る。文《ぶん》天祥《てんしょう》、漳州《しょうしゅう》に奔《はし》る（謝女峡に）。入り衛《まも》らんことを謀《はか》れども、道阻《そ》（途が阻止されて）して通《つう》ぜず。江《こう》・広《こう》の間に往来し、

兵を起こして永豊県《えいほうけん》（江西省広豊県）を奪いもどそうとして、これも戦死をとげた。そのために喪服をつくって、文天祥は哀哭《あいこく》した。

追撃は江西広東に及ぶ

十一月になると、元《げん》の阿刺罕《あらかん》と董文炳《とうぶんぺい》とが、建寧府《けんねいふ》（福建省建甌県）に攻め入り、ついでついに福州《ふくしゅう》（福建省福州市）にも侵入してきた。陳宜中《ちんぎちゅう》と張世傑《ちょうせいけつ》は端宗《たんそう》及び衛王《えいおう》・楊太后《ようたいこう》などを奉じて海に出て、潮州《ちょうしゅう》（広東省潮州市）を経て広州《こうしゅう》（広東省広州市）に至り、さらに富《ふ》場《じょう》（広東省宝安県付近）に赴き、最後に謝女《しゃじょ》峡《きょう》（広東省中山県付近）を行在《あんざい》とした。

翌、景炎《けいえん》二年（一二七七年）、丁丑《ていちゅう》の歳、元《げん》の阿刺罕《あらかん》が汀州《ていしゅう》に攻めこんで来た。文天《ぶんてん》

戦いて勝負有り。呉浚《ごしゅん》、元《げん》に降《くだ》る。因《よ》って漳《しょう》に趨《おもむ》き、天祥《てんしょう》に説《と》いて降らしめんとす。天祥責《てんしょうせ》むるに大義を以《も》ってし、之《これ》を誅《ちゅう》す。

三月、文天祥《ぶんてんしょう》、梅州《ばいしゅう》を復《ふく》す。

四月、天祥《てんしょう》、興国県《こうこくけん》を復《回復した》す。

五月、張世傑《ちょうせいけつ》、潮州《ちょうしゅう》を復す。

天祥《てんしょう》、梅州《ばいしゅう》より江西《こうせい》に出で、遂《つい》に会昌県《かいしょうけん》を復す。趙時賞《ちょうじしょう》・張日中《ちょうじつちゅう》の兵と、皆《みな》、之《これ》に会《かい》す。

元《げん》の中書政事《ちゅうしょせいじ》廉希憲《れんきけん》、卒《しゅつ》す。希憲《きけん》、江陵《こうりょう》に在《あ》り。遠近化《えんきんか》《徳を慕ってきた》に向かう。疾《やまい》有って召し還《かえ》さるるに及《およ》んで、民皆涕《たみみななみだ》を垂《た》れて擁《よう》し送り、祠《し》を

祥《しょう》は漳州《しょうしゅう》にひとまず逃れ、行在の地に赴いて護衛にあたろうとしたが、行手を阻まれて行きつくことができず、江西《こうせい》・広東《こうとう》の間を往来して、元の兵と戦い勝敗をくりかえした。

呉浚《ごしゅん》が元に降服した。そこで元は呉浚を漳州にやって、文天祥に帰服を説得させた。文天祥は、逆に大義をかざして浚を責め、これを誅殺した。

三月、文天祥は梅州《ばいしゅう》（広東省梅県）を奪回した。

四月、天祥は興国県《こうこくけん》（江西省興国県）を奪回した。

五月、張世傑《ちょうせいけつ》が潮州《ちょうしゅう》を奪回した。文天祥は梅州から江西《こうせい》に出て、会昌県《かいしょうけん》（江西省会昌県）を奪回し、趙時賞《ちょうじしょう》・張日中《ちょうじつちゅう》の兵と、ここで集結した。

元《げん》の中書政事《ちゅうしょせいじ》の廉希憲《れんきけん》が没した。希憲が江《こう》陵《りょう》（湖北省江陵県）を治めると、遠近の人びとがその仁政を慕い集まって来た。病を得て本国に召し還されることになって、人びとは

建《た》て像を画《えが》いて、以《も》って之《これ》を祠《まつ》る。卒《しゅつ》するとき、世祖《せいそ》歎《たん》じて曰《いわ》く、

「復《ま》た、大事を決《けつ》すること廉希憲《れんきけん》の如《ごと》き者有《な》る無《い》し」と。

伯顔《はくがん》亦《ま》た曰《いわ》く、

「廉公《れんこう》は宰相《さいしょう》中の真宰相《さいしょう》、男子中の真男子なり《だろう》」と。

世《よ》、以《も》って名言《めいげん》となす。

涙を流して車をとり囲んで見送り、祠《ほこら》を建て肖像を描いてまつった。息を引きとるとき、世祖《せいそ》は、

「大事を裁断するのに、これほどの男はもう二度と現れるとは思えぬ」

と痛歎した。伯顔《はくがん》もまた、

「宰相《さいしょう》の中のまことの宰相、男の中のまことの男であられた」

と悼み、世間ではこれを名言とした。

南宋「文天祥」――人生古より誰か死無からん

文天祥《ぶんてんしょう》、潮陽《ちょうよう》に屯《とん》す。鄒渢《すうふう》・劉子俊《りゅうししゅん》、皆《みな》師《し》を集めて之《これ》に会《かい》し、遂《つい》に盗《とう》の陳懿《ちんい》・劉興《りゅうこう》を潮《ちょう》に討《う》つ。興《こう》は死し、懿《い》は遁《のが》れて、張弘範《ちょうこうはん》の兵を道《みちび》いて、潮陽《ちょうよう》を済《すく》う。天祥《てんしょう》、力《ちから》支えず、その麾下《きか》を帥《ひき》いて、海豊《かいほう》に走る。張弘正《ちょうこうせい》、之《これ》を追う。天祥《てんしょう》、方《まさ》に五坡嶺《ごはれい》に飯《はん》す。弘正《こうせい》の兵、突至《とつし》《突然きた》す。衆《しゅう》、戦うに及《およ》ばず、皆頓首《みなとんしゅ》して草莽《そうもう》に伏《ふ》す。天祥執《てんしょうとら》えらる。脳子《のうし》《附子》を呑《の》むも死せず。

文天祥《ぶんてんしょう》は潮陽《ちょうよう》（広東省潮陽県）の地に駐屯した。鄒渢《すうふう》や劉子俊《りゅうししゅん》たちが、手勢を集めて馳せ参じ、やがて陳懿《ちんい》・劉興《りゅうこう》といった謀反人たちを潮州《ちょうしゅう》で討伐した。劉興は戦死し、陳懿は逃げて張弘範《ちょうこうはん》の兵を先導して、潮陽の救援に立ち戻ってきた。文天祥は支えきれず、部下をまとめて海豊《かいほう》（広東省海豊県）に逃げた。弘範の弟の張弘正《ちょうこうせい》が追撃し、文天祥の兵が五坡嶺《ごはれい》で、ちょうど食事に入ったところを、いきなり襲撃した。兵たちは武器をとるひまもなく、ただ首をすくめて草むらに伏し隠れるしかなかった。

文天祥は捕らえられた。とりかぶとを呑ん

鄒渢《すうふう》自頸《けい》す。劉子俊《りゅうししゅん》、自《みずか》ら詭《いつわ》って天祥《てんしょう》となり、天祥《てんしょう》を免ずべきを冀《こいねが》う。天祥《てんしょう》を執《とら》えて至るに及《およ》んで、各《おのおの》と真偽《しんぎ》を争う《自分が本物だと言い争った》。遂《つい》に子俊《ししゅん》を烹《に》て、而《しこう》して天祥《てんしょう》を執《とら》えて、弘範《こうはん》に見《まみ》えしむ。左右之《これ》《天祥に》に命じて(弘範を)拝《はい》せしむ。天祥屈《てんしょうくつ》せず。弘範《こうはん》、その縛《ばく》を釈《と》き、客礼《かくれい》を以《も》って之《これ》を見る《会見した》。天祥《てんしょう》、固《かた》く死を請《こ》う。弘範《こうはん》許さず。或《ある》ひと弘範《こうはん》に謂《い》って曰《いわ》く、

「敵人の相《しょう》、測るべからざるなり《心を測り知ることができない》。宜《よろ》しく之《これ》を近づくべからず」と。

弘範曰《こうはんいわ》く、

「彼は忠義《ちゅうぎ》なり、他無きを保《ほ》す」と。

で自決を図ったが及ばなかったのである。

鄒渢は自ら首をはねた。劉子俊《りゅうししゅん》はなんとか文天祥を逃げのびさせたいと思い、文天祥だと偽って元《げん》の手におちた。ほんものの天祥が捕らえられてくると、互いに自分が文天祥だと言い張りあった。結局子俊《ししゅん》は煮殺され、天祥は引ったてられて、張弘範の前に引き据えられた。

弘範《こうはん》の側近が拝礼するように天祥に命じたが、天祥は昂然と首をあげて応じなかった。弘範は天祥のいましめを解き、客に対する礼で遇した。天祥は処刑されることを強く望んだが、こんどは弘範が応じなかった。

弘範を諫める者も現れた。

「敵国の宰相《さいしょう》ではありませんか。何を考え何を企んでいるか分かったものではありません。それを近づけられるとはどういうお考えですか」

しかし弘範は首を振った。

「あの男の頭の中には、ただ忠義があるだけ

族属《ぞくぞく》《文天祥の一族で》の俘《とりこ》にせられし者を求めて、悉《ことごと》く之《これ》を還《かえ》し、舟中《（天祥を自分の）》に処《お》いて、以《も》って自《みずか》ら従わしむ。端宗《たんそう》を匡山《がいざん》に葬る。

元《げん》の阿里海牙《ありかいが》、海南《かいなん》より師《し》を上都《じょうと》《開平府》に還《かえ》す。

己卯《きぼう》、祥興《しょうこう》二年、正月、元《げん》の張弘範《ちょうこうはん》の兵匡《がい》山《ざん》に至る。張世傑《ちょうせいけつ》、力戦して之《これ》を禦《ふせ》ぐ。弘範《こうはん》、之《これ》を如何《いかん》ともする無し。時に世傑《せいけつ》に甥《おい》韓《かん》というもの有り、元《げん》の師中《しちゅう》に在《あ》り。弘範《こうはん》三たび韓《かん》をして宋《そう》の師に至って世傑《せいけつ》を招《い》かしむ。世《せい》傑《けつ》従わずして曰《いわ》く、

「吾《われ》、降《くだ》らば生《い》き且《か》つ富貴《ふうき》なるを知る。但《た》だ、

なのだ。絶対にそれ以外のものはない」

そして文天祥《ぶんてんしょう》の一族で元《げん》のとりこになっているものを探して、すべて放還し、また文天祥は自分の舟に乗りこませて、つねに傍らに置いた。

やっと端宗《たんそう》を匡山《がいざん》の地に葬った。

元の阿里海牙《ありかいが》は、広東《こうとう》の沿岸を掃討してから、兵を上都《じょうと》（内モンゴル自治区多倫県）へ帰した。

丹心を留取して
汗青を照らさん

祥興《しょうこう》二年（一二七九年）、己卯《きぼう》の歳の正月、元《げん》の張弘《ちょうこう》範《はん》の兵が匡山《がいざん》におしよせたが、張世傑《ちょうせいけつ》が必死になって防いだので、弘範もどうにも攻めあぐねていた。その時、世傑の甥の張韓《ちょうかん》が元《げん》の軍中にいた。弘範は三度にわたって、韓を宋《そう》の陣営にやって、世傑《せいけつ》を招降させた。だが世傑は肯《がえ》んじなかった。

「降服すれば命はながらえたうえ、富貴を得る。そのことはよく知っている。だが動かす

義《ぎ》として移すべからざる耳《のみ》」と。

因《よ》って古《いにしえ》の忠臣を歴数《れきすう》《次々数えて》して以《も》って之《これ》に答う。弘範《こうはん》、乃《すなわ》ち文天祥《ぶんてんしょう》に命じ、書を為《つく》って世傑《せいけつ》を招かしむ。天祥曰《てんしょういわ》く、

「吾《われ》、父母《祖国》を扞《まも》ること能《あた》わず。乃《すなわ》ち人に教えて父母に叛《そむ》かしめて可《か》ならんや」と。

固く之《これ》に命ず。天祥遂《てんしょうつい》に過《す》《通過した》ぐる所の零丁洋《れいていよう》の詩《し》を書して之《これ》に与《あた》う。その末に云《い》える有り、

「人生古《いにしえ》より誰《たれ》か死無からん。丹心《たんしん》《誠心》を留取《りゅうしゅ》して汗青《かんせい》《歴史》(1)を照らさん」と。

弘範《こうはん》笑って之《これ》を置く。弘範《こうはん》、復《ま》た人を遣わし、匡山《がいざん》の士民に語《つ》げしめて曰《いわ》く、

ことのできない大義というものがあるのだ」

そして古《いにしえ》の忠臣を次つぎに数えあげて、それを答えとした。

弘範はそこで文天祥《ぶんてんしょう》に、勧告の手紙を書かせようとしたが、天祥は、

「わたしは母なる国を護りぬくことができなかった。どうして他人に国に叛かせることができよう」

といって断った。むりに書かせようとすると、文天祥は零丁洋《れいていよう》（広東省南部珠江河口）を通った時の詩をしたためて弘範《こうはん》に差しだした。その結びにはこうあった。

生あれば死あるは　世の定め
至誠もて歴史照らすは　わが願い

あきらめの笑いを浮かべた弘範は、その詩を文箱に収めた。

弘範《こうはん》はなおも人をやって、匡山《がいざん》の士民にいわせた。

「汝が陳丞相《ちんじようしよう》は已《すで》に去り、文丞相《ぶんじようしよう》は已《すで》に執《とら》えらる。汝何《なに》をなさんと欲するか」と。

士民も亦《ま》た叛《はん》する者無し。

弘範《こうはん》、又《ま》た舟師《しゅうし》を以《い》て《率いて》海口《かいこう》に拠《よ》る。宋師《そうし》、樵汲《しょうきゅう》《伐木と水汲み》の道絶ゆ。兵士、乾糧《かんりょう》を茹《くら》うこと十余日、而《しこう》して大いに渇《かつ》す。乃《すなわ》ち下って海水を掬《きく》して之《これ》を飲む。水鹹《みずから》く、飲めば即《すなわ》ち嘔泄《おうせつ》す。兵士大いに困《くる》しむ。

世傑《せいけつ》、蘇劉義《そりゅうぎ》・方興等《ほうこうら》を帥《ひき》いて、旦夕《たんせき》大いに戦う。元《げん》の李恒《りこう》、広州《こうしゅう》より師《し》を以《い》て会《かい》し攻む。弘範《こうはん》、恒《こう》に命じて厓山《がいざん》の北面を守らしむ。

「お前たちの陳丞相《ちんじようしよう》は遠く去り、文天祥《ぶんてんしよう》はわれらが擒《とりこ》となった。お前たちに今さら何ができよう」

だが誰ひとり宋《そう》に背をむける者はなかった。

元軍厓山を攻め潮に乗じて勝つ

張弘範《ちようこうはん》はついに力による攻めにふみ切り、船隊を指揮して、海の出口を封鎖し、宋《そう》の軍は薪と水の補給路を絶たれた。兵士たちは十日余り乾飯《ほしいい》だけを食べつづけ、のどの渇きがどうにもがまんできなくなった。そこで山を下って海水をすくっては口にした。水はしおからく、それでも無理に飲むと、すぐさま嘔吐と下痢が襲った。兵士たちの苦しみは言葉でいいつくせぬほどであった。

それでも張世傑《ちようせいけつ》は蘇劉義《そりゆうぎ》や方興《ほうこう》たちを率い、朝となく夜となく奮戦した。そこへ元《げん》の李恒《りこう》が広州《こうしゆう》から大軍をもって攻撃に加わった。

二月、戊寅朔《ぼいんついたち》、世傑《せいけつ》の将陳宝《しょうちんぼう》、叛《そむ》いて元《げん》に降《くだ》る。己卯《きぼう》、都統張達《ととうちょうたつ》、夜、元《げん》の師を襲い、敗《やぶ》れて還《かえ》る。元人《げんひと》、進んで、世傑《せいけつ》の舟に薄《せま》る。甲申《こうしん》、弘範《こうはん》、その軍を四分し、自《みずか》ら一軍に将《しょう》となる。相《あい》去ること里許《りばかり》。諸将に令《れい》して曰《いわ》く、「宋《そう》の舟、西のかた厓山《がいざん》に艤《ぎ》す。潮《しお》至らば必《かなら》ず東に遁《のが》れん。急に之《これ》を攻めて、去るを得しむる勿《な》かれ。吾《わ》が楽《がく》の作《おこ》るを聞かば乃《すなわ》ち戦え。令《れい》に違《たが》う者は斬《き》らん」と。

先ず北面の一軍を麾《さしまね》き、早潮《そうちょう》に乗《じょう》じて戦わしむ。世傑《せいけつ》、之《これ》を敗《やぶ》る。李恒《りこう》等《ら》、潮に順《したが》って師を退く。午《ご》、潮上《のぼ》る。元《げん》の師、楽作《おこ》る。宋《そう》

弘範《こうはん》は厓山《がいざん》の北をおさえるように李恒《りこう》に命じた。

二月一日、戊寅《ぼいん》の日、ついに世傑《せいけつ》の部将の陳宝《ちんぼう》が叛いて元《げん》に降服した。翌二日、都統《ととう》の張達《ちょうたつ》が元の陣営に夜襲をかけたが、逆に撃ち破られて逃げ帰ってきた。元の兵は、世傑の舟の間近にまでおしよせた。

七日、弘範は麾下《きか》の軍を四分し、自らその一軍を直接指揮してそれぞれ一里ずつ間をとらせた。そして各軍の部将に厳令を下した。

「宋《そう》の舟隊は西の厓山で船出しようとしている。潮が満ちるのを待って、東に逃げるに違いない。急攻して動けないようにせよ。わたしの軍から楽の音が起こるのを合図に戦え。背く者は斬る」

そしてまず厓山の北面の一軍をさしまねき、朝の引き潮の時に合わせて攻めかからせた。世傑は反撃して破り、李恒らはその引き潮に順って軍を引いた。

正午、潮が満ちたその時、元軍から楽の音

の師以為《おも》えらく、且《しばら》く解《おこた》る《休憩する》、と。備《そな》えを設《もう》けず。弘範《こうはん》、舟師《しゅうし》を以《い》てその前を犯《おか》す《侵攻した》。南師之《これ》に継《つ》ぐ。宋《そう》の師、南北より敵を受け、兵士皆《みな》疲れて、復《ま》た戦うこと能《あた》わず。

俄《にわか》に一舟の檣旗《しょうき》の仆《たお》る有り。諸舟の檣旗皆《みな》仆る。世傑《せいけつ》、事の去れるを知り、乃《すなわ》ち精兵を抽《ぬ》いて《選抜して》中軍に入る。諸軍大いに潰《つい》ゆ。元《げん》の師《し》、宋《そう》の中軍に薄《せま》る。会《たまたま》日暮れて風雨あり。昏霧《こんむ》四塞《しさい》し、咫尺《しせき》も弁《べん》ぜず。世傑《せいけつ》乃《すなわ》ち蘇劉義《そりゅうぎ》と維《つな》を断ち、十六舟を以《い》て港を奪って去る。

が起こった。宋ではしばらく休息をとるのであろうと考えて、備えをといていた。そこへ弘範が舟隊で前面から攻めこんだ。南の隊がそれにつづいた。宋軍《そうぐん》は南北から攻撃を受け、もはや渡りあう気力をふるいおこすことができなかった。

幼帝溺れ宋朝亡ぶ

突然、一艘の舟の檣旗《しょうき》が倒れた。と、他の舟の檣旗が次つぎに倒れた。ついに大事が去ったことを知った張世傑《ちょうせいけつ》は、精兵だけをよりすぐって、中央軍に組み入れた。残りの諸軍は崩壊した。元軍《げんぐん》はその宋《そう》の中央軍にも迫ってきた。日は暮れはてて雨まじりの風が起こり、四方は暗霧につつまれて、鼻先も見えぬありさまとなった。そこで世傑は蘇劉義《そりゅうぎ》とともに、つなぎあわせていた綱を切り、十六艘の舟とともに、闇に乗じて港口を突破して洋上に逃れ去

陸秀夫《りくしゅうふ》、帝《てい》の舟を走らせんとす。帝《てい》の舟大にして、且《か》つ諸舟環結《かんけつ》す。出走するを得ざるを度《はか》り、乃《すなわ》ち先《ま》ずその妻子を駆《か》って海に入らしめ、即《すなわ》ち帝《てい》を負うて同じく溺《おぼ》る。帝崩《ていほう》ず。後宮《こうきゅう》・諸臣《しょしん》、従死《じゅうし》する者甚《はなは》だ衆《おお》し。七日を越えて、屍《しかばね》、海上に浮かぶ者、十余万人。因《よ》って帝の屍《しかばね》及《およ》び詔書《しょうしょ》の宝《ほう》を得たり。已《すで》にして世傑《せいけつ》、復《ま》た厓山《がいざん》に還《かえ》って兵を収《おさ》む。楊太后《ようたいこう》に遇《あ》い、奉《ほう》じて以《も》って趙氏《ちょうし》の後を求め《王室の後裔を捜して》て、復《ま》た之《これ》を立てんと欲す。楊太后《ようたいこう》、始めて帝《てい》の崩《ほう》ぜしを聞き、膺《むね》を撫《ぶ》して大いに慟《なげ》いて曰《いわ》く、

った。

　隆秀夫《りくしゅうふ》は帝の御座船を動かそうとした。しかし舟が大きい上に、多くの舟が結びつけられてまわりを取り囲んでいる。もう脱出することはできないと見きわめた秀夫は、まず妻子を促して海に身を投げさせ、次いで自分が帝を背負って、ともに海中に果てた。こうして帝昺《ていへい》は崩じた。

　女官・群臣なども、それに従って続々と身を投じ、七日の後、あたりの海は浮かび上がった十余万人の屍体《したい》でうまった。その中から、元《げん》は幼帝の屍と詔書に用いる玉璽《ぎょくじ》とを探しあてた。

　張世傑《ちょうせいけつ》はしばらくしてまた厓山《がいざん》に立ち帰って、残兵を集めた。楊太后《ようたいこう》にも出会って、とりあえず太后を奉じ、王室の血筋の者を探し出して、また帝位に即けようとした。

　だがその時はじめて幼帝の死を知った太后は、「わたしが絶え果てたい身を忍んで、ここまで苦難を重ねて来たのは、ただあの趙氏《ちょうし》

「我の死を忍び艱関《かんかん》して此《ここ》に至れる者は、正《まさ》に趙氏《ちょうし》の一塊《いっかい》の肉の為耳《ためのみ》。今や望み無し」と。遂《つい》に海に赴《おもむ》いて死す。世傑《せいけつ》、之《これ》を海浜に葬る。

世傑《せいけつ》、将《まさ》に安南《あんなん》に趨《おもむ》かんとす。平章山下《へいしょうざんか》に至って、颶風《ぐふう》大いに作《おこ》るに遇《あ》う。舟人、岸に艤《ぎ》せんと欲す。世傑曰《せいけついわ》く、

「以《も》ってなすこと無かれ」と。

香を焚《た》き天を仰いで呼んで曰《いわ》く、

「我《われ》、趙氏《ちょうし》の為《ため》にする、亦《ま》た已《すで》に至れり《限界である》。一《いっ》君亡《くんほろ》んで、復《ま》た一君を立つ。今又《ま》た亡ぶ。我の未《いま》だ死せざる者は、敵兵退かば、別に趙氏《ちょうし》

の肉塊のためだけだったのです。もはや望みはありません」

と胸をうって慟哭《どうこく》し、とうとう海に身を投じて自ら命を断った。世傑はそのなきがらを海辺に葬った。

張世傑は最後の望みを安南《あんなん》行きに托した。だが平章山《へいしょうざん》の麓まで来た時、大嵐が船隊を迎えた。船頭たちは岸につけようとしたが、世《せい》傑《けつ》は、

「もうそれには及ばない」

といって許さず、香を焚《た》いて天を仰いでこう訴えた。

「わたしが王室趙氏《ちょうし》のために尽くす力も、これが精一杯であります。一君を失ってまた一君をお立てしました。それをまた失いました。それでもわたしが生き長らえておりますのは、もし敵兵が退いたならば、別な王室の方をお立てして、宋《そう》の祭祀を継いでいただきたいと、ひたすら願うからにほかありません。今こうやって嵐が襲ってまいりました。天よ、これ

を立てて、以《も》って祀《し》を存《そん》せんと庶幾《こいねが》う耳《のみ》。今此《かく》の若《ごと》し。豈天意《あにてんい》なるか。若《も》し天我《てんわ》が復《ま》た趙《ちょう》の祀《し》を存《そん》するを欲せずんば、則《すなわ》ち大風吾《わ》が舟を覆《くつがえ》せ」と。

舟遂《つい》に覆《くつがえ》る。世傑溺《せいけつおぼ》る。宋亡《そうほろ》ぶ。

厓山既《がいざんすで》に破る。元《げん》の張弘範等《ちょうこうはんら》、置酒大会《ちしゅたいかい》す。文天祥《ぶんてんしょう》に謂《い》って曰《いわ》く、

「国亡《ほろ》びぬ。丞相《じょうしょう》の忠孝尽《ちゅうこうつ》きたり。能《よ》く心を改め、宋《そう》に事《つか》えし者を以《も》って今《現在の朝廷》に事《つか》えば、宰相《さいしょう》たるを失わざるなり」と。

天祥泫然《てんしょうげんぜん》として涕《なみだ》を出《いだ》して曰《いわ》く、

はあなたの御意志を示していらっしゃるのでしょうか。もしあなたがこれ以上、宋の宗《そう》廟《びょう》の続くのを望まれないならば、どうか大風でわたしの舟を覆して下さい」

舟が覆り、世傑は海に溺れ、そして宋は滅んだ。

安南滅び宋の藩臣皆尽く

厓山《がいざん》がついに陥ち、元《げん》の張弘《ちょうこう》範《はん》たちは、盛大な宴を張った。

席上、弘範は文天祥《ぶんてんしょう》に語りかけた。

「宋《そう》の国は滅んだ。丞相《じょうしょう》どのは忠義を尽くしきられたのだ。ここで気持ちを変えて、宋に仕えられたその心で、元《げん》にお仕えになったならば、必ずや宰相《さいしょう》となられるはずだ」

天祥《てんしょう》の眼から、どっと涙が溢れた。

「国が滅ぶのを救うことができなかった。臣

「国亡《ほろ》んで救うこと能《あた》わず。人臣《じんしん》たる者、死すとも余罪《よざい》有り。況《いわ》んや敢《あ》えてその死を逃《のが》れて、その心を弐《ふたつ》にするをや」と。

弘範之《こうはんこれ》を義《ぎ》とす。燕京《えんけい》に送らしむ。道、吉州《きっしゅう》を経《へ》る。痛恨《つうこん》して食《く》らわず、八日にして猶《な》お生く。乃《すなわ》ち復《ま》た食《く》らう。

十月、天祥燕《てんしょうえん》に至る。屈《くっ》せずして獄に繋《つな》がる。励操《れいそう》愈〻《いよいよ》堅《かた》し。

宋《そう》の故臣《こしん》、亦《ま》た嶺海《れいかい》より安南《あんなん》に走る者有り。安南《あんなん》は、その国王李乾徳《りけんとく》、紹興《しょうこう》に卒《しゅっ》してより、子陽煥《ようかん》立つ。陽煥卒《ようかんしゅっ》す。子天祚《てんそ》立つ。天祚《てんそ》、淳熙《じゅんき》に卒《しゅっ》す。子竜翰《りゅうかん》立つ。竜翰《りゅうかん》、嘉定《かてい》に卒《しゅっ》

下たる者、死んでもその罪は償いきれるものではない。ましてやおめおめと余生をむさぼって、心を別な君にささげるなど、どうしてできようか」

弘範はその忠義に感動し、文天祥を都の燕《えん》京《けい》（北京市）に送らせた。途中、故郷の吉《きっ》州《しゅう》（江西省吉安市）にさしかかると、文天祥はあらためて痛恨の思いにさいなまれ、食を断った。だが八日たってまだ死ぬことができず、ふたたび食物を口にした。

十月、文天祥は燕京に着いた。どう説かれても心を曲げず、獄窓につながれる身となったが、節操を貫く気力は衰えることはなかった。

宋《そう》の故臣のなかには、以前から南海《なんかい》から安《あん》南《なん》へと落ちのびていた者もあった。安南は国王の李乾徳《りけんとく》が、高宗《こうそう》の紹興《しょうこう》年間に没して、子の陽煥《ようかん》が後を嗣《つ》ぎ、陽煥が没して、子の天祚《てんそ》が後を嗣いだ。天祚は孝宗《こうそう》の淳熙《じゅんき》年間に没して、子の竜翰《りゅうかん》が後を嗣ぎ、竜翰は寧宗《ねいそう》の嘉定《かてい》

す。子昊昷《こうたん》立つ。世〻《よよ》宋《そう》の正朔《せいさく》《暦》を奉《ほう》ず。竜翰《りゅうかん》の時に当《あ》たって、閩人陳京《びんひとちんけい》というもの有り。その国に入り、政を得て、国婿《こくせい》となる。京《けい》の子承《しょう》、再世《さいせい》《京の子陳承の代にもまた》、その国柄《こくへい》を執《と》る。昊昷《こうたん》の時に及《およ》んで、承《しょう》、その国を奪い、子威晃《いこう》に伝う。理宗《りそう》、その貢を受けて、之《これ》を封《ほう》ず。威晃《いこう》、子日照《じっしょう》に伝う。宋亡《そうほろ》ぶ。乃《すなわ》ち名を日烜《じっけん》と改め、貢を元《げん》に奉《ほう》ず。

年間に没して、子の昊昷《こうたん》が後を嗣いだ。代々宋の暦を用い、宋を自らの宗家としていた。

その竜翰のときに、宋の福建《ふっけん》の人の陳京《ちんけい》が、安南に入って政権を得て、国王の女婿となった。その子の陳承《ちんしょう》も父についで、政権を握った。そして昊昷の代になって、国王の位を奪いとり、子の威晃《いこう》にそれを伝えた。理宗《りそう》はその朝貢をうけ入れて、威晃を安南国王に封《ほう》じ、威晃はついで子の日照《じっしょう》に王位を伝えていた。宋が滅ぶに及んで、日照は名を日烜《じっけん》と改め、元に朝貢するようになった。

（1） 汗青…古代、竹を火にあぶって油をぬき、青みをとって文字を書きやすくしたこと。ひいて、文書・記録、とくに歴史書をいう。

『十八史略』漢文原文

五帝（本文二四頁）

少昊金天氏

少昊金天氏、名玄囂、黄帝之子也。亦曰㆓青陽㆒。其立也、鳳鳥適至。以㆑鳥紀㆑官。

顓頊高陽氏

顓頊高陽氏、昌意之子、黄帝孫也。代㆓少昊㆒而立。少昊之衰、九黎亂㆑德、民神雜糅、不㆑可㆓方物㆒。顓頊受㆑之、乃命、南正重司㆑天、以屬㆑神、火正黎司㆑地、以屬㆑民、使㆑無㆓相侵瀆㆒。始作㆑曆、以㆓孟春㆒爲㆑元。

帝嚳高辛氏

帝嚳高辛氏、玄囂之子、黄帝曾孫也。生而神靈、自言二其名一。代二顓頊一而立。居二於亳一。

帝堯陶唐氏

帝堯陶唐氏、伊祁姓。或曰、名放勛。帝嚳子也。其仁如レ天、其知如レ神。就レ之如レ日、望レ之如レ雲。都二平陽一。茆茨不レ剪、土階三等。有レ草生レ庭。十五日以前、日生二一葉一、以後日落二一葉一。月小盡、則一葉厭而不レ落。名曰二蓂莢一、觀レ之以知二旬朔一。

治二天下一五十年、不レ知二天下治歟不レ治歟、億兆願レ戴レ己歟、不レ願レ戴レ己歟一。問二左右一不レ知、問二外朝一不レ知、問二在野一不レ知、乃微服游二於康衢一、聞二童謠一。曰、立二我烝民一、莫レ匪二爾極一。不レ識不レ知、順二帝之則一。有二老人一、含レ哺鼓レ腹、擊レ壤而歌曰、日出而作、日入而息、鑿レ井而飲、畊レ田而食、帝力何有二於我一哉。

觀二于華一。華封人曰、嘻、請祝二聖人一。使三聖人壽富多二男子一。堯曰、辭。多二男子一則多レ懼、富則多レ事、壽則多レ辱。封人曰、天生二萬民一、必授二之職一。多二男子一而授二之職一、何懼之有。富而使二人分一レ之、何事之有。天下有レ道、與レ物皆昌、天下無レ道、修レ德就レ閒、千歲厭レ世、去而上僊、乘二彼白雲一、至二于帝鄉一、何辱之有。堯立七十年、有二九年之水一。使二鯀治一レ之。九載弗レ績。堯老倦二于勤一。四嶽擧レ舜。攝二行天下事一。堯子丹朱不肖。乃薦二舜於天一。堯崩、舜卽位。

帝舜有虞氏

帝舜有虞氏姚姓。或曰、名重華。瞽叟之子、顓頊六世孫也。父惑二於後妻一、愛二少子象一、常欲レ殺レ舜。舜盡二孝悌之道一、烝烝乂不レ格レ姦。畊二歷山一民皆讓レ畔、漁二雷澤一、人皆讓レ居、陶二河濱一、器不二苦窳一。所レ居成レ聚、二年成レ邑、三年成レ都。堯聞二之聰明一、擧二於畎畝一、妻以二二女一。曰二娥黃・女英一。釐二降于嬀汭一。遂相レ堯攝レ政。放二驩兜一、流二共工一、殛レ鯀、竄二三苗一。擧二才子八元八愷一、命二九官一、咨二十二牧一。四海之內、咸戴二舜功一。

彈二五絃之琴一、歌二南風之詩一、而天下治。詩曰、南風之薰兮、可三以解二吾民之慍一兮、南風之時兮、可三以阜二吾民之財一兮。時景星出、卿雲興。百工相和而歌曰、卿雲爛兮、糺縵縵兮、日月光華、旦復旦兮。舜子商均不肖。乃薦二禹於天一。舜南巡狩、崩二於蒼梧之野一。禹卽レ位。

殷（本文三六頁）

殷王成湯子姓。名履。其先曰レ契。帝嚳子也。母簡狄、有娀氏女。見二玄鳥墮一レ卵、呑レ之生レ契。爲二唐虞司徒一、封二於商一、賜レ姓。傳二昭明・相土・昌若・曹圉一、曰レ冥、曰レ振、曰レ微、曰二報丁・報乙・報丙・主壬・主癸一。主癸子天乙、是爲レ湯。始居レ亳。從二先王居一。

使三人以レ幣聘二伊尹于莘一、進二之夏桀一。不レ用。尹復歸レ湯。桀殺二諫者關龍逢一。湯使二人哭一レ之。桀怒召レ湯、囚二夏臺一。已而得レ釋。湯出、見レ有下張二網四面一而祝上レ之。曰、從レ天降、從レ地出、從二四方一來者、皆罹二吾網一。湯曰、嘻、盡レ之矣。乃解二其三面一、改祝曰、欲レ左左。欲レ右右。不レ用レ命者、

入二吾網一。諸侯聞レ之曰、湯德至矣。及二禽獸一。伊尹相レ湯伐レ桀、放二之南巣一。諸侯尊レ湯爲二天子一。

大旱七年。太史占レ之曰、當二以レ人禱一。湯曰、吾所二爲請一者民也。若必以レ人禱、吾請自當。遂齋戒剪レ爪斷レ髮、素車白馬、身嬰二白茆一、以レ身爲二犧牲一、禱二于桑林之野一。以二六事一自責曰、政不レ節歟、民失レ職歟、宮室崇歟、女謁盛歟、苞苴行歟、讒夫昌歟。言未已、大雨方數千里。

湯崩。太子太丁早卒。次子外丙立。二年崩。弟仲壬立。四年崩。太丁之子太甲立。不明。伊尹放二之桐宮一。居レ憂三年、悔レ過自責。尹乃奉歸レ亳修レ德。諸侯歸レ之。自二太甲一歷二沃丁・太庚・小甲・雍己一、至二太戊一。亳有レ祥、桑穀共三生于朝一。一日暮大拱。伊陟曰、妖不レ勝レ德。君其修レ德。太戊修二先王之政一。二日而祥桑枯死。殷道復興。號稱二中宗一。

自二太戊一歷二仲丁・外壬一至二河亶甲一、避二水患一遷二于相一。至二祖乙一居レ耿、又圮二于耿一。歷二祖辛・沃甲・祖丁・南庚・陽甲一至二盤庚一、自レ耿復遷二于亳一。殷道復興。自二盤庚一歷二小辛・小乙一至二武丁一。夢得二良弼一曰レ說。說爲二胥靡一、築二于傅巖一。求得レ之、立爲レ相。武丁祭レ湯。有二飛雉一、升レ鼎而雊。武丁懼而反レ己。殷道復興。號稱二高宗一。自二武丁一歷二祖庚・祖甲・廩辛・庚丁一至二武乙一。無道。爲二偶人一、謂二之天神一、與レ之博。令二人爲行一、天神不レ勝、乃僇三辱之一。爲二革囊一盛レ血、仰射レ之。命曰二射天一。出獵、爲二暴雷一震死。

歷二太丁・帝乙一至二帝辛一。名受。號爲レ紂。資辯捷疾、手三挌猛獸一。智足二以拒レ諫、言足二以飾レ非。始爲二象箸一。箕子歎曰、彼爲二象箸一。必不三盛以二土簋一、將レ爲二玉杯一。玉杯象箸、必不下羹二藜藿一、衣二短褐一、而舍中茆茨之下上。則錦衣九重、高臺廣室、稱レ此以求、天下不レ足矣。

紂伐二有蘇氏一。有蘇以二妲己一女レ焉。有レ寵。其言皆從。厚二賦稅一、以實二鹿臺之財一、盈二鉅橋之粟一。廣二沙丘苑臺一、以レ酒爲レ池、懸レ肉爲レ林、爲二長夜之飮一。百姓怨望、諸侯有二畔者一。紂乃重二刑辟一。

爲二銅柱一以レ膏塗レ之、加二於炭火之上一、使二有レ罪者緣レ之。足滑跌墜二火中一。與二妲己一觀レ之大樂、名曰二炮烙之刑一。淫虐甚。庶兄微子數諫不レ從。去レ之。比干諫、三日不レ去。紂怒曰、吾聞聖人之心有二七竅一。剖而觀二其心一。箕子佯狂爲レ奴。紂囚レ之。殷大師、持二其樂器・祭器一奔レ周。

周侯昌及九侯・鄂侯、爲二紂三公一。紂殺二九侯一。鄂侯爭。并脯レ之。昌聞而歎息。紂囚二昌羑里一。昌之臣散宜生、求二美女珍寶一進。紂大悅、乃釋レ昌。昌退而修レ德。諸侯多叛レ紂歸レ之。昌卒。子發立。率二諸侯一伐レ紂。紂敗二于牧野一、衣二寶玉一自焚死。殷亡。

周（本文四七頁）

周武王姬姓。名發。后稷之十六世孫也。后稷名棄。棄母曰二姜嫄一。爲二帝嚳元妃一。出レ野見二巨人跡一、心欣然踐レ之、生レ棄。以爲二不祥一、棄二之隘巷一。馬牛避不レ踐。徙置二山林一。適會二林中多レ人。遷二之冰上一。鳥覆二翼之一。以爲レ神、遂收レ之。兒時屹如二巨人之志一。其游戲好二種樹一。及二成人一、能相二地之宜一、教二民稼穡一。興二於陶唐虞夏之際一、爲二農師一、封二于邰一。別二其姓一、號二后稷一。卒。

子不窋立。夏后氏政衰、不窋失二其官一、奔二戎狄之閒一。不窋卒。子鞠立。鞠卒。子公劉立。復修二后稷之業一、務二畊種一。百姓懷レ之。公劉卒。子慶節立。國二於豳一。歷二皇僕・參弗・毀隃・公非・高圉・亞圉・公叔鉏一、至二古公亶父一。獯鬻攻レ之。去レ豳、渡二漆沮一、踰二梁山一、邑二於岐山下一居レ焉。豳人曰、仁人也、不レ可レ失。扶レ老携レ幼以從。他旁國皆歸レ之。古公長子太伯。次虞仲。其妃太姜、生二少子季歷一。季歷娶二太任一生レ昌。有二聖瑞一。太伯・虞仲、知下古公欲中立二季歷一以傳上昌、乃如二荊蠻一、斷レ髮文レ身、以讓二季歷一。古公卒。公季立。公季卒。昌立。爲二西伯一。西伯修レ德、諸侯歸レ之。

虞・芮爭レ田、不レ能レ決。乃如レ周。入レ界見、畊者皆遜レ畔、民俗皆讓レ長。二人慙、相謂曰、吾所レ爭周人所レ恥。乃不レ見二西伯一而還、俱讓二其田一不レ取。漢南歸二西伯一者四十國。皆以爲二受命之君一。三二分天下一、有二其二一。

有二呂尚者一。東海上人。窮困年老、漁釣至レ周。西伯將レ獵、卜レ之。曰、非レ龍、非レ彲、非レ熊、非レ羆、非レ虎、非レ貔。所レ獲霸王之輔。果遇二呂尚於渭水之陽一。與語大悅曰、自二吾先君太公一曰、當下有二聖人一適上レ周。周因以興。子眞是耶。吾太公望レ子久矣。故號レ之曰二太公望一、載與俱歸。立爲レ師、謂二之師尚父一。西伯卒。子發立。是爲二武王一。東觀レ兵至二於盟津一。白魚入二王舟中一。王俯取以祭。既渡。有レ火、自レ上復二于下一、至二于王屋一、流爲レ烏。其色赤、其聲魄。是時諸侯不レ期而會者八百。皆曰、紂可レ伐矣。王不レ可。引歸。紂不レ悛。王乃伐レ紂。載二西伯木主一以行。伯夷・叔齊叩レ馬諫曰、父死不レ葬、爰及二干戈一、可レ謂レ孝乎。以レ臣弑レ君、可レ謂レ仁乎。左右欲レ兵レ之。太公曰、義士也。扶而去レ之。王既滅レ殷爲二天子一。追二尊古公一爲二太王一、公季爲二王季一、西伯爲二文王一。天下宗レ周。伯夷・叔齊恥レ之、不レ食二周粟一、隱二於首陽山一。作レ歌曰、登二彼西山一兮、采二其薇一矣、以レ暴易レ暴兮、不レ知二其非一矣、神農虞夏、忽焉沒兮、我安適歸矣、于嗟徂兮、命之衰矣。遂餓而死。

武王崩。太子誦立。是爲二成王一。成王幼。周公位二冢宰一攝レ政。管叔・蔡叔流言曰、公將レ不レ利二於孺子一。與二武庚一作レ亂。武庚者、武王所レ立紂子祿父、爲二殷後一者也。周公東征誅二武庚・管叔一、放二蔡叔一。王長周公歸レ政。

春秋

呉（本文五八頁）

呉姫姓、太伯・仲雍之所レ封也。十九世至二壽夢一、始稱レ王。壽夢四子、幼曰二季札一。札賢。欲下使二三子相繼立一以及上レ札。札義不レ可。封二延陵一、號曰二延陵季子一。聘二上國一過レ徐。徐君愛二其寶劍一。季子心知レ之。使還、徐君已歿。遂解レ劍懸二其墓一而去。

壽夢後四君而至二闔廬一。擧二伍員一謀二國事一。員字子胥、楚人伍奢之子。奢誅而奔レ呉、以二呉兵一入レ郢。呉伐レ越。闔廬傷而死。子夫差立。子胥復事レ之。夫差志レ復レ讎。朝夕臥二薪中一、出入使二人呼一曰、夫差、而忘三越人之殺二而父一邪。周敬王二十六年、夫差敗二越于夫椒一。越王句踐、以二餘兵一棲二會稽山一、請二爲レ臣妻爲一レ妾。子胥言レ不レ可。太宰伯嚭受二越賂一、說二夫差一赦レ越。句踐反レ國、懸二膽於坐臥一、即仰レ膽嘗レ之曰、女忘二會稽之恥一邪。擧二國政一屬二大夫種一、而與二范蠡一治レ兵、事レ謀レ呉。

太宰嚭、譖下子胥恥二謀不一レ用怨望上。夫差乃賜二子胥屬鏤之劍一。子胥告二其家人一曰、必樹二吾墓檟一。檟可レ材也。抉二吾目一懸二東門一。以觀二越兵之滅一レ呉。乃自剄。夫差取二其尸一、盛以二鴟夷一、投二之江一。呉人憐レ之、立二祠江上一、命曰二胥山一。越十年生聚、十年教訓。周元王四年、越伐レ呉。呉三戰三北。夫差上二姑蘇一、亦請二成於越一。范蠡不レ可。夫差曰、吾無三以見二子胥一。爲二幎冒一乃死。

越既滅レ呉。范蠡去レ之。遺二大夫種書一曰、越王爲レ人長頸烏喙。可三與共二患難一、不レ可三與共二安樂一。子何不レ去。種稱レ疾不レ朝。或讒二種且一レ作レ亂。賜レ劍死。范蠡裝二其輕寶珠玉一、與二私從一乘二舟

江湖一、浮レ海出レ齊。變二姓名一自謂二鴟夷子皮一。父子治レ產、至二數千萬一。齊人聞二其賢一、以爲レ相。蠡喟然曰、居レ家致二千金一、居レ官致二卿相一。此布衣之極也。久受二尊名一不祥。乃歸二相印一、盡散二其財一、懷二重寶一、閒行止二於陶一。自謂二陶朱公一。貲累二鉅萬一。魯人猗頓往問レ術焉。蠡曰、畜二五牸一。乃大畜二牛羊於猗氏一。十年閒、貲擬二王公一。故天下言レ富者、稱二陶朱・猗頓一。

魯（本文六五頁）

弟定公立。以二孔子一爲二中都宰一。一年四方皆則レ之。由二中都一爲二司空一、進爲二大司寇一。相二定公一會二齊侯于夾谷一。孔子曰、有二文事一者、必有二武備一。請具二左右司馬一以從。既會。齊有司請レ奏二四方之樂一。於レ是旗旄劍戟、鼓譟而至。孔子趨而進曰、吾兩君爲レ好、夷狄之樂何爲於レ此。齊景公心怍麾レ之。齊有司請レ奏二宮中之樂一。優倡侏儒戲而前。孔子趨而進曰、匹夫熒二惑諸侯一者、罪當レ誅。請命二有司一加レ法焉。首足異レ處。景公懼。歸語二其臣一曰、魯以二君子之道一輔二其君一。而子獨以二夷狄之道一教二寡人一。於レ是齊人乃歸二所レ侵魯鄆・汶陽・龜陰之地一、以謝レ魯。

孔子言二於定公一、將下墮二三都一以强中公室上。叔孫氏先墮レ郈、季氏墮レ費。孟氏之臣不レ肯レ墮レ成。圍レ之弗レ克。孔子由二大司寇一、攝二行相事一。七日而誅二亂レ政大夫少正卯一。居三月、魯大治。齊人聞レ之懼、乃歸二女樂於魯一。季桓子受レ之、不レ聽レ政。郊又不レ致二膰俎於大夫一。孔子遂去レ魯。

定公卒、子哀公立。欲三以レ越伐二三桓一。不レ克。歷二悼公・元公一、至二穆公一。知レ尊二子思一、而不レ能レ用。歷二共公・康公一、至二平公一。嘗欲レ見二孟子一而不レ果。歷二文公一至二頃公一、爲二楚考烈王所一レ滅。

魯自二周公一至二頃公一、凡三十四世。

孔子、名丘、字仲尼。其先宋人也。有二正考父者一、佐レ宋。三命滋益恭。其鼎銘云、一命而僂。再命而傴。三命而俯。循レ牆而走。亦莫二余敢侮一。饘二於是一、粥二於是一、以餬二豫口一。孔氏滅二於宋一。其後適レ魯。有二叔梁紇者一、與二顏氏女一、禱二於尼山一、而生二孔子一。爲レ兒、嬉戲常陳二俎豆一、設二禮容一。長爲二季氏吏一。料量平。嘗爲二司樴吏一。畜蕃息。適レ周問二禮於老子一。反而弟子稍益進。適レ齊。齊景公將三待以二季・孟之閒一。孔子反レ魯。定公用レ之不レ終。

適レ衞。將レ適レ陳、過レ匡。匡人嘗爲二陽虎所一レ暴。孔子貌類二陽虎一。止レ之。既免反二于衞一。醜二靈公所一レ爲、去レ之。過レ曹適レ宋、與二弟子一習二禮大樹下一。桓魋伐三拔其樹一。適レ鄭。鄭人曰、東門有レ人。其顙似レ堯、其項類二皐陶一、其肩類二子產一。自レ要以下、不レ及レ禹三寸、纍纍然若二喪家之狗一。適レ陳又適レ衞、將三西見二趙簡子一。至レ河、聞二竇鳴犢・舜華殺死一、臨レ河歎曰、美哉水、洋洋乎。丘之不レ濟、此命也。反二于衞一、適レ陳、適レ蔡、如レ葉、反二于蔡一。

楚使二人聘一レ之。陳・蔡大夫謀曰、孔子用二於楚一、則陳・蔡危矣。相與發レ徒、圍二之於野一。孔子曰、詩云、匪レ兕匪レ虎、率二彼曠野一。吾道非邪。吾何爲於レ是。子貢曰、夫子道至大。天下莫二能容一。顏回曰、不レ容何病。然後見二君子一。楚昭王興レ師迎レ之。乃得レ至レ楚。將三封以二書社地七百里一。令尹子西不レ可。孔子反二于衞一。季康子迎歸レ魯。哀公問レ政、終不レ能レ用。乃序レ書、上自二唐・虞一、下至二秦穆一。刪二古詩三千一、爲二三百五篇一、皆絃三歌之一。禮樂自レ此可レ述。晚而喜レ易、序二彖・象・繫辭・說卦・文言一。讀レ易、韋編三絕。因二魯史記一作二春秋一。自レ隱至レ哀十二公、絕二筆於獲麟一。筆則筆、削則削。子夏之徒、不レ能レ贊二一辭一。弟子三千人。身通二六藝一者、七十有二人。年七十三而卒。子鯉字伯魚、早死。孫伋字子思、作二中庸一。

齊（本文七七頁）

齊姜姓、太公望呂尙之所レ封也。後世至二桓公一霸二諸侯一。五霸桓公爲レ始。名小白。兄襄公無道。群弟恐二禍及一。子糾奔レ魯。管仲傅レ之。小白奔レ莒。鮑叔傅レ之。襄公爲二弟無知所一レ弑、無知亦爲二人所一レ殺。齊人召二小白於莒一。而魯亦發レ兵送レ糾。管仲嘗遮二莒道一射二小白一。中二帶鉤一。小白先至レ齊而立。鮑叔牙薦二管仲一爲レ政。公置レ怨而用レ之。

仲字夷吾。嘗與二鮑叔一賈。分レ利多自與。鮑叔不二以爲一レ貪。知二仲貧一也。嘗謀レ事窮困。鮑叔不二以爲一レ愚。知三時有二利不利一也。嘗三戰三走。鮑叔不二以爲一レ怯。知三仲有二老母一也。仲曰、生レ我者父母、知レ我者鮑子也。桓公九二合諸侯一、一二匡天下一、皆仲之謀。一則仲父、二則仲父。

仲病。桓公問、群臣誰可レ相。易牙何如。仲曰、殺レ子以食レ君。非二人情一。不レ可レ近。開方何如。曰、倍レ親以適レ君。非二人情一。不レ可レ近。蓋開方故衞公子來奔者也。豎刁何如。曰、自宮以適レ君。非二人情一。不レ可レ近。仲死。公不レ用二仲言一。卒近レ之。三子專レ權。公內寵、如二夫人一者六、皆有レ子。公薨。五公子爭レ立相攻。公尸在レ牀、無二殯斂一者六十七日。尸蟲出二于戶一。

自二桓公一八世、至二景公一。有二晏子者一事レ之。名嬰、字平仲。以二節儉力行一重二於齊一。一狐裘三十年、豚肩不レ掩レ豆。齊國之士、待以擧レ火者七十餘家。晏子出。其御之妻、從二門閒一窺、其夫擁二大蓋一策二駟馬一、意氣揚揚自得。旣而歸。妻請レ去曰、晏子身相二齊國一、名顯二諸侯一。觀二其志一、嘗有二以自下一。子爲二人僕御一、自以爲レ足。妾是以求レ去也。御者乃自抑損。晏子怪而問レ之。以レ實對。薦爲二大夫一。公使二晏子之一レ晉。與二叔向一私語、以爲齊政必歸二陳氏一。如二其言一。

楚（本文八四頁）

楚之先、出レ自二顓頊一。顓頊之子、爲二高辛火正一。命曰二祝融一。弟吳回復居二其職一。吳回二世、有二季連者一、得二羋姓一。季連之後有二鬻熊一、事二周文王一。成王封二其子熊繹於丹陽一。至二夷王時一、楚子熊渠者、僭爲レ王。十一世、至二春秋一、有レ曰二武王一。益强大。至二文王一始都レ郢。成王與二齊桓公一盟二召陵一、尋與二宋襄公一爭レ霸、後與二晉文公一戰二城濮一。

歷二穆王一至二莊王一。卽レ位三年不レ出レ令、日夜爲レ樂。令二國中一、敢諫者死。伍擧曰、有レ鳥在レ阜。三年不レ蜚不レ鳴。是何鳥也。王曰、三年不レ飛、飛將レ衝レ天。三年不レ鳴、鳴將レ驚レ人。蘇從亦入諫。王乃左執二從手一、右抽レ刀、以斷二鐘鼓之懸一。明日聽レ政、任二伍擧・蘇從一。國人大悅。又得二孫叔敖一爲レ相、遂霸二諸侯一。

歷二共王・康王・郟敖・靈王・平王・昭王・惠王・簡王・聲王・悼王・肅王・宣王・威王一、至二懷王一。秦惠王欲レ伐レ齊、患二楚與從親一、乃使三張儀說二楚王一曰、王閉レ關而絕レ齊、請獻二商・於之地六百里一。懷王信レ之、使三勇士北辱二齊王一。齊王大怒而與レ秦合。楚使レ受二地於秦一。儀曰、地從レ某至レ某、廣袤六里。懷王大怒伐レ秦大敗。

秦昭王、與二懷王一盟二于黃棘一。既而遺二書懷王一。願與二君王一會二武關一。屈平不レ可。子蘭勸レ王行。秦人執レ之以歸。楚人立二其子頃襄王一。懷王卒二於秦一。楚人憐レ之、如レ悲二親戚一。初屈平爲二懷王所一レ任、以レ讒見レ疏、作二離騷一以自怨。至二頃襄王時一、又以レ譖遷二江南一。遂投二汨羅一以死。秦拔レ郢。楚徙二於陳一。頃襄王卒。考烈王立。又徙二於壽春一。

春申君黃歇行二相事一。當二是時一、齊有二孟嘗君一、魏有二信陵君一、趙有二平原君一、楚有二春申君一、皆好レ客。春申君食客三千餘人。平原君使二人於春申君一、欲レ夸レ楚、爲二瑇瑁簪一、刀劍室飾以二珠玉一。春申君上客、皆躡二珠履一以見レ之。趙使大慙。趙人荀卿、至レ楚。春申君以爲二蘭陵令一。李園以レ妹獻二春申君一。有レ娠。而後納二之考烈王一。是生二幽王一。園使三盜殺二春申君一、以滅レ口、而專二楚政一。幽王卒。弟哀王爲二楚人所一レ弑。而立二其庶兄負芻一。秦王政遣レ將破レ楚、虜二負芻一、滅レ楚爲レ郡。

戰國

趙（本文九二頁）

有二洛陽人蘇秦一。游二-説秦惠王二不レ用。乃往説二燕文侯與レ趙從親一。燕資レ之、以至レ趙。説二肅侯一曰、諸侯之卒、十二-倍於秦一。幷レ力西向、秦必破矣。爲二大王一計、莫レ若二六國從親以擯一レ秦。肅侯乃資レ之、以約二諸侯一。蘇秦以二鄙諺一説二諸侯一曰、寧爲二鷄口一、無レ爲二牛後一。於レ是六國從合。

蘇秦者、師二鬼谷先生一。初出游、困而歸。妻不レ下レ機、嫂不二爲炊一。至レ是爲二從約長一、幷二-相六國一。行過二洛陽一。車騎輜重、擬二於王者一。昆弟妻嫂、側レ目不二敢視一。俯伏侍取レ食。蘇秦笑曰、何前倨而後恭也。嫂曰、見二季子位高金多一也。秦喟然歎曰、此一人之身。富貴則親戚畏二-懼之一、貧賤則輕二-易之一。況衆人乎。使三我有二洛陽負郭田二頃一、豈能佩二六國相印一乎。於レ是散二千金一、以賜二宗族朋友一。既定二從約一歸レ趙。肅侯封爲二武安君一。其後秦使二犀首欺一レ趙、欲レ敗二從約一。齊・魏伐レ趙。蘇秦恐去レ趙、而從約解。

粛侯子武靈王、胡服招二騎射一、略二胡地一、滅二中山一、欲二南襲一レ秦。不レ果。傳二子惠文王一。惠文嘗得二楚和氏璧一。秦昭王、請下以二十五城一易上レ之。欲レ不レ與畏二秦强一、欲レ與恐レ見レ欺。藺相如、願二奉レ璧往一。城不レ入、則臣請完レ璧而歸。既至。秦王無レ意レ償レ城。相如乃紿取レ璧、怒髮指レ冠、卻二立柱下一曰、臣頭與レ璧倶碎。遣二從者一懷レ璧、閒行先歸、身待二命於秦一。秦昭王賢而歸レ之。

秦王約二趙王一、會二澠池一。相如從。及レ飲レ酒、秦王請二趙王鼓一レ瑟。趙王鼓レ之。相如復請三秦王擊レ罐爲二秦聲一。秦王不レ肯。相如曰、五步之內、臣得下以二頸血一濺中大王上。左右欲レ刃レ之。相如叱レ之。皆靡。秦王爲一擊レ罐。秦終不レ能レ有レ加二於趙一。趙亦盛爲二之備一。秦不二敢動一。

趙王歸、以二相如一爲二上卿一。在二廉頗右一。頗曰、我爲二趙將一、有二攻レ城野戰之功一。相如素賤人。徒以二口舌一居二我上一。吾羞レ爲二之下一。我見二相如一、必辱レ之。相如聞レ之、每レ朝常稱レ病、不レ欲二與爭一レ列。出望見、輒引レ車避匿。其舍人皆以爲レ恥。相如曰、夫以二秦之威一、相如廷叱レ之、辱二其群臣一。相如雖レ駑、獨畏二廉將軍一哉。顧念强秦不三敢加二兵於趙一者、徒以二吾兩人在一也。今兩虎共鬪、其勢不二倶生一。吾所二以爲一レ此者、先二國家之急一、而後二私讐一也。頗聞レ之、肉袒負レ荊、詣レ門謝レ罪。遂爲二刎頸之交一。

惠文王子孝成王立。秦伐レ韓。韓上黨降二於趙一。秦攻レ趙。廉頗軍二長平一、堅レ壁不レ出。秦人行二千金一爲二反閒一曰、秦獨畏二馬服君趙奢之子括爲一レ將耳。王使二括代一レ頗。相如曰、王以レ名使レ括。若二膠レ柱鼓一レ瑟耳。括徒能讀二其父書一。不レ知レ合レ變也。王不レ聽。括少學二兵法一、以天下莫二能當一。與二父奢一言。不レ能レ難。然不二以爲一レ然。括母問レ故。奢曰、兵死地也。而括易言レ之。趙若將レ括、必破二趙軍一。及二括將一レ行、其母上書言二括不一レ可レ使。括至レ軍。果爲三秦將白起所二射殺一。卒四十萬皆降。坑二於長平一。

燕（本文一〇三頁）

燕姫姓、召公奭之所レ封也。三十餘世至二文公一。嘗納二蘇秦之説一、約二六國一爲レ從。文公卒。易王噲立。十年、以レ國讓二其相子之一、南面行二王事一。而噲老不レ聽レ政、顧爲レ臣。國大亂。齊伐レ燕取レ之、醢二子之一而殺レ噲。燕人立二太子平一爲レ君。是爲二昭王一。弔レ死問レ生、卑レ辭厚レ幣、以招二賢者一。問二郭隗一曰、齊因二孤之國亂一、而襲破レ燕。孤極知燕小不レ足二以報一。誠得二賢士一與二共國一、以雪二先王之恥一、孤之願也。先生視二可者一。得二身事一レ之。

隗曰、古之君、有下以二千金一使三涓人求二千里馬一者上。買二死馬骨五百金一而返。君怒。涓人曰、死馬且買レ之、況生者乎。馬今至矣。不二期年一、千里馬至者三。今王必欲レ致レ士、先從レ隗始。況賢二於隗一者、豈遠二千里一哉。於レ是昭王爲レ隗改築レ宮、師二事之一。

於レ是士爭趨レ燕。樂毅自レ魏往。以爲二亞卿一、任二國政一。已而使二毅伐一レ齊。入二臨淄一。齊王出走。毅乘レ勝、六月之間下二齊七十餘城一。惟莒卽墨不レ下。昭王卒。惠王立。惠王爲二太子一、已不レ快二於毅一。田單乃縱二反閒一曰、毅與二新王一有レ隙、不二敢歸一。以レ伐レ齊爲レ名。齊人惟恐二他將來卽墨殘一矣。惠王果疑レ毅、乃使二騎劫代將一、而召レ毅。毅奔レ趙。田單遂得三破レ燕、而復二齊城一。

惠王後、有二武成王・孝王一、至二王喜一。喜太子丹、質二於秦一。秦王政不レ禮焉。怒而亡歸。怨レ秦欲レ報レ之。秦將軍樊於期、得レ罪亡之レ燕。丹受而舍レ之。丹聞二衞人荆軻賢一、卑レ辭厚レ禮請レ之。奉養無レ不レ至。欲レ遣レ軻。軻請下得二樊將軍首及燕督亢地圖一以獻上レ秦。丹不レ忍レ殺二於期一。軻自以レ意諷レ之曰、願得二將軍之首一、以獻二秦王一。必喜而見レ臣。臣左手把二其袖一、右手揕二其胸一、則將軍之仇報、而燕之恥雪矣。於期慨然遂自刎。

丹奔往伏哭。乃以レ函盛二其首一。又嘗求二天下之利匕首一、以レ藥焠レ之、以試レ人、血如レ縷立死。乃裝二遣軻一。行至二易水一、歌曰、風蕭蕭兮易水寒、壯士一去兮不二復還一。于レ時白虹貫レ日。燕人畏レ之。軻至二咸陽一。秦王政大喜見レ之。軻奉レ圖進。圖窮而匕首見。把二王袖一揕レ之。未レ及レ身。王驚起絕レ袖。軻逐レ之。環レ柱走。秦法群臣侍二殿上一者、不レ得レ操二尺寸兵一。左右以レ手搏レ之。且曰、王負レ劍。遂拔レ劍斷二其左股一。軻引二匕首一擿レ王。不レ中。遂體解以徇。秦王大怒、益發レ兵伐レ燕。喜斬レ丹以獻。後三年、秦兵虜レ喜、遂滅レ燕爲レ郡。

秦（本文一一二頁）

惠文王薨。子武王立。武王使二甘茂伐一レ韓。茂曰、宜陽大縣、其實郡也。今倍二數險一行二千里一、攻レ之難。魯人有下與二曾參一同二姓名一者上。殺レ人。人告二其母一。母織自若。及二三人告一レ之、母投レ杼下レ機、踰レ牆而走。臣賢不レ及二曾參一。王之信レ臣、又不レ如二其母一。疑レ臣者非二特三人一。臣恐二大王之投一レ杼也。魏文侯令三樂羊伐二中山一。三年而後拔レ之。反而論レ功。文侯示二之謗書一篋一。再拜曰、非二臣之功一。君之力也。今臣羈旅之臣也。樗里子・公孫奭、挾レ韓而議、王必聽レ之。王曰、寡人弗レ聽。乃盟二于息壤一。茂伐二宜陽一。五月而不レ拔。二人果爭レ之。武王召レ茂欲レ罷レ兵。茂曰、息壤在レ彼。王乃悉起レ兵佐レ茂。遂拔レ之。武王有レ力。好レ戲。力士任鄙・烏獲・孟說、皆至二大官一。王與二孟說一舉レ鼎、絕レ脈死。

弟昭襄王稷立。有二魏人范雎者一。嘗從二須賈一使レ齊。齊王聞二其辯口一、乃賜二之金及牛・酒一。賈疑下睢以二國陰事一告レ齊、歸告二魏相魏齊一。魏齊怒笞二擊睢一、折レ脅拉レ齒。睢佯死。卷以レ簀置二廁中一、使二醉客更溺一レ之、以懲レ後。睢告二守者一得レ出、更二姓名一曰二張祿一。秦使者王稽至レ魏、潛載與歸、薦二于昭襄王一。以爲二客卿一。教以二遠交近攻之策一。

時穰侯魏冉用レ事。睢說レ王廢レ之、而代爲二丞相一號二應侯一。魏使二須賈聘一レ秦。睢敝衣閒步、往見レ之。賈驚曰、范叔固無レ恙乎。留坐飲食曰、范叔一寒如レ此哉。取二一綈袍一贈レ之。遂爲レ賈御至二相府一、曰、我爲レ君先入通二于相君一。賈見二其久不一レ出、問二門下一。門下曰、無二范叔一。鄉者吾相張君也。賈知レ見レ欺、乃膝行入謝レ罪。睢坐責二讓之一曰、爾所二以得一レ不レ死者、以三綈袍戀戀、尙有二故人之意一爾。乃大供具、請二諸侯賓客一、置二莝豆其前一、而馬二食之一。使三歸告二魏王一曰、速斬二魏齊頭一來。不レ然且屠二大梁一。賈歸告二魏齊一。魏齊出走而死。睢既得二志于秦一、一飯之德必償、睚眥之怨必報。王既用二睢策一、歲加二兵三晉一、斬レ首數萬。周赧王恐、與二諸侯一約レ從欲レ伐レ秦。秦攻レ周。赧王入レ秦、頓首請レ罪、盡獻二其邑三十六一。周亡。

秦將武安君白起、與二范睢一有レ隙。廢爲二士伍一、賜レ劍死二于杜郵一。王臨レ朝而歎曰、內無二良將一、外多二强敵一。睢懼。蔡澤曰、四時之序、成レ功者去。睢稱レ病。澤代レ之。昭襄王薨、子孝文王柱立。薨。子莊襄王楚立。薨。嗣爲レ王者政也。遂幷二六國一。是爲二秦始皇帝一。

秦

始皇帝（本文一二四頁）

秦始皇帝名政、始生二于邯鄲一。昭襄王時、孝文王柱爲二太子一。有二庶子楚一、爲レ質二于趙一。陽翟大賈呂不韋、適レ趙、見レ之曰、此奇貨可レ居。乃適レ秦、因二太子妃華陽夫人之姊一、以說レ妃、立レ楚爲二適嗣一。不韋因納二邯鄲美姫一。有レ娠而獻二于楚一。生レ政。實呂氏。孝文王立。三日而薨。楚立。是爲二莊襄王一。四年薨。政生十三歲矣。遂立爲レ王。母爲二太后一。不韋在二莊襄王時一、已爲二秦相國一。至レ是封二文信侯一。太后復與二不韋一通。王既長。不韋事覺自殺。太后廢處二別宮一、茅焦諫。母子乃復如レ初。

秦宗室大臣議曰、諸侯人來仕者、皆爲二其主一游說耳。請、一切逐レ之。於レ是大索逐レ客。客卿李斯上書曰、昔穆公取二由餘於戎一、得二百里傒於宛一、迎二蹇叔於宋一、求二丕豹・公孫枝於晉一、幷レ國二十、遂霸二西戎一。孝公用二商鞅之法一、諸侯親服、至レ今治强。惠王用二張儀之計一、散二六國從一、使二之事一レ秦。昭王得二范雎一、强二公室一。此四君者、皆以二客之功一。客何負二於秦一哉。泰山不レ讓二土壤一、故大。河海不レ擇二細流一、故深。今乃棄二黔首一、以資二敵國一、卻二賓客一、以業二諸侯一。所謂藉二寇兵一、而齎二盜糧一者也。王乃聽二李斯一、復二其官一、除二逐客令一。斯楚人。嘗學二於荀卿一。秦卒用二其謀一幷二天下一。有二韓非者一。善二刑名一。爲レ韓使レ秦、因上書。王悅レ之。斯疾而閒レ之。遂下レ吏。斯遺二之藥一令二自殺一。

十七年、內史勝滅レ韓。十九年、王翦滅レ趙。二十三年、王賁滅レ魏。二十四年、王翦滅レ楚。二十五年、王賁滅レ燕。二十六年、王賁滅レ齊。秦王初幷二天下一、自以、德兼二三皇一、功過二五帝一。更號曰二皇帝一。命爲レ制、令爲レ詔、自稱曰レ朕。制曰、死而以レ行爲レ諡、則是子議レ父、臣議レ君也。甚無レ謂。自レ今以來、除二諡法一、朕爲二始皇帝一、後世以計レ數、二世三世至二于萬世一、傳二之無窮一。收二天下兵一、聚二咸陽一、銷以爲二鐘・鐻・金人十二一。重各千石。徙二天下豪富於咸陽一、十二萬戶。

丞相王綰等言、燕・齊・荊地遠。不レ置レ王無二以鎮一レ之、請立二諸子一。始皇下二其議一。廷尉李斯曰、周武王所レ封子弟同姓甚衆。後屬疏遠、相攻撃如二仇讐一。今海内賴二陛下神靈一、一統皆爲二郡縣一。諸子功臣、以二公賦稅一賞二賜之一、甚足レ易レ制。天下無二異意一、則安寧之術也。置二諸侯一不レ便。始皇曰、天下初定。又復立レ國、是樹レ兵也。而求二其寧息一、豈不レ難哉。廷尉議是。分二天下一爲二三十六郡一、置二守・尉・監一。

二十八年、始皇東行二郡縣一。上二鄒嶧山一、立レ石頌二功業一。上二泰山一、立レ石封祠祀。既下、風雨暴至。休二樹下一。封二其松一爲二五大夫一。禪二于梁父一。遂東遊二海上一。方士齊人徐市等、上書、請下與二童男童女一入レ海、求中蓬萊・方丈・瀛洲三神山仙人、及不死藥上。如二其言一遣二市等行一。始皇浮レ江至二湘山一。大風、幾不レ能レ渡。問二博士一曰、湘君何神。對曰、堯女舜妻。始皇大怒、伐二其樹一、赭二其山一。

二世（本文一三四頁）

二世皇帝名胡亥、元年、東行二郡縣一。謂二趙高一曰、吾欲下悉二耳目之所一レ好、窮二心志之樂一、以終中吾年上。高曰、陛下嚴レ法刻レ刑、盡除二故臣一、更置レ所二親信一、則高レ枕肆レ志矣。二世然レ之、更爲二法律一、務益刻深。公子・大臣多僇死。

陽城人陳勝字渉。少與レ人傭耕。輟レ耕之二隴上一、悵然久レ之曰、苟富貴無二相忘一。傭者笑曰、若爲二傭耕一、何富貴也。勝大息曰、嗟呼、燕雀安知二鴻鵠之志一哉。至レ是與二吳廣一起二兵于蘄一。時發二閭左一戍二漁陽一。勝・廣爲二屯長一。會大雨道不レ通。乃召二徒屬一曰、公等失レ期。法當レ斬。壯士不レ死則已。死則擧二大名一。王侯將相、寧有レ種乎。衆皆從レ之。乃詐稱二公子扶蘇・項燕一、稱二大楚一。勝自立爲二將軍一、廣爲二都尉一。大梁張耳・陳餘、詣二軍門一上謁。勝大喜、自立爲レ王、號二張楚一。諸郡縣苦二秦法一、爭殺二長吏一以應レ涉。

謁者從二東方一來、以二反者一聞。二世怒、下二之吏一。後使者至。上問レ之。曰、群盜鼠竊狗偸、不レ足レ憂也。上悅。陳勝以二所レ善陳人武臣一爲二將軍一、耳・餘爲二校尉一、使レ徇二趙地一。至レ趙、武臣自立爲二趙王一。

沛人劉邦、起二於沛一。父老爭殺レ令、迎立爲二沛公一。沛邑掾・主吏、蕭何・曹參、爲收二沛子弟一得二三千人一。項梁者、楚將項燕之子也。嘗殺レ人、與二兄子籍一、避二仇吳中一。籍字羽、少時學レ書不レ成。去學レ劍。又不レ成。梁怒。籍曰、書足三以記二姓名一而已、劍一人敵、不レ足レ學。學二萬人敵一。梁乃教二籍兵法一。會稽守殷通、欲三起レ兵應二陳涉一、使二梁爲一レ將。梁使二籍斬一レ通、佩二其印綬一。遂擧二吳中兵一、得二八千人一。籍爲二裨將一。時年二十四。

齊人田儋、自立爲二齊王一。趙王武臣、使三將韓廣略二燕地一。廣自立爲二燕王一。楚將周市、定二魏地一、迎二魏公子咎一、立爲二魏王一。二年、吳廣爲二其下所一レ殺。陳勝爲二其御莊賈所一レ殺。以降レ秦。秦將章邯擊レ魏。齊・楚救レ之。齊王儋・魏王咎與二周市一、皆敗死。趙王武臣、爲二其將李良所一レ殺。張耳・陳餘、立二趙歇一爲レ王。居鄛人范增、年七十、好二奇計一。往說二項梁一曰、陳勝首レ事不レ立二楚後一而自立。其勢不レ長。今君起二江東一、楚蠭起之將、爭附レ君者、以三君世世楚將、必能復立二楚之後一也。於レ是項梁求三得楚懷王孫心一、立爲二楚懷王一、以從二民望一。

趙高與二丞相李斯一有レ隙。高侍二二世一、方二燕樂婦女居一レ前、使三人告二丞相斯一、可レ奏レ事。斯上謁。二世怒曰、吾嘗多二閒日一、丞相不レ來。吾方燕私。丞相輒來。高曰、丞相長男李由、爲二三川守一與レ盜通。且丞相居レ外、權重二於陛下一。二世然レ之、下二斯吏一、具二五刑一、腰二斬咸陽市一。斯出レ獄、顧謂二中子一曰、吾欲下與レ若復牽二黃犬一、倶出二上蔡東門一、逐中狡兔上、豈可レ得乎。遂父子相哭。而夷二三族一。

中丞相趙高、欲レ專二秦權一、恐二群臣不一レ聽。乃先設レ驗、持レ鹿獻二於二世一曰、馬也。二世笑曰、丞相誤邪、指レ鹿爲レ馬。問二左右一、或默或言。高陰中二諸言レ鹿者一以レ法。後群臣皆畏レ高、莫三敢言二其過一。項梁與二秦將章邯一戰敗死。宋義先言二其必敗一。梁果敗。秦攻レ趙。楚懷王以レ義爲二上將一、項羽爲二次將一、救レ趙。義驕。羽斬レ之領二其兵一。大破二秦兵鉅鹿下一、虜二王離等一、降二秦將章邯・董翳・司馬欣一。羽爲二諸侯上將軍一。

先レ是、趙高數言、關東盜無二能爲一。及二秦兵數敗一、高恐二二世怒一、遂使三婿閻樂弑二二世於望夷宮一、立二公子嬰一爲二秦王一。二世之兄子也。

西漢

高祖（本文一四七頁）

楚懷王遣二沛公一。破レ秦入レ關、降二秦王子嬰一。既定レ秦、還軍二霸上一。悉召二諸縣父老・豪傑一、謂曰、父老苦二秦苛法一久矣。吾與二諸侯一約。先入二關中一者王レ之。吾當レ王二關中一。與二父老一約、法三章耳。殺レ人者死。傷レ人及盜抵レ罪。余悉除二去秦苛法一。秦民大喜。

項羽率二諸侯兵一、欲二西入一レ關。或說二沛公一守二關門一。羽至。門閉。大怒攻破レ之、進至レ戲、期三旦

擊二沛公一。羽兵四十萬、號二百萬一。在二鴻門一。沛公兵十萬、在二霸上一。范增說レ羽曰、沛公居二山東一、貪レ財好レ色。今入レ關、財物無レ所レ取、婦女無レ所レ幸。此其志不レ在レ小。吾令三人望二其氣一、皆爲レ龍成二五采一。此天子氣也。急擊勿レ失。

羽季父項伯、素善二張良一。夜馳至二沛公軍一、告レ良呼與俱去。良曰、臣從二沛公一。有レ急亡不義。入具告、因要レ伯入見。沛公奉二巵酒一爲レ壽、約爲二婚姻一。曰、吾入レ關、秋毫不二敢有一レ所レ近。籍二吏民一封二府庫一、而待二將軍一。所二以守一レ關者、備二他盜一也。願伯具言三臣之不二敢倍一レ德。伯許諾曰、旦日不レ可レ不二蚤自來謝一。伯去具以告レ羽、且曰、人有二大功一、擊レ之不義。不レ如二因善遇一レ之。

沛公旦從二百餘騎一、見二羽鴻門一。謝曰、臣與二將軍一、戮レ力而攻レ秦。將軍戰二河北一、臣戰二河南一。不二自意一、先入レ關破レ秦、得三復見二將軍於此一。今者有二小人之言一、令二將軍與レ臣有一レ隙。羽曰、此沛公左司馬曹無傷之言。羽留二沛公一與飮。范增數目レ羽、擧二所レ佩玉玦一者三。羽不レ應。增出使下項莊入、前爲レ壽、請二以レ劍舞一、因擊中沛公上。項伯亦拔レ劍起舞、常以レ身翼二蔽沛公一。莊不レ得レ擊。張良出告二樊噲一以二事急一。

噲擁レ盾直入、瞋レ目視レ羽。頭髮上指、目眥盡裂。羽曰、壯士、賜二之巵酒一。則與二斗巵酒一。賜二之彘肩一。則生彘肩。噲立飮、拔レ劍切レ肉啗レ之。羽曰、能復飮乎。噲曰、臣死且不レ避。巵酒安足レ辭。沛公先破レ秦入二咸陽一。勞苦而功高如レ此、未レ有二封爵之賞一。而將軍聽二細人之說一、欲レ誅二有功之人一。此亡秦之續耳。切爲二將軍一不レ取也。羽曰、坐。噲從レ良坐。

須臾沛公起如レ廁、因招レ噲出、閒行趨二霸上一。留レ良謝レ羽曰、沛公不レ勝二桮勺一、不レ能レ辭。使下臣良奉二白璧一雙一、再拜獻二將軍足下一、玉斗一雙、再拜奉中亞父足下上。羽曰、沛公安在。良曰、聞二將軍有一レ意三督二過之一、脫レ身獨去、已至レ軍矣。亞父拔レ劍、撞二玉斗一而破レ之曰、唉、豎子不レ足レ謀。奪二將軍天下㆒者、必沛公也。

沛公至㆑軍、立誅㆓曹無傷㆒。

初淮陰韓信、家貧釣㆓城下㆒。有㆓漂母㆒。見㆓信饑㆒飯㆑信。信曰、吾必厚報㆑母。母怒曰、大丈夫不㆑能㆓自食㆒。吾哀㆓王孫㆒而進㆑食。豈望㆑報乎。淮陰屠中少年、有㆓侮㆑信者㆒。因㆑衆辱㆑之曰、若雖㆓長大好帶㆑劍、中情怯耳。能死刺㆑我。不㆑能出㆓我胯下㆒。信熟㆔視之㆒、俛出㆓胯下㆒蒲伏。一市人皆笑㆓信怯㆒。

（本文一五六頁）

項梁渡㆑淮。信從㆑之。又數以㆑策干㆓項羽㆒。不㆑用。亡歸㆑漢、爲㆓治粟都尉㆒。數與㆓蕭何㆒語。何奇㆑之。王至㆓南鄭㆒。將士皆謳歌思㆑歸、多道亡。信度何已數言、王不㆑用。卽亡去。何自追㆑之。人曰、丞相何亡。王怒、如㆑失㆓左右手㆒。何來謁。王罵曰、若亡何也。何曰、追㆓韓信㆒。王曰、諸將亡以㆑十數。公無㆑所㆑追。追㆑信詐也。何曰、諸將易㆑得耳。信國士無雙。王必欲㆔長㆓王漢中㆒、無㆑所㆑事㆑信。必欲㆑爭㆓天下㆒、非㆑信無㆘可㆓與計㆑事者㆖。王曰、吾亦欲㆑東耳。安能鬱鬱久居㆑此乎。何曰、計㆓必東㆒、能用㆑信。信卽留。不㆑然信終亡耳。

王曰、吾爲㆑公以爲㆑將。何曰、不㆑留也。王曰、以爲㆓大將㆒。何曰、幸甚。王素慢無㆑禮。拜㆓大將㆒如㆑呼㆓小兒㆒。此信所㆔以去㆒。乃設㆓壇場㆒具㆑禮。諸將皆喜、人人自以爲得㆓大將㆒。至㆑拜乃韓信也。一軍皆驚。王遂用㆓信計㆒、部㆔署諸將㆒、留㆓蕭何㆒收㆓巴・蜀租㆒、給㆓軍粮食㆒。信引㆑兵從㆓故道㆒出、襲㆓雍王章邯㆒。邯敗死。塞王司馬欣・翟王董翳皆降。漢二年、項籍弒㆓義帝於江中㆒。

漢王至二滎陽一。諸敗軍皆會。蕭何亦發二關中老弱一、悉詣二滎陽一。漢軍復大振。蕭何守二關中一、立二宗廟・社稷・縣邑一、事便宜施行、計二關中戶口一、轉漕・調兵、未二嘗乏絕一。

×××

魏王豹叛。漢王遣二韓信擊一レ之。豹以二柏直一爲二大將一。王曰、是口尚乳臭。安能當二韓信一。信伏レ兵、從二夏陽一以二木罌一渡レ軍、襲二安邑一虜レ豹。信既定レ魏、請二兵三萬人一、願以北擧二燕・趙一、東擊レ齊、南絕二楚糧道一、西與二大王一會二於滎陽一。王遣二張耳一與倶。

三年、信・耳以レ兵擊レ趙、聚二兵井陘口一。趙王歇及成安君陳餘禦レ之。李左車謂レ餘曰、井陘之道、車不レ得レ方レ軌、騎不レ得レ成レ列。其勢糧食必在レ後。願得二奇兵一、從二閒道一絕二其輜重一。足下深レ溝高レ壘、勿二與戰一。彼前不レ得レ鬪、退不レ得レ還、野無レ所レ掠。不二十日一、兩將之頭、可レ致二麾下一。餘儒者、自稱二義兵一、不レ用二奇計一。信閒知レ之、大喜、乃敢下。

未レ至二井陘口一止、夜半傳二發輕騎二千人一、人持二赤幟一、從二閒道一望二趙軍一。戒曰、趙見二我走一、必空レ壁逐レ我。若疾入二趙壁一、拔二趙幟一、立二漢赤幟一。乃使二萬人先背レ水陣一。平旦建二大將旗鼓一、鼓行出二井陘口一。趙開レ壁擊レ之。戰良久。信・耳佯棄二鼓旗一、走二水上軍一。趙果空レ壁逐レ之。水上軍皆殊死戰。趙軍已失二信等一歸レ壁、見二赤幟一大驚、遂亂遁走。漢軍夾擊大破レ之、斬二陳餘一、禽二趙歇一。諸將賀。因問曰、兵法右二倍山陵一、前二左水澤一。今背レ水而勝何也。信曰、兵法不レ曰下陷二之死地一而後生、置二之亡地一而後存上乎。諸將皆服。信募二得李左車一、解レ縛師二事之一。用二其策一、遣二辯士一奉二書於燕一。燕從レ風而靡。

（本文一六六頁）

漢王軍二成皐一。羽圍レ之。王逃去、北渡レ河、晨入二趙壁一、奪二韓信軍一、令下信收二趙兵一擊上レ齊。酈食其說レ王、收二滎陽一、據二敖倉粟一、塞二成皐之險一。王從レ之。

酈食其爲二漢王一、說二齊王一下レ之。蒯徹說二韓信一曰、將軍擊レ齊。而漢獨發二間使一下レ之。寧有レ詔止二將軍一乎。酈生伏レ軾、掉二三寸舌一、下二七十餘城一。將軍爲レ將數歲、反不レ如二一豎儒之功一乎。四年、信襲破レ齊。齊王烹二食其一而走。漢與レ楚皆軍二廣武一。羽爲二高俎一、置二太公其上一、告二漢王一曰、不二急下一、吾烹二太公一。王曰、吾與レ若俱北面事二懷王一、約爲二兄弟一。吾翁卽若翁。必欲レ烹二而翁一、幸分二我一杯羹一。羽願二與レ王挑戰一。王曰、吾寧鬭レ智。不レ鬭レ力。因數二羽十罪一。羽大怒、伏レ弩射レ王傷レ胸。

楚使二龍且救一レ齊。龍且曰、韓信易レ與耳。寄二食於漂母一、無二資レ身之策一、受二辱於胯下一、無二兼レ人之勇一。進與レ信夾二濰水一而陣。信夜使三人囊レ沙壅二水上流一、且渡擊レ且、佯敗還走。且追レ之。信使レ決レ水。且軍大半不レ得レ渡。急擊殺レ且。信使三人言二之漢王一、請下爲二假王一以鎭上レ齊。漢王大怒罵レ之。張良・陳平、躡レ足附レ耳語。王悟、復罵曰、大丈夫定二諸侯一、卽爲二眞王一耳。何以レ假爲。遣レ印立レ信爲二齊王一。項羽聞二龍且死一大懼、使二武涉說一レ信、欲三與連和三二分天下一。信曰、漢王授二我上將軍印一、解レ衣衣レ我、推レ食食レ我。言聽計用。我倍レ之不祥。雖レ死不レ易。蒯徹亦說レ信。信不レ聽。漢立二黥布一、爲二淮南王一。

項王少レ助食盡。韓信又進レ兵擊レ之。羽乃與レ漢約、中二分天下一、鴻溝以西爲レ漢、以東爲レ楚。歸二太公・呂后一、解而東歸。漢王亦欲二西歸一。張良・陳平曰、漢有二天下大半一。楚兵饑疲。今釋不レ擊、此養レ虎自遺レ患也。王從レ之。

五年、王追レ羽至二固陵一。韓信・彭越期不レ至。張良勸レ王、以二楚地・梁地一許二兩人一。王從レ之。皆引レ兵來。黥布亦會。羽至二垓下一。兵少食盡。信等乘レ之。羽敗入レ壁。圍レ之數重。羽夜聞二漢軍四面皆楚歌一、大驚曰、漢皆已得レ楚乎。何楚人多也。起飲二帳中一、命二虞美人一起舞。悲歌忼慨、泣數行下。其歌曰、力拔レ山兮氣蓋レ世。時不レ利兮騅不レ逝。騅不レ逝兮可二奈何一。虞兮虞兮奈レ若何。騅者羽平日所レ乘駿馬也。左右皆泣、莫二敢仰視一。

羽乃夜從二八百餘騎一、潰レ圍南出。渡レ淮迷失レ道、陷二大澤中一。漢追及レ之。至二東城一。乃有二二十八騎一。羽謂二其騎一曰、吾起レ兵八歲、七十餘戰、未二嘗敗一也。今卒困レ此。此天亡レ我。非二戰之罪一。今日固決レ死。願爲二諸君一決戰、必潰レ圍斬レ將、令二諸君知一レ之。皆如二其言一。於レ是欲三東渡二烏江一。亭長艤レ船待。曰、江東雖レ小、亦足二以王一。願急渡。羽曰、籍與二江東子弟八千人一、渡レ江而西。今無二一人還一。縱江東父兄、憐而王レ我、我何面目復見。獨不レ愧二於心一乎。乃刎而死。

東漢

光武帝（本文一七八頁）

中元二年、上崩。上起レ兵時、年二十八、卽レ位年三十一。第五倫每レ讀二詔書一歎曰、此聖主也。一見決矣。手書賜二方國一。一札十行、細書成レ文。明二愼政體一、總二攬權綱一。量レ時度レ力、擧無二過事一。嘗幸二南陽一、置酒會二宗室一。諸母相與語曰、文叔平日與レ人不二款曲一、惟直柔耳。乃能如レ此。上聞レ之笑曰、吾理二天下一、亦欲下以二柔道一行上レ之。上在二兵間一久厭二武事一。蜀平後、非二警急一未三嘗言二軍旅一。北匈奴衰困。臧宮・馬武、上書請二攻滅一レ之。鳴レ劍抵レ掌、馳二志於伊吾之北一矣。上報レ書、告以二黃石公包桑記一。曰、柔能勝レ剛、弱能勝レ强。自レ是諸將莫二敢言一レ兵。閉二玉門關一、謝二絕西域一。保二全功臣一、不三復任以二兵事一。皆以二列侯一就レ第。以二吏事一責二三公一、亦不下以二功臣一任中吏事上。諸將皆以二功名一自終。

祭遵先死。上念レ之不レ已。來歙・岑彭死二鋒鏑一。卹レ之甚厚。吳漢・賈復終二於帝世一。漢在レ軍、或戰不レ利、意氣自若。上歎曰、吳公差强二人意一。隱若二一敵國一矣。每レ出レ師、朝受レ詔夕就レ道。及レ卒、上臨問レ所レ欲レ言。漢曰、臣愚願陛下愼無レ赦而已。復自二起レ兵時一爲レ督。上曰、賈督有下折二衝千里一之威上。嘗戰被レ傷。上驚曰、吾嘗戒二其輕一レ敵。果然。失二吾名將一。聞二其婦有一レ孕。生レ子邪、我女嫁レ之。生レ女邪、我子娶レ之。其撫二群臣一每如レ此。惟馬援死之日、恩意頗不レ終焉。援嘗曰、大丈夫當下以二馬革一裹上レ屍。安能死二兒女手一。交趾反。援以二伏波將軍一討平レ之。武陵蠻反。援又請レ行。帝愍二其老一。援被レ甲上レ馬、據レ鞍顧眄、以示レ可レ用。上笑曰、矍鑠哉是翁。乃遣レ之。先レ是上壻梁松、嘗候レ援拜二牀下一。援自以二父友一不レ答。松不レ平。

援在二交趾一。嘗遺レ書戒二其兄子一曰、吾欲下汝曹聞二人過一、如上レ聞二父母名一。耳可レ聞、口不レ可レ言。好議二論人長短一、是二非政法一、不レ願三子孫有二此行一也。龍伯高敦厚周愼、謙約節儉。吾愛レ之重レ之。願二汝曹效一レ之。杜季良豪俠好レ義、憂二人之憂一、樂二人之樂一。父喪致レ客、數郡畢至。吾愛レ之重レ之。不レ願二汝曹效一レ之。效二伯高一不レ得、猶爲二謹勅之士一。所謂刻レ鵠不レ成、尙類レ鶩也。效二季良一不レ得、陷爲二天下輕薄子一。所謂畫レ虎不レ成、反類レ狗也。

季良者杜保。保仇人上書告レ保、以二援書一爲レ證。保坐免レ官。松坐二與レ保游一、幾得レ罪。愈恨レ援。

至レ是援軍至二壺頭一。不レ利、卒二軍中一。松構二陷一之。收二新息侯印綬一。援前在二交趾一、常餌二薏苡一、以輕レ身勝二瘴氣一。軍還載二之一車一。後有下追二譖之一者上。以爲二明珠文犀一。上益怒。得三朱勃上レ書訟二其冤一、乃稍解。上於二贓罪一無レ所レ貸。大司徒歐陽歙嘗犯レ贓。歙所レ授尙書弟子千餘人、守レ闕求レ哀。竟不レ免、死二於獄一。所レ用群臣、如二宋弘等一、皆重厚正直。上姉湖陽公主、嘗寡居。意在レ弘。弘入見。主坐二屛後一。上曰、諺言、富易レ交、貴易レ妻。人情乎。弘曰、貧賤之交不レ可レ忘。糟糠之妻不レ下レ堂。上顧レ主曰、事不レ諧矣。

明帝（本文一八八頁）

孝明皇帝初名陽、母陰氏。光武微時、嘗曰、仕宦當レ作二執金吾一。娶レ妻當レ得二陰麗華一。後竟得レ之。生レ陽。幼穎悟。光武詔二州郡一、檢二覈墾田戸口一。諸郡各遣レ人奏レ事。見二陳留吏牘一、上有レ書。視レ之云、潁川・弘農可レ問。河南・南陽不レ可レ問。光武詰二吏由一。祇言、於二街上一得レ之。光武怒。陽年十二、在二幄後一。曰、吏受二郡勅一、欲下以二墾田一相方上耳。河南帝城、多二近臣一。南陽帝鄕、多二近親一。田宅踰レ制。不レ可レ爲レ準。以詰レ吏。首服。光武大奇レ之。郭皇后廢、陰貴人立爲レ后、陽爲二皇太子一、改二名莊一。至レ是卽レ位。

永平二年、臨二辟雍一行二養老禮一。以二李躬一爲二三老一、桓榮爲二五更一。三老東面、五更南面。上親祖割レ牲、執レ醬而饋、執レ爵而酳。禮畢、引二榮及弟子一升レ堂。諸儒執レ經問難。冠帶搢紳之人、圜二橋門一而觀聽者億萬計。三年、圖二畫中興功臣、二十八將於南宮雲臺一、應二二十八宿一。鄧禹爲レ首、次馬成・吳漢・王梁・賈復・陳俊・耿弇・杜茂・寇恂・傅俊・岑彭・堅鐔・馮異・王霸・朱祐・任光・

祭遵・李忠・景丹・萬修・蓋延・邳彤・銚期・劉植・耿純・臧宮・馬武・劉隆。惟馬援以二皇后之父一不レ與焉。十一年、東平王蒼來朝。蒼自二上卽位初一、爲三驃騎將軍一、五年而歸レ國。至レ是入朝。上問、處レ家何以爲レ樂。蒼曰、爲レ善最樂。

十七年、復置二西域都護・戊已校尉一。初耿秉請レ伐二匈奴一。謂宜レ如下武帝通二西域一、斷中匈奴右臂上。上從レ之、以三秉與二竇固一爲二都尉一屯二涼州一。固使三假司馬班超使二西域一。超至二鄯善一。其王禮レ之甚備。匈奴使來。頓疎懈。超會二吏士三十六人一曰、不レ入二虎穴一、不レ得二虎子一。奔二虜營一斬二其使及從士三十餘級一。鄯善一國震怖。超告以二威德一、使レ勿二復與レ虜通一。超復使二于寘一。其王亦斬二虜使一以降。於レ是諸國皆遣レ子入侍。西域復通。至レ是竇固等擊二車師一而還、以二陳睦一爲二都護一、及以二耿恭一爲二戊校尉一、關寵爲二已校尉一、分屯二西域一。

十八年、北匈奴攻二戊校尉耿恭一。初上卽位之明年、南單于比死。弟莫立。上遣レ使授二璽綬一。北匈奴寇レ邊。南單于擊卻レ之。漢與二北匈奴一交使。南單于怨欲レ畔、密使二人與交通一。漢置二度遼將軍於五原一、以防レ之。已而漢伐二北匈奴一。北匈奴亦寇レ邊。至レ是攻二恭於金蒲城一。恭以二毒藥一傅レ矢、語二匈奴一曰、漢家箭神、中者有レ異。虜視レ創皆沸。大驚。恭乘二暴風雨一擊レ之。殺傷甚衆。匈奴震怖曰、漢兵神、眞可レ畏也。乃解去。

獻帝 （本文一九七頁）

車騎將軍董承、稱レ受二密詔一、與二劉備一誅二曹操一。操一日從容謂レ備曰、今天下英雄、唯使君與レ操耳。備方食。失二匕筯一。値二雷震一詭曰、聖人云、迅雷風烈必變。良有レ以也。備既被レ遣邀二袁術一。因

之二徐州一、起レ兵討レ操。操撃レ之。備先奔二冀州一。領レ兵至二汝南一。自二汝南一奔二荊州一、歸二劉表一。嘗於二表坐一、起至レ廁。還慨然流レ涕。表怪問レ之。備曰、常時身不レ離レ鞍、髀肉皆消。今不二復騎一。髀裏肉生。日月如レ流、老將レ至、功業不レ建。是以悲耳。

瑯琊諸葛亮、寓二居襄陽隆中一。毎自比二管仲・樂毅一。備訪二士於司馬徽一。徽曰、識二時務一者在二俊傑一。此間自有二伏龍・鳳雛一。諸葛孔明・龐士元也。徐庶亦謂レ備曰、諸葛孔明臥龍也。備三往乃得レ見レ亮、問レ策。亮曰、操擁二百萬之衆一、挾二天子一令二諸侯一。此誠不レ可二與争一レ鋒。孫權據二有江東一、國險而民附。可二與爲一レ援、而不レ可レ圖。荊州用レ武之國、益州險塞、沃野千里。天府之土。若跨二有荊・益一、保二其巖阻一、天下有レ變、荊州之軍向二宛・洛一、益州之衆出二秦川一。孰不三簞食壺漿、以迎二將軍一乎。備曰、善。與レ亮情好日密。曰、孤之有二孔明一、猶二魚之有一レ水也。士元名統、龐德公從子也。德公素有二重名一。亮毎レ至二其家一、獨拜二床下一。

曹操撃二劉表一。表卒。子琮擧二荊州一降レ操。劉備奔二江陵一。操追レ之。備走二夏口一。操進二軍江陵一、遂東下。亮謂レ備曰、請求二救於孫將軍一。亮見レ權說レ之。權大悅。操遺二權書一曰、今治二水軍八十萬衆一、與二將軍一會二獵於吳一。權以示二群下一、莫レ不レ失レ色。張昭請レ迎レ之。魯肅以爲二不可一、勸レ權召二周瑜一。瑜至。曰、請得二數萬精兵一、進往二夏口一、保爲二將軍一破レ之。權拔レ刀斫二前奏案一曰、諸將吏敢言レ迎レ操者、與二此案一同。遂以レ瑜督二三萬人一、與レ備并レ力逆レ操、進遇二於赤壁一。

瑜部將黃蓋曰、操軍方連二船艦一、首尾相接、可二焼而走一也。乃取二蒙衝・鬪艦十艘一、載二燥荻枯柴一、灌二油其中一、裹二帷幔一、上建二旌旗一、豫備二走舸一繫二於其尾一。先以レ書遺レ操、詐爲レ欲レ降。時東南風急。蓋以二十艘一最著レ前、中江擧レ帆、餘船以レ次俱進。操軍皆指言。蓋降。去二里餘、同時發レ火。火烈風猛、船往如レ箭。焼二盡北船一、烟焰漲レ天。人馬溺焼、死者甚衆。瑜等率二輕銳一、靁鼓大進。北軍大壞、操走還。後屢加二兵於權一、不レ得レ志。操歎息曰、生レ子當レ如二孫仲謀一。向者劉景升兒子、豚犬耳。劉備徇二荊州・江南諸郡一。周瑜上三疏於權一曰、備有二梟雄之姿一。而有二關羽・張飛、熊虎之將一。聚二此三人一在二疆場一。恐蛟龍得二雲雨一、終非二池中物一也。宜二徙レ備置レ吳。權不レ從。瑜方議レ圖二北方一。會病卒。魯肅代領二其兵一。肅勸レ權以二荊州一借二劉備一。權從レ之。權將呂蒙、初不レ學。權勸レ蒙讀レ書。魯肅後與レ蒙論議。大驚曰、卿非二復吳下阿蒙一。蒙曰、士別三日、卽當二刮目相待一。

劉備初用二龐統一、爲二耒陽令一。不レ治。魯肅遺二備書一曰、士元非二百里才一。使レ爲二治中別駕一、乃得レ展二其驥足一耳。備用レ之。勸レ取二益州一。備留二關羽一守二荊州一、引レ兵泝レ流、自レ巴入レ蜀、襲二劉璋一、入二成都一。備既得二益州一。孫權使三人從レ備求二荊州一。備不二肯還一。遂爭レ之。已而分二荊州一。備自レ蜀取二漢中一、自立爲二漢中王一。

三國

後帝（本文二〇八頁）

南夷畔レ漢。丞相亮往平レ之。有二孟獲者一。素爲二夷漢所レ服。亮生三致獲一、使レ觀二營陣一、縱使二更戰一。七縱七禽、猶遣レ獲。獲不レ去曰、公天威也。南人不二復反一矣。魏主又以二舟師一臨レ吳。見二波濤洶湧一歎曰、嗟乎固天所三以限二南北一也。魏主丕殂。僭レ位七年。改元者一、曰二黃初一。謚曰二文皇帝一。子叡立。是爲二明帝一。叡母被レ誅。丕嘗與レ叡出獵、見二子母鹿一。既射二其母一、使三叡射二其子一。叡泣曰、

陛下已殺二其母一。臣不レ忍レ殺二其子一。丕惻然。及レ是爲レ嗣卽レ位。處士管寧字幼安。自二東漢末一、避二地遼東一三十七年。魏徵レ之。乃浮レ海西歸。拜レ官不レ受。

漢丞相亮、率二諸軍一北伐レ魏。臨レ發上疏曰、今天下三分、益州疲弊。此危急存亡之秋也。宜三開二張聖聽一、不レ宜レ塞二忠諫之路一。宮中・府中俱爲二一體一。陟二罰臧否一、不レ宜二異同一。若有二作レ姦犯レ科、及忠善者一、宜下付二有司一、論二其刑賞一、以昭中平明之治上。親二賢臣一遠二小人一、此先漢所二以興隆一也。親二小人一、遠二賢臣一、此後漢所二以傾頽一也。臣本布衣、躬二畊南陽一、苟二全性命於亂世一、不レ求二聞達於諸侯一。先帝不レ以二臣卑鄙一、猥自枉屈、三二顧臣於草廬之中一、諮レ臣以二當世之事一。由レ是感激、許二先帝一以二驅馳一。先帝知二臣謹愼一、臨レ崩、寄以二大事一。受レ命以來、夙夜憂懼、恐三付託不レ效、以傷二先帝之明一。故五月渡レ瀘、深入二不毛一。今南方已定、兵甲已足。當下奬二率三軍一、北定中中原上。興二復漢室一、還二于舊都一、此臣所下以報二先帝一、而忠中陛下上之職分也。遂屯二漢中一。

明年率二大軍一攻二祁山一。戎陣整齊、號令明肅。始魏以二昭烈旣崩一、數歲寂然無レ聞、略無レ所レ備。猝聞二亮出一、朝野恐懼。於レ是天水・安定等郡、皆應レ亮、關中響震。魏主如二長安一、遣二張郃拒一レ之。亮使下馬謖督二諸軍一、戰中于街亭上。謖違二亮節度一。郃大破レ之。亮乃還二漢中一。已而復言二於漢帝一曰、漢賊不二兩立一、王業不二偏安一。臣鞠躬盡レ力、死而後已。至二於成敗利鈍一、非三臣所二能逆覩一也。引レ兵出二散關一、圍二陳倉一。不レ克。

吳王孫權、自稱二皇帝於武昌一、追二尊父堅一、爲二武烈皇帝一、兄策爲二長沙桓王一。已而遷二都建業一。蜀漢丞相亮、又伐レ魏、圍二祁山一。魏遣二司馬懿一督二諸軍一拒レ亮。懿不二肯戰一。賈詡等曰、公畏レ蜀如レ虎。奈二天下笑一何。懿乃使二張郃向一レ亮。亮逆戰。魏兵大敗。亮以二糧盡一退レ軍。郃追レ之、與レ亮戰、中二伏弩一而死。亮還勸レ農講レ武、作二木牛・流馬一、治二邸閣一、息レ民休レ士、三年而後用レ之。悉二衆十萬一、又由二斜谷口一伐レ魏、進軍二渭南一。魏大將軍司馬懿、引レ兵拒守。
亮以下前者數出、皆運糧不レ繼、使中己志不上レ伸、乃分レ兵屯田。耕者雜二於渭濱居民之閒一、而百姓安堵、軍無レ私焉。亮數挑二懿戰一。懿不レ出。乃遺以二巾幗婦人之服一。亮使者至二懿軍一。懿問二其寢食及事煩簡一、而不レ及二戎事一。使者曰、諸葛公夙興夜寐、罰二十以上皆親覽。所二噉食一不レ至二數升一。懿告レ人曰、食少事煩、其能久乎。亮病篤。有二大星一、赤而芒、墜二亮營中一。未レ幾亮卒。長史楊儀、整レ軍還。百姓奔告レ懿。懿追レ之。姜維令二儀反レ旗鳴レ鼓、若一レ將レ向レ懿。懿不二敢逼一。百姓爲レ之諺曰、死諸葛、走二生仲達一。懿笑曰、吾能料レ生、不レ能レ料レ死。亮嘗推二演兵法一、作二八陣圖一。至レ是懿案二行其營壘一、歎曰、天下奇材也。

亮爲レ政無レ私。馬謖素爲二亮所一レ知。及レ敗レ軍流涕斬レ之、而卹二其後一。李平・廖立、皆爲二亮所一レ廢。及レ聞二亮之喪一。皆歎息流涕、卒至二發レ病死一。史稱、亮開二誠心一布二公道一。刑政雖レ峻、而無二怨者一。眞識レ治之良材。而謂下其材長二於治一レ國、將略非上レ所レ長、則非也。初丞相亮、嘗表二於帝一曰、臣成都有二桑八百株、薄田十五頃一。子弟衣食自有レ餘。不三別治レ生以長二尺寸一。臣死之日、不レ使下內有二餘帛一、外有二贏材一、以負中陛下上。至レ是卒。如二其言一。謚二忠武一。

東晉

穆帝（本文二二四頁）

晉桓溫、因二殷浩之敗一、請三廢レ浩免爲二庶人一。朝廷初以レ浩抗レ溫。浩廢。自レ此內外大權、一歸レ溫矣。浩雖二愁怨一、不レ形二辭色一。嘗書レ空作二咄咄怪事字一。久レ之郗超勸レ溫、處二浩令僕一、以レ書告レ之。浩欣然。答書慮レ有レ誤、開閉十數。竟達二空函一。溫大怒遂絕。卒二於謫所一。

桓溫帥レ師伐レ秦、大敗二秦兵于藍田一、轉戰至二灞上一。秦主苻健、閉二長安小城一自守。三輔皆來降。溫撫二諭居民一、使二安堵一。民爭持二牛酒一迎勞。男女夾レ路觀レ之。耆老有二垂レ泣者一。曰、不レ圖今日復覩二官軍一。北海王猛字景略、倜儻有二大志一。隱二居華陰一。聞二溫入一レ關、被レ褐謁レ之。捫レ虱而談二當世之務一、旁若レ無レ人。溫異レ之、問レ猛曰、吾奉レ命除二殘賊一。而三秦豪傑未レ有二至者一何也。猛曰、公不レ遠二數千里一、深入二敵境一。今長安咫尺、而不レ度二灞水一。百姓未レ知二公心一。所二以不一レ至。溫默然無二以應一。溫與二秦兵一戰二于白鹿原一。不レ利。秦人淸レ野。溫軍乏レ食。欲二與レ猛俱還一。猛不レ就。

秦主健卒。子生立。涼張祚淫虐被レ弒。子玄靚立。姚襄降二于燕一、北據二許昌一、又攻二洛陽一。桓溫督二諸軍一討レ襄。進至二河上一。與二寮屬一登二平乘樓一、北望二中原一歎曰、使二神州陸沈二百年。王夷甫諸人、不レ得レ不レ任二其責一。至二伊水一。襄戰連敗而走。溫屯二金墉一、謁二諸陵一。置二鎭戍一而還。襄將三西圖二關中一。秦遣レ兵拒擊斬レ襄。襄弟萇、以レ衆降レ秦。

秦苻堅弒二其君生一、自立爲二秦天王一。有下薦二王猛於堅一者上。一見如レ舊。自謂如三玄德之於二孔明一。一歲中五遷レ官。擧二異才一修二廢職一、課二農桑一恤二困窮一。秦民大悅。燕主慕容儁卒。子暐立。晉桓溫以二謝安一爲二征西司馬一。安少有二重名一。前後徵辟皆不レ就。士大夫相謂曰、安石不レ出、如二蒼生一何。年四十餘乃出。帝在位十七年崩。改元者二、曰二永和・升平一。無レ嗣。成帝子瑯琊王立。是爲二哀皇帝一。

南北朝（本文二三二頁）

南朝、自レ晉以傳二之宋一、宋傳二之齊一、齊傳レ梁、梁傳レ陳。北朝、自三諸國併二於魏一、魏後分爲二西魏東魏一、東魏傳二北齊一、西魏傳二後周一、後周併二北齊一而傳二之隋一。隋滅レ陳、然後南北混爲レ一。今以レ南爲二提頭一、而附二北於其閒一。

宋（本文二三三頁）

〔武帝・少帝〕

宋高祖武皇帝姓劉氏、名裕、彭城人也。相傳爲二漢楚元王交之後一。裕生而母死。父僑二居京口一、將棄レ之。從母救而乳レ之。及レ長勇健有二大志一。僅識レ字。小字寄奴。嘗行遇二大蛇一、擊傷レ之。後至二其所一、見レ有二群兒擣レ藥。裕問、何爲。答曰、吾王爲二劉寄奴一所レ傷。裕曰、何不レ殺レ之。兒曰、寄奴王者、不レ死。裕叱レ之。卽散不レ見。初參二劉牢之軍事一。嘗遣レ覘レ賊。遇二賊數千人一。裕奮二長刀一獨驅レ之。衆軍因乘レ勢、進擊大破レ之。裕由レ是知レ名。其後爲二將相一、二十餘年。誅二桓玄一、平二孫恩盧循一、滅二南燕・後秦一、卒受二晉禪一。

西涼李暠卒。謚曰二武昭王一。子歆立、數年。至レ是爲二北涼沮渠蒙遜一誘、與戰殺レ之。西涼亡。宋主在位三年。改元者一、曰二永初一。殂。太子立。是爲二廢帝滎陽王一。

廢帝滎陽王名義符。年十七卽レ位。居レ喪無レ禮、遊戲無レ度。魏主嗣殂。謚二明元皇帝一、廟號二太宗一。子燾立。宋主在位三年。改元者一、曰二景平一。徐羨之・傅亮・謝晦、廢而弑レ之。宜都王立。是爲㆓太宗文皇帝㆒。

〔文帝〕

文皇帝名義隆。素有㆓令望㆒。少帝廢、迎入卽㆑位。夏主勃勃殂。子昌立。

晉徵士陶潛卒。潛字淵明。潯陽人。侃之曾孫也。少有㆓高趣㆒。嘗爲㆓彭澤令㆒。八十日郡督郵至。吏曰、應㆓束帶見㆑之。潛歎曰、我豈能爲㆓五斗米㆒、折㆑腰向㆓鄉里小兒㆒。卽日解㆓印綬㆒去、賦㆓歸去來辭㆒、著㆓五柳先生傳㆒。徵不㆑就。自以㆔先世爲㆓晉臣㆒、自㆓宋高祖王業漸隆㆒、不㆓復肯仕㆒、至㆑是終世。號㆓靖節先生㆒。魏數與㆑夏戰。至㆑是執㆓其主昌㆒以歸。夏赫連定、稱㆓帝於平涼㆒。西秦主乞伏熾盤卒。子暮末立。

北燕馮跋殂。弟弘立。夏主定擊㆓西秦㆒、以㆓暮末㆒歸、殺㆑之。西秦亡。定又擊㆓北涼㆒欲㆑奪㆓其地㆒。吐谷渾襲㆓其軍㆒、執㆑定送㆑魏。夏亡。吐谷渾者、慕容氏之別種也。北涼沮渠蒙遜卒。子牧犍立。宋謝靈運以㆑罪誅。靈運好爲㆓山澤之遊㆒。從者數百人、伐㆑木開㆑徑。百姓驚擾。或表㆔其有㆓異志㆒。爲㆓臨川內史㆒。有司糾㆑之。被㆑收。靈運興㆑兵逃逸、作㆑詩曰、韓亡子房奮、秦帝魯連恥。追討擒㆑之、徙㆓廣州㆒。已而棄市。

魏伐㆑燕。馮弘奔㆓高麗㆒、而被㆑殺。燕亡。魏伐㆑涼。姑臧潰。牧犍降、後被㆑殺。北涼亡。魏殺㆓其司徒崔浩㆒。浩自㆓明元時㆒、已爲㆓謀臣㆒、輒有㆑功。信㆓道士寇謙之㆒、勸㆓魏主㆒崇奉、立㆓天師道場㆒。而最惡㆓佛法㆒、誅㆓沙門㆒、毀㆓佛像・佛書㆒。魏主命㆑浩修㆓國史㆒。書㆓先世事㆒皆詳㆑實、刊㆑石立㆓之衢路㆒。北人忿恚、譖㆔浩暴㆓揚國惡㆒。魏帝大怒、遂案誅㆑之、夷㆓其族㆒。

隋（本文二四二頁）

文帝

隋高祖文皇帝姓楊氏、名堅、弘農人也。相傳爲二東漢太尉震之後一。父忠仕二魏及周一、以レ功封二隋公一。堅襲レ爵。堅生而有レ異。宅旁有二尼寺一。一尼抱歸自鞠レ之。一日尼出。付二其母一自抱。角出鱗起。母大驚墜二之地一。尼心動。亟還見レ之曰、驚二我兒一、致レ令三晩得二天下一。及レ長相表奇異。周人嘗告二武帝一、普六茹堅有二反相一。堅聞レ之深自晦匿。女爲二周宣帝后一。周靜帝立。堅以二太后父一秉レ政、遂移二周祚一。卽レ位九年、平レ陳天下爲レ一。

開皇二十年、廢二太子勇一爲二庶人一。初帝使三勇參二決政事一。時有二損益一。勇性寛厚。率意無二矯飾一。帝性節儉。勇服用侈。恩寵始衰。勇多二內寵一、妃無レ寵死。而多二庶子一。獨孤皇后深惡レ之。晉王廣彌自矯飾、爲レ奪二嫡計一、后贊レ帝廢レ勇、而立レ廣爲二太子一。龍門王通、詣レ闕獻二太平十二策一。帝不レ能レ用。罷歸、教二授於河汾之閒一。弟子自レ遠至者甚衆。

仁壽四年、帝不豫。召二太子一、入居二殿中一。太子預擬二帝不諱後事一、爲レ書問二僕射楊素一得レ報。宮人誤送二帝所一。帝覽レ之大恚。

帝所レ寵陳夫人出更衣、爲二太子所一レ逼、拒レ之得レ免。帝怪二其神色有一レ異問レ故。夫人泫然曰、太子無禮。帝恚抵レ牀曰、畜生、何足レ付二大事一。獨孤誤レ我。將レ召二故太子勇一。廣聞レ之。令二右庶子張衡入侍一レ疾、因弑レ帝、遣レ人縊二殺勇一。帝性嚴重。勤二於政事一。令行禁止。雖レ嗇二於財一、賞レ功不レ吝。

愛㆓養百姓㆒、勸㆓課農桑㆒、輕㆑徭薄㆑賦、自奉儉薄。天下化㆑之。受禪之初、民戶不㆑滿㆓四百萬㆒、末年踰㆓八百萬㆒。然自以㆓詐力㆒得㆓天下㆒、猜忌苛察、信㆓受讒言㆒、功臣故舊、無㆓終始保全者㆒。在位二十四年。改元者二、曰㆓開皇・仁壽㆒。太子立。是爲㆓煬皇帝㆒。

煬帝

煬皇帝名廣。開皇末立爲㆓太子㆒。是日天下地震。即㆑位首營㆓洛陽顯仁宮㆒、發㆓江嶺奇材異石㆒。又求㆓海內嘉木異草、珍禽奇獸㆒、以實㆓苑囿㆒。又開㆓通濟渠㆒、自㆓長安西苑㆒、引㆓穀洛水㆒、達㆓于河㆒、引㆑河入㆑汴、引㆑汴入㆑泗、以達㆓于淮㆒。又發㆑民開㆓邗溝㆒入㆑江、旁築㆓御道㆒、樹以㆑柳。自㆓長安㆒至㆓江都㆒、置㆓離宮㆒四十餘所。遣㆑人往㆓江南㆒、造㆓龍舟及雜船數萬艘㆒、以備㆓遊幸之用㆒。

西苑周二百里。其內爲㆑海。周十餘里。爲㆓蓬萊方丈瀛洲諸山㆒。高百餘尺。臺觀宮殿、羅㆓絡山上㆒。海北有㆑渠。縈紆注㆑海。緣㆑渠作㆓十六院㆒。門皆臨㆑渠、窮㆓極華麗㆒。宮樹凋落、剪綵爲㆓花葉㆒綴㆑之。沼內亦剪綵爲㆓荷芰菱芡㆒、色渝則易㆓新者㆒、好以㆓月夜㆒、從㆓宮女數千騎㆒、遊㆓西苑㆒、作㆓清夜遊曲㆒、馬上奏㆑之。後又開㆓永濟渠㆒、引㆓沁水㆒、南達㆓于河㆒、北通㆓涿郡㆒。又營㆓汾陽宮㆒。又穿㆓江南河㆒、自㆓京口㆒至㆓餘杭㆒八百里。

置㆓洛口倉於鞏東南原上㆒。城周二十餘里。穿㆓三千窖㆒。置㆓興洛倉於洛陽北㆒。城周十里。穿㆓三百窖㆒。窖皆容㆓八千石㆒。帝或如㆓洛陽㆒、或如㆓江都㆒、或北巡至㆓榆林・金河㆒、或如㆓五原㆒、巡㆓長城㆒、或巡㆓河右㆒。營造巡遊無㆓虛歲㆒。徵㆓天下鷹師㆒。至者萬餘人。徵㆓天下散樂㆒。諸蕃來朝、陳㆓百戲於端門㆒。執㆓絲竹㆒者萬八千人。終㆑月而罷。費巨萬。歲以爲㆑常。

徵二高麗王一入朝。不レ至。大業七年、帝自將擊二高麗一、徵二天下兵一會二涿郡一。勅二河南・淮南・江南一、造二戎車五萬乘一、供二載衣甲等一、發二河南・河北民夫一供二軍須一。江淮以南民夫、船運二黎陽及洛口諸倉米一。舳艫千里、往還常數十萬人。晝夜不レ絕。死者相枕。天下騷動、百姓窮困、始相聚爲レ盜。漳南竇建德兵起。

唐（本文二五六頁）

高祖

唐高祖神堯皇帝姓李氏、名淵、隴西成紀人也。西涼武昭王暠之後。祖虎仕二西魏一有レ功。封二隴西公一。父昞於二周世一封二唐公一。淵襲レ爵。隋煬帝以レ淵爲二弘化留守一。御レ衆寬簡。人多附レ之。煬帝以三淵相表奇異、名應二圖讖一忌レ之。淵懼、縱レ酒納レ賂以自晦。天下盜起。以レ淵爲二山西・河東撫慰大使一。承レ制黜陟、討二捕群盜一多捷。突厥寇レ邊。詔レ淵擊レ之。淵次子世民。聰明勇決、識量過レ人。見二隋室方亂一、陰有下安二天下一之志上。與二晉陽宮監裴寂・晉陽令劉文靜一相結。

文靜謂二世民一曰、今主上南巡、群盜萬數。當二此之際一、有二眞主一、驅駕而用レ之、取二天下一如レ反レ掌耳。太原百姓收拾可レ得二十萬人一。尊公所レ將兵復數萬。以レ此乘レ虛入レ關、號二令天下一、不レ過二半年一帝業成矣。世民笑曰、君言正合二我意一。乃陰部署。而淵不レ知也。會淵兵拒二突厥一不レ利、恐レ獲レ罪。世民乘レ閒說レ淵、順二民心一興二義兵一、轉レ禍爲レ福。淵大驚曰、汝安得レ爲二此言一。吾今執レ汝告二縣官一。世民徐曰、世民覩二天時人事一如レ此。故敢發レ言。必執告、不二敢辭一レ死。

淵曰、吾豈忍レ告。汝愼勿レ出レ口。明日復說曰、人皆傳、李氏當レ應二圖讖一。故李金才無レ故族滅。大人能盡レ賊、則功高不レ賞、身益危矣。惟昨日之言、可二以救一レ禍。此萬全策。願勿レ疑。淵歎曰、吾一夕思二汝言一。亦大有レ理。今日破レ家亡レ身亦由レ汝。化レ家爲レ國亦由レ汝矣。

先レ是、裴寂私以二晉陽宮人一侍レ淵。淵從レ寂飲。酒酣寂曰、二郞陰養二士馬一、欲レ擧二大事一、正爲下寂以二宮人一侍レ公、恐中事覺倂誅上耳。

會煬帝以二淵不レ能レ禦レ寇、遣二使者一執詣二江都一。世民與二寂等一、復說曰、事已迫矣。宜二早定一レ計。且晉陽士馬精强、宮監蓄積巨萬。代王幼沖、關中豪傑竝起。公若鼓行而西、撫而有レ之、如レ探二囊中物一耳。淵乃召募起レ兵。遠近赴集。仍遣レ使借二兵於突厥一。世民引レ兵擊二西河一拔レ之、斬二郡丞高德儒一、數レ之曰。汝指二野鳥一爲レ鸞、以欺二人主一。吾興二義兵一、正爲レ誅二佞人一耳。進レ兵取二霍邑一。克二臨汾・絳郡一、下二韓城一降二馮翊一。

淵留レ兵圍二河東一、自引レ兵西、遣二世子建成一守二潼關一。世民徇二渭北一。關中群盜悉降二於淵一。合二諸軍一圍二長安一克レ之、立二恭帝一。淵爲二大丞相・唐王一、加二九錫一。尋受レ禪、立二子建成一爲二皇太子一、世民爲二秦王一、元吉爲二齊王一。

太宗（本文二六五頁）

有下上書請レ去二佞臣一者上。曰、願陽怒以試レ之。執レ理不レ屈者直臣也。畏レ威順レ旨者佞臣也。上曰、吾自爲レ詐、何以責二臣下之直一乎。朕方以二至誠一治二天下一。或請二重レ法禁一レ盜。上曰、當二去レ奢省レ費、輕レ徭薄レ賦。選ニ用廉吏一、使ニ民衣食有レ餘、自不レ爲レ盜。安用ニ重法一邪。自レ是數年之後、路不レ拾レ遺、商旅野宿焉。上嘗曰、君依ニ於國一、國依ニ於民一。刻レ民以奉レ君、猶ニ割レ肉以充レ腹。腹飽而身斃。君富而國亡矣。

又嘗謂ニ侍臣一曰、聞西域賈胡、得ニ美珠一剖レ身而藏レ之。有レ諸。曰、有レ之。曰、吏受レ賕抵レ法、與下帝王徇ニ奢欲一而亡レ國者上、何以異ニ此胡之可レ笑邪。魏徵曰、昔魯哀公謂ニ孔子一曰、人有ニ好忘者一、徙レ宅而忘ニ其妻一。孔子曰、又有ニ甚者一、桀・紂乃忘ニ其身一。亦猶レ是也。

張蘊古獻ニ大寶箴一。有レ曰、以ニ一人一治ニ天下一、不下以ニ天下一奉中一人上。又曰、壯ニ九重於內一、所レ居不レ過レ容レ膝。彼昏不レ知、瑤ニ其臺一而瓊ニ其室一。羅ニ八珍於前一、所レ食不レ過レ適レ口。惟狂罔レ念、丘ニ其糟一而池ニ其酒一。又曰、勿ニ沒沒而闇一。勿ニ察察而明一。雖ニ冕旒蔽レ目、而視ニ於無形一。雖ニ黈纊塞レ耳、而聽ニ於無聲一。上嘉ニ其言一。

分ニ天下一爲ニ十道一、因ニ山川形便一、曰ニ關內・河南・河東・河北・山南・隴右・淮南・江南・劍南・嶺南一。遣レ將討ニ梁師都一。其下殺レ之以降。以ニ其地一爲ニ夏州一。太常祖孝孫、奏ニ唐雅樂一。

貞觀二年。又出ニ宮女三千餘人一。故事、軍國大事、中書舍人、各執ニ所見一、雜ニ署其名一、謂ニ之五花判事一。中書侍郎・中書令省ニ審之一、給事中・黃門侍郎、駮ニ正之一。上謂ニ王珪一曰、國家本置ニ中書門下一、以相檢察。卿曹勿ニ雷同一也。

時珪爲ニ侍中一、房玄齡・杜如晦爲ニ僕射一、魏徵守ニ祕書監一、參ニ預朝政一。玄齡謀レ事必曰、非ニ如晦一不レ能レ決。及ニ如晦至一。卒用ニ玄齡策一。蓋玄齡善謀、如晦善斷。二人同レ心徇レ國。故唐世稱ニ賢相一推ニ房・杜一焉。徵嘗告レ上曰、願使三臣爲ニ良臣一。勿レ使三臣爲ニ忠臣一。上曰、忠良異乎。徵曰、稷・契・皐陶、君臣協レ心、俱享ニ尊榮一。所謂良臣。龍逢・比干、面折廷爭、身誅國亡。所謂忠臣。上悅。

玄宗（本文二七四頁）

十載、爲二安祿山一起レ第、窮二極華麗一。上日遣二諸楊與レ之游一。祿山體肥大。上嘗指二其腹一曰、此胡腹中何所レ有。對曰、有二赤心一耳。祿山入二禁中一、先拜二貴妃一。上問二其故一。曰、胡人先レ母而後レ父。祿山生日、賜豫甚厚。後三日召入。貴妃以二錦綉一爲二大襁褓一、使下宮人以二綵輿一舁上レ之。上聞二歡笑一問レ故。左右以三貴妃洗二祿兒一對。上賜二妃浴兒金銀錢一、盡レ歡而罷。自レ是出二入宮掖一。通宵不レ出。頗有三醜聲聞二于外一。上亦不レ疑。又以二祿山一兼二河東節度使一。

李林甫與二祿山一語、每揣二知其情一先言レ之。祿山驚服。每レ見盛冬必汗。謂二林甫一爲二十郎一。既歸二范陽一。其下自二長安一歸、必問二十郎何言一。得二美言一則喜。或但云、語二安太夫一、須二好點檢一。卽曰、噫嘻我死矣。

十一載、李林甫卒。林甫媚二事上左右一。迎二合上意一以固レ寵、杜二絕言路一。掩二蔽聰明一。嘗語二諸御史一曰、不レ見二立レ仗馬一乎。一鳴輒斥去。妬レ賢嫉レ能、排二抑勝レ己。性陰險。人以爲二口有レ蜜腹有レ劍。每夜獨二坐偃月堂一、有レ所二深思一、明日必有二誅殺一。屢起二大獄一。自二太子一以下皆畏レ之。在二相位一十九年、養二成天下之亂一。而上不レ悟。然祿山畏二林甫術數一。故終二其世一未二敢反一。

是歲國忠爲レ相、言二祿山必反一、且曰、試召必不レ來。十三載、祿山聞レ召卽至。上由レ是不レ信二國忠之言一、加二祿山左僕射一而歸。

十四載、祿山請下以二蕃將一代中漢將上。上猶不レ疑。表請獻二馬三千匹一。每レ匹二人執レ鞚、二十二將部二送河南一。上始疑レ之。遣レ使止二其獻一。祿山踞レ床不レ拜。曰、馬不レ獻亦可。十月當レ詣二京師一。使

還亦無レ表。是冬祿山遂反。發二所部兵及奚契丹一、凡十五萬。發二范陽一引而南。步騎精鋭、煙塵千里。時承平久、百姓不レ識二兵革一。州縣皆望レ風瓦解。進陷二東京一。平原太守顏眞卿、起レ兵討レ賊。上始聞二河北從レ賊、歎曰、二十四郡、曾無二一人義士一邪。及二眞卿奏至一、大喜曰、朕不レ識二眞卿何狀一、乃能如レ此。常山太守顏杲卿、起レ兵討レ賊。河北諸郡皆應レ之。十五載、安祿山僭號稱二大燕皇帝一。賊將史思明、陷二常山一、執二顏杲卿一送二洛陽一。祿山數二其反一レ己。杲卿曰、我爲レ國討レ賊。恨不レ斬レ汝。何謂レ反也。臊羯狗何不二速殺一レ我。祿山大怒、縛而咼レ之。比レ死罵不レ絕レ口。眞源令張巡、帥二吏民一哭二於玄元皇帝廟一、起二兵於雍丘一討レ賊。朔方節度使郭子儀・河北節度使李光弼、與二賊將史思明一戰、大破レ之、首復二河北數郡一。

副元帥哥舒翰、與レ賊戰大敗。麾下執レ翰降レ賊。賊遂入レ關。上出奔、次二于馬嵬一。將士飢疲皆憤怒、殺二楊國忠等一、及逼レ上縊二殺貴妃一、然後發。父老遮レ道請レ留。上命二太子一慰二撫之一。父老擁二太子馬一、不レ得レ行。使二皇孫俶白一レ上。上曰、天也。使レ喩二太子一曰、汝勉レ之。西北諸胡。吾撫レ之素厚。汝必得二其力一。且宣旨欲レ傳レ位。太子至二平涼一。朔方留後杜鴻漸、迎二入靈武一、請レ遵二馬嵬之命一。牋五上。乃許。尊レ上爲二上皇天帝一。上在位四十五年。改元者三、曰二先天・開元・天寶一。太子立。是爲二肅宗皇帝一。

宋（本文二八八頁）

太祖

宋太祖皇帝姓趙氏、名匡胤、其先涿人也。相傳爲二漢京兆尹廣漢之後一。父弘殷、爲二洛陽禁衛將校一。生二匡胤於甲馬營一。赤光滿レ室。營中異香一月。人謂二之香孩兒營一。少從二辛文悅一學。文悅嘗夢レ遨レ駕。乃匡胤也。周世宗時、掌二軍政一凡六年。士卒服二其恩威一。數從二征伐一立二大功一。世宗一日於二文書篋中一、得二一木書一。曰、點檢作二天子一。時張永德爲二點檢一。世宗乃遷レ之、而易以二匡胤一。世宗殂。恭帝卽位之明年。命領二宿衛一、禦二契丹一。時主少國危。中外始有二推戴之議一。

大軍既出。軍校苗訓、見下日下復有二一日一、黑光相盪上。指曰、此天命也。夕次二陳橋驛一。軍士聚議。先立二點檢一爲二天子一。然後北征。環列待レ旦。點檢醉臥不レ知也。黎明軍士擐レ甲執レ兵、直叩二寢門一曰、諸將無レ主。願策二大尉一爲二天子一。點檢驚起披レ衣、則相與扶出、被以二黃袍一、羅拜呼二萬歲一。擁上レ馬南行。拒レ之不レ可。乃攬レ轡誓二諸將一。整レ軍自二仁和門一入。秋毫無レ所レ犯。恭帝遜禪レ位。以三所レ領節鎭爲二宋州歸德軍一、故國號曰レ宋。

卽位之初、欲三陰察二群情一、頗爲二微行一。或諫レ毋二輕出一。上曰、帝王之興、自有二天命一。周世宗、見二諸將方面大耳者一、皆殺レ之。我終日侍レ側。不レ能レ害也。微行愈數。曰、有二天命一者、任二自爲レ之、不二汝禁一也。中外讋服。昭義節度使李筠、故周宿將。反二於澤州一。上命二石守信一討レ之。尋親征。筠自焚死。澤・潞平。淮南節度使李重進、周祖之甥也。亦反。上命二石守信一討レ之。尋親征。重進自焚死。淮南平。荊南高寶融卒。弟寶勗代レ之。南唐泉州留從效稱レ藩。建隆二年。南唐主李景、遷二都于南昌一、以二其子從嘉一守二建康一。景殂。從嘉立。更二名煜一。

上既誅二筠・重進一、召二樞密直學士趙普一問曰、吾欲下息二天下兵一、爲中國家長久計上。其道何如、普言、唐季以來、帝王數易。由二節鎭太重、君弱臣强一而已。今莫レ若三稍奪二其權一。制二其錢穀一、收二其精兵一。則天下自安。又言、殿前帥石守信等、皆非二統御才一。宜レ授二他職一。上悟、召二守信等一。宴酣屏二左右一謂曰、我非二爾曹之力一不レ至レ此。然終夕未二嘗安一レ枕也。居二此位一者、誰不レ欲レ爲レ之。守信等頓首曰、陛下何爲出二此言一。天命已定。誰敢有二異心一。上曰、汝曹雖レ無二異心一。如三麾下之人欲二富貴一何。一旦以二黄袍一加二汝之身一、雖レ不レ欲レ爲、其可レ得乎。皆頓首泣曰、臣等愚不レ及レ此。惟陛下哀矜、指二示可レ生之途一。上曰、人生如二白駒過一レ隙。所レ爲レ好二富貴一者、不レ過レ欲下多積二金錢一、厚自娛樂、使丙子孫無乙貧乏甲耳。汝曹何不下釋二去兵權一、出守二大藩一、擇二便好田宅一、爲中子孫計上。多置二歌童舞女一、日飲レ酒相安。不二亦善一乎。皆拜謝曰、陛下念二臣等一至レ此。所謂生レ死而肉レ骨也。明日皆稱レ疾請レ罷。

仁宗（本文二九九頁）

先レ是、呂夷簡・張士遜竝相。夷簡罷、李迪相。而士遜爲二首相一。無レ所二發明一而罷。夷簡復相。迪罷、王曾復相。而權在二夷簡一。夷簡之初罷也、以二郭皇后之言一。及二復入一、而后有二尚美人爭レ寵之隙一。遂廢二郭后一。夷簡有レ力焉。臺諫孔道輔・范仲淹爭、不レ得而出。

仲淹還レ朝爲二待制一、知二開封府一。言レ事愈急、數議二時政一。夷簡訴二其越一レ職。罷知二饒州一。館閣餘靖・尹洙爭レ之。皆坐貶。歐陽脩責二諫官高若訥不一レ諫、謂、不レ知三人閒有二羞恥事一。若訥奏二其書一。亦貶。蔡襄作二四賢一不肖詩一。四賢指二仲淹・洙・靖・脩一、不肖指二若訥一也。王曾因レ對斥二夷簡納一レ賂示レ恩。夷簡・曾竝罷。王隨・陳堯佐代レ之。以レ無レ所二建明一而罷。張士遜・章得象代レ之。

趙元昊、據二有夏・銀・綏・宥・靈・鹽・會・勝・甘・涼・瓜・沙・肅州之地一、居二興州一。阻二賀蘭山一爲レ固、僭二號大夏皇帝一、入寇。西邊騷然。范雍經二略西夏一。聞二元昊將一レ攻二延州一懼甚、閉レ門不レ救。劉平戰。中官黃德和、誣二奏平降一レ賊。以レ兵圍二其家一。議レ收二其族一。富弼言、平自二環慶一來援、姦臣不レ救。故敗、罵レ賊而死。德和誣レ人冀レ免。坐腰斬。范雍罷。

時軍興多事、張士遜無レ所レ補。諫官韓琦上疏曰、政事府豈養病坊邪。於レ是士遜致仕。呂夷簡復相。用二韓琦・范仲淹一爲二邊帥一。仲淹嘗兼知二延州一。夏人相戒曰、毋下以二延州一爲上レ意。小范老子、胷中自有二數萬甲兵一。不レ比二大范老子可一レ欺也。邊人爲二之語一曰、軍中有二一韓一。西賊聞レ之心膽寒。軍中有二一范一。西賊聞レ之驚二破膽一。昊之不レ得二大逞一、蓋藉二琦・仲淹之宣レ力居一レ多。

契丹乘三朝廷有二西夏之撓一、遣二泛使一求二石晉所レ割、周世宗所レ取關南地一。知制誥富弼接伴。時夷簡任レ事、人莫二敢抗一。弼數侵レ之。夷簡欲二因レ事罪一レ弼、以レ弼報使。弼至、往返論難、力拒二其割一レ地。使還、再遣。而國書故爲二異同一。夷簡欲二以陷一レ弼。弼疑而啓觀。乃復囘奏、面二責夷簡一、易レ書而往、增二歲賂銀絹各十萬一、定二和議一而還。

呂夷簡求レ罷。上遂欲レ更二天下弊事一、增二諫官員一、命二王素・歐陽脩・餘靖・蔡襄一、供二諫院職一。以二韓琦・范仲淹一爲二樞密副使一、召二夏竦一爲二樞密使一。諫官論罷レ竦、以二杜衍一代レ之。國子直講石介喜曰、此盛德事也。乃作二慶曆聖德詩一。有レ曰、衆賢之進、如二茆斯拔一、大姦之去、如二距斯脫一。大姦指レ竦也。

仲淹・琦適自二陝西一來、道中得レ詩。仲淹拊レ股謂レ琦曰、爲二此怪鬼輩一壞レ事。竦因與二其黨一造レ論、目二衍等一爲二黨人一。歐陽脩乃作二朋黨論一上レ之。略曰、小人無レ朋、惟君子有レ之。小人同レ利之時、暫爲レ朋者僞也。及二其見一レ利而爭レ先、或利盡而情疎、反相賊害。君子修レ身、則同レ道而相益、

事レ國則同レ心而共濟。終始如レ一。此君子之朋也。爲レ君者。但當下退二小人之僞朋一。進中君子之眞朋上。則天下治矣。

仲淹遷二參政一、富弼爲二樞副一。上既擢二仲淹等一、每二進見一、必以二太平一責レ之、開二天章閣一召對、賜レ坐給二筆札一。仲淹等皆惶恐。退列二奏十事一。

×××

未レ幾、仲淹宣二撫陝西・河東一、富弼宣二撫河北一。竦等造レ謗、故仲淹等不レ安二於朝一。歐陽脩亦出使二河北一。晏殊罷。杜衍同平章事。衍務裁二僥倖一。每二內降一、率寢格不レ行。積二詔旨一十數、輒納二上前一。上嘗語二諫官一曰、外人知三衍封二還內降一邪。朕在二宮中一、每以レ不レ可レ告而止者、多三於所二封還一也。

會衍壻蘇舜欽、監二進奏院一。用下鬻二故紙一公錢上、祀レ神會レ客。御史中丞王拱辰、素不レ便二衍等所レ爲、因攻二其事一。置レ獄得レ罪者數人。拱辰喜曰、吾一網打去盡矣。衍相七十日而罷。

徽宗（本文三一一頁）

有レ星如レ月。徐徐南行而落。光照二人物一、與レ月無レ異。

修二神保觀一。其神都人素畏レ之、傾レ城男女負レ土以獻、名曰二獻土一。又有下飾二作鬼使一催レ納レ土者上。上亦微服觀レ之、後數日旨禁。京師・河東・陝西地震。宮中殿門搖動、且有レ聲。蘭州草木沒入、山下麥苗乃在二山上一。金國無二城郭宮室一。用二契丹舊禮一。如下結綵山作二倡樂一、鬪雞擊鞠之戲上、與二中國一同。但於二衆樂後一、飾二舞女數人一、兩手持レ鏡、類二電母一。其國茫然。皆芟舍以居。至レ是方營二大屋數千間一、盡倣二中國所一レ爲。

兩京河浙路、災異疊見。都城有下賣二青菓一男子上。孕而誕レ子。又有二豐樂樓酒保朱氏一。其妻年四十、忽生二髭髯一。長六七寸、宛一男子。詔度爲二女道士一。河北・山東盜起。連歲凶荒。民食二楡皮一。野菜不レ給。至二相食一。饑民竝起爲レ盜。有二張仙者一、衆十萬、張迪衆五萬、高托山衆三十萬、自餘二三萬者、不レ可二勝計一。

金主稱レ帝、六年而殂。號二太祖大聖武元皇帝一。弟吳乞買立。改二名晟一。燕山之地、易州西北乃金坡關、昌平之西乃居庸關、順州之北乃古北關、景州之北乃松亭關、平州之東乃隃關、隃關之東乃金人來路。凡此數關、天限二蕃・漢一。得レ之則燕境可レ保。然關內之地、平・灤・營三州、自下後唐爲中契丹阿保機所上レ陷、以二營・灤一隸レ平、爲二平州路一。得レ燕而不レ得二平州一、則關內之地、蕃・漢雜處、而燕爲レ難レ保矣。

遼張瑴守二平州一。金已遣レ人招レ瑴。瑴曰、契丹凡八路。今特平州存耳。敢有二異志一。既而乃以二平州一南附。宋遽納レ之。趙良嗣力爭。以爲必招二金兵一。金人諜知、卽襲二平州一陷レ之、得二宋詔札一。自レ是、歸レ曲、累レ檄取レ瑴。不レ得レ已命二王安中一縊レ之、而函二送其首一。未レ幾、金太子斡離不、已由二平州路一、將レ入レ燕矣。宋方且遣レ人、密誘二天祚一來降、以二童貫一宣二撫兩河燕山路一、將レ迎二天祚一。金人方退。天祚入二陰來山一、不レ可レ得。至レ是領レ衆南出、遂爲二金人所一レ敗、就レ擒。契丹自二阿保機一至二天祚一、九世而亡。時宣和七年乙巳歲也。

是冬。金斡離不・粘罕、分レ道而南。斡離不陷二燕山一。郭藥師降レ之。金兵長驅而進。郭藥師爲前驅。童貫自二太原一逃歸。粘罕圍二太原一。太原帥張孝純歎曰、平時童太師、作二多少威重一。乃畏怯如レ此。身爲二大臣一、不レ能レ死レ難。何面目見二天下士一。孝純以二冀景一守レ關。知朔寧府孫翊來救。兵不レ滿二二千一。與二金人一戰二于城下一。

張孝純曰、賊已在レ近。不二敢開一レ門。觀察可二盡レ忠報一レ國。翊曰、但恨二兵少一耳。乃復引戰。金人大沮。再益レ兵。力不レ能レ敵。翊死焉。無二一騎肯降一。時王黼先一年已罷、而白時中・李邦彥竝相。皆鄙夫也。金兵來、時中但建二出奔之策一而已。上內禪。在位二十六年。改元者六。曰二建中靖國、崇寧・大觀・政和・重和・宣和一。太子立。是爲二欽宗皇帝一。

南宋（本文三二一頁）

寧宗

辛未、嘉定四年春、元太祖南侵、敗二金兵一、襲二群牧監一、驅二其馬一而還。自レ是連歲攻二‐取金州郡一。

癸酉、嘉定六年、金主衞紹王允濟、在位五年。無二歲不一レ受レ兵、幾不レ能レ支。且失二將士心一、爲二大將所一レ弑。追廢爲二東海郡侯一、立二豐王珣一。璟之兄也。是爲二宣宗一。太祖分二兵三道一、竝進取二燕南・山東・河北五十餘郡一。

甲戌、嘉定七年、元太祖駐二蹕燕北一。金主以三岐國公主及童男女五百、馬三千兼二金帛一、以獻乞レ和。雖レ見レ許、度レ不レ能三自二‐立於燕一、五月遷二于汴一。留二丞相完顏福興一、輔二太子守忠一居レ燕。太祖遣レ兵圍レ之。守忠走レ汴。後一年、而燕京陷。元兵自二河東一渡レ河而南。距レ汴二十里而去。金人自レ是地勢益蹙。山東叛レ之。東阻レ河、西阻二潼關一而已。欲下窺二宋川・蜀・淮漢一以自廣上、遂敗レ盟來侵。宋以二黄榜一募二忠義人一、進討二京東路一。忠義李全、以二歲戊寅一、率レ衆來歸。全本漣水縣弓手。在二開禧乙丑閒一、已嘗應レ募焚二其縣一矣。

丁丑、嘉定十年、元以二木華黎一爲二太師一、封二國王一。率二諸軍一南征、克二大名府一、定二益都・淄・萊等州一。戊寅、嘉定十一年、元木華黎、自二西京一入二河東一、克二太原・平陽及忻・代・澤・潞等州一。是歲伐二西夏一、圍二其王城一。夏王李遵頊走二西京一。高麗王暾降二于元一、請三歲貢二方物一。己卯、嘉定十二年、西域殺二元使者一。太祖親征。庚辰、嘉定十三年、元木華黎徇レ地至二眞定一、又徇二河北諸郡一。

壬午、嘉定十五年、元太子拖雷、克二西域諸城一。遂與二太祖一會。秋金主復遣レ使請レ和。太祖時在二回鶻國一、謂レ之曰、我向令二汝主一授二我河朔地一、令二汝主一爲二河南王一、彼此罷レ兵。汝主不レ從。今木華黎已盡取レ之。乃始來請耶。遂不レ許。癸未、嘉定十六年、春三月、元太師、魯國王木華黎卒。五月、元初置二達魯花赤一監二治郡縣一。金章宗珣、在位十二年而殂。子守緒立。是爲二哀宗一。

甲申、嘉定十七年、元太祖至二東印度一、駐二鐵門關一。有二一獸一。鹿形、馬尾、綠色而一角。能作二人言一。謂二侍衞者一曰、汝主宜二早還一。太祖以問二耶律楚材一。曰、此獸名二角端一。能言二四方語一。好レ生而惡レ殺。此天降レ符以告二陛下一。願承二天心一、宥二此數國人命一。太祖卽日班レ師。

×　×　×

元中書令耶律楚材卒。后嘗以二儲嗣事一問二楚材一。對曰、此非三外臣所二敢知一。自有二太宗遺詔在一。守而行レ之、社稷之幸也。后嘗以二御寶空紙一、付二幸臣奧都剌合蠻一、令二自書塡行一レ之。楚材奏曰、天下者先帝之天下、朝廷自有二憲章一。今欲レ紊レ之。臣不二敢奉一レ詔。事遂止。復有レ旨、凡奧都剌合蠻所二奏准一、令史不二為レ之書一者、斷二其手一。楚材曰、軍國之事、先帝悉委二老臣一。令史何與焉。事若合レ理、自當二奉行一。如不レ可レ行、死且不レ避。況斷レ手乎。

后以二其先朝勛舊一、曲加二敬憚一焉。楚材天資英邁、夐出二人表一。雖二案牘滿レ前、酬答不レ失二其宜一。正レ色立レ朝、不二為レ勢屈一。欲三以レ身徇二天下一、每陳二國家利病、生民休戚一、辭色懇切。太宗嘗曰、汝又欲下為二百姓一哭上耶。楚材每言、興二一利一不レ若レ除二一害一。生二一事一不レ若レ減二一事一。平居不二妄言笑一。及レ接二士人一。溫恭之容溢二于外一。莫レ不レ感二其德一焉。

恭宗（本文三三一頁）

江西提刑文天祥、募レ兵勤レ王。天祥吉州廬陵人也。丙辰魁二進士第一。殿帥韓震、謀二劫遷レ都。陳宜中以レ計誅レ之。池州破。通守趙昂發將レ死、與二其妻一訣。妻曰、卿能為二忠臣一。妾顧不レ能レ為二忠臣妻一耶。昂發喜具二衣冠一、與俱縊。明日伯顏入レ城、見而憐レ之、具二衣棺一葬焉。建康破。趙淮死レ之。

京師戒嚴。朝臣接レ踵宵遁。王爚・陳宜中等、劾二似道不忠不孝之罪一。宜中本受二賈恩一。至レ是亟劾レ賈以自解。似道赴レ貶。鄭虎臣以二父仇一監押至二漳州一、即二廁上一拉二其胸一殺レ之。張世傑以レ兵入衞。元兵在レ境。陳宜中等、惟攻二擊賈黨一、略無二備禦之策一。司馬夢求、監二江陵沙市鎭一。力戰死。徵二諸帥一入衞。夏貴・昝萬壽・黃萬石等不レ至。六月庚申朔、日蝕、晦冥。雞栖二于塒一、咫尺不レ辨二人物一。自レ巳至レ午、明始復。留夢炎相。

文天祥將二民兵峒丁二萬餘人一入衞。與二夢炎一意不二相樂一。以二尙書一除二江浙制置一、守二吳門一。州郡連降。元兵距二臨安一百里、獨松關告レ急。時張世傑軍五萬、諸路勤王兵四十餘萬。天祥與二世傑一議、兩軍堅守二閩廣一全城王師血戰、萬一得レ捷、猶可レ爲也。世傑大喜議レ出レ師。宜中以、王師務持重。降レ詔沮レ之、遣レ使乞レ和。詔二天祥等一罷兵。潭州陷。時一軍自二湖南一圍二潭州一。守臣李芾戰守屢捷。經二八九月一城將レ陷、闔門死レ之。

丙子、德祐二年正月、秀王與睪、奉二皇兄益王昰・皇弟廣王昺等一航レ海。世傑去レ朝。元兵駐二高亭山一。去二都城一三十里。宜中夜遁。文天祥右丞相。辭不レ拜。賈餘慶・吳堅相。天祥出使二軍前一。辭氣慷慨、議論不レ屈。伯顏留レ之。元兵入二臨安一。賈餘慶等、奉二三宮一以降。手詔諭二諸路一內附。伯顏遣二宰執一先赴二大都一。天祥亦登レ舟、北行至二鎭江一。得レ間逸去。

三宮北遷。宮室・駙馬・宮人・內侍・大學等數千人。皆在二遣中一。過二眞州一。守苗再成奪レ駕。幾遂不レ克。五月、宋帝至二上都一、降二封瀛國公一。帝在位二年、改元者一、曰二德祐一。益王・廣王由二海道一至二溫州一。蘇劉義・陸秀夫來會、陳宜中・張世傑、海舟亦至二福州一。宣二謝太后手詔一、以二二王一爲二天下都副元帥一、召二諸路忠義一。五月朔、陳宜中・陸秀夫・張世傑等、共立二益王昰一爲レ帝。卽二位于福州一。是爲二端宗皇帝一。

端宗（本文三三八頁）

端宗皇帝名昰、孝恭懿聖皇帝兄也。卽レ位改二元景炎一、遙上二帝尊號一爲二孝恭懿聖皇帝一、太皇太后爲二壽和聖福至仁太皇太后一、皇太后爲二仁安皇太后一。尊二度宗淑妃楊氏一、爲二皇太后一、同聽レ政。封二廣王昺一爲二衞王一。陳宜中左丞相。張世傑少保。文天祥至。除二右丞相一。以下與二宜中・世傑一異上意、不二肯拜一。
九月、天祥開二督南劒州一、募レ兵得二數千一。遂復二邵武軍一。冬十月、天祥帥レ師次二于汀州一。興化軍通判張日中等來會。時贛寇猖獗、血二江・閩・廣之路一。日中等聞二天祥開レ督勤レ王、遂各起レ兵來應。天祥遣二趙時賞・張日中・趙孟濴一、將二一軍一趨レ贛、以取二寧都一、遣二吳浚一將二一軍一取二雩都一。劉洙・蕭明哲・陳子敬、皆自二江西一起レ兵來會。鄒渢與二元人一戰二于寧都一、敗績。武崗教授羅開禮、起レ兵復二永豐縣一。亦死。天祥爲製レ服哭焉。

十一月、元阿剌罕・董文炳入二建寧府一、遂侵二福州一。宜中・世傑、奉二帝及衞王・楊太后等一航レ海、由二潮州一至二廣州一、趨二富陽一、遷二謝女峽一。丁丑、景炎二年、阿剌罕入二汀州一。文天祥奔二漳州一。謀二入衞一、道阻不レ通。往二來江・廣閒一、戰有二勝負一。吳浚降二于元一。因趨レ漳、說二天祥一降、天祥責以二大義一誅レ之。三月、文天祥復二梅州一。四月、天祥復二興國縣一。五月、張世傑復二潮州一。天祥自二梅州一出二江西一、遂復二會昌縣一。與二趙時賞・張日中之兵一、皆會レ之。

元中書政事廉希憲卒。希憲在二江陵一。遠近向レ化。及二有レ疾召還一、民皆垂レ涕擁送、建レ祠繪レ像以祠レ之。卒、世祖歎曰、無下復有中決二大事一如二廉希憲一者上矣。伯顏亦曰、廉公宰相中眞宰相、男子中眞男子。世以爲二名言一。

帝昺（本文三四三頁）

文天祥屯二潮陽一。鄒渢・劉子俊皆集レ師會レ之、遂討二盜陳懿・劉興于潮一。興死、懿遁、道二張弘範兵一濟二潮陽一。天祥力不レ支、帥二其麾下一走二海豐一。張弘正追レ之。天祥方飯二五坡嶺一。弘正兵突至。衆不

レ及レ戰皆頓首伏二草莽一。天祥被レ執。吞二腦子一不レ死。

鄒渢自剄。劉子俊自詭爲二天祥一、冀レ可レ免二天祥一。及下執二天祥一至上、各爭二眞僞一。遂烹二子俊一、而執二天祥一見二弘範一。左右命レ之拜。天祥不レ屈弘範釋二其縛一、以二客禮一見レ之。天祥固請レ死。弘範不レ許。或謂二弘範一曰、敵人之相不レ可レ測也。不レ宜レ近レ之。弘範曰、彼忠義也、保レ無レ他。求二族屬被レ俘者一悉還レ之、處二舟中一以自從。葬二端宗于厓山一。元阿里海牙、自二海南一還二師上都一。

己卯、祥興二年、正月、元張弘範兵至二厓山一。張世傑力戰禦レ之。弘範無二如レ之何一。時世傑有二甥韓一在二元師中一。弘範三使下韓至二宋師一招中世傑上。世傑不レ從曰、吾知二降生且富貴一。但義不レ可レ移耳。因歷二數古忠臣一以答レ之。弘範乃命二文天祥一、爲レ書招二世傑一。天祥曰、吾不レ能レ扞二父母一。乃教レ人叛二父母一、可乎。固命レ之。天祥遂書二所レ過零丁洋詩一與レ之。其末有レ云、人生自レ古誰無レ死。留二取丹心一照二汗青一。弘範笑而置レ之。弘範復遣レ人語二厓山士民一曰、汝陳丞相已去、文丞相已執。汝欲二何爲一。士民亦無二叛者一。

弘範又以二舟師一據二海口一。宋師樵汲道絶。兵士茹二乾糧一十餘日而大渴。乃下掬二海水一飮レ之。水鹹、飮卽嘔泄。兵士大困。世傑帥二蘇劉義・方興等一、旦夕大戰。元李恆自二廣州一以レ師會攻。弘範命レ恆守二厓山北面一。

二月、戊寅朔、世傑將陳寶、叛降二于元一。己卯、都統張達夜襲二元師一、敗還。元人進薄二世傑之舟一。甲申、弘範四二分其軍一、自將二一軍一。相去里許。令二諸將一曰、宋舟西艤二厓山一。潮至必東遁。急攻レ之勿レ令レ得レ去。聞二吾樂作一乃戰。違レ令者斬。先麾二北面一軍一、乘二早潮一而戰。世傑敗レ之。李恆等順レ潮退レ師。午潮上。元師樂作。宋師以爲且僻。不レ設レ備。弘範以二舟師一犯二其前一。南師繼レ之。宋師南北受レ敵。兵士皆疲、不レ能二復戰一。

俄有二一舟檣旗仆一。諸舟之檣旗皆仆。世傑知二事去一、乃抽二精兵一入二中軍一。諸軍大潰。元師薄二宋中軍一。會日暮風雨。昏霧四塞、咫尺不レ辨。世傑乃與二蘇劉義一斷レ維、以二十六舟一奪レ港而去。陸秀夫走二帝舟一。帝舟大、且諸舟環結。度レ不レ得二出走一、乃先驅二其妻子一入レ海、卽負レ帝同溺焉。帝崩。後宮・諸臣從死者甚衆。越七日、屍浮二海上一者十餘萬人。因得二帝屍及詔書之寶一。

已而世傑復還二厓山一收レ兵。遇二楊太后一、欲下奉以求二趙氏後一而復立上レ之。楊太后始聞二帝崩一、撫レ膺大慟曰、我忍レ死艱關至レ此者、正爲二趙氏一塊肉一耳。今無レ望矣。遂赴レ海死。世傑葬二之海濱一。世傑將レ趨二安南一。至二平章山下一、遇二颶風大作一。舟人欲レ艤レ岸。世傑曰、無二以爲一也。焚レ香仰レ天呼曰、我爲二趙氏一亦已至矣。一君亡復立二一君一。今又亡。我未レ死者、庶幾下敵兵退、別立二趙氏一以存上レ祀耳。今若レ此。豈天意耶。若天不レ欲三我復存二趙祀一、則大風覆二吾舟一。舟遂覆。世傑溺焉。宋亡。

厓山既破。元張弘範等、置酒大會。謂二文天祥一曰、國亡。丞相忠孝盡矣。能改レ心、以二事レ宋者一事レ今、不レ失レ爲二宰相一也。天祥泫然出レ涕曰、國亡不レ能レ救。爲二人臣一者、死有二餘罪一。況敢逃二其死一而貳二其心一乎。弘範義レ之。遣レ送二于燕京一。道經二吉州一。痛恨不レ食。八日猶生。乃復食。十月、天祥至レ燕。不レ屈繫レ獄。勵操愈堅。

宋之故臣、亦有下由二嶺海一走二安南一者上。安南自三其國王李乾德卒二於紹興一、子陽煥立。陽煥卒。子天祚立。天祚卒二於淳熙一。子龍翰立。龍翰卒二於嘉定一。子旲昆立。世奉二宋正朔一。當二龍翰時一、有二閩人陳京一。入二其國一得レ政、爲二國壻一。京子承、再世執二其國柄一。及二旲昆時一、承奪二其國一、傳二子威晃一。理宗受二其貢一而封レ之。威晃傳二子日照一。宋亡。乃改二名日烜一、奉二貢于元一。

本書を手にとって下さった方々へ——解説にかえて

三上英司

本書は、今西凱夫《いまにしよしお》訳『十八史略』の節略版です。一読して中国史の基本的な知識が得られ、なおかつ、歴史の流れそのものを体感できる今西『十八史略』は、名訳の評価が高く、復刊が長く望まれてきました。

名訳の名訳たるポイントは、二つあります。

第一点目は、読みやすい日本語となるように、大胆な意訳を行ったことです。

第二点目は、歴史上の人物の心情を具体的に書き添えたことです。

まず第一点目について申し上げます。意訳を行うとは、何も状況補足を主観的に書き込んだという意味ではありません。原文では省略されている事情の説明を、注ではなく、訳文そのものの中に取り入れたのです。これは一見当たり前の作業に見えますが、実は大変な労力を要することなのです。

そもそも『十八史略』は、『史記』を筆頭とする十八種類の膨大な歴史書群を簡潔にまとめた書物です。そこには、人間世界の始原から南宋の滅亡までという、伝説的古代から近世に至るまでの歴史が包括されています。当然、大部の著作でありながらも記述には省略が多くなり、要点のみが連なる淡白な文章が目につくことは否めません。歴史的事件の詳細な記述を求める多くの読者が『資治通鑑《しじつがん》』を推《お》し、『十八史略』の簡略さを批判する理由はここにあります。これに対して今西訳では、読み物として楽しむために必要充分な補足が訳文に施されており、読み手はストレスを感じずに歴史の流れに触れることができます。今西氏が採用した手法そのものを解説することは、この拙文のようにさほど難しいことではありません。しかし、実際にこれを行うとなれば、明確な歴史観に基づいた該博な知識を持ち合わせた書き手が、自己満足に陥らず、常に読者を意識して書き続けるしかありません。読者の皆様は、「一意専心《いちいせんしん》」という四字熟語を御存知でしょう。言葉としてはよく耳にしますが、さてその実践となるとなかなか出会えるものではありません。この今西『十八史略』は、徹頭徹尾、読み手を意識して書かれた、読みやすい中国通史として類似する書籍とは一線を画す輝きを放っています。

第一点目についての説明が少々長くなってしまいました。第二点目についてはできるだけ手短に申し上げましょう。

『十八史略』の根本的な弱点が、省略の多い記述にあることは、すでに指摘しました。これはまた、人物の心理を推測する際にも不便が生じることになります。そのために『十八史略』は、司馬遷の『史記』等に比較して人間像が読み取りにくく、時代の息吹を伝えていないと批判されたりもしました。これに対して今西『十八史略』では、本文に明示されていない登場人物の心情が具体的に書き添えられています。これは『十八史略』の原資料となった史書ばかりではなく、様々な分野の典籍に精通する碩学《せきがく》にのみなし得る業と言っても差し支えないでしょう。

この点について今西氏ご自身は、「この訳は厳密な意味では「訳」とは呼べない性格のものであることは、訳者自身、重々承知している。くり返すが、読んでいささかの興味を持ちつつ、いささかの知識を得ていただければ、それでよいのであり、勝手に加えた形容詞や心理描写は、訳者の恣意的な想像の産物として、同意なり反対なりしていただきたい。」と、旧版の解説でおっしゃっています。第二点目についてもやはり、読み手の負担を可能な限り減らし、歴史の流れそのものを体感してもらおうとする訳者の創意が現れていることが確認できます。

本書を手にとって下さった方々が、今西氏の「勝手に加えた形容詞や心理描写」に「同意」なさるのか「反対」なさるのか、私には何とも申せません。しかしいずれにせよ歴史そのもののおもしろさを堪能していただけることと思います。

さて最初に述べましたように本書は、今西凱夫訳『十八史略』の醍醐味《だいごみ》を文庫という簡便なスタイルで皆様のお手元に届けるために編み直した節略版です。その作業にあたって留意したことは、以下の三点です。

・「時代」の形成と流れとを味わいやすい箇所。
・「人間の典型」が描き出されている箇所。
・「故事成語《こじせいご》」を含む箇所。

『十八史略』は、天皇《てんこう》・地皇《ちこう》・人皇《じんこう》の伝説時代から十三世紀の南宋滅亡までという、実に三千年以上にも及ぶ連続した歴史を記す希有《けう》の書物です。これを文庫版一冊に収めようとすると、どうしても断片的な抄録になってしまいます。そこで逆に一つ一つの章の読み物としての独立性を高めるために、有名な成語を生むきっかけとなった故事を含む箇所を中心にして組み立てなおしました。それぞれの章を故事成語の来歴を知る一篇の読み物として楽しんでいただけるようにし、これらを時代順に配列したのです。そして、今西氏ご自身の筆による各時代ごとの要説を旧版からそのまま載録しました。どの章から読んでいただいても、歴史の連綿性を楽しんでいただけるように工夫を凝らしたつもりです。目次を御覧になり、興味ある章のページを開き、後世に伝わる力強い言葉が生み出される瞬間に立ち会っていただければ幸いです。

さて、本書で採り上げた故事成語の多くは、日本人にも馴染みの深い言葉です。それというのも実は、この『十八史略』という書物が、中国の歴史を学ぶ入門書として江戸時代後半、日本各地の藩校《はんこう》や家塾《かじゅく》で使用されたばかりではなく、明治期に入ってからも小中学校の教科書として採用されるなど、近世以降、多くの日本人の必読書であったからです。それほどに広く読まれ続けた理由は、やはり『十八史略』が簡潔で要領よくまとめられており、なおかつ人口に膾炙《かいしゃ》した故事成語や名言もしっかりと収められている点に求められるでしょう。このような『十八史略』の魅力は、現代でも色あせていません。例えば、現在日本で使用されている高等学校国語教科書でも、『十八史略』から採られた文章は定番教材です。本書では、それら教材化されている箇所は当然のこと、他にも多くの日本人に愛読されてきた故事を載録しました。教科書だけでは味わえない史伝の醍醐味を少しでも多くの高校生や大学生の方々に堪能していただきたいと思いますし、歴史好きの方々にはダイナミックな歴史の脈動に思う存分触れていただければと願っております。

（中国文学者・山形大学教授）

本書は一九八三年十一月、一九八五年三月に、学習研究社より刊行された『中国の古典15　十八史略上』『中国の古典16　十八史略下』を再編集し、文庫化したものである。

ちくま学芸文庫

十八史略《じゅうはっしりゃく》

二〇一四年七月十日　第一刷発行

著　者　曾先之（そう・せんし）
訳　者　今西凱夫（いまにし・よしお）
編　者　三上英司（みかみ・えいじ）
発行者　熊沢敏之
発行所　株式会社　筑摩書房
東京都台東区蔵前二―五―三　〒一一一―八七五五
振替〇〇一六〇―八―四一二三

装幀者　安野光雅
印刷所　株式会社精興社
製本所　株式会社積信堂

乱丁・落丁本の場合は、左記宛にご送付下さい。
送料小社負担でお取り替えいたします。
ご注文・お問い合わせも左記へお願いします。
筑摩書房サービスセンター
埼玉県さいたま市北区櫛引町二―六〇四　〒三三一―八五〇七
電話番号　〇四八―六五一―〇〇五三

ISBN978-4-480-09632-6 C0122